中国社会科学院　学者文选

戴园晨集

中国社会科学院科研局组织编选

中国社会科学出版社

图书在版编目(CIP)数据

戴园晨集／中国社会科学院科研局组织编选．—北京：中国社会
科学出版社，2006.7（2018.8 重印）

（中国社会科学院学者文选）

ISBN 978-7-5004-5737-4

Ⅰ.①戴… Ⅱ.①中… Ⅲ.①戴园晨—文集②经济学—文集
Ⅳ.①F0-53

中国版本图书馆 CIP 数据核字（2006）第 080457 号

出 版 人	赵剑英
责任编辑	周兴泉
责任校对	林福国
责任印制	张雪娇

出　　版	中国社会科学出版社
社　　址	北京鼓楼西大街甲 158 号
邮　　编	100720
网　　址	http：//www.csspw.cn
发 行 部	010-84083685
门 市 部	010-84029450
经　　销	新华书店及其他书店

印刷装订	北京市十月印刷有限公司
版　　次	2006 年 7 月第 1 版
印　　次	2018 年 8 月第 2 次印刷

开　　本	880×1230　1/32
印　　张	18
字　　数	430 千字
定　　价	99.00 元

凡购买中国社会科学出版社图书，如有质量问题请与本社营销中心联系调换
电话:010-84083683

出 版 说 明

一、《中国社会科学院学者文选》是根据李铁映院长的倡议和院务会议的决定，由科研局组织编选的大型学术性丛书。它的出版，旨在积累本院学者的重要学术成果，展示他们具有代表性的学术成就。

二、《文选》的作者都是中国社会科学院具有正高级专业技术职称的资深专家、学者。他们在长期的学术生涯中，对于人文社会科学的发展作出了贡献。

三、《文选》中所收学术论文，以作者在社科院工作期间的作品为主，同时也兼顾了作者在院外工作期间的代表作；对少数在建国前成名的学者，文章选收的时间范围更宽。

中国社会科学院
科研局
1999 年 11 月 14 日

目　录

第三篇　决策、政策与对策
——经济行为的选择

前　言

——经济理论研究生涯的回顾

　　打从1954年于上海人民出版社发表《过渡时期的国家税收》一书算起，我从事经济理论研究的时间已有52年。如果加上在此以前在报章刊物上发表的文章，则时间跨度还可以推延得更长一些。如今渐入耄耋之年，创作日稀，把过去的旧作整理一番，出本选集，算是雪泥鸿爪，留下点痕迹；同时也正是经济理论研究生涯的回顾。

　　多年的经济理论研究，涉猎比较广泛。若按时间序列编选，不易反映作者的思想脉络，于是加以梳理，分成对于以市场为取向的经济改革的探索、宏观经济运行与宏观调控、决策、政策与对策——经济行为的选择三篇。在这三篇中，讨论了以下问题：第一篇收录了有关以市场为取向的经济改革的文稿。这一改革在我国是从20世纪80年代开始的，不过从经济理论探索来考察，在1956年时，在百花齐放的号召下理论界有过一段思想活跃期。当时，我参加由几个中央部级单位组织对上海工商企业间矛盾问题的调查，听了不少企业的申诉，当时和王琢同志讨论，对于正在普遍学习的苏联科学院编写的《政治经济学教科书》阐述的国营企业内部流通的生产资料不是商品，已经越出价值规律的作用范围之外的观点提出疑问，认为各个国营企业不论是商业还是工业，都是独立的经济单位，彼此之间的经济往来应当是"亲兄弟，明算账"。在此认识基础上写了《论社会主义制度下生产资料的价值和价值规律的作用问题》的理论文章，另外，当时经济趋势，需求大而供给小，然而社会上却有着生产资料应当不断降价和通过降低消费品价格提高人民生活的观点。我认为这些来源于苏联的观点，若在中国实行势必加剧供需矛盾，使紧缺更加严重，为此也写了几篇文章，对认识和尊重价值规律问题联系经济生活实践作了探索。回想起来，当时经济理论界正在趋向活跃，有不少同志在进行冲击禁区的探索，我作为其中的后辈也正跟着做力所能及的努力。如今回过头来看，可以认为是以市场为取向的经济改革思想的萌芽。

传统的计划经济模式形成之后，一方面在集中财力、物力、人力加速工业化方面显示了它的作用，另一方面也出现了令人为难的商品短缺与商品积压并存、效率普遍不高等问题。不少经济学家企图利用市场来加以解决，在 20 世纪 30 年代便开始了社会主义经济中市场关系问题的理论探索。当然，在苏联随着布哈林等人士的消失，对市场的理论探索很快就夭折了，占统治地位的理论是排斥商品和市场，反映市场机制的价值规律的作用被多次否定，把价格看作是"计划的工具"而否认它是"价值的货币表现"、更不承认它要"反映供求"，长期否认商品经济或者否认生产资料是商品，排斥竞争，认为在本质上商品货币关系和社会主义经济是不相容的，主张用有计划有组织的产品分配来逐步地取代商品流通。因而，关于社会主义经济中计划和市场能否结合与如何结合的理论探索，在当时便转移到国外由当时被称作"社会主义同情派"的奥斯卡·兰格等人来进行。兰格以及和他观点相同的一些经济学家肯定社会主义公有制和计划化的优越性，同时又认为需要利用市场机制调动微观主体积极性，他们是社会主义经济中计划与市场结合的最早探索者。由于他们所设想的体制模式和苏联当时实行的体制模式不相同，因而他们也是改革的最早倡导者。他们认为社会主义经济是计划经济，但这种计划经济并不排斥商品经济，而是可以和商品、市场、竞争并存的。在他们所设想的经济模式里，企业有相对独立性，居民有消费选择自由和职业选择自由，以由需求价格所表示的消费者偏好，作为指导生产和资源分配的准则；依靠竞争的机能来确定商品的相对价格，但价格并不直接取决于市场供求，而是由计划机关采取"模拟市场"的办法来加以确定的。兰格所提出的有名的"试错法"，便是由计划机关制定价格，如果不能使供需协调，可以采取"错了再试"的办法，使之逐步逼近市场上由供求关系形成的价格，从而保留"价格的参数作用"。这时候，价格虽然不是直接由市场调节，但却是由计划机关模拟市场参照供求状况来调节的。

　　我国迈向以市场为取向的改革初期，理论界主流倾向于推行兰格模式。在曾经担任过捷克副总理支持过价格改革的奥塔·锡克来华访问并介绍经验之后，有关部门进行了规模庞大的按照各种利润率价格调整方案的测算。不过由于计划价格的调整程序多、间隔长，而市场供求变动快，模拟市场的"试错法"的路子走不通，笔者撰文指出："遗憾的是，社会主义国家里不少经济学家，虽然坚持了劳动价值论，却往往走向相反的一端，把价值决定代替了价值实现，从另一方面把价值和价格混同了。这是忽视流通问题在社会主义经济理论中的表现。应该指出，商品价值虽然是在生产过程中创造出来的，却必须通过交换，在流通过程中才能够实现。对每一种商品来说，都有着一个价值能不能实现与如何实现的问题。……社会主义生产中商品价值的实现，同样要通过市场，因为市场乃是社会分工和商品生产的表现，它和商品生产是同始终的。这样，在商品价值实现的过程中，在商品追逐货币的过程中，总还是要经历'商品的惊险的跳跃'，还不免要受市场规律的制约，商品的市场价格不可能恰好等同于价值。""讨论商品如何定价，只有一句话，叫做'回到交换去'。离开了实现论，想寻找某一种合理的率，便往往会导致价值决定和价值实现的混淆。"对于奥塔·锡克介绍的捷克对模拟市场的测算，笔者认为："面临的要应付的是数以百万计的商品，要计算成千上万的各等各级的生产要素，这个数学问题中会有百万个未知数，要进行若干亿次运算。"捷克"为此从国外进口了电子计算机，花了一年多的时间，但在 150 万种商品中，仍然只计算了 2000 类商品的价格"，"是否真正算清，不得而知"。笔者据此对我国所进行的模拟市场的理论价格测算持否定态度，这篇文章发表于《价格理论与实践》1982 年第 1 期。嗣后又一再强调"让价格回到交换"，提出"改革价格必须改革价格管理体制"，"放开价格，转变价格形成机制"，提出了从模拟市场转向实实在在市场的改革思路。

不过，20 世纪 80 年代初期的价格体系是扭曲的，尤其是农产品和矿产品的价格很低，一旦放开价格，将出现较大幅度的物价上涨，影响人民生活。当时火柴厂生产越多，亏损越大，但是给一盒火柴涨一分钱，讨论多次，未能付诸行动。我和艾中全同志讨论，认为采取工资和物价挂钩措施，使工薪收入阶层在物价上涨时能够得到补偿，可以减轻体制转轨阻力，加快改革进度。我们提了建议，在有关领导支持下进行了系统研究，为此搜集和整理了将近 20 个国家价格变动和处理工资物价关系的资料，一次又一次拟订工资与物价挂钩的操作方案。当时怕这项研究引起社会错觉，要求不得对外透露，我虽然写了资料、简报与研究报告，都属内部文件，在这本选集中未能有所反映。不过我认为这仍是一项很有意思的研究，如果采取工资与物价挂钩的措施，1988年价格改革"闯关"遭受的阻力不会那么大。

　　理顺价格体系会引起物价上涨，而对于工资与物价挂钩措施又未能实施。于是，我国走上了双轨价格的特殊道路，即计划内的供需按计划价，超产的供需按市场价，价格双轨制在理论界有指责的也有支持的，我则对其不得已采取的苦衷和利弊进行了探索，认为我国采取"渐进式"加"小配套"的改革模式，双重体制以"渐进"方式使新体制由点到面逐步推开，阻力较小，容易早起步早见效。改革措施会在不同程度上引起人们之间经济利益关系的变动，采取"一揽子"方式改革，利益关系的变动过于激烈，可能超过承受能力，引起震荡增加改革阻力：而采取"渐进"方式，可在基本维持原有利益结构的基础上，进行分步骤的调整，化大震为小震，积小胜为大胜，使改革步步为营，最终实现预期的目标。那些原属完全按照指令性计划进行生产和销售的企业，现在有了对计划外部分产品进行自产自销的权利。可以初步调动企业生产经营的积极性，有利于增加生产和供给，缓和供求矛盾、稳定地发展经济。当然，双重体制并存也会带来种种弊病，在新旧体制模式交替过程中，由于旧体制的某些直接行政控制手段放弃后，新体制的间接控制手段没有相应地和及时地跟上，或者是在新体制的间接控制系统形成条件尚未成熟时过早地放弃了直接行政控制手段，会出现两种控制手段脱节的"真空"状态。这往往会导致宏观失控、参数混乱，加剧比例失调和通货膨胀。在双重体制并存的条件下，信号系统特别是价格信号系统发生紊乱，削弱了货币作为一般等价物的作用。由于同一种产品的计划内价格与计划外价格相差很大，不少企业在投入上追求低价的计划调拨，在产出上热衷高价的自由销售，于是自觉或不自觉地冲击着国家计划。企业间的经营效果的比较，不仅取决于各自的经营效率，更取决于不同的价格，取决于各个企业与上级主管部门的讨价还价。因此考核企业经营状况的标准，一般只按基数法来确定，这会造成与旧体制相同的"鞭打快牛"的棘轮效应。与此相应，某些地方、企业、单位和个人却钻了双重体制和双重价格的空子，"官倒"或"私倒"等寻租活动滋生蔓延，形成不合理的收益悬殊。从而对我国模拟市场与实际市场并存及其转化演变作了较系统的探索。

在第二篇中，收录了有关宏观经济运行和宏观调控的文章。在这方面的主要研究有：

提出了在改革过程中要创造一个总供给略大于总需求的宽松环境，形成一个拥有适当后备的供给略大于需求的"有限的买方市场"。由于在实践过程中的现实是不宽松的现实，经济发展不至一次出现经济过热和总需求膨胀的现象，对于产生这种现象的原因，有三种不同的理论认识：第一种是政策失误论，第二种是体制因素论，第三种是政策和体制两因素论。这三种理论并不是同时出现的，而是反映了认识逐步深化的过程。中国的经济体制改革是从批判极"左"路线的流毒开始的，由于历次极"左"路线都片面地强调了人的积极因素，片面追逐高速度，不论是1958年的"大跃进"还是1971年出现的总需求膨胀和与之相关的种种比例失调现象，主观主义的唯意志论导致的政策失误是重要原因，由此产生了第一种理论，认为端正指导思想，转变发展战略，可以在宏观管理中实现国民经济综合平衡，使经济运行走上稳定发展的轨道。后来，随着经济体制改革的展开，人们又作了进一步的思考，认为片面追逐高速度的现象还有着它的体制根源，所以经济过热导致总需求膨胀不仅发生在中国，也发生在其他社会主义国家。这时东欧国家经济学家探讨经济体制改革的著作传入中国，特别是匈牙利经济学家亚诺什·科尔内的《短缺经济学》对中国经济学界发生了较大影响，于是体制因素逐渐兴起。但过分强调体制因素而忽视政策指导思想，认识又是不完整的，所以又产生了体制和政策双因素论。笔者当时持第三种观点。既然由经济体制所固有的经济运行机制造成的买方市场必须通过体制改革的不断深化才能逐步形成，因此，有必要把目标中的买方市场与模式转化过程中的买方市场区别开来。我们不能要求首先有一个完全有意义上的买方市场以后才开始改革，但在改革过程中还是有必要争取一个比较宽松的经济环境。这种相对稳定的供需总量大体均衡的格局，就是模式转换过程中的买方市场。这种初步的、有限的买方市场与目标模式中的买方市场相比，无论是在总量还是在结构均衡上，都有一定的差距，但随着改革的深化，它将逐步向目标模式中的买方市场逼近。

那么，如何争取模式转换过程中的买方市场形成并使它不断巩固和发展呢？对此有几条可供选择的对策：（1）保持适度的经济增长；（2）相应地进行发展模式的转化，使发展战略目标由数量、速度为主转向以质量、效益为主；（3）处理好控制需求与扩大供给的关系，在控制需求时不过分影响供给，在扩大供给时不过分刺激需求；（4）在实现综合平衡或总量平衡时，主要不靠行政干预，而是更多地依靠增强企业的自我调控机制；（5）衡量有限的买方市场的一个重要标志是保持物价水平的相对稳定，因为改革而发生的物价水平的上涨应当控制在结构调整的范围内，同时严格限制通货膨胀性的物价上涨；（6）在经济稳定增长的同时，有步骤地进行结构改革。总之，与改革需要一个渐进的过程一样，形成稳定的有限买方市场也要有一个过程，但是，宿命地认为改革在完成以前只能在短缺紧张的环境中进行，因而放松缩小短缺紧张和扩大宽松势态的努力，也是不对的。正确的做法是，在通过体制改革逐步消除导致需求膨胀的体制原因的同时，采取有克制的经济战略，控制投资、消费双膨胀，抓紧治理短缺现象，不断创造条件使宽松的经济环境得以实现。在选集中收集了我个人署名的相关文章。至于参加刘国光同志主持的课题组对宽松环境的讨论更为充分，由于是集体研究成果，在个人选集中没有列入。

传统理论认为计划与市场是相互排斥、相互对立，不能结合的，改革派则认为可以结合。那么它们之间应该如何结合呢？过去人们认为，只有计划作用到不了的地方，市场机制才起补充作用。至于市场调节的范围有多大，则又众说纷纭，小到只有集市贸易，大到集体所有制和全民所有制内部通过国营商业、物资部门进行的物资流通，讨论非常热烈、非常活跃，先是有过板块结合论、渗透结合论、胶体结合论、宏观微观结合论、板块—渗透多层次结合论等论点，后来又有了重合论、两个全面覆盖论、自由必然论、合力论、风舵论、钟摆论、主辅论、时空论、主导基础论、区分层次论、内在统一论、二次调节论等不同论点，对于计划与市场如何结合作了不同设想的描绘，正式文件的提法也先后有过"大计划、小自由"，"计划调节为主、市场调节为辅"，"国家调节市场、市场引导企业"，"计划经济和市场调节相结合"等提法。这些提法的发展过程大体反映了认识的发展过程。

在这些提法中，有的属于人们所设想的改革的目标模式而不是当时所能做到的，有的则属于对现实做法的描绘或者提出目前可供选择的结合模式。从理论上讲，计划和市场都是覆盖全社会的，都是为了按比例分配社会劳动实现资源的最佳利用，两者是能够兼容结合的。笔者在参与刘国光同志主持编写的《中国体制改革模式研究》一书中，对计划与市场如何结合作了探讨，同时又写了一些论文。笔者认为计划和市场结合的困难，主要是在市场方面。因为当提出计划与市场相结合的目标时，并不存在一个现成的可供运作的市场体系。由于传统体制是排斥市场的体制，所以社会主义国家从单纯的计划调节转向利用市场因素的调节，再转向计划与市场相结合的调节，会遇到市场发育度低、市场体系残缺不全、价格极度扭曲等障碍，如果这时采取简单化的取消指令性计划的做法而没有相应的配套改革措施，便会出现市场秩序的混乱，产业结构的畸形，而由于国家调控能力减弱，发生经济困难之后更难克服，以至于出发点是提高资源配置效益和提高资源运作效益，而结果却可能是事与愿违，效益反而下降。当然情况也不能一概而论，对于那些前后向连锁链短的产品，如蔬菜、瓜果、水产品、日用小商品等放开经营，价格随行就市，确实曾出现过"一放就活、一活就多"的"放开效应"，使长期困扰人们的供不应求的难题得到了解决；然而对于那些前后向连锁链长、增加供给所需投资多、建设周期长的高门槛产品，如钢铁、机电产品等，情况就不是那样了，简单化地取消指令性计划并不能取得"放开效应"，这从双轨制议价商品的状况中可以得到反证。从而表明实现计划与市场相结合就有一个培育市场建设市场体系的问题。所以从改革的角度来说，和传统的计划经济体制相对比，社会主义国家的经济体制改革不能不是以市场为取向，逐步走向计划和市场有机结合的有计划商品经济的目标。然而这个目标不可能一蹴而就，以市场为取向的改革进程要和培育市场建设市场体系的进程相衔接。

在计划与市场结合模式的讨论中，部分计划和部分市场的"板块式结合"的模式，被不少经济学家所鄙视，斥之为缺乏理论、缺乏理想的模式，然而在面对种种困难的实践中，实际上它却是可供操作的现实可行的模式。"板块式结合"有三种类型：第一种是部分商品如重要生产资料继续由国家用指令性计划决定产销，在价格固定的条件下采取数量配给方式进行调节。另一部分商品如日用消费品转为面向市场，价格随行就市，通过价格信号实行市场调节。第二种是国家投资实行计划管理，企业日常产供销的经营活动面向市场，大体上以扩大再生产和简单再生产为界线划分计划调节和市场调节的范围。第三种是在同一产业部门、同一行业乃至同一企业生产同一种产品中，实行一部分由计划确定产销，价格固定，由计划调节；另一部分则放开由企业自行经营，价格随行就市，由市场调节。以上三种类型的"板块式结合"，在实际生活中又可以兼而有之，灵活组合。笔者在肯定"板块式结合"的同时，又强调迈向市场过程中要加强宏观调控，使社会总需求和社会总供给以及国际收支基本平衡，使国民经济各部门之间经常保持大体合理的比例，为市场的正常运行创造良好的外部环境，这是市场力量所不能达到的，需要由政府进行计划调节。微观层次的经济活动虽然由市场来调节有较高的效率，但也并不是微观活动全都交给市场去调节，政府仍旧要利用各种经济杠杆，间接地影响市场。而且，对于某些部门或某些商品，也仍旧要利用数量信号和配额供给方式进行直接调节。在非均衡的市场条件下，价格信号和数量信号并存，价格方式调节和数量方式调节并用，可以使两者起到互补作用，形成微观活动中计划调节和市场调节的某种"板块式"的结合。某些部门和某些企业的产品是由价格信号和价格方式调节的，另一些部门和另一些企业的产品是由数量信号和数量方式调节的，两者的比重将随市场状况的变化而不断变化，形成微观主体活动中计划调节与市场调节不断有进有退的"板块式结合"。

加强宏观调控，重点是有效运用各种宏观调控手段。适应实际经济运行中的需要，为此撰写了一系列有关财政、税收和金融调控的论文。我国在相当长的时期里不断出现经济过热导致通货膨胀，然而在 1997 年到 2002 年期间又曾经出现通货紧缩现象。文集中收入了对这两方面进行讨论的文章。我认为我国出现通货紧缩的原因是多方面的、综合性的。其中，最主要的是体制性因素，即我国在告别短缺经济之后，微观经济和经济运行环境仍旧处在转轨的过程之中，带有明显的后短缺特征。除了通缩共性之外还具有经济体制的转轨和发展模式转轨期形成的通缩特点，除了周期性波动和国际通缩传导的影响之外，还有着结构失衡和收入差距扩大的影响，再还有体制性的因素，我国出现通缩现象以及与之伴生的种种问题，在相当大程度上源于体制转轨，是体制转轨中的代价，即改革成本。

中国采取渐进式改革之路，经济转轨也是渐进的。它表现为两个双重转轨，即体制模式转换与发展模式转换的双重转轨，体制模式转换包含了从传统计划经济模式向市场经济模式转轨，从单一的公有制经济向多种所有制并存的所有制模式的转轨；发展模式转换包含了发展的产业重点转移、由粗放型向集约型、由二元经济并存向二元经济整合的转轨以及由封闭型经济向开放型经济的转轨。双重转轨于微观基础运行有着重大影响。继而论证了随着投资饥渴症的消失，经济发展从投资推动转向消费推动，从封闭型发展模式向开放型发展模式的过渡，在这个过渡中出现的从进口替代转到出口导向以及资本的引进与资本的外流。微观基础正是在这样的经济环境中活动的。

面对由此形成的通缩，宏观调控的基本方针是扩大内需，关于需求管理的理论及其发展，指出机制转换形成的有效需求不足使需求管理成为主线，但需求管理有其局限性，提出加快结构调整，促使增加有效供给的供给管理对策，并且提出需求管理和供给管理的互补与互促。我国过去在相当长时间里，经济增长主要由投资推动，然而随着需求不足和投资回报率的下降，企业投资意愿下降。尤其是非国有经济的投资还受到市场准入限制和融资约束，投资渠道不畅，因此，除了论证政府通过发行国债扩大投资的必要性，更重要的是提出了改革融资体制、拓宽融资渠道的政策建议。社会经济活动的出发点和终点是消费，投资于某一领域增加供给是为了满足消费。我国这几年居民消费是增长的，但与收入增长相对比，出现了消费倾向下降的状况，这种下降的原因很多，而制度不稳定预期也起着重要作用，为此要实行从抑制型消费战略转向鼓励型消费战略的对策，以促进消费结构升级，并且适应补偿性消费增长弱化和消费共振淡化的趋势，鼓励消费。并且指出扩张性财政政策历来是一项短期政策，具有局限性，从公共部门债务状况综合考虑赤字财政可持续性边界，以避免风险的累积。

　　20 世纪 80 年代我给中国社会科学院研究生院经济系讲授宏观经济学课程。我认为西方的宏观经济学教科书讨论的是年度的宏观经济平衡，有其局限性。我把马克思的经济运行理论及计划经济长远的和战略性的观点融合其中，提出了自己对宏观调控的看法。强调了对各个宏观战略目标的长期、中期方针，会反映在年度宏观形势变化之中，年度调控必须与长远战略结合。后来把讲稿整理修改于 1986 年出版了《社会主义宏观经济学》，是我国第一本关于宏观学的著作。由于这本书不同于只讨论年度总供给和总需求平衡的西方宏观经济学教科书，有人认为它不是宏观经济的理论著作。但其实，我在开设宏观经济学课程时，社会上正批判精神污染并且把探讨宏观经济也称作精神污染，我在坚持开设这门课程的同时，努力寻找不同于西方宏观经济学的论点和角度；与此同时，我国关于经济理论还正处于拨乱反正阶段，如何认识宏观经济运行规律有着不少问题需要澄清，实践中的经验教训需要总结，这更加是讲授和讨论的着力点。由于全书篇幅较大，此次只从书中第二章第三节《社会生产两大部类比例关系》中选录了其中探讨《技术进步和生产资料优先增长》、《军事工业属于哪一部类》两段。当时在讲授中，指出了从再生产实现条件来考察，军事工业既不是生产资料的生产，也不是消费资料的生产，它从第Ⅰ部类取去生产资料，从第Ⅱ部类取去消费资料，而生产的则是武器、弹药和各种装备，军事工业在社会再生产中只是消耗，而不创造属于Ⅰ、Ⅱ部类的物质财富。我国在20世纪六七十年代Ⅰ、Ⅱ两大部类比例关系扭曲，重视重工业生产，轻视农业和轻工业生产，而且当时发展的重工业实际上属于备战的军事工业，它不能推动技术进步也不能改善人民生活，这是当时统计指标上的经济发展速度虽快而人民生活得不到实惠的重要原因。讲授时同学们认为颇具新见，但文章未能发表，作为专著出版时遵照编辑要求删去了一些议论，但到今天对于认识不同国家宏观经济运行仍旧具有普遍意义，因此把这两段编入了选集。但删去的部分已散失，无法反映当时议论中的全貌。

选集第三篇主要收集了探讨有关决策、政策、对策与经济行为选择的文章，包括了几篇对个人、企业经济行为选择进行实证分析的文章。

我国曾经有过一段没有选择自由的时期，几亿人只需要一个头脑来思考，个人和企业的行为都由上级来决定，人们没有选择职业的自由、没有迁居的自由，只能作为螺丝钉在哪里拧住便在哪里待下去，而且住房分配和凭证凭票供应使得消费自由也受到极大限制。至于管着劳动者的企业也并无自主决策的选择自由，当时的所谓计划经济实际上是逐级分配生产任务和上缴指标，逐级分配完成生产任务所必需的物资调拨和资金供应。而企业本身并无自主权。因此，在改革开放以后的理论研究工作中，笔者所呼吁的就是给个人以选择自由权，给企业以经营自主权。在选集中收录了发表在南京《新华日报》上的一篇《呼唤自由人》一文，其余的观点与此相近的文章就不重复了。

经济学里强调的经济人假说，是把利益作为人们选择的唯一目标。然而，人既具有经济人的一面，又同时存在着作为社会人的一面，个人除了对收入即利益的要求之外，还有着安全、享受、受人尊重、参与社交、自我发展和实现理想等多方面的需要，从而在有偿劳动之外还会有种种不求报酬的为社会奉献，还需要有能够自由支配的闲暇以实现自己的爱好。这样人们在获得选择自由之后，出现了选择的复杂性与多样性，可供理论探讨的新问题也不断萌现了。

企业行为的变化和企业改革的进程相关联，有关企业改革的文章未收入本集中。在这一篇里仅收录了笔者讨论企业行为决策中影响决策选择的管理者生产机制和考评方法、短期投入产出机制、长期投入产出机制、收入分配机制、定价权利和机理等方面，对于企业经济活动中具有的以统计上大数定律形式表现出来的带有规律性、倾向性的行为特征的探讨文章。

随着个人经济行为和企业经济行为的选择自由度逐渐扩大，上级的政策需要考虑其影响和可能引起的个人与企业的行为变化，需要预见可能出现的对策然后方能使政策达到预期的目标。正好冯立新翻译了一本理性预期学派的新著，我为其写的序言中把这层意思写了进去。想不到由此遭到《当代思潮》杂志的批判。所幸者是被批判者失去反驳权利的时代已经过去，我理所当然地再度申述了自己的学术见解，并且由此更加重视对经济生活中的现象从个人和企业行为机制的角度进行理论与实际相结合的分析，例如针对国营企业中政府与企业关系的变化以及企业领导人的对策，写了《工资侵蚀利润》；针对财政包干制推行后地方政府行为变化，写了《我国"诸侯经济"的形成及其弊端和根源》；在选集中选入的几篇文章，反映了笔者剖析政策、对策所做的努力。

理论研究有"知识"、"见识"、"胆识"三境界。在社会科学和自然科学领域中，各门学科各个学派都有自己的源流和阐发解释，学者对于学科、学派的了解程度，反映了自己的知识深浅。知识浅者容易以偏赅全，似乎自己掌握的本本知识可以回答一切。知识深者因具渊博知识贯通中西古今，对问题的研究解答往往作出充分的比较与借鉴。所以治学问者要扩充眼界长进知识。但知识是了解前辈已经说过的话，单有知识，不足以言改革。改革需要破陈规旧矩，闯出新路，这同所有的理论开创者一样，没有洞察事理的"见识"，是不可能创新的。然而，有了"知识"和"见识"，若无敢于发表见解的"胆识"，虽有知识、见识，仍和无知识、无见识一样。当然发表见解要有相应的环境，把实践作为检验真理的唯一标准，其意义正在于由此冲破了各式各样的禁区，为理论工作者壮了胆识。这才推动理论大发展，在不平凡的年月里，改革实践和改革理论都有着飞跃的进展，在推进的过程中可能会有这样那样的不足，但回溯起步时的情景，不能不说是发生了"天翻地覆今胜昔"的变化。

整理旧作，回顾走过的历程，是处在经济转型期，我写的理论文章在当时是为冲击禁区而作，还有一些文章是面对转轨中的实际经济问题，以经济学说进行解释剖析，寻觅应对方略。而经济转型期的特点是冲击禁区需要有见识和胆识，然而禁区被冲破后，文章的理论价值便属一般。而实际经济问题则随着经济形势的发展而不断变化，不断提出新的问题。这样，我在研究工作中始终有落后感，觉得耗费了太多的精力去证明本来已被证明却被扭曲了的事情，而对于真正的新问题的研究却又力不从心，难以兼顾。

经济理论研究要求的是站在前人的肩膀上，穷天人之际，察古今之变，提出新的理论假说或者创造新的经济学方法论，这才堪称真正的作出了贡献的经济学家。以此来要求，我虽然在宏观经济理论以及经济行为选择等方面提出一些新的问题和见解，却没有坚持下来做更深入的展开，得失之际寸心自知，应该说是限制了向深层次的提高。

但是，作为我国经济转型期的经济理论工作者，多年来孜孜不倦，就是为推动我国的经济转型和经济发展尽自己的一份力量。我和同一代人一样，都是努力为此工作着，从而无愧于我们所处的时代。

相信处在后转型期的青年一代的经济理论工作者有着比我们这一代人好得多的处境和条件，他们不必为恢复经济学本来的面目耗尽精力，可以在经济理论创新和经济研究方法论创新方面下力气，必定会取得比我们大得多的成就。由此来说，甘心愿做垫脚石，希望寄予后来人，也就没有什么可遗憾了。

戴园晨

2005 年 7 月

第一篇

对于以市场为取向的经济改革的探索

价值规律与价格

　　一谈到价格,人们很自然地会想到列宁讲过的"价格是价值规律的表现"这句名言,价格总是紧密地和价值规律联系在一起,价格的运动总是反映了价值规律的运动。

　　多年来人们不论在实践中还是在理论上,对于价格,对于价值规律和价格的联系,存在着种种误解。探索中国的价格问题,也就不得不从价值规律和价格这个基本命题开始。

价格符合价值规律要求时对
经济活动的调节作用

　　在社会主义经济中,不仅在国营经济同集体经济之间,集体经济同集体经济之间,农民同国家之间,职工、城镇居民同各种经济成分之间,都需要通过商品交换来发展经济联系,而且国营企业同国营企业之间,也需要通过商品交换来发展经济联系。它们彼此遵循的是等价交换的原则,彼此之间的交易还必须通过价格来结算。价格体现着交换关系。

　　价格是商品交换的产物,它在实现商品交换中起着经济杠杆的作用，主要表现在以下三个方面：

1. 价格联接着经济活动。社会主义生产是商品生产，在国营经济、集体经济、其他经济成分以及个人之间，彼此的经济活动和经济联系，都要通过以货币为媒介的商品交换，社会再生产的循环运动，是通过商品和货币的各自独立又相互交织的运动来实现的。在商品经济中，"交换过程造成了商品分为商品和货币这种二重化，即造成了商品得以表现自己的使用价值和价值之间的内在对立的一种外部对立。在这种外部对立中，作为使用价值的商品同作为交换价值的货币对立着。另一方面，对立的双方都是商品，也就是说，都是使用价值和价值的统一。但这种差别的统一按相反的方向表现在两极中的每一极上，并且由此同时表现出它们的相互关系"①。这时候，拥有商品的卖方和拥有货币的买方，要通过合理的能为买卖双方所接受的价格，才能使它们联接起来，交换才得以实现，社会再生产才能持续循环和周转。如果价格不合理，交换不能实现，流通遭到阻塞，社会再生产的循环也将遇到困难。

2. 价格传递着经济信息。由于价格联接着经济活动，所以，在经济活动中关于商品是否适销对路，供给和需求是否适应，市场有何变化等信息，都可以通过价格的变化来传递。而且价格变化还可以上溯到供给方面如生产成本、盈利、劳动耗费、企业经营管理等情况变化的信息；又涉及需求方面消费结构、消费水平变化的信息。在商品经济中经济信息主要通过价格来传递，从而可以通过价格变动情况来观察国民经济变动情况，掌握经济运动的脉搏。

----

① 《资本论》第1卷，《马克思恩格斯全集》第23卷，人民出版社1972年版，第123页。

3. 价格调节着经济利益。价格的高或低，关系到交换中买卖双方的经济利益，任何价格的变动，都会引起不同部门、地区、单位、个人之间经济利益的变化。价格的一升一降，虽然不能直接增加或者减少社会财富，却能够使纯收入在各部门之间转移，引起国家和企业及农民之间、地区之间、部门之间、企业之间经济利益的调整。我国从1979年起陆续提高农副产品收购价格，到1983年收购价格总指数较1978年提高47.8％，使农民获得了相当可观的经济利益，刺激了农业生产的发展。正由于价格调节着各方面的经济利益，因而在价格变动时要注意协调各方面的经济利益，注意人民群众对价格变动的承受能力，注意企业对原材料、燃料价格变动的消化吸收能力，避免发生经济利益的对立，以充分调动各方面的积极性。

社会主义经济是有计划的商品经济。国家掌握着国民经济的命脉，掌握着有关生产和需求变化的各种经济信息，运用各种经济杠杆来指导国民经济有计划地运行。国家通过对总需求的控制和调节使之和总供给相适应，保持通货物价的稳定，有计划地调节社会经济活动。这时候，价格作为联接经济活动、传递经济信息、调节经济利益的经济杠杆，将在国民经济的发展中发挥积极作用。具体表现在：

1. 促进工农业生产按比例地发展。价格的高低，直接关系到商品的生产单位和使用单位的利益。从使用单位说，它买进的商品是不是价廉物美，值不值所花费的资金，是要比较的，从生产单位说，售出商品的价格能否补回成本耗费并且取得利润，是关系到能否持续生产的大事，如果某种商品价格过低，生产单位发生亏损，它就不愿意持续生产；反之，如果价格过高，则会影响这种商品的推广使用。合理的价格可以促进短线产品的生产并抑制长线产品的生产，促使工农业生产合乎比例地协调地发展。

要使价格起到调节生产发展比例的作用，就要求在经济活动中能够形成合理的比价和差价。比价合理，就可以避免有的商品紧缺脱销而有的商品却积压滞销的状况；优质优价，劣质低价，分等论价，才能推动产品质量的提高；合理安排新技术、新产品的价格，使采用新技术从价格上得到必要保护，使新产品从价格上得到应有鼓励，将促进发展新技术，增加新产品。

2. 活跃城乡物资交流。合理的价格，是实现工业和农业、城市和乡村经济联系的重要经济杠杆。在这方面，重要的是要合理安排购销差价、批零差价、季节差价和地区差价。如果购销差价、批零差价过小，商品流通费用得不到补偿，就会影响商业单位经营这种商品的积极性，就会影响城乡之间、地区之间的物资交流；季节差价过小，经营者不愿储存备用，而对消费者也无从调节；如果差价过大，既增加消费者负担，又会限制这种商品的销路，也不利于督促经营单位改善经营管理，减少流通环节，降低流通费用。在地区差价安排上，既要考虑缩小地区差价以保护消费者的利益，又要有利于商业部门的经营和有利于地方工业的发展。

3. 调节供需和替代。价格的涨落与商品供求互为影响，涨价将刺激生产增加供给并限制需求，落价则限制生产减少供给而刺激需求，所以商品供求的变化会促使价格相应地调整，而价格涨落又会反过来对供求及其构成发生影响。由于吃、穿、用等商品多数是可以相互替代的，当它们之间的价格比例关系发生变化时，其供需状况会相应地起变化。在市场竞争中价格变动对于供需的调节作用，往往会通过替代效应反映出来，西瓜丰收会影响到其他水果销售并且影响果农经济利益，化纤布降价会缩小丝绸和棉布的市场。这样价廉物美的新商品将不断取代那些质次价高的老商品，推动生产结构和消费结构的不断改组。

4. 促使企业加强经济核算，提高经济效益。企业生产的商品是按一定价格销售的，它要以出售的收入来补偿生产中的消耗并取得盈利。合理的价格可以使各个企业在竞争中处于平等地位，成为推动企业加强经济核算、降低产品成本的重要外部压力，从经济利益上鼓励先进，鞭策后进，促进企业改善经营管理，提高经济效益。

以上所说的价格的作用，也正是价值规律的作用。当价格符合和反映价值规律的要求时，可以对经济活动起到上述几方面的调节作用，促进社会再生产顺畅地运行，促进国民经济的发展。

价格违反价值规律要求时对经济活动起着逆调节作用

传统的理论，认为社会主义经济是计划经济，而把计划经济看成是和商品经济对立的，把价值规律看成是异己的力量，认为有计划按比例发展规律和价值规律是相互排斥的，对价值规律作用的范围和作用的程度要加以限制。所谓计划第一、价格第二，使价格成为凝固不变的僵死的尺度，在价格既不反映价值又不反映供求而显得很不合理时，也不去调整，形成了价格的严重扭曲。于是，不能不强化指令性计划，执行物资切块调拨分配体制，导致各种经济关系的实物化。因此，指令性计划、物资切块调拨分配、僵化的扭曲的计划统一固定价，三者是扭结在一起的，谁也离不了谁。这时候，商品的价格当然不符合价值规律的要求。

但是，扭曲的价格实际上仍在起着作用，经常发出扭曲的信息，使价格诱导方向和计划安排方向不一致，使供需难以衔接，甚至使某些商品大幅度减产，经常发生各种各样的摩擦，而社会生产也难以根据计划要求按比例地发展。这正说明了价值规律作用的范围和程度实际上并未受到限制，只是它不以价格的涨落起伏表现出来，而是以经济生活中的种种矛盾和经济效益的降低表现出来，起着逆调节的作用。具体表现在以下几方面：

1. 不利于工农业生产合乎比例地发展。在商品生产和商品交换过程中，经济信息主要通过价格来传递，扭曲的价格会传递扭曲的信息，导致社会劳动的不合理分配和影响各部门的协调发展。在我们国家里长期存在着一方面不少商品紧缺脱销，另一方面又有不少商品积压滞销，其原因就在于扭曲的而且是僵化的价格。黑色的有色金属矿石和煤炭价格明显过低，中厚板钢材价高利大而小型材和线材价低利小，尽管这些人们早就知道，而且早已对生产和使用造成不利影响，然而在传统体制的惰性和"大锅饭"的保护下，却拖延了十几年、二十几年不加调整。这样，扭曲的价格对于社会生产的逆调节作用却越来越甚。煤炭供应不足是制约我国经济发展的一个"瓶颈"，然而过低的煤价却一直不作合理调整，以致对投资者没有吸引力，不利于生产增长和节约使用。黑色的有色金属矿石以及其他一些初级产品也与此相似。扭曲的价格还给进行技术改造、发展新产品、利用替代品、外贸、消费等带来错误的信息，而僵化的价格管理体制又造成了明知价格不合理也不允许其自动调整。这样价格诱导的方向往往和经济正常发展所要求的方向相背离，不利于整个社会生产合乎比例地发展。

2. 不利于流通的活跃。扭曲的价格，往往会堵塞工业和农业、城市和乡村的经济联系，出现流通的阻滞。黄豆积压滞销而城里人吃不到豆腐，粮食丰收而饲养业却发展不起来，是因为黄豆和豆腐、粮食和肉类的比价不合理。食盐购销、批零差价过小，使得边远山区的供销部门不愿经营食盐；工业消费品城乡同价，使得经营者无利可图反而影响工业品下乡；小百货的批零差率和大百货相同，使得零售商店里小百货稀缺不全。总之，价格本来是交换的产物，不适应流通要求的价格本来是无法存在的，然而传统体制却对不合理的价格无动于衷，于是价格反过来对流通起逆调节作用，成为流通不顺畅的主要原因和主要障碍了。

3. 不利于社会经济效益提高的。按照传统理论建立的价格管理体制限制着价值规律的作用，排斥了价格竞争，因而企业感受不到市场的压力，也就不会千方百计地使自己的生产适合社会需求，竞争不需要了，技术不改进了，质量提高不提高，成本降低不降低，对企业都无所谓。这样排斥价格竞争的结果是不利于微观经济效益提高的。而从整个社会来看，由于扭曲的价格会传递扭曲的信息，会造成资源分配的盲目性，使得实际经济效益低的，因价格扭曲而多分得资源，而实际经济效益高的，却因为价低利小而少得或者得不到资源。结果，使社会生产能力不能作最有效的利用，不利于宏观经济效益的提高。

经济规律有这样的特点，那就是当社会经济活动符合客观经济规律要求的时候，人们察觉不到规律的存在；而当违反客观经济规律要求并受到其惩罚的时候，规律才明显地被人们所感受。如今，僵化的价格管理体制造成的不合理的价格体系，也正因违反价值规律要求受到其惩罚，人们在这样或者那样的大小冲突中，体察到价值规律的调节或者逆调节作用，感受到价值规律的存在。

价格体现价值规律要求是要消除逆调节,而不是简单地成为反映价值的一面镜子

人们常常把价格偏离价值作为价格不合理的具体表现，认为

价格偏离价值已经成为改革经济体制的一个严重障碍。改革的目标就是使价格符合价值，使价格成为反映价值的一面镜子。尽管主张这种意见的人们中间还有着按价值还是按价值的转化形态即生产价格来实现其理想境界的争论，但都认为只有价格和价值相一致，才能正确核算和反映社会劳动消耗，才符合价值规律的要求。

从20世纪60年代参与价格形成问题讨论一直到今天，我始终认为这是对价格和价值关系的误解，是把价值决定和价值实现混淆起来了。商品价格要以价值为基础的等价交换原则，总是通过商品价格的不断摆动来贯彻的。高积累时商品价格高于价值，低积累时商品价格低于价值，这种价格和价值的偏离在任何时候都会有的。如果偏离符合价值规律的要求，那是顺调节，对经济是起积极作用的，用不着调整。只有价格和价值的偏离违背了价值规律的要求，求过于供的紧缺商品价格很低，供过于求的长线商品价格却很高，形成"短线想拉拉不长，长线要压压不短"的局面，供需脱节加剧，形成了逆调节，才是价格不合理的症结所在。

按照某种理想的平均利润率来调整价格，不论是按平均资金利润率，还是按平均工资利润率，或者是按资金和工资综合利润率，听起来似乎简捷易行，现在有了电子计算机，有计算模型，只要输入信息，很快可以算出调价方案。但是，价格改革的目标并不在于使价格成为反映价值的一面镜子。因为，不论哪一种率，都只反映价格运动的某种趋势，而实际情况错综复杂，很难用电子计算机计算出来。如果按此调价，很可能是该调的并没有调得合理，不需要调的反倒作了调整。而且平均的率，是无差别、无重点、无倾向的，对经济活动起不到指导作用。所以进行价格改革，并不在于消除价格和价值的所有偏离，而是消除起逆调节作用的偏离。今后要运用价格杠杆和市场机制，不能没有价格和价值的某种偏离。"没有价格和价值的偏离，便没有价格政策"，这个想法并没有错。

在传统体制中，存在着国家滥用价格和价值偏离来再分配国民收入的情况。由于在经济管理中排斥市场机制，价格是由国家规定的，是以单一的计划固定价为主体的，因而当出现价格与价值不合理的偏离的时候，价值规律不能起自动调节价格的作用，而只能通过逆调节的种种不利后果来表现。但是滥用价格与价值的偏离并不等于不应当有偏离，这个界限还是要划清楚的。

让价格回到交换去，让价格真正成为反映和利用价值规律的经济杠杆

在相当长时间里，由于受传统理论和传统体制的影响，人们在议论价格职能时，有的主张价格具有核算社会劳动消耗的职能，强调价格要尽可能地同价值相一致，价格和价值不相一致的情况，只能是暂时的、偶然的，因为这在经济上没有根据，不利于核算。有的主张价格具有再分配国民收入的职能，强调自觉地有计划地使商品价格和价值相偏离，通过价格影响某些产品的生产数量和消费数量，调节各阶层人民生活水平，可以形成理想的国民收入再分配格局。有的主张价格兼具有核算和分配职能，强调价格的稳定，认为各类商品价格稳定不动，才有利于和前期进行比较，才有利于核算，而且价格稳定才不至于打乱已有的国民收入再分配格局，便于国家的计划安排。

以上关于价格职能的讨论，恰好忽略了价格是在商品交换中形成，是交换的产物和交换关系的体现。这个问题，联系到各个社会主义国家在进行经济体制改革时，几乎无一例外地都进行价

格体系的改革，这是很发人深思的事情。价格本来是交换的产物，有买卖，要交换，才有价格；而反过来，价格是否合理又影响着交换能否顺畅进行。然而各国过去的通病，是把价格和交换的联系忘却了，似乎社会主义经济中不存在价值实现的问题，计价只是为了核算，价格高低可以随心所欲地安排；物价稳定本来是指价格总水平的基本稳定，却被误解为各种商品价格都不能动，都冻结下来，明知道价格不合理也不及时调整，把价格凝固化，时间拖得越长，价格方面积累的矛盾也越多。由此可见，进行经济体制改革时对于价格的职能来说，关键是要"让价格回到交换去"。如果还是按照过去脱离交换的一套办法来管理物价，那么即使花大力气调整和改革了价格体系，用不了多久又会出现价格不合理的现象，又要再次进行价格体系的调整和改革。"剪不断，理还乱"，很难真正把价格理顺。

应该指出，让价格回到交换去，使价格成为实现价值规律对社会经济生活调节作用的主要形式，使价格成为国家组织、引导和调节社会经济活动的重要经济杠杆，并不意味着要取消计划价格。因为，价格的凝固化，并不是计划价格必然具有的特性，而是旧经济体制模式在价格上的反映。随着经济体制的改革，价格管理也必须有相应的改革，除了市场上形成的自由价格之外，固定价和浮动价都是计划价格，是计划价格的两种不同形式。今后不仅浮动价是灵活的，固定价也应根据市场条件，根据交换而经常进行调整。从而在国家宏观控制和运用多种调节手段的条件下，利用市场机制，纠正价格的扭曲，使价格反映价值规律的要求。只有这样，才能使企业成为相对独立的商品生产者，与自主经营、自负盈亏的状况相适应。

人们担心的是，利用市场机制来纠正价格的扭曲，会不会使价值规律这只看不见的手起到盲目破坏的作用。前些时钢材、汽车等少数几种紧缺物资计划外供应的议价迅猛上升，似乎正好为此提供了论据。但应该指出，社会主义生产资料公有制消除了生产资料私人占有和社会化大生产之间的矛盾，整个社会生产的发展是有计划的，总需求和总供给的均衡是可以通过计划安排和控制的，所以宏观经济活动不是受价值规律支配而是由有计划发展规律决定，价格总水平和价格运动方向是由计划调节的。与此同时，国家还可以通过税率、利率、汇率等经济杠杆调节微观经济活动，在物价可能发生波动时，国营商业还可通过吞吐物资平抑物价。这样让价格回到交换去之后，价值规律的反应灵敏了，各方面的经济活动处于市场关系之中，而我们的市场关系是可以由计划调节，是能够避免盲目无政府状态下因市场变化引起的价格猛烈波动的危害。

在商品经济中，价值规律的作用通过商品价格来体现。不合理的价格影响生产和流通，会造成盲目发展和盲目紧缩，影响资源的节约和使用，影响到经济体制改革的进展和成效。因此，理顺经济要理顺价格，以促进竞争，提高经济效益。

（《中国价格问题探索》，上海人民出版社 1986 年版，第 1—12 页）

论社会主义制度下生产资料的
价值和价值规律的作用问题

"生产资料不是商品"是需要讨论的问题

价值理论是政治经济学中极其重要的一个组成部分。在讨论社会主义社会的经济理论问题的时候，有许多方面要联系到价值理论问题。

在价值理论方面，我国流行着一种论点，这种论点认为：在社会主义制度下，在国内经济流通领域内，生产资料已经不是商品，生产资料的价值只是形式上的事情；生产资料已经超出价值规律发生作用的范围之外。这些论点，大体是从苏联科学院经济研究所编的《政治经济学教科书》中来的。因为，《政治经济学教科书》曾经作过如下的论述：

"在国营企业间进行分配的生产资料，实质上不是商品。但是它们保存着商品形式，具有价格，这是进行计算和成本核算所必需的。"①

----

① 苏联科学院经济研究所编：《政治经济学教科书》，人民出版社 1955 年版，第 479 页。

"价值规律的作用并不限于商品流通范围。价值规律对社会主义生产也发生影响，但这种影响不是决定性的。"①

个人消费品既然是商品，就有价值。工业消费品的价值包括集体农庄作为商品来生产的原料的价值。消费品的新创造的价值，一部分用来抵偿货币工资，另一部分则成为货币形式的企业收入。同时，在工业消费品的生产过程中还要损耗非商品的劳动资料：机床、机器、厂房。既然包括在工业消费品价值中的一切其他要素都具有货币形式，劳动资料也就应该以货币进行成本核算。

价值规律对生产资料生产的影响是通过抵偿劳动力的消耗所必需的消费品而实现的。消费品既然是商品，工人就只能用货币即用货币工资去购买。因此，必须在生产资料的生产中，用货币形式来计算同工资一起构成工业品成本的其他一切要素。

"既然作为商品的消费品具有价值，那末不作为商品的生产资料就具有用以进行成本核算、计算和监督的商品形式和价值形式。"②

上述论点，不仅在理论上有着巨大影响，而且也关系到我们社会主义建设的实践，例如，就关系到我们如何对待生产资料的价格问题。所以，对这个论点进行探讨，不仅具有理论上的意义，而且具有实践上的意义。关于这个理论问题，骆耕漠同志在《经济研究》1956年第3期发表的《重工业产品的周转税问题》一文，在一定程度上是接触到了。但是，他对生产资料是否具有价值以及价值规律所起作用问题的看法，仍然是含糊其辞的。例如，他说："在社会主义制度下，重工业产品是国营企业内部的分

①　苏联科学院经济研究所编：《政治经济学教科书》，人民出版社1955年版，第483页。

②　同上书，第483—484页。

配物资，实质上已经不是商品，仅仅具有商品的'外壳'——价格形态。"① 很明显，认为生产资料只具有价格形态，是沿用了《政治经济学教科书》中的论点。但是，骆耕漠同志的这个说法与他在同一篇文章中的另一些说法是矛盾的。例如，他说："重工业产品应该如何定价的问题……还必须同时考虑到前面所说的同一产品的个别成本水平和个别价值水平的高低悬殊……"又说："我们平常说，对重工业产品应该采取低价政策，这就是说，重工业产品的价格应该定得比它的价值为低……"② 这就否定了他关于重工业产品仅仅具有价格形态的说法。在这里，不能不使人感到骆耕漠同志对生产资料是否具有价值的论点是模糊的。

　　社会主义制度下，国内经济领域内的生产资料是否具有价值，这不仅是关系到生产资料价格设计的理论问题，而且也是涉及到有关社会主义经济很多方面的理论问题。所以，当《政治经济学教科书》提出了生产资料只具有用以进行成本核算的价值形式论点之后，在苏联曾经引起关于社会主义制度下工业品成本范畴的经济本质问题的争论；并且，产生了以勒·康特尔为代表的论点，也就是主张工业品成本是随着各个企业的具体条件而有不同的，主张工业品成本是企业各种实际消耗的总数。这种以个别成本来代替社会成本，否认社会成本是客观上存在的量的论点，实际上就是从生产资料没有价值的论点发展而来的。再如，苏联最近两年来关于社会主义社会的国民收入是不是新创造的价值的争论，其中以莫·保尔为代表的论点，即主张社会主义社会中的国民收入，乃是本年内社会必要劳动新创造的那部分产品的论点，即是以"社会主义社会的生产资料实际上没有价值，因

---

① 见《经济研究》1956年第3期，第30页。
② 同上书，第30、28页。

而它不能把价值转移到所创造的产品中去"为论据的。而反对莫·保尔论点的如伏·贝尔金等人，由于他们并没有解决生产资料是否具有价值的问题，因此，也就不能从根本上解决莫·保尔提出的一系列问题。由此可见，价值范畴是否适用于生产资料是一个亟待阐明的理论问题。如果对这个问题不能作出科学的论证，就不可能使这些争论的问题在理论上得到澄清。

我们在这篇文章中，打算就《政治经济学教科书》所提出的论点，即对在社会主义制度下，生产资料不是商品，只具有用以进行成本核算的价值形式，生产资料已经超出价值规律发生作用的范围之外的论点，进行探讨。

商品买卖中反映的是使用价值的交换而不是所有权转移

我们准备从社会主义条件下，生产资料在生产和流通过程中所反映的经济关系、所具有的经济内容，来研究生产资料的价值问题，并以此作为研究的起点。因为，如果生产资料只具有商品外壳，并无实际内容，那么，就谈不上价值范畴和价值规律的影响了。

大家知道，马克思对于商品所下的经典定义，是商品必须有使用价值，它能满足人们的某种需要；同时，所谓商品，必须是这种使用价值不是用来满足生产者本身的消费需要，而是为了交换。商品生产存在的基础则是社会分工，各个生产者制造各种不同的产品；以及产品属于不同的所有者。正由于此，大家对于国营企业出售给集体所有制经济的生产资料，都认为是商品，这是没有什么分歧和争论的。问题在于，在社会主义制度下，生产资料如黑色金属、有色金属、机床、机器等等，都是在国营经济中生产，并且主要在国营经济内部分配。这种在国营经济内部分配的生产资料，是不是商品。而讨论这个问题，显然也同样不能离开马克思的经典定义。

主张生产资料不是商品的人，他们给商品下了另外一个定义，他们说："商品是这样的一种产品，它可以出售给任何买主，而且在商品出售之后，商品所有者便失去对商品的所有权，而买主则变成商品的所有者，他可以把商品转售、抵押或让它腐烂。"可是，我们知道，一物并不是一定要能够出售给任何买主，才能够成为商品；只要它是为了交换而生产，它就是商品。同时，在商品交换过程中，所变动的是人们对于物的所有权的表现形式，而并不是所有权本身。例如，麻布生产者以麻布交换鞋子，并不是失去了什么所有权，而是他的所有权原来表现为麻布，现在表现为鞋子；如果拿麻布卖了钱，则是他的所有权原来表现为麻布，现在则表现为当作货币的那种特殊商品了。至于人们能不能把一物转售、抵押或让它腐烂，那是所有权问题，人们对属于他自己的物是可以那样做的；对不属于他自己的物便不能那样做。但不管能不能对一物转售、抵押或让它腐烂，都不能作为一物是不是商品的标志。商品的标志，始终只是在于它的生产是为了交换。由此可见，这个新的定义，并不见得发展了马克思的经典定义，相反，这个新的定义却不能够正确解释什么是商品。

主张生产资料不是商品的人，又进一步分析了生产资料不是商品。他们说，第一，生产资料并不"出售"给任何买主，甚至不"出售"给集体农庄，而只是由国家分配给自己的企业。第二，生产资料所有者——国家，在把生产资料交给某一个企业时，丝毫不失去对它们的所有权，相反地，是完全保持着所有权的。第三，企业的经理，从国家手中取得了生产资料之后，不但不变成这些生产资料的所有者，相反地，是被确认为受国家的委任，依照国家所交下的计划，来使用这些生产资料的。所以，不能把社会主义制度下的生产资料，列入商品范畴中。当然，这个分析和所提出的对商品的新定义联系起来，可以得出生产资料不是商品的判断。但是，如果从马克思的经典定义来看，却未必能够得出同样的判断。首先，所谓生产资料只是由国家分配给国营企业，实际上并不是分配实物，还是要通过基本建设投资拨款、物资技术供应计划的安排，使用企业的申请购买和生产企业的供应。因此，这里并没有说明，供应生产资料的企业和取得生产资料的企业之间的关系是什么。其次，所谓国家把生产资料交给某一个企业时，完全保持着这些生产资料的所有权，只是说明了国营企业的生产资料属于全民所有、国家所有的性质。我们知道，国营企业的钱也是属于国家的。因此，这里并没有说明，供应生产资料的企业把生产资料变成钱，使用生产资料的企业把钱变成生产资料，表明了什么样的关系。再次，所谓企业经理并不是生产资料的所有者，他只是受国家委托，按照国家计划来利用生产资料，只是再度重复了全民所有制国营企业与国家之间关系的论述。可是，我们既然不能从消费者怎样消费麻布、鞋子来判断麻布、鞋子是不是商品，当然也同样不能从机器怎样使用、由谁使用来判断机器是不是商品。正由于此，这个分析只是说明了在生产资料生产和流通过程中国营企业和国家之间的关系，只是说明了所有制的关系。这当然是很重要的一个方面，我们决不能忽视这个方面。可是，这个分析并没有说明在生产资料生产和流通过程中，国营企业之间的相互关系，并没有说明这种经济关系的内容。从而，这个分析，并不能证明在社会主义制度下，生产资料已经不是商品了。

应该指出，在社会主义制度下，仍然存在着社会分工，在国营经济内部，仍然存在着社会分工。各种产品由各个不同的国营企业来进行生产。由于社会主义再生产是一个统一的、不可分割的整体，所以因社会分工而生产各种产品的各企业，各国民经济部门之间的经济联系，是十分密切的。还应该指出，国营企业都是属于国家的，但当在国家组织国营企业生产还必须采取经济核算制原则、国营企业实行经济核算制的条件下，各个企业还要在相互之间作为不同的、相对独立的经济单位来对待。这样，如若不是从人们的新定义而是从马克思的经典定义来看，在国营企业内部分配生产资料，也就必然反映了商品交换的经济关系。当然，这种商品交换关系与资本主义制度下的商品交换关系是不同的；它与社会主义制度下消费资料在国营经济、集体所有制经济、居民之间交换的商品交换关系，也有所不同。但是，这些不同，并不能据以作出生产资料不是商品的论断。

关于在社会主义制度下仍然存在着社会分工这一点，是很易了解的，没有必要再作说明。关于在实行经济核算制条件下，各国营企业相互之间还要作为不同的、相对独立的经济单位来对待这一点，由于观察时往往被国营企业都属于国家所有这一面所遮没，或者还没有引起人们的重视。所以，还需要作进一步的研究。

社会主义国营企业实行经济核算制，是社会主义制度下的客观必然性，是社会主义基本经济规律的客观要求。大家知道，社会主义基本经济规律要求社会主义生产不断增长，尽力提高人民群众的物质和文化生活水平。这就要求厉行节约制度。马克思说过："社会生产小麦、牲畜等等所需要的时间愈少，它就赢得更多的时间去进行其他物质的或精神的生产。无论对于个人或社会，其发展、消费和活动的全面性都取决于时间的节省。"① 社会主义经济制度摆脱了造成人力、物力大量浪费的资本主义矛盾，为厉行节约提供了巨大的可能。同时，为了把这些可能性变

---

① 《马克思和恩格斯文库》第 4 卷，俄文版，第 119 页。

为现实性，实现社会主义基本经济规律的要求，就必然要求国家有计划地领导生产，并且在组织社会主义国营企业生产时，采取合理的经营管理制度。

社会主义经济是计划经济，所以要求这种合理的经营管理制度，能够体现"各尽所能，各取所值"的按劳分配规律的要求，以调动一切积极因素和力量，完成和超额完成国民经济计划。这种制度就是以企业为单位的经济核算制。这就是说，国营企业的生产资料是全民所有的。但是这时却以企业及其领导人员对国家负责，以保证完成计划和合理使用资源为前提；以国家有计划地组织各个企业之间的联系和协作为前提，在生产资料全民所有制的范围内，使国营企业在经济上和业务上具有了独立性，从而，调动一切积极因素和力量，更好地更合理地进行生产。以最少的劳动消耗，获得最大的生产成果。同时，还要把具有相对独立性的企业的生产消耗同生产成果进行比较。因为，没有这种比较，就不可能了解劳动生产率有多大提高和获得多少节约，就不可能确定新技术、新的生产组织方法的效果；也就不可能正确地体现按劳分配的规律，也就不可能正确地运用物质鼓励的方法。

国营企业实行的经济核算制，乃是社会主义全民所有制的生产关系的表现形式。马克思在解释生产关系时说："他们如果不以相当的方式联合起来进行共同活动并互相交换自己的活动，便不能进行生产。为了生产，人们就发生一定的联系和关系，而且只有通过这些社会联系和社会关系，才有人们对自然的关系，才有生产。"① 国营企业实行经济核算制，正是反映了国营企业中人们在物质资料生产过程中的一定的联系和关系。经济核算制表明，社会主义国家和它的企业之间的相互关系，各个社会主义国

---

① 马克思：《雇佣劳动与资本》，三联书店 1953 年版，第 21 页。

营企业之间的相互关系，社会主义国营企业和企业职工之间的相互关系，应当建立在国家对国营企业的集中领导、计划管理同每个企业的经济上、业务上独立性相结合的基础上。这时候，从各个国营企业之间的相互关系来说，各个国营企业本来都是属于全民所有即国家所有的，它们之间的相互关系是社会主义全民所有制经济的内部关系。但是，在实行经济核算制条件下，要求各个企业在经济上、业务上具有独立性，也就是说，国家拨给企业以生产基金，企业作为独立的经济单位，组织自己的生产、供应和销售的活动，同其他企业发生经济关系，独立使用自己的货币资金和银行贷款；并且独立计算盈亏。从而，在实际生活中，各个企业之间是相互当作独立的经济单位来对待，企业之间通过买卖来发生经济联系，并且通过经济合同等来规定这种买卖的经济联系。这种买卖的经济联系，决不是"观念的"、"象征的"意义，而是具有真实的、与企业利害相关的经济内容。例如，鞍山钢铁公司和重庆钢铁公司，上海电机厂和上海机床厂，虽然它们都是国营企业，但它们之间毕竟还是要通过买卖方式、通过合同来进行经济联系。同时，也正因为如此，才产生了我国最近正在热烈讨论的国营工业和国营商业之间的工商关系问题。试问，如果只有国营企业都属于国家的一面，不存在各个企业相对地作为不同的、相对独立的经济单位的一面，那么，讨论这些工商关系问题岂不是多余么？

正由于此，在社会主义制度下，还存在着社会分工，还有各个国营企业制造不同的产品；而且，在实行经济核算制条件下，各个国营企业还要彼此当作不同的相对独立的经济单位来相互对待，还要"亲兄弟，明算账"。所以，生产生产资料的企业和需用生产资料的企业之间相互关系，就还必须采取由一个企业把生产资料卖给另一个企业的关系。这种生产资料在国营企业之间的买卖关系，正是反映了特殊的商品关系。它的特殊性在于：一方面，经济核算制企业的独立性是相对的，各个国营企业都是属于同一所有者的国家是绝对的，在国营企业内部分配的生产资料仍然属于国家所有。但是，另一方面，生产资料在国营企业内部进行分配时，各个企业之间还是要把它当作商品来相互对待。这种对待，和消费资料在国营企业内部流通，在国营工业卖给国营商业时，对消费资料的对待，并无什么不同。所以，如果以简单化的办法，只看到在国营企业内部分配的生产资料仍属国家所有的一面，忽视了在各国营企业间的流通，还反映了各企业作为不同的相对独立经济单位，相互交换自己的活动的一面，势必不能够正确解释在实际经济生活中所表示出来的各种问题。我们知道，国营企业生产的生产资料是卖钱的。试问，如果生产资料不是作为商品，又怎么能够与作为一般等价物的特殊商品——货币相交换呢？对于这种现象又怎样解释呢？

生产资料和消费品一样具有价值

那么，生产资料是不是具有价值呢？

关于这个问题，《政治经济学教科书》是这样回答的："那末不作为商品的生产资料就具有用以进行成本核算、计算和监督的商品形式和价值形式。"[①] 很明显，该书否认了生产资料具有价值，否认了价值范畴能够适用于生产资料的经济领域。

我们知道，所谓价值，是指体现在商品的商品生产者的社会劳动。因为，各种不同生产物的物理属性是不能比较的，各种不

---

① 苏联科学院经济研究所编：《政治经济学教科书》，人民出版社 1955 年版，第 483—484 页。

同生产物的使用价值是不能比较的。生产物要交换时，只有一种共同属性，能够使它们互相比较，这就是它们都是劳动产品，都包含着生产它们所消耗的社会劳动的缘故。同时我们还应该知道，生产一物所消耗的社会劳动只是形成价值的实体，要使所消耗的社会劳动转化为价值，还必须是基于生产物的交换。所以，马克思的经典原理又指出：价值是不同所有者交换劳动的表现；用来满足自己需要的生产物，只有使用价值而无价值。我们要探索生产资料是否具有价值，必须从这一经典原理出发。

当从马克思的经典原理出发时，却从以下两方面证明了在社会主义制度下，国营经济内部分配的生产资料仍然具有价值。

首先，所谓社会主义制度下生产资料只有用以进行成本核算、计算和监督的商品形式和价值形式的论点，是从生产资料不是商品出发的。可是，由于组织社会主义国营企业生产还必须使国营企业作为不同的、相对独立的经济单位，在国营经济内部分配的生产资料，在各企业之间还要当作商品来相互对待。这也就使得，即使生产资料是在国营经济内部分配的，但是生产生产资料的劳动，还是要转化为价值。因为，不使生产资料的生产劳动转化为价值，就不可能比较生产者的各自的劳动；因为，不比较生产者各自的劳动，在国营企业间产品交换不是等价交换，就势必破坏国营企业作为相对独立的经济单位的原则。

其次，即使有人否认生产资料是商品，但是，也仍然不能据以论断生产资料没有价值。我们知道，在社会主义社会中，存在着全民所有制的国营经济、集体所有制的集体农庄、合作社经济；存在着第一部类生产与第二部类生产的社会分工。同时，社会主义再生产是统一而不可分割的整体。所以，消费资料是商品，就必然要使生产生产资料和消费资料的劳动都转化为价值。因为，消费资料作为商品，是按等价、按社会必要劳动所凝结的价值量进行交换的。可是，生产资料的生产和消费资料的生产是一个统一的整体，生产消费资料时必需耗费生产资料。例如生产棉纱时必须磨损纺纱机、再织成棉布时必须磨损织布机，假如不计算生产资料如纺纱机、织布机的价值（凝结在其中的社会必要劳动），那么，作为消费资料的棉布的价值也就无法计算出来。所以，社会主义再生产是一个统一的过程，消费品具有价值，那么，生产生产资料的劳动，也要转化为价值。

同时，既然在作为商品的消费资料的生产中要用价值的货币形态——价格，来表现物化劳动，劳动力的消耗要以作为商品的消费品来补偿、以货币工资的形式来实现，那么，在社会主义再生产是统一而不可分割的整体条件下，生产资料的生产劳动的耗费，也就不能不用迂回曲折的价值和价值形式核算较量。这表明了，全部社会主义生产（不论是消费品的生产或者是生产资料的生产）所耗费的劳动，为了实现自己的社会计算和分配，就必然要利用价值范畴，并且需要有价值的货币形态——价格。

由此可见，即使是在国营经济内部进行分配的生产资料，也仍然是具有价值的。那种认为生产资料只具有用以进行成本核算的价值形式，只具有价格形态的论点，是说不通的。其所以不通，是因为我们如果把价值形式理解为马克思所阐明过的价值形式。那么，马克思指出过，价值形式是随着社会分工和商品生产的发展，才逐步地从简单的、个别的或偶然的价值形式，发展到货币的价值形式。然后，一个商品的价值，当表现在充作货币商品的商品上面时，就成了"价格形态"。所以，离开了价值而来谈什么价值形式，讲什么价格形态，这种价值形式、价格形态却已经失掉了它们的依托了。同时，如果这些论点并不是指马克思所谈的价值形式，而在于说明社会主义制度下生产资料的价值只是形式，其实已经失去了价值的内容。那么，这个形式又包含什么内容呢？难道是没有内容的形式，只是一种符号，一种便于计算的工具么？所以，如果承认这个论点是对的，那么，就势必得出这样的结论，好像我们通过价格来计划和核算的，并不是生产资料的价值，而是实际上不存在什么东西的空空洞洞的核算。这样，生产资料领域的经济，就会建筑在虚假的、象征的、不可捉摸的基础上。显而易见，这种论断，将使我们不能正确地组织社会主义生产。

而且，我们还必须指出，如果简单地认为生产资料仅仅具有用以进行成本核算、计算和监督的价值形式，认为讲生产资料的价值，只是"事情的形式的一面"，那么，在有关社会主义社会的经济理论问题中，就势必有一系列的理论问题，会与这种论点相矛盾，不能得到正确的阐明。在这里，我们不妨举出几点来看看。

首先，如果认为生产资料仅有用以进行成本核算的价值形式，那么，就势必脱离了作为成本基础的价值（社会劳动耗费），而单纯地、孤立地去研究生产资料的成本了。但是，成本始终只是产品价值的一部分。也就是说：产品价值包括了所消耗的生产资料转移过来的价值，以及活劳动新创造的为自己的产品的价值、为社会的产品的价值；至于成本则是由前两部分构成的。如果生产资料仅仅只能有用以进行成本核算的价值形式，那么，就等于认为在生产生产资料的劳动中，没有为社会的劳动了。这种论断，当然是不通的。而且，归根到底，价格、成本、利润等范畴，都是以价值范畴的存在为前提的。用来满足自己需要的生产物，只有使用价值而无价值；同时也就没有成本了。我们自己在庭院里种些鲜花，是没有成本的，只有花店出售的鲜花，才有成本，并需要计算成本。所以，离开了价值范畴，实际上也就谈不上成本和成本核算了。

为什么会得出这种论断呢？可能是由于在某些社会主义国家的实际生活中，某些生产资料价格只相当于或者稍大于它的成本，于是，在理论研究方面，把这种现象当作客观的必然要求来阐述。但事实上，价格只能是价值的货币形态，而利用货币形式，也正是为了进行价值核算。至于某些生产资料价格仅仅相当于或者稍大于成本，这是国家在设计价格的时候，把价格同价值偏离了的缘故，并不能说明生产资料的价格只是反映成本核算。我们可以设想一下，如果当生产产品的劳动量不再迂回曲折地凭借价值及其形式来计算，而是直接以耗费在生产产品上的劳动时间来计算的时候，难道说，对生产生产资料所耗费的劳动量，也只是计算其一部分（即只计算成本），而不计算它的全部劳动吗？由此可见，不能认为生产资料仅有用以进行成本核算的价值形式。

其次，苏联科学院经济研究所编的《政治经济学教科书》，在讨论有关社会主义社会的经济理论问题时，在很多地方都指出了，作为商品的消费资料的价值，是由已消耗的生产资料所转移过来的价值，以及活劳动所创造的价值构成的。但是，我们试问一下，生产资料如果并未具有价值，生产生产资料的劳动如果并不转化为价值，那么，没有价值的生产资料，又怎样能够在作为商品的消费资料的价值中，转移自己的"价值"呢？显而易见，《政治经济学教科书》中关于生产资料只具有用以进行成本核算的价值形式的论点，是和这本书中有关消费品的价值构成、社会总产品的价值构成等等论点自相矛盾的。

又次，过去在苏联和我国有些经济学家认为在社会主义制度下，不存在机器的无形损耗问题，现在则都认为也有机器的无形损耗问题了。但是，我们试问，机器的无形损耗指的是什么呢？

它并不是指机器的实物磨损，它指的是机器作为价值的损耗。试问，如果生产资料没有价值，又怎样会形成价值的无形损耗呢？显而易见，生产资料如果仅仅只有用以进行成本核算的价值形式，也必然和在社会主义制度下存在机器的无形损耗的论点自相矛盾。

再次，在有关社会主义社会的经济理论中指出，在社会主义再生产过程中，根据社会主义基本经济规律和国民经济有计划（按比例）发展规律的要求，应当正确安排生产资料生产同消费资料生产之间、国民经济各部门之间、生产同流通之间、积累同消费、后备等等之间的必要的比例关系。并且指出，社会主义生产中第一部类同第二部类之间的正确对比，是社会主义再生产的最重要的比例。这种对比，一方面是实物的对比，另一方面是价值的对比。而且，我们知道，列宁曾经指出马克思关于第一部类和第二部类对比关系的公式，在社会主义和共产主义社会仍然有效。而马克思的社会生产第一部类和第二部类之间的对比关系的公式（ I〔v＋m〕同 II c 的关系），也正是价值的对比关系的公式。所谓 I（v＋m）＞ II c，所谓生产资料的优先增长，都是指价值，指用于生产的社会劳动而言的。试问，如果生产资料不是具有价值，又怎样能够与消费资料的价值相对比呢？当然，也许有人认为，在这里，`所谓 I（v＋m）和 II c 的对比关系，是单指用于生产的社会劳动而言的，而用于生产的社会劳动，并不等于就是价值。马克思说：“在资本主义生产方式废止以后，但社会化的生产维持下去，价值决定就仍然在这个意义上有支配作用；劳动时间的调节和社会劳动在不同各类生产间的分配，最后，和这各种事项有关的簿记，会比以前任何时候变得重要。”①

---

① 马克思：《资本论》第 3 卷，人民出版社 1956 年版，第 1116 页。

马克思在这里所说的价值，也仅仅只是指用于生产的社会劳动，即形成价值的实体，而不是指价值而言的。可是，尽管这些方面还需要探讨，但也挽救不了在社会主义制度下生产资料只具有用以进行成本核算的价值形式的论点的不能成立。我们试问，只具有成本核算的价值形式的生产资料，又怎样和具有价值的消费资料相对比呢？很明显，如若消费资料要表现为价值，还不可能直接表现为用于生产的社会劳动，那么，在 I（v＋m）同 II c 的对比关系中，也必然要求把生产生产资料的社会劳动转化为价值，才能进行比较。在现实生活中，人们也正是这样来观察和较量的。

从以上举出的几个例子来看，都表明了，所谓在社会主义制度下，生产资料只具有用以进行成本核算的价值形式的论点，是站不住脚的，是和有关社会主义社会的经济理论问题的阐明相矛盾的。应该指出，不能把社会主义制度下在国营经济内部分配的生产资料，同自给经济中满足生产者自己需要的生产物，简单化地混同起来。应该指出，在社会主义制度下，在国营经济内部分配的生产资料，仍然具有价值，这决不是什么形式上的事情。

生产资料并未越出价值规律的作用范围之外

如果说，在社会主义制度下，在国营企业内部分配的生产资料不具有价值，只具有用以进行成本核算、计算和监督的价值形式，那么，它自然就"超出价值规律发生作用的范围之外"了。如果说，生产资料还具有价值，那么，价值规律对生产资料的生产和分配是否发生作用呢？这是本文要探讨的另一个问题。

马克思对于价值规律的经典原理，包括两个方面。一个方面是，商品的交换，是按照它们的价值，按照生产它们所耗费的社会必要劳动量来进行的。就这一方面来说，在社会主义制度下，价值规律仍然起作用，包括生产资料生产在内的社会主义全部生产，都必须估计到价值规律的要求，估计到社会必要劳动耗费。因为，既然国营企业作为不同的、相对独立的经济单位，还要把生产资料当作商品来相互对待，既然生产资料的生产劳动还要转化为价值，那么，价值规律的这一方面还是要起作用；而且，即使人们否认了这些，可是，社会主义再生产是统一而不可分割的整体。既然消费资料是商品，那么，就要求消费资料按等价、按社会必要劳动所凝结的价值量进行交换，使消费资料的生产和交换遵守社会必要劳动耗费的要求；否则，生产费用就得不到补偿，社会主义的再生产过程就要遭到破坏。同时，由于消费资料价值构成中生产资料占有重要地位，由于生产出来的生产资料总是要用来生产消费资料，所以，生产资料的生产和交换，也还是要遵守社会必要劳动耗费的要求。由此可见，在社会主义制度下，在生产资料生产中，马克思所指出的价值规律的这一方面，仍然要起作用。

而且，我们还应该认识到，所谓价值，不是由生产者的个别劳动时间决定，而是由社会平均必要劳动时间决定的。因此，价值规律要求商品交换按照所耗费的社会必要劳动来进行，就使得生产同一产品的生产者之间，存在着个别价值和社会价值的矛盾，对于社会主义制度下生产资料的生产，也并不会例外。我们知道，价值规律的这种作用，在资本主义社会中，曾使得资本家们"同行是冤家"，使得他们尔虞我诈，千方百计地保住自己的业务机密和窃取别人的业务机密，使得他们蚀本、破产或者是发了大财；可是，当他们竭力使自己企业生产产品的个别价值低于社会价值时，也毕竟推动了社会生产的进步。在社会主义社会中，价值规律的这个方面仍然起作用，但由于社会生产关系的改变，却完全可以排除它与大鱼吃小鱼、破产失业等联系着的消极破坏因素，却可以被人们用来督促技术的进步和经营管理的改善。而如果否认在社会主义制度下生产资料还具有价值，否认价值规律对生产资料的生产和交换还起作用，其结果，只能导致认为生产资料的生产和交换用不到遵守社会必要劳动的耗费，导致认为在生产资料生产中没有个别价值与社会价值、先进与落后的矛盾。除此以外，却不会带来什么好处。

马克思关于价值规律的经典原理的另一方面，是用于某一商品生产的社会劳动总支出，必须与社会对该种商品所需要的量相适合。只有这样，这种商品才能按它所包含的社会必要劳动量来出售。马克思说："要使一个商品能够依照它的市场价值来售卖，那就是，比例于它所包含的社会必要劳动来售卖。用在这种商品总量上的社会劳动的总量，必须与这种商品的社会需要的量相适合，那就是，必须与有支付力的社会需要的量相适合。竞争，与供求比例变动相适合的市场价格的变动，不断要把用在各种商品上的劳动总量，还原到这个标准。"① 在资本主义条件下，商品的供给与社会对它的需要经常是不一致的，因此，在供求关系影响下，商品价格经常高于或者低于价值。这样，价值规律在商品流通领域中所起的作用，便是调节商品进入流通领域的规模和构成。某种商品的价格低于它的价值时，这种商品的销售量便会扩大；相反，某种商品的价格高于其价值时，这种商品的销售量便会缩小。价值规律在商品生产领域中所起的作用，便是通过生产价格与平均利润规律的作用，自发地调节商品经济各部门中劳动力和生产资料的分配。当某种商品的价格高于它的价值（在资本主义条件下转化为生产价格）时，生产这种商品的企业能够获得较大

---

① 马克思：《资本论》第 3 卷，人民出版社 1956 年版，第 221—222 页。

的利润，生产资料和劳动力就自发地流入这一企业部门，这种商品的产量就会增加；相反，价格低于价值，利润下降，产量就会缩小。这样，价值规律通过资本主义的市场竞争，成为生产的自发调节者。在资本主义条件下，商品供给与社会需求的矛盾所形成的商品价格经常脱离价值，商品价格围绕价值或高或低地波动，就成为实现商品按照价值来交换的唯一可能的方式了。

在社会主义制度下，价值规律在这一方面的作用，受到了限制。但是，价值规律的作用并不是消失了，它仍然会在一定范围内和一定程度上表现出来。即使是在生产资料的生产和流通的领域中，也同样如此。

有人说，在社会主义制度下，价值规律不会起生产调节者的作用。关于这一点，人们流行的说法，是以社会主义国家不是先发展赢利多的轻工业，而是先发展赢利少乃至亏损的重工业来加以论证的。可是，我们如果仔细分析一下，企业不能赢利，不外是以下一些原因：一是这种生产本来就对社会并无好处，它徒然浪费了社会的劳动。如果是这样的话，发展这种生产就是不对的；二是企业技术落后，管理不善，那就要加以改进；三是价格不合理。从实际生活来看，谁也不能说重工业生产只是浪费了社会劳动，对社会并无好处；谁也不能说重工业企业较之轻工业企业技术落后，管理不善；那么，使重工业企业赢利少乃至亏损的唯一可能，只是价格定得不合理。所以，我们同意孙冶方同志在这一方面的论点，就是这个例子只能说是忽视价值规律来制定价格的后果，却并不能够说明在社会主义社会中价值规律不起生产调节者的作用。应该指出，价值规律的生产调节者的作用只是受到了限制，却并没有消失。其所以受到了限制，是因为在社会主义制度下，生产资料和劳动力的分配，产品生产数量的增减，是由国家根据社会主义基本经济规律的要求、国民经济有计划

（按比例）发展规律的要求，制定发展国民经济的计划来加以调节。同时，由于计划订得不够正确，或者计划订得正确了，由于经济发展又出现新的需求与供给不平衡的现象，还是可以通过供给和需求的积压、脱销、不能完成订货等，来直接察觉这种不平衡；而且用调整计划的办法，来直接调整生产资料和劳动力的分配。但是，却并不一定需要迂回曲折地通过价值规律的作用，来发现这种不平衡，又通过价值规律的作用、通过价格的升降和利润率的波动，来调节生产资料和劳动力的分配，使供给和需求归于平衡。正因为如此，从整个国民经济来说，价值规律作为生产调节者的作用受到了限制。这表明了，当商品经济以私有财产为基础的时候，生产是个别生产者的私事，并没有谁在主持生产的组织工作，个别生产者所生产的商品是否符合社会需要，他事先是不知道的，价值规律便成为促使增产或者减产的自动控制设备，使供给与需求归于平衡。而当商品经济以生产资料公有制为基础的时候，国家便起了社会生产组织者的作用，可以有计划地组织供给与需求的平衡，价值规律的作用便不能不受到了限制。

可是，价值规律的作用毕竟还会在一定范围内和一定程度上表现出来。因为，在社会主义制度下，社会生产力的发展还不是很高，社会需要和商品供给之间还有矛盾。而且，虽然有国家作为生产组织者，可以通过制定国民经济计划，使商品供给与有支付能力的需求归于平衡，可是，要把成千上万种商品的供给与需求都加以计划，还不是一下子就能做到；组织工作、计划，难免有不正确的时候；而需求又不是不会发展变化的。从而，价值规律的作用就不可能完全不表现出来。而且利用价值规律的作用，还足以有利于生产组织工作的进行和计划的实现。以消费品来说，国家计划只能安排进入流通领域的消费品总量与总构成，并不能够直接规定每一居民购买消费品的数量和品种。所以，国家在制定各种消费品的价格时，也还是要考虑到各种消费品的价值水平和它们的供求关系；否则，就会造成某些消费品供应紧张，而另外一些消费品滞销、积压的情况。我们国家目前所实行的选购和按质分等论价等等办法，就正是在一定程度上利用价值规律的作用，以使消费品的供应不论在品种上和质量上，都能更好地满足人民的需要。而这也正是因为，对于购买者来说，价格高低不是毫无意义的，对于生产企业来说，企业作为相对独立的经济单位，赢利多寡也不是毫无意义的，赢利乃是意味着荣誉和物质上的利益，赢利和物质利益可以促使调动一切积极因素和力量为社会主义事业服务，刺激企业积极地争取超额完成国家计划，增加生产，降低生产成本。在这里，价值规律的作用还是活生生地存在着。如果认为价值规律的调节作用，只是表现在消费品的流通领域，对于生产领域只是起"影响"，那正是漠视了生活所表明的事实，忘却了流通过程不可能和生产过程相分割；并使得人们忽视了在有计划地发展经济的过程中对价值规律的利用。

那么，在社会主义制度下，价值规律的作用在生产资料的生产和流通领域中，是不是也会在一定范围内和一定程度上表现出来呢？我们认为，生产资料也不例外。而且，我们认为，不能局限于这样的认识，即："价值规律对生产资料生产的影响是通过抵偿劳动力的消耗所必需的消费品去实现的。消费品既然是商品，工人就只能用货币即用货币工资去购买。因此，必须在生产资料的生产中，用货币形式来计算同工资一起构成工业品成本的其他一切要素。"① 因为，这虽然是价值规律通过成本核算对生产资料生产起作用的一个方面，但并不是唯一的、主要的方面。

① 苏联科学院经济研究所编：《政治经济学教科书》，人民出版社1955年版，第483页。

在社会主义制度下，各种生产资料的供给和生产资料的需要，也就是供给和有支付能力的需要之间，还存在着矛盾。这样，价值规律的作用，首先会在出售给集体所有制经济的生产资料方面表现出来。同时，在国营经济内部分配的生产资料，虽然有支付能力的需求是由国家的基本建设投资拨款构成的，投资拨款的多少，当然要与生产资料的供应可能相适应，从而可以使总的需求的支付能力与供应的总量相适应；并且可以采取企业列明所需要的生产资料的品种规格提出申请，国家有计划地组织生产，并进行计划平衡的办法，进一步使生产资料的供给与需求，在品种、规格方面也基本上能够适应。但是，这只是说明了生产资料和消费品不同，国家在生产资料的生产和流通领域内所做的生产组织者的工作，较之在消费品的生产和流通领域中是有利得多了，计划管理的范围和深度又进一步了；却并不能够据以论证计划管理已经排除了价值规律的作用。

我们知道，既然国营企业要作为相对独立的经济单位，它们之间对于生产资料要当作商品来相互对待，当作价值来相互较量，那么，价值规律的作用便必然要在生产资料的生产和流通领域，在一定范围内和一定程度上表现出来。这从生产企业来说，企业完成或超额完成某种生产资料生产计划的积极性，还是和赢利、物质利益等等相关联的；而赢利多寡又和价格相关联。所以，企业很自然地会对那些价格不合理，使企业亏损的品种兴趣差，对那些赢利多的品种兴趣大。例如，我国汽油、煤油的赢利率大大高于柴油。那么，国营石油企业就愿意多生产利润大的汽油、煤油，不愿意多生产利润少的柴油。当然，国家规定的品种计划，企业是要尽力完成的，但当企业能够超额完成计划时，哪些品种多生产一些，毕竟还是要考虑到价格和赢利的因素。同时，品种计划不可能都规定得很细致，如果对某些生产资料只规定到大类，那么企业生产这一类产品的具体品种的比例，也还是要考虑到价格和赢利的因素。从购买者来说，生产资料是供购买者生产用的，买进生产资料的价格要影响到自己的生产成本，这就使得需用单位在申请分配时要考虑到经济效果，考虑价格因素。例如，我国东北地区生产的车用汽油售价比西北玉门生产的车用汽油售价高一倍，用户就愿意使用西北玉门的汽油，都申请分配西北玉门的汽油了。再如，国家在1954年把东北红松的调拨价格比中南松木提高5%，各企业对东北红松的申请就自动减少了一些。这又表明，需用单位在购买即申请分配时，并不是只考虑使用价值，不考虑价值，不过问价格的。所以，在生产资料生产与流通的领域中，价值规律的调节者的作用还是存在的。因为这种作用本来就是基于供给与需要的矛盾而存在，又通过商品不以价值来售卖，通过价格与价值的偏离来实现。当国家充分地并正确地发挥了生产组织者的作用，利用了价值规律的作用，在国民经济计划的制定和价格的制定方面都很正确，供给与需求相适应了，这时就表现为国家计划管理的结果，而把价值规律的作用遮没了；而当国家计划不正确、价格定的不合理时，价值规律的作用还是会表现出来的。我们想，承认在实际生活中存在的这些事情，并不会有什么坏处，相反，只会使人们重视利用价值规律的作用，只会使人们关心价格是否合理，从而更好地发挥国家的生产组织者的作用。在我国和其他社会主义国家里，一般都把铜、锌以及其他稀有有色金属的价格规定得高些，以刺激生产单位增产，鼓励使用单位节约，正是表明了对于价值规律在生产资料生产和流通领域中的作用的利用。

由此可见，在社会主义制度下，在生产资料生产和流通领域中，价值规律的两个方面都还要起作用。由此可见，那些认为在社会主义国家经济流通领域内，生产资料已经超出价值规律发生作用的范围之外的论点，未必是正确的。写到这里，我们又看到骆耕漠同志在《经济研究》1956 年第 5 期上发表了《论社会主义商品生产的必要性和它的消亡过程》一文中说："……说生产资料的价格等等'只是事情的形式的一面'，是'超出价值规律发生作用的范围之外'等等，那都是对比着真正的完全意义的商品而言，我们不能孤立地去了解、绝对地去了解或过分夸大地去了解；否则，就会产生误解和在工作中犯错误。"我们想，所有马克思列宁主义的正确理论，也并不容许我们孤立地、绝对地或夸大地去认识；而孤立、绝对、夸大地认识以后，也同样会使我们在工作中犯错误。至于社会主义制度下生产资料不是商品，价值"只是事情的形式的一面"，生产资料"超出价值规律发生作用的范围之外"等论点能否成立，却并不在于人们是否孤立、绝对、夸大地去认识，而是在于这个论点是否正确。所以，对于这个问题，我们必须从正面来进行研究。

[《经济研究》1957 年第 1 期，署名为南冰、索真。经征得王琢（南冰）同意，将此文收入本集。文中小标题是收入本集时加上去的]

价值决定和价值实现

**价值决定和价值实现是有区别的,认识这种区别,
才能找到藏在商品相对价值运动背后的秘密**

对价值决定和价值实现的混淆,是三百多年来政治经济学发展过程中的多发病和常见病。资产阶级庸俗经济学家总是把市场价格的形成,即价值的实现,当作价值的决定。他们或者说价值不过是两种商品交换的比率,或者说商品价值由商品的边际效用所决定,或者说商品价值由商品的成本费用所决定,或者提出"均衡价格论",认为价值是由供给和需求双方所达到的均衡来决定的。所有这些论证都避开了也掩盖了价值的实体和价值的真正起源。因为这些论证都以保护资本主义私有制作为自己的神圣职责,他们不敢正视劳动创造价值的真谛,不敢触及剩余价值的泉源,自然只能用价格代替价值来论证了。

资产阶级古典经济学家们,虽然早从威廉·配第开始,在1662年出版的《赋税论》中,便已提出劳动创造价值的重要观点,以后亚当·斯密和大卫·李嘉图又发展了价值由劳动、劳动时间决定的观点,但他们都没有把价值决定和价值实现作出科学

的区分，这使得他们在提出劳动价值论的同时，又往往把商品的价值和使用价值、价值和交换价值、价值和生产价格、价值和价格混同起来。因此他们虽然接触到了藏在现象背后的本质，但在从抽象回到具体时，又往往被现象所迷惑了。

只有马克思才科学地解决了这个问题，对政治经济学和政治经济学方法论，作出了不可磨灭的杰出贡献。劳动价值学说的大厦建成了，剩余价值的奥秘揭开了。马克思指出，商品的价值是由人类的社会劳动决定的，"作为价值，上衣和麻布是有相同实体的物，是同种劳动的客观表现"，"劳动产品只是在它们的交换中，才取得一种社会等同的价值对象性"。商品的价值量，是由劳动时间来衡量的，"价值量由劳动时间决定是一个隐藏在商品相对价值的表面运动后面的秘密。这个秘密的发现，消除了劳动产品的价值量纯粹是偶然决定的这种假象"，"体现在商品世界全部价值中的社会的全部劳动力，在这里是当作一个同一的人类劳动力，虽然它是由无数单个劳动力构成的。……社会必要劳动时间是在现有的社会正常的生产条件下，在社会平均的劳动熟练程度和劳动强度下制造某种使用价值所需要的劳动时间"。①

商品的价值是由劳动创造的，但资本家支付的只是劳动力的价值，这便产生了一个剩余价值。马克思指出："资本的每个部分产品的价值，每个商品的价值，都包含：一个价值部分＝不变资本，一个价值部分＝可变资本（它转化为工人的工资）和一个价值部分＝剩余价值（它后来分为利润和地租）。"但是，"不管这个价值的各部分对纺纱业主本人来说怎样分解为资本和收入，换句话说，怎样分解为有酬劳动和无酬劳动，这同商品本身

---

① 《资本论》第 1 卷，《马克思恩格斯全集》第 23 卷，人民出版社 1972 年版，第 57、90、92、52 页。

的价值决定完全没有关系（撇开平均利润所引起的各种变化不说）。"在劳动创造的价值被分割为工资、利润和地租时，"这个商品价值分成各个特殊的组成部分，这些价值组成部分进一步发展成各种收入形式，转化为不同生产要素的不同所有者对这些个别的价值组成部分的关系，并按一定的范畴和名义在这些所有者之间进行分配，这丝毫也不会改变价值决定和价值决定的规律本身"。而商品价值的这些成分的转化和分配之所以不会影响价值决定，是因为"价值并不是因它转化为收入而产生的，它在能够转化为收入，能够取得这种形式以前，必须已经存在"①。所以剩余价值不是在流通中产生的，不是在交换中获得的，而是在商品生产中由工人的无偿劳动创造的。"诚然，商品可以按照和自己的价值相偏离的价格出售，但这种偏离是一种违反商品交换规律的现象。商品交换就其纯粹形态来说是等价物的交换，因此，不是增大价值的手段。"②

　　直到今天，资产阶级经济学家还在用各种各样的论证，用伪装科学的数学公式和函数关系来否定劳动价值论。他们宣称，生产已经从机械化向自动化、电子化发展，科学技术获得了广泛的应用，智力劳动在生产劳动中的比重日益增大，从而出现了新的转折，价值已经不再由劳动决定了。萨缪尔逊在他的《经济学——一个入门的分析》一书中，就专门列了所谓"劳动价值论的破产"一节。其实，他们玩弄的手法，仍然是用价值实现来代替价值决定，用价格来说明价值，用经济生活中各种因素影响引起的价格波动，来否定劳动创造价值的真谛，以此掩盖资本

---

　　① 《资本论》第3卷，《马克思恩格斯全集》第25卷，人民出版社1974年版，第953、962、956、981页。

　　② 《资本论》第1卷，《马克思恩格斯全集》第23卷，人民出版社1972年版，第180—181页。

主义利润的来源，掩盖资本剥削劳动的实质。

正因为这样，我们作为马克思主义的经济理论工作者，处在千姿百态的价格面前，一定不能被现象所迷惑，一定要透过现象看到藏在背后的本质，坚持劳动价值论，捍卫马克思主义。

价值要通过交换才能实现，在实现时表现为价格，探讨价格形成不能脱离商品流通过程

遗憾的是，社会主义国家里不少经济学家，虽然坚持了劳动价值论，却往往走向相反的一端，把价值决定代替了价值实现，从另一面把价值和价格混同了。这是忽视流通问题在社会主义经济理论中的表现。

应该指出，商品价值虽然是在生产过程中创造出来的，却必须通过交换，在流通过程中才能够实现。对每一种商品来说，都有着一个价值能不能实现与如何实现的问题。在社会主义的商品生产中，如果商品生产出来却卖不出去，积压在仓库里，创造出来的价值和使用价值都不能够实现，就会白白地浪费了社会的物化劳动和活劳动。社会主义生产中商品价值的实现，同样要通过市场，因为市场乃是社会分工和商品生产的表现，它和商品生产是同始终的。这样，在商品价值实现的过程中，在商品追逐货币的过程中，总还是要经历"商品的惊险的跳跃"，还不免要受市场规律的制约，商品的市场价格不可能恰好等同于价值。所以经济理论讨论从价值的抽象回到经济生活中价格形成和价格制定的现实时，便不能够把价值的决定，简单地看作就是价格的形成。

在社会主义商品生产和价值规律理论中，斯大林《苏联社会主义经济问题》一书的出版，对苏联经济学界流行过的价值

规律已被改造等等论点，作了有益的澄清。但书中提出了所谓生产资料不是商品的论点，在所谓全民所有制企业内部流通的生产资料并未改变所有者的论证中，把全民所有制经济看成了一个大工厂，把企业之间的社会分工，同工厂内部的技术分工等同起来。对于这一论点，我们在二十多年前便已进行过探讨，认为在社会主义条件下，生产资料仍是商品，具有价值，并未越出价值规律的作用范围之外。但尽管我们以及我国有些同志曾反对过"无流通论"，由生产资料不是商品的理论所得出的全民所有制经济内部"无流通论"，以及由此扩展开来的社会主义经济"无流通论"，其影响是很大的。在我国，最明显的是十年动乱期间，从批判虚构的"流通决定论"开始，到把商品生产和资本主义等同起来，认为主张商品生产便是要复辟资本主义，"堵资本主义的路"便是要堵商品生产，从而使自然经济观点泛滥成灾。对于这种"无流通论"的恶性发展，人们是记忆犹新的。

如今公然主张"无流通论"，公然反对商品交换的是不多了。但还往往把生产看作就是一切，至于把商品生产出来以后，市场是否有此需要，价格是否合适，商品能否卖掉，价值能否实现，人们是很少考虑的。本来流通是生产和消费之间的媒介，流通过程是经济生活中最敏感的环节，生产中的问题会很快在流通过程中反映出来。但忽视流通的结果，却使流通成了生产的附庸。"生产什么，收购什么，生产多少，收购多少"这一口号，长期成为处理生产和流通关系的准则，使得生产和流通之间既不需要信息，也不存在反馈，这就使得流通过程中超储积压商品日益增多。至于价格则管得很死，冷背货可以任其积压变质，削价处理则要层层报批；各种商品的比价也很不合理，优质低价而劣质高价屡见不鲜。此类不重视商品价值实现的现象，仍是"无流通论"的表现。

当前的关于价格形成的理论讨论，不论在我国还是在苏联或东欧，都是由主张生产价格的人们发起的。他们想对于反映等量劳动创造等量价值和反映等量资金获取等量利润的两种利润率，进行优劣比较，寻找有利于核算和有利于提高经济效果的杠杆。但这样，他们提出的命题是商品如何定价，是属于价值实现的问题；而他们的论证是价值量如何衡量，是剩余价值如何在各部门间分配，则是属于价值如何决定的问题，是以价值决定的讨论代替了价值实现的讨论。再进一步说，按照统一的、平均的利润率定价，总是意味着价格和价值或价值变形的基本一致。尽管对此有的同志已经公开宣称，而有的同志则并未承认，但既然寻找的是制定价格的合理的率，那么把它认为是核算和合理分配生产比例的计划生产价格，总是大体符合主张者的原意的。但要求价格和价值或价值变形基本一致，乃是以生产过程和流通过程的无冲突、无矛盾为前提的，是以排除供求不一致为前提的，这便排除了市场和交换，最终也排除了价值实现过程，把价值决定过程代替了价值实现过程。正因为这样，虽然讨论者中多数是不主张"无流通论"的，有的同志还是"无流通论"的激烈反对者。但既然对价格和价值没有区分，没有认识到价值是在生产过程中创造的，而价格则基于交换，只有在交换过程中才能实现商品价值，所以轻忽了市场和供求，便很难说已经完全彻底地从"无流通论"中解放出来。这番话，不仅适用于按平均资金利润率定价的主张，也适用于按其他统一的平均的率定价的主张。这些主张都是把定价看成是纯粹的机械的计算，只要按成本加上一定比例的利润就行了，这是从行政管理上力图保持形式上的平等出发的，是从核算和所谓同一起跑点的角度出发的，但这样便脱离了市场，脱离了流通。

　　还记得在过去讨论价格形成理论时，对于我主张的在价值实现过程中会发生价格和价值的偏离，有的同志曾说这是苏联斯特鲁米林的观点。我则以为，在社会主义经济中，由于生产资料公有制和国民经济有计划发展规律的作用，商品生产和商品交换可以按照社会计划来进行，商品价格可以由国家有计划地规定，但这并不意味着价格和价值的一致。由于社会主义生产力发展水平尤其是我国当前生产力发展水平还比较低，人们对客观情况的认识和客观经济规律的掌握还要有一个过程，再加上人们的消费需求仍然具有一定的自发性，使商品的供给和需求达到一致仍是十分困难的事情，因而在有计划地安排商品生产供给的同时，还不得不有计划地运用价格和价值的偏离来调节商品供求；同时又要承认计划不可能十全十美，要利用价格和供求的相互影响，通过市场机制作用弥补计划安排之不足。这也就是说，要承认社会主义的商品生产过程和流通过程还是会有矛盾的，不完全一致的，价值有可能实现也有可能不实现，有可能全部实现也有可能局部实现，价值实现和价值决定仍然不可能一致，价格和价值的偏离不可能避免。可以假定，即使在某时达到了供给和需求的"绝对平衡"，一切商品都可以按照其价值出售，剩余价值的分配可以按某种统一的平均的率来计算。但要长期维持这种状态，只有在社会需要不变和生产结构固定的条件下才有可能。显然这是不可能的，事实上是不存在的。无论是消费需求还是生产结构都在迅速变化，国家在制定计划价格时，也有必要通过价格鼓励或者限制某些商品的消费，鼓励或者限制某些商品的生产。在这时，讨论商品如何定价，只能围绕着商品价值如何实现来探索。只有一句话，叫做"回到交换去"。在市场交换中由市场来决定价格，从而实现"惊险的跳跃"。离开了实现论，想寻找某一种合理的率，便往往会导致价值决定和价值实现的混淆。

现实经济生活错综复杂,按统一的、平均的利润率定价是行不通的

人们主张按统一的、平均的利润率来制定价格,是为了便于在整个国民经济范围内,在各部门之间进行经济比较。这不仅是我国有些经济学家这样说,苏联的经济学家如索包里、马雷舍夫等也都是这样论证的。但商品定价和作经济比较是两回事,作经济比较是商品价格形成后的利用,并不是定价的前提。商品价格总是在商品交换的客观过程中形成的,"价值(社会的)转化为价格(个别的),不是经过简单的直接的道路,而是经过极其复杂的道路"①。在现实经济生活中,情况极其错综复杂,价格形成的内在规律也不是简单的规则,而按统一的、平均的率定价,却把复杂的问题简单化了。这对于各级物价工作者定价来说,似乎很方便,有现成的公式,按平均的率一算便得。其实做起来并不那么简单,而且人们常说物价工作政策性强、牵涉面广,如果用某一种所谓"合理的率",简单化地处理复杂的不同情况,弊病无穷,政策亦难以体现。

实践是检验真理的唯一标准。我国对价格形成问题虽然讨论多年,毕竟没有经过实践的检验。这只能借助于"他山之石",借鉴别国的实践经验。因为在苏联和东欧各国,已经从理论探讨,进入实际应用,在经济管理体制改革中,已经采用了按平均资金利润率定价的主张。苏联在 1967 年进行价格改革时,便宣称要按 15% 的资金利润率定价。但是 1968 年的执行结果,各部

---

① 列宁:《卡尔·马克思》,《列宁选集》第 2 卷,人民出版社 1972 年版,第 595 页。

门的资金利润率差别仍然相当大：煤炭为 8.2%，电力为 10.6%，建筑材料为 14.2%，化工为 16.2%，黑色冶金为 19.2%，林业、木材加工和造纸为 20.1%，机械制造和金属加工为 21.2%，石油开采和石油加工为 25.5%，石油化工为 30.8%，轻工业为 29.6%，食品工业为 22.4%，并没有做到把各部门和各种商品的利润拉平。东欧国家提出了按平均资金利润率改组价格的设想，但也都没有做到把利润率拉平，各部门和各种商品的利润率仍然是参差不齐。

为什么按平均资金利润率定价的设想在实践中并没有得到真正贯彻呢？首先是人们把按平均资金利润率改组价格的事情，设想得太简单了。表面看来，把国民经济各部门取得的利润总额除以占用的资金总额，便能计算出平均资金利润率，但是要按这个平均资金利润率来调整价格，做到把各类和各种商品的利润拉平，困难是很大的。表面看来，煤炭的利润率原来是 −18%，改按 15% 的平均资金利润率定价，在调高价格时增加 33% 的利润就行了。但煤炭价格调高，会影响使用煤炭的各部门各种商品的生产成本相应提高，影响它们的利润变动和价格变动；这种变动反过来又会影响煤炭生产成本，引起利润变动和价格变动。这种循环往复的相互影响，将使计划经济中计划价格的设计变得异常复杂。因为面临的要应付的是数以百万计的商品，要计算成千上万的各等各级的生产要素，这个数学问题中会有百万个未知数，要进行若干亿次运算。这是主张按平均资金利润率改组价格的人们始料未及的。捷克的经济学家考虑到了这个问题，在进行价格改革之前，成立了掌握经济知识和电子计算机技术的专门班子，根据各部门现有的利润率和预定的平均资金利润率，结合投入产出分析，进行全面计算，求出互相平衡的价格。他们为此从国外进口了电子计算机，花了一年多的时间，但在 150 万种商品中，仍然只计算了 2000 类商品的价格。至于是否真正算清，则不得而知。

当前有的同志正在进行商品价值量计算的研究探讨，这是经济理论研究中一项有意义的尝试。但我以为，商品价值虽然决定于商品中包含的劳动量，价值毕竟不是反映劳动消耗的簿记范畴，而是反映人们之间的关系，价值量反映的是生产中特别是技术迅速发展条件下不断变化的辩证范畴，它只能通过迂回曲折的道路，通过价值的实现即价格来表现它自己，却不可能直接计算。现在反过来对商品的定价，也想采用某一固定的利润率来计算时，那么应该看到由 m 的再分配而影响到 c 的价格时，这种循环往复，相互影响，计算不清的难题，是不论采用哪一种利润率都是一样的。

这个计算的难题，在我国还遇到了固定资产没有经过统一的重估作价，相等的固定资金会有不等的生产能力，同样的生产设备又表现为不相等的资金；甚至表现为效率高的设备的固定资金数额低，效率低的设备的固定资金数额反而高。再加上各类各种商品生产中的各项消耗定额，记录不完整，数据不健全。从而使计算中的困难将会更大。正因为实际计算如此困难，按平均资金利润率制定计划价格的主张，往往不过是价格改革中的过渡，最终是要从反映供求的自由价格制度来寻找出路的。因为只有竞争和自由价格，才能促使利润率的平均化趋向。平均利润率只能是结果，而不可能是计划价格设计的前提。因果关系是不能颠倒的。

其次，按统一的、平均的利润率来制定价格，虽然是作为计划价格改革的一种设想，却和计划价格的体制有着不可调和的矛盾。在计划价格体制下，价格设计的工作量之大，使得经常调整价格成为不可能做到的事情，它只能等问题积累得不可开交，实在过不下去时，才进行一次大的调整改组。在两次大调整之间，情况的变化便会引起资金利润率的变化。苏联通过 1967 年的价格改革，使煤炭、森工、冶金三个部门的资金利润率，在 1968 年分别上升为 8.2%、20.1% 和 19.2%，但到 1970 年又下降到 7.3%、20% 和 17.2%，1974 年下降到 3.5%、14% 和 15%，到 1978 年则下降到 -3.2%、7.9% 和 10.7%。另外，加工工业如机械、电子、化学聚合制品等，则由于技术进步、劳动生产率提高，使利润迅速上升。因此他们已决定在 1982 年再度进行大的价格改革，改革的面涉及到总值达一万亿卢布的各种商品价格，占到社会商品总值的三分之二。新的批发价格要求把各种商品的资金利润率拉平到 12%—15%。不管他们能否真正拉平，即使拉平了，也仍会继续那原来已在进行着的利润率不平的趋势。因为既要保持计划价格体制，反对所谓"市场社会主义"，又要引入平均资金利润率，致力于利润的平均化，这是树立了两个互相矛盾的目标。结果只能是一方否定另一方，这已经为有关各国经济改革的实践证明了的。

再次，商品价格作为商品价值的实现，在制定计划价格时不可能仅仅考虑到把利润率拉平这一个要求，也不可能仅仅从有利于核算出发。在制定计划价格时要全面考虑生产者、消费者以及国家等几个方面，这样在制定各种商品的计划价格时，利润率的参差不齐是无法避免的。苏联在进行 1967 年的价格改革时，为了保持消费品零售价的相对稳定，又避免国家背上过重的价格补贴包袱，对煤炭等商品就没有按预定的平均资金利润率来调高价格；而为了促进可以相互替代商品间的节约代用，又必须把石油的价格定得比煤炭高些，对石油和煤炭不可能使用相等的资金利润率；在先进和落后企业并存的状况下，生产同一种商品的各企业的生产成本差别较大，要保证大多数企业有利可图，往往要考虑技术落后企业的较高的成本水平，从而会使这些部门的盈利率高于平均利润率；还有资金利润率的高低不仅和资金有机构成相关，也和资金周转速度相关，而同一部门中各种商品畅销滞销所反映的资金周转速度是很不一致的，把部门的资金利润率落实到各种商品的定价中时，也很难把利润率拉平。

所以实践证明，按照统一的、平均的利润率来制定计划价格，这只是经济学家们的一种美妙设想，这种设想是奠基于对价值决定和价值实现的理论混淆上的。在社会主义经济中，价值实现同样面临着生产过程和流通过程的种种矛盾，要经历"商品的惊险的跳跃"，这时由上而下地制定、审批计划价格的价格管理体制，在定价中要正确地处理这些矛盾，本来就有着重重困难，再要求把各个部门、各种商品的利润率拉平而"置于同一起跑点上"，就会更加感到力不从心了。

（《价格理论与实践》1982 年第 1 期）

从模拟市场到向实实在在的市场转轨

一 "摸着石头过河"推进以市场为取向的改革

中国是以"摸着石头过河"的试验方式推进经济改革的,这曾使得某些经济学家认为中国的改革行驶在"没有航标的河道上"。然而改革的实践却逐渐冲破各种障碍,树立了以市场为取向的航标。笔者在改革实践推进的过程中研究改革理论,逐渐形成了以渐进配套方式实现以市场为取向的经济体制模式转换的理论观点。这就是说,市场是改革的目标,通过市场来配置资源,才能实现效率优先。但由于长期排斥市场,体制模式转换不可能一蹴而就,而要按照改革与发展、企业—所有制改革与市场—价格改革两个"双向协同"的配套原则、稳步地渐进式地推进改革。①

---

① 本篇引述笔者的观点,参阅下列文章和专著:《计划与市场结合促进经济协调增长》,《阵地》1991年第1期;《社会主义经济改革中计划与市场的结合问题》,《中国社会科学》1990年第3期;《在市场疲软中推进以市场为取向的改革》,《改革》1990年第1期;《经济体制改革面临的连环套及解开办法》,《世界经济导报》1986年11月10日;《保持适度经济增长率和采取"供给略大于需求"的反周期对

二　改革理论从模拟市场转向寻求实实在在的市场

传统的计划经济模式形成之后，一方面在集中财力物力人力加速工业化方面显示了它的作用，另一方面也出现了令人为难的商品短缺与商品积压并存，效率普遍不高等问题，不少经济学家企图利用市场来加以解决，从而提出了计划经济与市场机制能否相容，以及如何结合的问题，在 20 世纪 30 年代便开始了社会主义经济中计划与市场关系问题的理论探索。当然，在苏联随着布哈林等人士的消失，对市场的理论探索很快就夭折了，占统治地位的理论是排斥商品和市场的，反映市场机制的价值规律的作用被多次否定，把价格看作是"计划的工具"而否认它是"价值的货币表现"，更不承认它要"反映供求"，长期否认商品经济或者否认生产资料是商品，坚决排斥竞争，认为在本质上商品货币关系和社会主义经济是不能相容的，主张用有计划有组织的产品分配来逐步地取代商品流通。因而，关于社会主义经济中计划与市场能否结合与如何结合的理论探索，在当时便转移到国外由当时被称作"社会主义同情派"的奥斯卡·兰格等人来进行了。

兰格以及和他观点相同的一些经济学家肯定社会主义公有制和计划化的优越性，同时又认为需要利用市场机制调动微观主体的积极性，他们是社会主义经济中计划与市场结合的最早探索

策》，《经济研究》1989 年第 11 期；《建设具有中国特色的经济体制的总体设想》（1984 年）；《中国经济体制中期（1988—1995）改革纲要》（1988 年）；《中国经济体制改革的模式研究》，中国社会科学出版社 1988 年版；《不宽松的现实和宽松的实现双重体制下宏观经济管理》，上海人民出版社 1991 年版；《市场经济是中国迈向现代的金桥》，《中国现代化学术讨论会论文集》，台北版；《经济体制改革的两条主线》、《探索与选择》，北京出版社 1988 年版；《改革启示录丛书·总序》，中国社会科学出版社 1993 年版。

者。由于他们所设想的体制模式和苏联当时实行的体制模式不相同，因而他们也是改革的最早倡导者。他们认为社会主义经济是计划经济，但这种计划经济并不排斥商品经济，而是可以和商品、市场、竞争并存的。在他们所设想的经济模式里，企业有相对独立性，居民有消费选择自由和职业选择自由，以由需求价格所表示的消费者偏好，作为指导生产和资源分配的准则；依靠竞争的机能来确定商品的相对价格，但价格并不直接取决于市场供求，而是由计划机关采取"模拟市场"的办法来加以确定的。兰格所提出的有名的"试错法"，便是由计划机关制定价格，如果不能使供需协调，可以采取"错了再试"的办法，使之逐步逼近市场上由供求关系形成的价格，从而保留"价格的参数作用"。这时候，价格虽然不是直接由市场调节，但却是由计划机关模拟市场参照供求状况来调节的。

兰格模式虽然只是一种设想，但是他冲破了计划与市场相互排斥、相互对立的框框，提出了新的设想，从而启发了众多经济学家对计划与市场相结合的探索。几十年来有越来越多的经济学家认为在计划经济中利用市场机制有许多方面的好处：第一，利用市场机制可以调动微观主体的积极性和创造性，利用竞争机制促使效率提高，而这是集中的中央计划所难以解决的问题。让市场去处理微观经济的细节也可以使中央计划人员解除不必要的例行公事，能够集中精力处理有关长远发展方向的宏观问题。第二，市场机制的运转可以持续不断地检验和校正宏观决策，而且可以形成竞争的压力。正如毛泽东同志所说的"价值规律是一所伟大的学校"，这将迫使企业关心买方的需要和爱好，改善生产经营，从而可以消除计划经济中缺少竞争的弊端，改变产品质量和服务质量低劣的状况，使低效率的运转能够在竞争的压力和刺激下转向高效率。

　　自兰格提出他的设想以来，许多经济学家认为计划和市场是可以结合的。即使是实行计划体制的苏联，也并没有实行直接的产品分配的形式，而是实行经济核算制，每个企业都要核算盈亏，各个企业彼此之间要"亲兄弟、明算账"，使得企业活动处于价值规律作用范围之内。用今天的语言来说，盈亏计算使行政计划体制的框架之内有了某种程度的市场因素。当然，由于价格扭曲使得信息机制不健全，由于奖励制度不能真正奖优罚劣而使得动力机制混乱，这种模式存在着不少缺陷。于是，波兰经济学家布鲁斯提出了含有市场机制的计划经济模式，其核心是理顺价格、工资、利率、汇率等经济参数，利用各种经济参数的杠杆作用来实现国家计划，人们也把这种方法称作参数调节法。

　　无论是试错模式、经济核算模式还是参数调节模式，都还只是模拟市场，在计划经济中利用市场因素，而我国经济体制改革的实践，却启示我们不能局限于模拟，需要迈向真正的市场和实实在在的市场调节。在传统体制中，市场的作用范围很小，经济体制改革总是在不同程度上扩大市场的作用范围和作用强度，不过这种扩大市场作用实际上分为利用市场因素的参数调节、发展部分市场和双轨调节、形成健全的市场体系等不同的内容，以市场为取向的改革实际上存在高低不等的层次。这样，计划与市场的结合便有了新的和更加深刻的内容。关于计划和市场的结合形式及结合程度的讨论，实际上也正是以市场为取向的改革改到什么程度的讨论。

　　改革理论从模拟市场转向实实在在的市场，是在实践中潜移的。大体上，从奥塔·锡克访华以后，有关部门曾经设想走模拟市场的路子，成立了专门机构进行理论价格的测算，提出过 20 多种联动调价的方案。但是后来的实践证明系统调价比放开价格的难度大得多，模拟市场的设想终由实实在在的市场所取代。

三　对计划与市场关系认识的深化

进入以实实在在的市场为目标的改革之后，把市场放在什么位置上，仍是有着种种争论。市场的位置最初是作为"大计划、小自由"配置中的"小自由"，其后是"计划经济为主、市场调节为辅"，再其后是"有计划的商品经济"，再后是"社会主义市场经济"。提法的不断改变，反映了对于计划与市场关系认识的不断深化。

迈向市场，涉及到计划和市场结合将采取什么样的具体形式，也涉及到计划与市场关系所反映的社会经济性质，这两种讨论纠缠和交织在一起，反过来影响了实践的推进。

长期以来一种有相当影响的观点是排斥论，即认为计划经济是公有制的特征，市场经济是私有制的特征，两者是相互排斥的。所谓要么是商品经济，要么是计划经济，二者必居其一，就是这种观点的最典型的表述。不过持这种观点的又有两种不同的角度：一种是从维护社会主义公有经济制度的角度否定市场经济，认为社会主义经济制度的本质特征之一是计划经济而不是市场经济，市场经济是资本主义经济制度的本质特征；公有制的社会化生产的优越性正在于能够通过宏观计划有效地分配短缺资源，确定发展的优先顺序，取得好的社会效益，这就必须坚持计划经济，不能以市场作为改革的取向。另一种是从否定公有制经济的角度来论证的，认为实践证明市场经济比计划经济有效率，然而公有制的本性是和市场经济不相容的，要利用市场满足需要和提高效率，就得把公有制经济私有化。两种截然相反的角度利用的是同一个论据，那就是公有制和市场经济不能兼容。

马克思当年曾经深刻分析过资本主义经济波动的根源在于生

产资料私人占有和生产社会化之间的矛盾，单纯市场调节之所以不能避免经济危机，是因为从单个资本主义企业来说它的生产是有组织的，它的管理是有效率的，但是，从整个社会的生产来说却是无组织的，互有联系的各个部门因为生产的无政府状态而无从保持合理的比例。这时候，单个企业的生产有组织不仅不能减弱反而强化了社会生产的无政府状态，因为每个企业不断改善生产的组织性，改进技术装备和提高产品质量的目标总是在于占有更多的市场份额和获取更多的利润，这就进一步加剧了彼此间的竞争和加剧了整个社会生产的无政府状态，马克思认为只有以公有制取代私有制，实行计划生产，才能克服由社会生产无政府状态造成的盲目性。但是，马克思和恩格斯并没有具体研究过怎样进行计划生产。

在社会主义国家的早期实践中，公有制和市场似乎不能兼容，但那时的所谓计划经济是以组织经济运行的行政命令方式取代了市场方式，由于社会需求十分复杂并且经常处于变动之中，企业条件千差万别，企业之间的经济联系错综复杂，企图把各种社会经济活动都纳入国家计划，是很不现实的。而且计划的制定者无论怎样聪明，仍然代替不了市场的自调节自组织功能，往往使社会资源配置不尽合理，因缺乏竞争压力而阻滞技术进步，效率低下和运行僵化。再从理论上来说，所谓公有制经济排斥商品和市场关系的观点，是建立在把一个国家的公有经济变成一个大工厂，从而全部关系都内部化了的理论基础上的，而这是带有空想因素的论断。不用说像中国这样有 11 亿人口的大国做不到，在一个只有几百万人口的小国中也做不到。因为在公有制经济内部存在不同的利益主体，彼此间有着不同的利益矛盾，所以在公有制经济中的这个企业和那个企业虽然是"亲兄弟"，彼此之间仍旧要"明算账"，这样便在不同程度上有了商品货币关系。过去的问题是在组织经济运行中运用行政方式时，把这种商品货币关系扭曲了，从而造成了价值规律的"逆调节"，而不是价值规律不发生作用。所以，排斥论是不可取的。由于公有制经济能够通过改革自我完善，能够通过利用市场机制把扭曲的商品货币关系理顺，因而从排斥论引申得来的公有制经济私有化的主张更是不可取的。人们之所以把计划与市场认为是相互排斥以至在社会主义条件下片面强调计划的作用，忽视和否定市场的作用，主要是两个传统观念在作祟：一是把市场同自发性等同起来，特别是同资本主义市场经济的无政府状态等同起来；另一个是把计划经济同自然经济混为一谈。其实，经济的有计划发展并不是同市场经济关系相对立的，而是同自发的或生产无政府状态相对立的，后者是一切以私有制为基础的社会经济的一个基本特征，而市场经济关系却不是私有制的社会经济所特有的。同市场经济关系相对立的是自然经济而不是计划经济。……市场关系并不一定都是自发性和无政府状态的，这要看它在于什么样的所有制条件之下，在社会主义公有制条件下，市场经济关系可以由人们自觉地加以控制，发展社会主义社会的生产力。

四 以市场为取向的改革步伐及计划与市场结合的具体形式

既然计划与市场是可以结合的，那么它们之间应该如何结合呢？过去人们认为，只有计划作用到不了的地方，市场机制才起补充作用。至于市场调节的范围有多大，则又众说纷纭，小到只有集市贸易，大到集体所有制和全民所有制内部通过国营商业、物资部门进行的物资流通，讨论非常热烈、非常活跃。先是有过板块结合论、渗透结合论、胶体结合论、宏观微观结合论、板块—渗透多层次结合论等论点，后来又有了重合论、两个全面覆盖论、自由必然论、合力论、风舵论、钟摆论、主辅论、时空论、主导基础论、区分层次论、内在统一论、二次调节论等不同论点，对于计划与市场如何结合作了不同设想的描绘。正式文件的提法也先后有过"大计划、小自由"，"计划调节为主、市场调节为辅"，"国家调节市场、市场引导企业"，"计划经济和市场调节相结合"等提法。这些提法的发展过程大体反映了认识的发展过程。

在这些提法中，有的属于人们所设想的改革的目标模式而不是目前所能做到的，有的则属于对现实做法的描绘或者提出目前可供选择的结合模式。从理论上讲，计划和市场都是覆盖全社会的，都是为了按比例分配社会劳动实现资源的最佳利用，两者是能够兼容结合的，然而在结合实践中却存在着种种困难，使得有计划的商品经济不能成为我国生活中的现实，而是要经过改革才能达到的目标，因而体现有计划商品经济要求的关于计划与市场结合的种种设想，便属于改革所要达到的目标模式而不属于现实可行的模式了。

社会主义国家实现计划和市场结合的困难，主要是在市场方面。因为当提出计划与市场相结合的目标时，并不存在一个现成的可供运作的市场体系。由于传统体制是排斥市场的体制，所以社会主义国家从单纯的计划调节转向利用市场因素的调节，再转向计划与市场相结合的调节，会遇到市场发育度低、市场体系残缺不全、价格极度扭曲等障碍。如果这时采取简单化的取消指令性计划的做法而没有相应的配套改革措施，便会出现市场秩序的混乱，产业结构的畸形，而由于国家调控能力减弱，发生经济困难之后更加难于克服，以至于出发点是提高资源配置效益和提高资源运作效益，而结果却可能事与愿违，效益反而下降。当然情况也不能一概而论，对于那些前后向连锁链短的产品，如蔬菜、瓜果、水产品、日用小商品等放开经营，价格随行就市，确实曾出现过"一放就活、一活就多"的"放开效应"，使长期困扰人们的供不应求的难题得到了解决；然而对于那些前后向连锁链长、增加供给所需投资多、建设周期长的高门槛产品，如钢铁、机电产品等，情况就不是那样了，简单化地取消指令性计划并不能取得"放开效应"，这从双轨制中议价商品的状况中可以得到反证，从而表明实现计划与市场相结合就有一个培育市场建设市场体系的问题。所以从改革的角度来说，和传统的计划经济体制相对比，社会主义国家的经济体制改革不能不是以市场为取向，逐步走向计划和市场有机结合的有计划商品经济的目标。然而这个目标不可能一蹴而就，以市场为取向的改革进程要和培育市场建设市场体系的进程相衔接。

在计划与市场结合模式的讨论中，部分计划和部分市场的"板块式结合"的模式，被不少经济学家所鄙视，斥之为缺乏理论、缺乏理想的模式，然而在面对种种困难的实践中，实际上它却是可供操作的现实可行的模式。"板块式结合"有三种类型：第一种是部分商品如重要生产资料继续由国家用指令性计划决定产销，在价格固定的条件下采取数量配给方式进行调节；另一部分商品如日用消费品转为面向市场，价格随行就市，通过价格信号实行市场调节。第二种是国家投资实行计划管理，企业日常产供销的经营活动面向市场，大体上以扩大再生产和简单再生产为界线划分计划调节和市场调节的范围。第三种是在同一产业部门、同一行业乃至同一企业生产的同一种产品中，实行一部分由计划确定产销，价格固定，由计划调节；另一部分则放开由企业自行经营、价格随行就市，由市场调节。以上三种类型的"板块式结合"，在实际生活中又可以兼而有之，灵活组合。"板块式结合"，尤其是第三种类型，其主要弊病是同时兼采了两种不同的运行规则，会出现市场秩序的混乱和寻租活动的猖獗，在提高经济运行灵活性的同时也使得利用特权进行投机倒把的现象比过去大大增多，成为人们经常的批评话题。因而，"板块组合"便不得不经常进行调整，当经济活动比较僵死时着重扩大市场调节的比重，当经济活动比较乱时则又扩大计划调节的比重。

计划和市场的"板块式结合"确有弊病，但是有些批评也并不准确，例如把"板块"和"渗透"、"胶合"、"两个全覆盖"对立起来的观点就不准确，因为实行计划生产和计划调拨的时候仍旧要遵循等价交换的原则，市场调节的部分也仍旧要受国家的间接调控，把两个部分作为各自封闭互不渗透的观点不准确。而且有的主张哲学语言多于经济学语言，听起来振振有词，操作起来却不易把握甚至不明确怎样去实现"胶合"或者"渗透"。看来，还只能在"板块组合"的基础上做适当的改进提高，在这方面可供操作的设想是"双层次分工结合论"：一个方面是宏观层次与微观层次中计划和市场的分工与结合；另一个方面是微观经济活动中价格信号与数量信号并存时计划和市场的分工与结合。

从第一个方面来说，在宏观层次上制定正确的社会经济发展战略，使社会总需求和社会总供给以及国际收支基本平衡，使国民经济各部门之间经常保持大体合理的比例，为市场的正常运行创造良好的外部环境，这是市场力量所不能达到的，需要由政府进行计划调节。从微观层次来说。企业的日常生产经营、技术改造、小规模基本建设、企业之间的商品交换和要素流动，个人消费品的买卖等，都是市场力所能及的调节范围，由于这些属于个量的经济活动繁杂多变，由市场来调节可以有较高的效率。市场调节虽有一定的盲目性和自发性，但比计划统制的弊病少些。计划和市场正是在宏观与微观的不同层次上进行分工和结合的。

从第二个方面来说，微观层次的经济活动虽然由市场来调节有较高的效率，但也并不是微观活动全都交给市场去调节。政府仍旧要利用各种经济杠杆，间接地影响市场。而且，对于某些部门或某些商品，也仍旧要利用数量信号和配额供给方式进行直接调节。在非均衡的市场条件下，价格信号和数量信号并存，价格方式调节和数量方式调节并用，可以使两者起到互补作用，形成微观活动中计划调节和市场调节的某种"板块式"的结合。某些部门和某些企业的产品是由价格信号和价格方式调节的，另一些部门和另一些企业的产品是由数量信号和数量方式调节的，两者的比重将随市场状况的变化而不断变化，形成微观主体活动中计划调节与市场调节不断有进有退的"板块式结合"。由这两个层次形成的"板块组合"较之原来的三种类型的"板块组合"，便有所提高了。

五　改革的模式是单一的还是可以有多种模式

长期以来，社会主义政治经济学中有一种传统观念，即唯有按照马克思在 18 世纪所设想的未来"共产主义"模式建立起来的社会经济体制才是社会主义，唯有按照苏联 20 世纪 30 年代至 50 年代形成的那一套方式和原则来组织和运行的经济才是社会主义经济。事实上，20 世纪 50 年代后，苏联和东欧等社会主义国家都对传统的经济体制进行了不同程度的改革，而过去我们思想闭塞，以为社会主义经济体制只是 50 年代前苏联建立的那套模式，认为背离了这种模式就是修正主义、资本主义或其他什么异端。粉碎"四人帮"后，特别是党的十一届三中全会以来，我们逐渐认识到，社会主义经济不只有一种模式，而可以有多种模式。

对待历史上曾经出现过的各种模式的评价，既不能把它们看作是定型的不可改变的东西，从而绝对地肯定它，也不能因为后来情况变化需要改革而否定它们的历史价值。从中国自身的情况来看，对于原有经济体制在我国社会主义建设一定时期的作用，以及这种体制中包含的好的东西和有益的经验，我们不应采取虚无主义否定一切的态度。从国与国之间的关系看，我们也要在避免照搬照抄别国模式的同时，有选择地学习和借鉴不同国别模式的优点。在方法论上：既要考虑一种经济模式向另一种经济模式的转换，又要考虑保持经济运行过程的连续性和不同体制模式之间的继承性，以及模式研究应以实例研究为背景并从中汲取营养。体制模式研究之所以必要，是因为在改革中措施不配套不系统带来了种种问题，主要是因为对改革的目标模式不明确，理论的意义正是在于正确对待历史上存在的种种经济体制模式，以便从中国国情出发，来设计我国经济体制改革的具体规划和目标模式。

计划与市场有机结合的目标模式是一种高度抽象的理论概括，在它后面蕴藏着丰富深刻的内涵。如何剖析其内涵，我们认为不妨借用比较经济学所采用的模式构成要素来加以分析，并且把我国的目标模式特征勾画为以下五点：（1）在所有制方面，建立以社会主义国营经济和集体经济为主体，以个体经济和少量国家资本主义经济为补充，包括各种形式的联合体在内的，多种经济形式和多种经营形式共同发展的所有制体系；（2）在经济决策结构方面，建立起宏观经济活动由国家集中决策，微观经济活动由企业和劳动者个人分散决策的多层次决策体系；（3）在经济调节结构方面改变以实物调拨和指令性计划为主的调节体系，建立起利用市场调节和政府进行宏观管理的，充分利用价值规律，运用价格、税收、信贷、利率等经济杠杆的计划与市场相结合的调节体系；（4）在利益结构方面，建立起能够有效地克服平均主义、吃"大锅饭"，使国家利益、集体利益和个人利益相互结合，相互促进，既有激励又有约束的经济利益体系；（5）在组织结构方面，改变现行按行政系统、行政规划管理经济的条块分割、城乡分割、流通堵塞、多头领导的组织管理体制，建立起适应社会化大生产客观要求，按内在联系组织经济活动的经济组织管理体系。

中外经济学家有的认为计划与市场不可能结合，有的认为可以结合但又有着多种不同的理解与设想，在比较经济学中对于体制结构就有着相当多的分歧意见。如保罗·R. 格雷戈里和罗伯特·C. 斯图尔特的《比较经济体制学》认为，经济体制的构成要素是决策组织、提供信息及调节的机制、财产所有权和激励机制；埃冈·纽伯格和威廉·J. 达菲特的《比较经济体制》中强调"三结构说"（即决策结构、信息结构和动力结构）；阿萨·林德贝克的《新左派政治经济学》则是从决策上的集中或分散、信息传递及资源配置和协调机制上的市场或行政办法、财产关系的私有或公有、动力机制上的外在经济刺激或自觉行为、个人之间及公司之间的竞争或非竞争关系、整个经济体制同外部世界的开放性或封闭性格局等方面来分析经济体制。我们所提出的五个方面的体制模式构成要素分类，要更科学和更细一些。这样，排列成矩阵可以构成许多种体制模式，有许多种计划与市场相结合的具体形式。当从一种经济模式向另一种经济模式转换时，便于考虑保持经济运行过程的连续性和不同体制模式之间的继承性，把理论逻辑与历史逻辑有机地结合于一体。由于改革是一项巨大的系统工程，改革或模式转换只有在所有制关系、决策、调节和动力机制诸方面的协调配套下才会成功。准确地描述和概括历史上出现过的各种体制模式，从多重角度来对模式进行分类，这种角度抽象的理论概括是有着深远的实践意义的。

六　改革模式的探讨

中国经济体制改革要通过模式转换，最终达到既定的改革目标。然而具体如何推进改革，则可有不同的选择，如有人主张快速过渡，使改革一步到位；有人则主张通过"渐进式"加"小配套"的方式，稳步地推进改革，人们之所以会有这些不同的选择，在很大程度上取决于他们对原有经济体制模式或者是改革起点模式的认识。国内外有不少学者认为，中国过去实行的是传统的集中计划经济模式，但只要对中国实际有所了解的人士，都明白尽管传统"苏式"的或集中计划经济模式对我国原来的体制有很大的影响，但我国从来没有完全绝对地实行过地道的传统苏联式的体制。在一个较长的时期中，由于"左"的影响，我们在所有制问题上排斥多种经济成分多种经营方式的存在，鼓吹越大越好，越公越好；在商品货币关系方面，把发展商品经济同发展资本主义等同起来，排斥利用市场机制和价值规律；在分配问题上，大批资产阶级法权，否定利润、奖金，进一步强化"大锅饭"、"铁饭碗"的制度；在劳动制度上，进一步限制劳动力和人口流动；在组织问题上，部门、地区和企业都竞相追求"大而全"、"小而全"的封闭体系等等。总之，在排斥多种经济形式上，在排斥商品货币关系上，在排斥按劳分配原则上，我们都比苏联、东欧各国走得远。我们经济生活中的集中化程度、实物化程度、封闭化程度、平均主义化程度比它们更大，而且家庭个人经济活动的决策，也同传统的苏联式体制不一样，苏联和东欧各国的职业选择是比较自由的、允许流动的；消费品的选择，它们在 1948 年以后取消了配给制，而我们的就业问题是统包统配，消费品的配给问题一时还不能完全取消。因此，从改革的起点看，可以认为我国原有的经济体制是"带有军事共产主义供给制因素的传统集中计划经济模式"。

起点模式不仅表明中国传统经济体制到底是什么，更重要的还在于说明以下两个问题：其一，与苏联、东欧等国相比，中国的生产力和生产关系相对落后。因此，中国经济体制改革更加必要和紧迫；其二，中国的经济体制改革的起点与改革的目标的距离比一些社会主义国家更长，遇到的阻力会更大，以"一步到位"的方式去实现改革的目标更为困难，更不能不采取渐进式模式转换。

过去，国外许多研究社会主义国家经济体制改革问题的学者都倾向于"一揽子"方式的改革。如布鲁斯认为："一切经济的运行体制，都有在其本质的各点上不能损害的、独立的内在逻辑……从不同的模式中把不同要素加以折衷主义的混合，往往会比一般效率低但首尾连贯的体制可能期待的结果更坏。"并指出世界上实行"渐进"方式改革的国家几乎无一成功。采取"渐进"方式进行改革，会导致"交通规则"上的不统一，引起经济运行的紊乱。我国也有一些经济学家持类似的观点。

我们不赞同"一步到位"的"一揽子"改革，主张采取"渐进"方式推进改革。这是因为我们改革的起点低，比较稳定的买方市场尚未形成，加上人口多底子薄、劳动力过剩而资金和某些资源不足等原因，改革只能逐步进行，因而采取"改良模式"来过渡是必要的。正由于此，我国的经济体制改革一方面要审时度势，小步前进，摸着石头过河；另一方面，改革方向必须明确，每进行一项改革，都向目标前进一步，积小变为大变，逐步实现改革的目标，并设想达到改革目标的三个阶段，即初步突破阶段、深入发展阶段和目标全面实现阶段。我们认为，选择"一揽子"或"渐进"的改革方式，以及"渐进式"改革时序的长短的选择，不能简单地依据逻辑推理或盲目地照抄别国经验，而必须从本国的具体国情出发。尽管"一揽子"的改革方式与"渐进"的改革方式在形式和内容上都有很大的差异，但不能把这两种改革方式绝对对立起来，应该看到两者之间还有统一的一面。在我们这样一个情况极其复杂的社会主义大国。一方面，在总体上相互配套的改革必须分阶段分步骤进行；另一方面，在渐进模式改革的每一阶段，改革的措施也要尽可能相互配套。这也就是"渐进式"加"小配套"模式。而沿着这种思维的逻辑，自然就导出了以下结论：在经济体制改革过程中，必然会出现新旧双重体制并存的格局。

我们之所以要在主观决策上选择"渐进"的改革方式，允许改革过程中有双重体制并存，是因为双重体制有如下作用：(1) 有利于改革及时起步。经济改革是一项巨大而复杂的系统工程，如果采取"一揽子"方式进行，必须经过充分而周密的准备，这种基础工作要花费很多的时间，且难度很大，不能使改革尽快启动。而如果允许改革过程中存在双重体制，就可以采取"渐进"方式使新体制由点到面逐步推开，且改革的阻力较小，容易早起步早见效。(2) 有利于缓和改革震荡。改革的每一项措施都必然会在不同程度上引起人们之间经济利益关系的变动，采取"一揽子"方式改革，利益关系的变动过于激烈，可能超过相当一部分人的承受能力，引起巨大的改革震荡，增加改革的阻力；而采取"渐进"方式，可在基本维持原有利益结构的基础上，进行分步骤的调整，以便化大震为小震，积小胜为大胜，使改革步步为营，最终实现预期的目标。(3) 有利于稳定经济，做到建设和改革两不误。经济改革是一场涉及生产关系和上层建筑很多方面的深刻革命，搞得不好，容易影响当前的经济建设。允许双重体制并存，那些原属完全按照指令性计划进行生产和销售的企业，现在有了对计划外那部分产品进行自产自销的权力，这可以初步调动企业生产经营的积极性，有利于增加生产和供给，缓和供求矛盾，稳定地发展经济，使改革和建设相互促进。当然，双重体制将带来一些摩擦，但通过"渐进"方式。可以把摩擦控制在一定范围之内。

当然，双重体制并存也会带来种种弊病，这是不容讳言的：（1）在新旧体制模式交替过程中，由于旧体制的某些直接行政控制手段放弃后，新体制的间接控制手段没有相应地和及时地跟上或者是在新体制的间接控制系统形成条件尚未成熟时，过早地放弃了直接行政控制手段，会出现两种控制手段脱节的"真空"状态。这往往会导致宏观失控、参数混乱，加剧比例失调和通货膨胀。（2）市场信号多元化，导致机会不均和不合理竞争。在双重体制并存的条件下，信号系统特别是价格信号系统发生紊乱（尽管一物多价有特定的对象和渠道，但很难建立相互隔绝的屏障），削弱了货币作为一般等价物的作用，由于同一种产品的计划内价格与计划外价格相差很大，不少企业在投入上追求低价的计划链接，在产出上热衷高价的自由销售，于是自觉或不自觉地冲击着国家计划，企业间的经营效果的比较，不仅取决于各自的经营效率，更取决于不同的价格，取决于各个企业与上级主管部门的讨价还价。因此考核企业经营状况的标准，一般只按基数法来确定，这会造成与旧体制相同的"鞭打快牛"棘轮效应。与此相应，某些地方、企业、单位和个人却钻了双重体制和双重价格的空子，"官倒"或"私倒"等寻租活动滋生蔓延，形成不合理的收益悬殊，社会分配不公，造成社会生活中的某些不安和不满。（3）运行规则不稳定，影响了产业结构调整和资源配置的合理化。双重体制并存的体制，是一种不稳定的暂行体制，会出现时序上的信号多变，使企业的发展战略难以明确，企业行为不免趋于短期化。同时，在远景目标不透明的情况下，为了保持原来的利益格局，地方政府甚至国家的宏观控制行为也容易出现短期化的决策倾向，结果导致了低效率。小规模企业的高成本生产增加，有限资源的不合理使用，规模效益下降和产业结构不合理，造成巨大的社会性浪费。（4）双重体制的摩擦也会带来一些观念上的冲突。

七　以"双线推进"方式加快从双重体制向新体制模式的转换

我国城市经济体制改革取得了相当大的进展，如果回过头来，和十多年前的情景作一番比较，便会看到我们的经济体制已经起了很大的变化。但是，和改革的目标相比较，则新体制的框架尚未形成，特别是经济运行尚处于新旧两种体制并存的双轨制阶段。

我国原来的经济运行，是靠纵向的金字塔式行政隶属系统的层层指令来贯彻的，它不需要市场，所以原来的市场发育程度很差，经济运行机制便不可能一下子由行政协调方式转到市场协调方式，而是不得不采取分步推进的方式开放市场，有些部门和有些产品已经放开，其价格已经由供需关系在市场形成；而有些重要的消费品和生产资料则还没有放开，供需衔接还要通过计划调拨分配，价格还由国家制定，但又允许企业把一部分产品自行在市场出售和按照市场价格成交，这样就形成了当前经济运行中的双轨格局。

双轨制的提出，是想以慢慢蠕动的方式逼近改革的目标，逐步理顺价格并且形成以市场调节为主体的新体制。但是，生活的现实却是出现了通货膨胀。价格还没有理顺而各种商品的价格却在轮番上涨，为了减少社会各阶层的抱怨，不得不用行政手段来稳定价格，慢慢蠕动使人们产生了何日是尽头的疑问，特别是刚有所理顺的价格又趋扭曲，形成治丝益乱、理不胜理。有的同志由此而认为经济体制改革的成功并非由于价格改革，而失败却总是由于价格变动所酿成，于是提出了绕开价格进行企业改革，先让国营企业活起来的主张。而与此相反，另一些同志则认为价格双轨制造成了经济活动的紊乱，使得资料配置不合理，社会经济效益下降，并且为利用两种价格差异以权谋私提供了机会，因而主张加快以价格为中心的市场改革。这样，我国理论界在改革策略选择上出现了观点对立、争论剧烈的两派，即"企业所有制改革中心论"，主张集中精力加快企业以产权制度转换为中心的所有制内涵的改革；"市场价格改革中心论"，主张集中力量大步推进以价格为中心的市场改革。

我们认为，上述两种观点都过分强调单面推进，而无论是优先推进企业机制改革，还是优先推进市场改革，都不仅不会加快整个经济改革的进程，反而会出现"真空"和"断层"，使改革受阻。因为所有制是经济行为主体对资产的关系，对于企业来说，基于资产关系形成的权、责、利的变动，影响着企业的行为动机和方向，制约着企业对市场信息反馈的灵敏度，经济运行机制是调节、协调、引导企业行为的市场机制，是企业经营的外部环境，所有制和运行机制具有统一性、制约性和不可替代性。如果所有制结构和企业经营机制已经合理，但价格仍未理顺，市场仍在旧体制下运转，企业外部的经营条件仍不平等，在这种条件下，企业行为并不会因企业自主决策而趋于合理，在价格扭曲的状况下，不合理的商品比价关系使得企业利润畸高畸低甚至亏损，无法通过市场来检验企业的经营效果，无法使企业对自己的盈亏负完全责任；与此相反，如果包括价格在内的外部条件已大体趋于平等，但企业预算软约束仍没有消除，"大锅饭"没有打破，也难以根除企业行为短期化，真正把企业搞活。企业（所有制）和市场（价格）是整个经济体制改革的两个不可分割的组成部分，一方面企业改革的实质性进展取决于市场发育程度，另一方面市场改革要以企业制度的再造为依托。因此，以价格改革为主的经济运行机制的改革和以企业改革为主的所有制关系的改革，必须相互衔接，配套进行。

　　早在80年代我们便强调，以价格改革为主要方面的经济运行机制改革和以企业改革为主要方面的微观基础改革，是互相联系、互为因果的连环套，经济体制改革的两条主线必须互相衔接、配套推进。实践的发展一再证明了这一点，不仅企业改革绕不开价格改革，价格改革也不可能单线推进。对于"价格体系的改革是整个经济体制改革成败的关键"，如果理解为价格改革不好，市场机制便不能正常地发挥作用，经济体制改革的目标也不能实现，这是有道理的；如果理解为只要进行了价格改革，便能一通百通，经济体制改革便能取得成功，这是一种误解。价格改革不是孤立的，它要发挥效应，就需要有其他方面的改革相配合，因为经济运行机制从计划方式转到市场方式，不仅仅是价格形成机制需要变化，而且要培育市场，形成完善的市场体系，要有计划、财政、税收、金融、劳动工资以及流通体制等方面的配套改革，因为价格终究只是市场运行的一个方面。市场机制要发挥作用，还要求微观基础即企业能够对价格讯号作出灵敏的反应，对于产出品价格的升降能够相应地引起供给的增减，对于投入品价格的升降也能够相应地鼓励节约使用和鼓励替代。如果企业财务预算约束是软的，价格变动可以相应地调整上交基数，那么价格改革的效应便不会如预想的那么大，因为归根到底企业是市场的主体，如果没有企业制度创新，仍旧存在传统企业的弊病，那么价格即使理顺了也达不到效果，理顺了还会再扭曲，放开了还会再收紧。

与此相同，增强企业活力需要通过企业改革，把国有制企业改革成为具有独立性，自主经营、自负盈亏的企业。但企业改革也同样不是一通百通的。企业改革正是为了使企业投身于市场，在市场的竞争与检验中改善企业的经营管理，因而需要十分重视市场这个大环境的形成。如果市场的各种经济参数是扭曲的，那么成为独立经济实体后的企业的行为也将是扭曲的。这就不能够合理配置资源，取得好的经济效果。

市场和企业是改革的两个不可分割的组成部分，一方面，企业改革的实质性进展取决于市场发育程度；另一方面，市场改革要以企业制度的再造作为依托。因此，不能够片面强调某一方面单线推进，那样做不仅见效不大，而且有可能为继起的改革设置障碍。

总之，在对改革的形势作出估量和进行战略选择时，要充分认识到改革的复杂性、艰巨性及其必然导致的长期性。改革的道路绝不是坦直宽广的长安街，而是盘旋峻峭的珠峰顶，如果对此没有充分的认识，很可能会产生急于求成的心理和简单草率的行动，结果是欲速不达，并会由此引起经济发展的震荡和经济政策的反复，影响人们对改革前景的信念。正因为这样，在经历过一段单项改革摸索之后，就必须坚持总体设计、通盘规划、协调配套、分步实施的改革战略。所谓协调配套并不要求齐头并进同时推出，而是要彼此照顾、先后衔接；协调配套并不要求所有细枝末节分厘不差，而是要抓住重点、统筹全局，并且在实践中继续调整。坚持这个战略便不至于使改革出现大的曲折，而是实实在在地朝着改革的目标推进。

（这是 20 世纪 80 年代后期在一个内部讨论会上提交的论文，后来曾被收录在《我的经济观》或是《我的改革观》之类的书籍中，因手头并无存书，收入本书的是当时留下的一份校样）

经济体制改革的两条主线

一 改革理论从运行机制改革单线推进到与 企业改革相结合的双线并举

社会主义经济体制改革的理论,已经经历半个世纪的探索了。早在 20 世纪 30 年代面对第一个社会主义国家苏联在经济活动中所出现的种种问题,流寓国外的波兰经济学家奥斯卡·兰格提出了价格制定中"错了再试",使价格逐渐接近供求均衡价格的"兰格模式",是最早的但并未得到实践检验的设想。此后,在 60 年代以后开始实践的捷克、波兰、匈牙利改革,以及为这些改革设想论证的奥塔·锡克、弗·布鲁斯、考斯塔等人的理论著作,他们都还只是着眼于运行机制的单线改革,试图通过利用市场和市场机制来改善计划经济的运行,实现资源配置的优化和效率的提高。但我们知道,经济运行机制的变革需要有相应的微观基础,这包括所有制形式、刺激办法和行为动力等方面的改革,以形成市场的主体。在这方面,南斯拉夫人率先冲破了把国家所有制作为公有制最高形式的框框,进行了以社会所有制的自治企业的改革,但他们过分强调了企业自治效率对克服官僚垄断的政治意义，并没有注意从经济上把所有制的改革和运行机制的改革衔接起来，出现了市场的紊乱，企业追求职工收入最大化的短期利益，投资仰给于银行，通货膨胀扶摇直上，外债日益增多，宏观经济失控成为经济运行中的突出问题。

中国的经济体制改革是自觉不自觉地循着双线并举的道路推进的。当改革从农村起步时，并没有在"三级所有、队为基础"的传统框架内作简单的利益调整，而是以土地家庭承包经营责任制为起点把中国农民推上了自负盈亏的道路，从而推动了农村生产经营和经济运行的变革，推动了农村市场的发展。而当经济体制改革的重点从农村转向城市时，也不单纯着眼于运行机制的变革或所有制形式的改革，而是一方面培育市场，利用市场机制来调节供需和合理配置资源；另一方面又着眼于所有制结构的改善，不仅在保持公有制主导地位前提下允许多种所有制结构的存在，而且还致力于公有制企业的改革，把传统体制下的企业改造成为新体制下的独立商品生产者。但也应该看到，在沿着这两条主线推进时，由于是"摸着石头过河"，还没有形成对改革的总体设计的理论，尤其是对于新旧体制模式转换过程中如何处理这两条主线的关系，使之相互促进、相互衔接，尚缺乏系统的理论分析。因此，侧重于单线推进的理论仍时时有所闻见。

二　改革的两条主线的深层分析

改革之所以沿着两条主线推进，一般地说是因为在这两个方面都不符合生产力发展的要求，需要从我国尚处于社会主义初级阶段的国情实际出发，进行改革。而从深层来考察，我以为这是对社会主义再认识的客观必然。这也就是说，我们不仅仅认识到社会主义和商品经济并不是不相容的，不仅仅认识到我们的改革在于发展社会主义的商品经济；而且还认识到我们所要建设的社会主义，不是旨在消灭商品经济的社会主义，而是以存在商品经济作为其经济特征的社会主义。这在认识上应该说是极大的进步。

消灭商品经济的理论前提，是对于社会主义经济中人们利益的完全一致的假设，因而不再需要等价交换。但事实上在社会主义经济中既存在利益一致性的一面，也存在着利益差别性的一面。各个不同的产业部门及其职工，各个地区的居民，都分别形成不同的利益集团，他们彼此之间只有通过商品经济的等价交换，才能保证各自的经济利益不受损害；只有通过劳动力的等价交换，才能衡量所能与所值。消除商品经济的另一理论假设，是认为私有制造成资源的稀缺才需要商品交换，但事实上自然资源的开发能力受到生产力的限制，而且自然资源也不是无限无尽的，因而通过商品经济的运动来实现资源的合理配置是客观上的必要，尤其是技术不断进步的社会化大生产下的必要。也正因为这样，我们所要建设的社会主义便不是消灭了商品经济的社会主义，而是商品经济的社会主义。

我们的传统体制是旨在消灭商品经济的。在所有制关系方面，把整个国营经济当成一个大工厂或者当成"国家辛迪加"，忽视国家和企业、企业和企业之间的不同利益关系，不承认企业和企业之间还要"亲兄弟，明算账"，不承认企业的独立商品生产者地位，权力高度集中，决策都由上级，企业的经济利益和经济效果没有联系，形成"大家都姓公，核算有啥用"，"吃的大锅饭，何必细算账"。在经济运行机制方面，是从上而下用指令性计划的方法，运用行政手段来组织的国家不仅在总体上和全局上对国民经济进行计划管理，而且把基层企业的产供销、人财物等具体的生产经营活动都管了起来，它排斥市场，把流通问题变成了分配问题，按照"生产什么，调拨分配什么；生产多少，调拨分配多少"的方式组织经济运行，使得价格脱离了市场交换而只是作为核算的工具，长期冻结价格的后果是价格极度扭曲，难以衔接供需。因此，社会主义经济体制改革的两条主线从深层来考察，也就是再造商品生产者和再造市场，从限制和消灭商品经济转到培育和发展商品经济。

再造商品生产者和再造市场，正是有计划的商品经济所必须的，但要实现这一目标，需要有一个观念的转变。因为我们的传统观念仍是把使用价值生产即实物生产作为社会主义及共产主义生产方式的特征，而把价值生产即把商品经济当作是资本主义的特征，把发达的商品经济中的共同规律当作是资本主义经济的特有规律。这样，我们即使已经认识到商品经济是当前生产方式的必然性，也仍然会在传统观念的认识基础上认为商品经济并不是社会主义生产方式的本质要求，而仅是作为一种借以提高社会生产力的特定手段，并且迟早仍然要过渡到尚一无所知的使用价值生产即实物生产的生产方式，这便会把改革和发展商品经济作为一种补课过渡的策略思想，从而影响和束缚我们的改革。只有把观念转变到我们的社会主义是商品经济的社会主义，我们所进行的改革并不是"模拟"而是实实在在的转变，才能冲破禁锢我们思路的种种束缚，推进我们的改革。

三　经济运行体制改革面临着从双轨制前进还是绕开的选择

这几年的城市经济体制改革取得了相当大的进展，如果回过头来，和十多年前的情景作一番比较，便会看到我们的经济体制已经起了很大的变化。但是，和改革的目标相比较，则新体制的框架尚未形成，特别是经济运行尚处于新旧两种体制并存的双轨制阶段。

我国原来的经济运行，是靠纵向的金字塔式行政隶属系统的层层指令来贯彻的，它不需要市场，所以原来的市场发育程度很差。那时候，不仅只有商品市场，没有资金、劳力等生产要素市场，而且商品市场也是半拉子市场，生产资料不进入市场，消费品虽进入市场，但由于统购统销、统售包销、凭票凭证供应等而把市场关系扭曲了。所以，一旦弱化行政的直接控制而转向利用市场机制，便会遇到市场发育程度不高所带来的种种矛盾，出现混乱现象，使得提高市场发育程度成为经济运行机制转化的重要条件。但是原先组织经济运行不靠市场，价格即使极度扭曲极不合理也能凑合过去，如今要使企业成为独立商品生产者，要利用市场机制来调节经济运行，遇到的严重障碍便是价格的扭曲。因为一旦市场机制起到作用，扭曲的价格会形成逆调节，本来应当鼓励的，因价格低而受到限制；本来应当限制的，因价格高而盲目发展。造成资源配置极不合理，产业结构畸形发展。这样，由于价格极度扭曲，市场的培育便遇到障碍，经济运行机制便不可能一下子由行政协调方式转到市场协调方式，而是不得不采取分步推进的方式开放市场，有些部门和有些产品已经放开，其价格已经由供需关系在市场形成；而有些重要的消费品和生产资料则还没有放开，供需衔接还要通过计划调拨分配，价格还由国家制定，但又允许企业把一部分产品自行在市场出售和按照市场价格成交，这样就形成了当前经济运行中的双轨格局。

双轨制的提出，是想以慢慢蠕动的方式逼近改革的目标，逐步理顺价格并且形成以市场调节为主体的新体制。但是，生活的现实却是因为出现了通货膨胀，价格还没有理顺而各种商品的价格却在轮番上涨，为了减少社会各阶层的抱怨，不得不用行政手段来稳定价格，慢慢蠕动使人们产生何日是尽头的疑问，特别是刚有所理顺的价格又趋扭曲，形成治丝益乱、理不胜理。有的同志由此而认为经济体制改革的成功不会由于价格改革，而失败总是由于价格变动所酿成，于是提出了绕开价格进行企业改革，先让国营企业活起来的主张；而与此相反，另一些同志则认为价格双轨制造成了经济活动的紊乱，使得资源配置不合理，社会经济效益下降，并且为利用两种价格差异以权谋私提供机会，因而主张加快以价格为中心的市场改革。

应该看到，我国经济体制改革中出现的双轨并存格局，虽然以双轨价格作为其集中表现，但实际上则遍及经济活动的各个方面：计划有双轨制，物资流通有双轨制，财政预算有预算内资金和预算外资金的双轨制，劳动工资有受控制部分与不受控制部分的双轨制……类似种种，随处可见。双轨制一方面是实际生活中各种矛盾得不到彻底解决时妥协的产物；另一方面则和由来已久的"死一块、活一块"的板块结合的改革思路有着联系。这种"死一块、活一块"的板块结合在一方是主体而另一方仅仅作为补充的状况下，矛盾并不突出，而当两者相对峙相抗衡时便会产生剧烈的摩擦；而且当这两者是相互排斥的此进彼退的关系时，这种板块关系在实践中很难加以结合。再从改革的目标来说，经济运行的双轨制也是不能长期存在的，因为双重价格和双重运行机制所意味着的利益关系差别总是会造成力度不同的矛盾和摩擦，使得计划调节和市场调节因多方面的利益矛盾而难以结合。这也就是说实现计划与市场内在统一的体制改革目标，是不能以双轨制为基础的。要使整个社会经济活动都处于市场关系之中，而整个社会经济活动又都处于计划的调节指导之下，实现"国家调节市场、市场引导企业"的经济运行，需要致力于推进竞争性市场的形成。

那么，竞争性的市场又何以迟迟不能形成呢？这是因为，从1985年以来经济增长"过热"的倾向未能遏制。几次"软着陆"都是着陆未稳便又起飞。当然，从我国经济发展中面临的种种矛盾来说，需要有较高的经济增长速度，然后才能保证经济实力逐步增强，劳动就业逐步扩大，人民生活逐步改善，特别是工业发展速度要比发达国家高，才能实现工业化和现代化，缩小和发达国家间的差距。但这是指的长期的稳定的经济持续增长，这种稳定增长和推进竞争性市场的形成是没有矛盾的。问题在于这几年存在着"过热"经济增长和高通货膨胀相伴生，双轨制正好是我国在通货膨胀条件下处理供需矛盾的传统做法，所以还出现了双轨制的范围和所反映的利益差异不断扩大的趋向。当存在通货膨胀而且通货膨胀率逐渐升高时，当然增加了理顺价格迈出市场改革决定性步伐的难度。面临广大群众对于物价上升的责难，绕开价格改革的主张似乎有了依据。然而改革价格形成机制和理顺价格结构固然会使某些商品有所上升，这种物价上升是有限的而且可以在稍高的新水平上稳定下来的，因而是不需要绕开的，所以，提出绕开价格改革主张的实质，并不在于价格改革和企业改革先后次序的理论探讨，而在于为不放弃用通货膨胀支撑超越可能的经济增长速度寻找对策。

但世界各国的经验都表明，经济增长速度是不可能用通货膨胀来支撑的，持续的通货膨胀会使一般的通货膨胀转入惯性通货膨胀，使通货膨胀率由低变高。当通货膨胀超过低通货膨胀的限度（通常指一位数）时，便会导致利益结构的紊乱，产生不正常的经济预期，促进囤积倾向，阻滞二元经济结构的转化，导致整个社会经济效益下降。这样，出现高通货膨胀率之后的经济增长速度不可能是高的，表面上的高增长速度也难以长期保持。当供需矛盾日益突出受资源约束而不得不刹车，又往往出现经济发展的起伏波动，从长时期看这样的经济增长速度并不高。因而，那种为了用通货膨胀支撑经济增长高速度而提出的绕开价格改革的主张，是不可取的。在经济运行机制改革所面临的选择中，只能是面对困难而不是绕开困难。既然困难的实质在于通货膨胀恶化了环境，克服困难也正在于下决心保持经济的适度增长，控制投资规模，防止"过热"倾向，管住货币，为经济运行机制改革中最关键的价格改革创造好的环境，从而闯过难关，使我国经济转向以新体制为主的经济运行轨道。

四　企业改革面临着利益刺激与机制转换的选择

如前所述，历来关于社会主义经济体制改革的理论探索，多数人着眼于如何使运行机制转上市场轨道，对于历来作为社会主义标志的所有制则不想或者不敢去触动。这是因为，那时候的改革理论还没有以建立社会主义的商品经济和商品经济的社会主义作为指导，一旦明确了这个指导思想，重塑商品生产者和重塑市场主体的要求便会提上议事日程，改革也就很自然地会循着运行机制改革和所有制这两条主线推进了。

改革，和以企业改革为主要方面的微观基础改革，是互相联系、互为因果的连环套，经济体制改革的两条主线必须互相衔接、配套推进，① 这两年的实践再次证明了这一点，不仅企业改革绕不开价格改革，价格改革也不可能单线推进。对于"价格体系的改革是整个经济体制改革成败的关键"，如果理解为价格改革不好，市场机制便不能正常地发挥作用，经济体制改革的目

_____

① 《经济体制改革面临的连环套及解开办法》，《世界经济导报》1985 年 11 月 10 日。

标也就尚未实现，这是有道理的；如果理解为只要进行了价格改革，便能一通百通，经济体制改革便能取得成功，这是一种误解。价格改革不是孤立的，它要发挥效应，需要有其他方面的改革相配合。因为经济运行机制从计划方式转到市场方式，不仅仅是价格形成机制需要变化，而且要培育市场形成完善的市场体系，要有计划、财政、税收、金融、劳动工资以及流通体制等方面的配套改革。因为价格终究只是市场运行的一个方面，而且市场机制要起到作用，还要求微观基础即企业能够对价格讯号作出灵敏的反应，对于产出品价格的升降能够相应地引起供给的增减，对于投入品价格的升降也能够相应地鼓励节约使用和鼓励替代，如果企业财务预算约束是软的，价格变动可以相应地调整上交基数，那么价格改革的效应便不会如预想的那么大，因为归根到底企业是市场的主体，如果没有企业制度创新，仍旧存在传统企业的弊病，那么价格即便理顺了也达不到效果，理顺了还会再扭曲，放开了还会再收紧。

与此相同，增强企业活力需要通过企业改革，把国有制企业改革成为具有独立性，自主经营、自负盈亏的企业。但企业改革也同样不是一通百通的，企业改革正是为了使企业投身于市场，在市场的竞争与检验中改善企业的经营管理，因而需要十分重视市场这个大环境的形成，如果市场的各种经济参数是扭曲的，那么成为独立经济实体后的企业的行为也将是扭曲的。这就不能够合理配置资源，取得好的经济效果。

市场和企业是改革的两个不可分割的组成部分，一方面，企业改革的实质性进展取决于市场发育程度；另一方面，市场改革要以企业制度的再造作为依托。因此，不能够片面强调某一方面单线推进，那样做不仅见效不大，而且有可能为继起的改革设置障碍。当前的改革已经从表层转入深层，从革除极"左"思潮所强加于经济工作的种种弊端转入制度创新，容易做的事情已经做了不少，改革向深层推进的难度已越来越大，任何一方面的动作都会受到另一方面的牵制。但这并非意味着改革会旷日持久地拖下去，在困难面前，要立足于进，才能克服困难。问题在于怎样推进，这从处理改革的两条主线的关系来说，必须更加注意改革措施的协调配套，采取"渐进式"加"小配套"的做法，建设商品经济的社会主义，那么我们的企业在竞争的锻炼中可以逐步成长为有活力的商品生产者，而经济运行也能够逐步从行政协调方式转向市场协调方式，到那时改革的效果将日益显露，尽管在新的条件下会出现新的困难，但旧的困难已在前进中被克服了。

（《探索与选择——经济体制改革10周年论文集》，

北京出版社1988年版）

改革价格必须改革价格管理体制

　　价格体系是指国民经济中各种相互关联、相互制约的价格组成的统一的有机体。它包括各种商品相互之间的比价关系、差价关系。改革扭曲的不合理的价格体系，是当前经济体制改革中极为紧迫的任务。因为，在商品经济条件下，竞争主要是价格竞争，市场信息主要通过价格来传递，市场机制主要通过价格来起作用。要使企业真正成为相对独立的经济实体，成为自主经营、自负盈亏的社会主义商品生产者和经营者，就必须有合理的价格。扭曲的价格会传递错误的信息，造成短线更短和长线更长的状况，加剧产需脱节和结构性的失调；强迫企业接受不合理的价格，则将使利润多寡不能真实地反映企业的经营好坏，人为地制造苦乐不均，不利于经济效益的提高。

　　党的十二届三中全会通过的《关于经济体制改革的决定》，对我国现行价格体系作了透彻的分析，明确指出："我国现行的价格体系，由于过去长期忽视价值规律的作用和其他历史原因，存在着相当紊乱的现象，不少商品的价格既不反映价值，也不反映供求关系。""当前我国价格体系不合理的主要表现是，同类商品的质量差价没有拉开，不同商品之间的比价不合理，特别是某些矿产品和原材料价格偏低；主要农副产品的购销价格倒挂，销价低于国家购价。"①

优质产品，不少是多耗费了物化劳动与活劳动，不少虽未多耗费了物化劳动与活劳动，但因为质量好，使用寿命长或者花色品种新颖多样，为群众所喜爱。对优质产品不优价，生产企业就不愿多生产，在市场上必然出现供不应求。相反，次质或劣质产品照样生产，不改进不淘汰，在市场上必然会积压滞销，浪费资源。如"永久"、"凤凰"自行车是紧俏商品，不少地方出现黑市，价格甚至高出国家牌价一倍，而大量杂牌车却积压滞销。造成这种产销不平衡情况的主要原因是二者质量差价太小，有些杂牌车的价格反而超过"永久"、"凤凰"车。上海火车头牌足、篮、排球，做工精良、质量高级，早就被批准为国际比赛用球。可是生产企业不愿多生产火车头牌足、篮、排球，而宁愿多生产一般用球。其主要原因也是质量差价不合理，企业生产火车头牌足、篮、排球要亏损，生产一般用球则可获高利。再如，过去我们收购甘蔗、甜菜等糖料，不是按质论价，而是按重量计价。近几年我国糖料连年大幅度增产，但其含糖分却严重下降，以致1981—1982、1982—1983 年度制糖期全国共少产糖 79 万吨，两年累计损失 8 亿多元。而广东、云南某些实行按质论价收购糖料的糖厂，其糖料含糖分均比附近未试点的高。按质论价促使群众重视科学种田，推广良种，提高质量和单产，从而也使群众增加了收入。

商品比价，最重要的是工农业产品比价，矿产品、原材料和加工工业产品比价，农产品中的粮食作物与经济作物比价、农产

---

① 《中共中央关于经济体制改革的决定》，人民出版社 1984 年版，第 19、20页。

品与畜产品的比价等。比价合理有利于经济协调发展，比价不合理往往造成结构性失调。

工农业产品比价，过去出现过严重的"剪刀差"。1978年党的十一届三中全会以前，六种主要粮食生产成本高于收购价格，依靠压低农民劳动工分值以维持生产，使农业经济发展极其缓慢。党的十一届三中全会以来，较大幅度地提高了农产品收购价格。以1978年为基数，1983年的农产品收购价（包括牌价、超购价、议价）提高了47.72%。五年来提价增加农民的收入，约占农民累计增加的纯收入总额的30%。目前农产品价格水平基本是合理的，"剪刀差"已大大缩小，但仍然存在，还需要根据工农业劳动生产率的发展变化情况和国家的财力、物力的可能，继续进行调整。

农产品内部比价存在着一些问题，不利于农业生产协调发展。如按活劳动的每工估价1.30元计算，现行农产品的实际收入价（包括牌价、超购价、议价在内）和每百斤含税成本比较，稻谷、小麦、玉米等六种粮食只有15%的利润；花生、油菜子、芝麻等三种油料平均有55%的利润；棉花、烤烟、麻类、甘蔗、甜菜等八种经济作物平均有41%的利润；而苹果、柑橘等则有一倍左右的利润。木材价格也偏低，如南方集体林区每亩杉木材平均年收益为10元左右，而种茶收益为60元，种柑橘收益为300—400元。在生猪收购价格调整以前，猪粮比价存在着不合理情况，各地普遍出现"养猪不如卖加价粮"的情况。据南京市有关部门调查，生猪平均每增长1斤，需耗费精饲料4斤，大麦在集市上可卖0.20元1斤，4斤则卖0.80元，而毛猪三级每斤才卖0.635元。

矿产品如煤炭，长期实行低价政策。新中国成立30多年来共调价三次，每次幅度都不大。其中，1958年每吨煤调高2—4

元，1965 年调高 2.01 元，1979 年调高 5 元。1958—1981 年煤价只提高 95%，煤炭成本却上升 136%。1983 年全国统配、重点矿原煤平均成本为 22.33 元/吨，比平均售价 22.01 元高 1.5%。在这些煤炭企业中，原煤成本高于售价的占 62% 以上，其差额有些竟高达 10 元以上。长期以来，由于煤价偏低，因而煤炭工业与其他工业部门的利润水平相差悬殊，多次出现全行业亏损。1983 年资金利税率全国重工业平均为 18.2%，石油工业为 54.38%，化学工业为 29.58%，而煤炭工业仅为 2.79%。石油工业比煤炭工业高 18.5 倍，化学工业比煤炭工业高 9.6 倍。煤价低，使煤炭工业部门留利率与留利额都很低。如 1983 年全国工业平均留利率为 18.64%，占总盈利的 11.6%。重工业留利额平均占工资总额的 33.7%，即相当于 4 个月平均工资额。其中冶金部门为 73%，相当于 8.8 个月工资；电力部门为 65.5%，相当于 7.9 个月工资；石油部门为 55.6%，相当于 6.7 个月工资；化工部门为 46.3%，相当于 5.6 个月工资；煤炭部门只有 7.5%，相当于 0.9 个月工资。由于留利一半是用于生产发展，一半是用于职工福利、奖金，煤炭部门留利水平过低，不利于调动煤矿职工积极性。而且煤价偏低，办煤矿无利可图，因此，一些地方不愿投资办煤矿，而把大量资金投到高利润的耗能部门，造成盲目发展。据统计，1982 年全国基建投资的自筹资金和银行贷款，用于煤炭的只占 2.3%，大大低于国家预算内投资煤炭 9.2% 的比重。煤价偏低，使用煤部门缺乏节约能源的紧迫感。目前有的煤矿原煤售价低于黄土和沙子的价格。一些工业部门能源费用占生产成本比重很小，如在电厂锅炉占 2.1%，在纺织品占 2%—3%，在缝纫机机头占 3.1%，在 20 万千瓦汽轮机占 3.44%，在甜菜糖占 4.97%，在甘蔗糖占 5.57%，在轧钢占 7%，在图板纸占 10%，在新闻纸占 10%—12%，在铁约占

19.6%，在耗能高的平板玻璃中也才占 24%。煤价低廉，也影响节煤技术改造。据统计，每节约一吨标准煤约需投资 250—300 元，按现行煤价要 8—10 年才能收回。致使许多部门不愿投资搞节能技术改造。

粮食等主要农副产品价格购销倒挂，加重了国家财政负担，1979 年以来，国家供应城镇居民粮食每斤补贴 0.10 元，食用油每斤补贴 0.80 元。农业越丰收，补贴越多。1978 年粮油补贴才 38.67 亿元，1980 年猛增到 109.89 亿元，1983 年高达 187.55 亿元。从 1978—1983 年财政共用于粮油补贴为 708.14 亿元，加上外贸进口粮食补贴共为 845.08 亿元。主要农副产品的价格补贴已相当于当年国家财政收入的 19.7%，加重了国家负担。流通中差价不合理，经营部门缺乏积极性，出现了农业卖粮难、卖油料难、卖猪难等不正常现象，反过来又影响了生产的发展。

价格体系的不合理，主要是价格管理体制的不合理造成的。国内外的经验都证实了这一点。各个社会主义国家在进行经济体制改革时，几乎无一例外地都面对着价格很不合理的状况，几乎无例外地都必须进行价格体系的改革，这是很发人深思的。把这些国家的价格状况加以比较，并对我国不同阶段的价格状况加以考察，便可以发现，价格管理越是集中，价格管得越宽，价格不合理的状况便越普遍。本来社会主义国家对商品价格实行计划管理，在于自觉地运用价值规律，发挥价格杠杆对经济活动的调节作用。按照这个要求，当生产情况和流通情况发生变化的时候，理应经常不断地调整各类商品的价格。但事实上，在集中的价格管理体制之下，调整商品价格是极其烦琐极其困难的事情。一个规格花色的商品价格确定以后，往往直到这种规格花色的商品被淘汰掉，价格很难再变动。这种价格老化和僵死的现象，是造成许多商品价格很不合理的根本原因，即使这许多商品价格在定价之初是合理的，是有经济根据的，几十年过去之后，条件有了很大变化，价格仍旧维持不动，也会成为没有经济根据的不合理价格。

价格本来是交换的产物，在交换过程中形成的价格，反过来又影响着交换能否顺畅进行。然而各个社会主义国家的价格的通病，却正在于把价格和交换割断，计价只是为了核算，价格的凝固与僵化，从核算的角度看却似乎是最合理最正常的事情。由于实行产品的调拨分配，市场在人们的视野里消失了，价格和交换割断，价值实现的问题不存在了，竞争被窒息了，需求不在定价的考虑之列了。"无市场论"、"无实现论"、"无竞争论"、"无需求论"，正是价格脱离交换的具体表现。而价格之所以能和交换割断，凭依的正是高度集中的价格管理体制。

在社会主义经济中，保持物价的基本稳定是很重要的事情，它关系到社会经济生活的稳定，关系到政治上的安定。所谓稳定物价本来是指稳定价格总水平，是指整个商品世界作为一个整体和货币整体相比较的绝对价格的基本稳定，是指货币购买力的基本稳定。做到这一点，本来在于组织社会需求总量和社会供给总量的基本平衡。至于各类商品的价格比例关系即相对价格，本来是应当经常调整的。但是在实际生活中，却是在建设规模超过国力，社会需求总量超过供给总量时，企图通过高度集中的价格管理体制来实现物价的基本稳定，从而把控制乃至冻结各类商品价格不使变动当作是物价管理的任务，这样不可避免地把价格越管越死，越管越不合理。

但是，单靠物价管理或物价监督，是不可能把一个不合理的价格体系维持住的。组织生产之所以必须用指令性计划，往往是因为某些商品的价格没有吸引力，不用行政命令无法使企业生产；组织流通之所以必须统一调拨分配，组织消费之所以不能取消凭票凭证供应，也都在于不如此便不可能保持住低价供应。与此同时，也就不能不采取大量财政补贴的办法。可以这样说，高度集中的价格管理体制是为了控制物价的变动，而要实现这个目标，实际上是动员了以行政手段为主的高度集中的经济体制中的所有的行政手段。这种状况，在所有的实行以行政手段为主的高度集中的经济体制的社会主义国家中，也几乎是无一例外的。

如今我国面临的情况是，实行经济体制的改革，必须改革不合理的价格体系。否则将阻滞经济体制改革的步伐，也将影响经济体制改革的成效。但改革不合理的价格体系可以有两种不同的做法。一种做法是只着眼于改革不合理的价格体系，不触动高度集中的价格管理体制，这样即使把各类商品的价格都摆布合理了，过一些时候，又会出现价格不合理的现象，又要再次进行价格体系的改革。另一种做法，是在改革不合理价格体系的同时，改革过分集中的价格管理体制，把调价和放权结合起来，这样做，可以使价格回到交换去，消除价格和交换相脱离、遭割断的弊端，可以经常地保持一个比较合理的价格体系，能够比较灵敏地反映社会劳动生产率和市场供求关系的变化，比较好地符合国民经济发展的需要。党的十二届三中全会通过的《关于经济体制改革的决定》所提出的，正是后一种做法。

要改革过分集中的价格管理体制，缩小国家统一定价的范围，缩小指令性计划范围，扩大指导性计划范围，对于实行指导性计划的商品来说，在拉开同类商品的质量差价时，究竟是优质商品的价格往上调还是劣质商品的价格往下降，关系到如何才能鼓励先进鞭策落后，不要因为劣质商品价格低廉反而挤掉了优质商品的市场；在调整不同商品的比价时，怎样使价格有利于产需衔接，既不至于使短线更短、长线更长，又不至于使短线变长线、长线变短线。诸如此类，都很难仰求于过分集中的价格管理体制。价格源于交换，在交换过程中，出售方要求对价格有发言权，购买方要求对不同价格的商品有选择权，这是不可违背的趋势。承认社会主义经济是有计划的商品经济，那么根据计划管理的不同程度和不同方法、不同层次，实行有差别的价格管理，也是势所必至的。

由于价格中长期累积下来的问题很多，涉及面很广，这些问题若是集中在一起解决，震动太大，必须分步进行。因此，价格管理体制的改革，也需要分步进行。大体上，供求平衡或者供过于求的一般的加工工业品，在有步骤地取消指令性计划改为指导性计划或市场调节的同时，价格管理也下放到省、自治区、直辖市，或者下放到企业；实行由市场调节的部分农副产品、日用小商品，其价格可以完全放开。这样很大一部分商品的价格便可以摆脱凝固和僵化，可以在交换过程中，随着劳动生产率和供求关系的变化，把价格调整得合理。至于统配的能源和原材料，调价难度大是因为求过于供，还因为统配价和议购议销价差距很大，要调整价格必须考虑国民经济的承受能力，所以保持一定的计划供应和平价分配还是必要的，与此相应的集中的价格管理也还是必要的。但随着议价供应范围的扩大，特别是解决供求平衡不能完全立足于国内，还得通过外贸进口来调剂，靠廉价能源和廉价原材料维持生产的范围是在缩小的。当条件逐渐变化时，对于那些可以不再维持低价和统配的商品，便可以在调价的同时相应地下放价格管理权力。至于解决农副产品购销价格倒挂，其关键在于从暗贴改为明补的开支由哪一级财政承担，如果财政负担是集中在中央，则必然要求价格管理的集中，如果财政负担是分散在地方，则价格管理也可以下放给地方，由地方来决定如何调价和如何补贴。总之，要把价格改革这个涉及面很广的大问题，分解为一个个行业和一类类商品的小系统，把调价和放权结合起来，以减少震动，便于预测。通过有步骤的改革，促进进一步搞活经济和提高经济效益，实现财政经济状况的根本好转和进一步好转，为调整后的价格在新的基础上稳定下来创造有利条件，从而实现价格体系的全面改革，促进经济的顺畅运行。

（《中国价格问题探索》，上海人民出版社 1986 年版）

费用和效用的比较

　　费用和效用的比较,是孙冶方同志经济学观点的一个重要方面。冶方同志从费用和效用比较的理论中引申出来的红线论,即用最小的劳动消耗取得最大的经济效果,在把政治经济学应用于社会主义经济建设实践上,作出了杰出贡献。我想在此说一下冶方同志在费用和效用比较的理论上的贡献,同时也说说我们之间在认识一致之中又存在着的一些分歧。冶方同志博大精深,我辈后进,本不宜妄议短长得失。只不过如今已不可能再当面向冶方同志请教,而冶方同志遗言又要求就他的学术观点进行讨论,我想以切实的理论探讨来寄托哀思,也许正符合冶方同志的原意吧!

一

　　冶方同志提出费用和效用比较的理论,最早是 1958 年作的《要懂得经济必须学点哲学》的讲话,1961 年在《对社会主义政治经济学中若干理论问题的感想》中又作了比较详细的阐述。在那时,为了实现某一号召而不计代价的风气很盛,砸锅卖铁,砍树炼钢，造成了极大浪费。冶方同志提出费用和效用的比较，正是从理论上针砭时弊，却并不计较是否会触犯某些禁忌。与此同时，那时候理论界的形而上学也很流行，似乎一讲效用，便不符合马克思的劳动价值理论，流于资产阶级庸俗经济学的边际效用理论了。而冶方同志却毫不顾忌，一遇机会就大讲恩格斯的注释，大讲要重视效用。尽管在 20 世纪 60 年代初期就有人说他是中国的马歇尔，是以恩格斯的左手来打恩格斯的右手，却并不由此而气馁。

我们是马克思主义者，马克思主义政治经济学的基础是劳动价值理论，如果背离了劳动价值理论，那么剩余价值的奥秘、资本对劳动的剥削等等，也就成了无根之木。所以对劳动价值学说，是每一个马克思主义经济学家所必须坚持、必须捍卫的。但是不是就不能讲效用了呢？是不是一讲效用就落入以萨伊为鼻祖的资产阶级庸俗经济学的营垒了呢？不是这样。所谓效用，就是商品的使用价值，它是商品价值的物质承担者，离开了使用价值也就没有价值。马克思和恩格斯讲商品、讲商品价值的时候，从来都是和使用价值一起探讨的。资产阶级庸俗经济学的谬误，并不是因为他们讨论了效用，而是因为他们认为效用决定商品的价值，以此否定社会必要劳动决定商品价值，从而否定剩余价值的泉源。

在日常生活中，人们都知道没有使用价值的东西不值分文。可是一谈到经济理论，有时候却连常识也违反了，似乎价值可以离开使用价值而存在。这除了怕玷污自己的纯洁性而讳言效用之外，还有一个理由是使用价值不属于政治经济学的研究范围。诚然，各种使用价值的性质和用途的差别，是政治经济学所不讨论的。但是价值又离不开使用价值，通过价值揭示人们的生产关系，必须联系到使用价值。恩格斯还指出，当进入共产主义社会而不再有商品关系，不需要著名的"价值"插手其间时，效用的概念并不会消失，它们被相互衡量并和制造它们所必需的劳动量相比较，成为制定计划的主要依据。"在决定生产问题时，上述的对效用和劳动花费的衡量，正是政治经济学的价值概念在共产主义社会中所能余留的全部东西。"① 马克思在《致路·库格曼》的信中则说："要想得到和各种不同的需要量相适应的产品量，就要付出各种不同的和一定数量的社会总劳动量。这种按一定比例分配社会劳动的必要性，决不可能被社会生产的一定形式所取消，而可能改变的只是它的表现形式。"② 这些科学的论断，成为冶方同志的红线论的基础。

多少年来，人们把经济理论变成某种经济模式和思想的图解，用政治和思想意识上的原因来代替客观经济规律，用"阶级斗争，一抓就灵"的公式来处理社会主义经济建设中的复杂问题，唯意志论盛行，不惜工本、不讲核算，自然经济观泛滥成灾。冶方同志在这种情况下，提出了在社会主义政治经济学研究中要始终贯彻用最小的劳动消耗去取得最大的经济效果的红线，这对于那种只问投入、不问产出的思想倾向，是当头棒喝，从而使经济理论从唯意志论的天上回到紧密与生产建设实践结合的人间，其在经济理论上的贡献，于今人于后世，怎样估计也不能说是过分的。

二

恩格斯在《政治经济学批判大纲》中讨论价值范畴时，对

---

① 《反杜林论》，《马克思恩格斯选集》第 3 卷，人民出版社 1972 年版，第 348 页脚注。

② 《马克思恩格斯选集》第 4 卷，人民出版社 1972 年版，第 368 页。

于价格形成从理论上进行了论证，指出："实际价值和交换价值间的差别就在于物品的价值不等于人们在买卖中给予它的那个所谓等价物，就是说，这个等价物并不是等价物。这个所谓等价物就是物品的价格。"① 其所以"这个等价物并不是等价物"，是因为在商品交换中各种商品虽然要按照各自的价值来交换，然而恰好相等的场景极其偶然，价格围绕着价值往往会和价值有着偏离。商品交换中买卖双方的立场是不一样的，卖方是为了实现商品价值以及包含在其中的剩余价值，买方需要的乃是商品的使用价值即商品的效用。在交换过程中买卖双方利益的较量，其基础正是费用和效用的比较。恩格斯正是在这一意义上论证价格如何形成，并说价值是生产费用和效用的关系。

商品虽然因为有使用价值才能进入交换，但不同的使用价值是具有不同质的东西，对使用价值、对效用本身并不能测度比较。但效用虽然不能被测度，却可以通过需求及其变化，来相对地反映人们对某种商品效用的评价。就是说，社会必要劳动决定商品的价值，效用则影响每种特定商品的需求，费用和效用的比较通过价值和供求的关系引起价格的变动，费用和效用比较正是供求和价格发生变化的基础。

费用和效用的比较，在确定各类商品的相对价格即比价时，有重要意义。恩格斯说："如果两种物品的生产费用相等，那末效用就是确定它们的比较价值的决定性因素。"② 煤炭、石油、酒精、木炭、柴草、电等各种能源，它们的效用在一定程度上可以相互替代，但效用又各有不同。如果石油和煤炭的生产费用都相等，人们将尽量选择使用石油，因为石油的热值比煤炭高，使

---

① 《马克思恩格斯全集》第 1 卷，人民出版社 1972 年版，第 606 页。
② 同上书，第 605 页。

用也方便。但这样便会增加对效用高的商品的需求，从而会出现一种商品求过于供而另一种商品供过于求，引起替代品间价格和价值的不同偏离。在资本主义经济中，这种费用和效用比较引起商品比价的变化，是由"看不见的手"在冥冥中自发地进行调节的。70年代以前中东的廉价石油，使得发达国家把石油当水一样地滥用，而煤矿则因为无利可图而纷纷关闭，直到石油价格猛涨，出现能源危机，才使得人们注意节油，而煤矿也有了生机。这便是自发形成替代品比价引起资源浪费的鲜明例证。

在社会主义经济中，价格是国家有计划地制定的。计划价格的特点是它并不被动地适应供求，还能够主动地影响供求。因为价格和供求互为因果，不论是指令性计划还是指导性计划，都有必要利用价格这个重要的经济杠杆，通过替代品的合理比价来指导生产和消费。如对于各种能源的比价，应当把石油的价格订得大大高于价值，从而在可以烧煤的场合尽量烧煤，以节约石油；对于各种金属的比价，要鼓励用普通钢或低合金钢来代替高合金钢和有色金属，因此对高合金钢和有色金属要采取高价；对于木材及其替代品的比价，要考虑到木材是短缺物资，应当尽量采取各种代用品，用钢窗代替木窗，用水泥预制构件代替木材，鼓励利用纤维板、刨花板；对于各种建筑材料的比价，要鼓励使用能够大量供应的特别是当地能大量供应的建筑材料，从而做到合理利用资源。如此种种，都在于运用费用和效用比较这个原理。我们承认了国家制定计划价格应当体现费用和效用相比较的要求，那么奖励生产的应该高价，限制生产的应该低价；奖励消费的应该低价，限制消费的应该高价。正由于此，采用某种统一的、平均的利润率来定价，不论所采用的是工资利润率、成本利润率，还是资金利润率，或者是工资和资金混合的利润率，都不能体现国家奖励什么、限制什么的政策要求，因为平均利润率对各种替代品一视同仁，不能体现费用和效用的比较。

冶方同志反复强调恩格斯的关于费用和效用比较的原理，并且肯定恩格斯在 1844 年对费用和效用比较与价格形成的解释，然而冶方同志运用费用和效用比较理论时，主要是讲核算和时间节约，是讲价值，这样在进一步论证社会主义经济中的价格问题时，便未继续坚持与应用费用和效用比较的原理。他主张采用平均资金利润率来定价。但平均利润率只考虑费用而未考虑效用，费用和效用比较在视野里消失了。他强烈反对"没有价格对价值的背离，就没有价格政策"这句话，认为此话流毒甚广，为害殊大。然而没有价格和价值的偏离，计划价格就不能做到能动地影响供求，也就不能体现国家的奖励限制政策。

我对这个问题在此饶舌，正是因为对当前价格不合理的状况有两种不同的估计，对如何进行价格改革有两种不同的设想。一种估计认为，价格不合理表现为价格和价值偏离，各种商品的盈利率很不均匀，改革的方向是按照生产价格的原则，建立新的价格体系；另一种估计认为，价格虽是价值的货币表现，价格总是围绕着价值波动的，在实际生活中价格又不可能恰好等于价值，总会发生高于或者低于价值的偏离。这种偏离，有符合价值规律、符合国家政策、对生产流通起积极促进作用的顺方向调节，也有不符合价值规律、不符合国家政策、对生产流通起消极破坏作用的逆方向调节。改革不合理价格，为逐步把经济理顺创造条件，关键就在于消除"逆调节"。这样改革的做法就不在于按某种平均利润率来改组价格，而在于根据费用和效用的比较及国家的奖励限制政策，来合理地安排各类商品的比价；价格改革的目标，就在于使各类商品比价构成的体系基本合理。

三

费用和效用的比较，不仅是商品比价的基础，也是质量差价的基础。质量是使用价值的概念，质量好便是效用大。形成商品质量差别的，可能是用料考究、做工精致，耗费了更多的劳动；也可能并未耗费更多的劳动。就是说，质量差别是效用差别，却未必是费用差别。在同一棵苹果树上摘下的苹果按大小和成熟程度分成三等，同一亩地里收割的白菜按包心程度分成四级，它们的价值统一体现在整体之中，并不能说等级高的较等级低的具有更多的价值，它们的价值只能合起来度量，却有各自的价格。茶叶因采摘季节不同而有明前、雨前、春茶、秋茶的区分，它们因质量不同而有着不同的价格，但不能说因为采摘季节的不同而有不同的价值。一头猪分成头、蹄、肝、腰、肺、肚、肠、里脊、五花、排骨、肥膘等出售，因质量不同而有着不同的价格，但不能说瘦肉比肥肉具有更高的价值，猪肝比猪肺具有更高的价值。因为凝结在其中的社会必要劳动体现在猪的整体之中，并不能逐一细分。家具的新颖造型，绸布的新颖花色，服装的新颖款式，使得它们有较高的质量，人们对质量的评价会通过供求反映出来，可以售较高的价格，却不等于它们必然反映较高的生产费用。

在工农收入水平逐步提高、社会购买力不断增加的情况下，社会对优质商品的需求也不断增加，从而使优质商品会得到高于其价值的社会承认，劣质商品只能得到低于其价值的社会承认，这正表明形成质量差价的基础是人们对效用的评价，在于反映这种评价的供求。

优质优价、次质次价、劣质低价，同质同价、按质论价，是社会主义经济中应该坚持的一项重要原则。只有把按质论价工作做好了，才有利于商品质量的不断提高，有利于商品花色品种的推陈出新。目前在农产品收购中，有的地方放松了按照等级验收的制度，把提级提价收购当作是关心农民支援农业，殊不知不注意按质论价的后果，造成了茶叶、烟叶、蚕茧、皮毛等质量的普遍下降；收购甘蔗、甜菜只论重量而不问含糖率高低，以致含糖率低成了制糖工业中成本加大和能源消耗升高的突出问题。这种农产品质量下降的现象最终是不利于农民和不利于农业生产的。工业品生产中不注意按质论价，简单地把成本高低和质量高低等同起来，或者把商品耐用程度作为质量差别的唯一标志，结果是不能促使商品生产者增加花色品种和提高商品质量，甚至会使商品质量下降，群众不那么需要的老商品、老花色品种仍在大量增产，而优质品和新产品的生产却上不去；名牌货和非名牌货价格差异不大，市场上充斥着杂牌货。所有这些表现，从理论上来考察都是在于不了解费用和效用比较的重要性，都是因为不认识在商品追逐货币、货币追逐商品的角逐中，效用是购买者选择的依据，使用价值是价值的物质承担者。如果忽视效用，只按平均的利润率定价，由于质量差异不等于生产费用差异，两者并不等比增减，按质论价便很难切实贯彻。

四

关于费用和效用比较的理论，关于恩格斯早年和晚年对费用和效用比较的论证，冶方同志给予了高度评价，然而在费用和效用比较理论的应用上，在如何与价格问题相联系上，我们之间有着一些分歧。这两年有较多机会向冶方同志请教，渐渐弄清冶方同志认为社会主义全民所有制经济内部不存在商品货币关系，他所讲的价值规律并不是商品货币关系下的价值规律，因而冶方同志对费用和效用比较的应用重点在于核算，在于通过核算提高经济效果。这是不同于我们认识的在现阶段社会主义经济中，各个国营企业是相对独立的商品生产者，即使是国营经济内部流通的生产资料也仍是商品，价值规律仍是商品货币关系下的那个价值规律，费用和效用比较还有那著名的价值插手其间，因而其应用主要反映在价格的安排，在于如何体现价格政策。正由于上面说的这些原因，所以对费用和效用比较理论的认识虽然一致，仍不能消弭分歧。

我以为这样如实剖析，不掩饰分歧，也许更能表达对冶方同志的敬仰，也可能有助于对费用和效用理论讨论的深入。如果能够在这个问题的讨论上有所突破，冶方同志地下有知，也必然会感到欣慰的。

（《财贸经济》1983 年第 11 期，
本文系为孙冶方经济学理论讨论会而作）

部门价值决定和大中小企业关系

　　在社会主义商品价格形成理论讨论中，很少注意定价时应当采用哪种条件下的商品生产成本，似乎只要按中等成本定价就行了，没有什么理论问题值得探讨。但在实际生活中，几乎每一种商品的生产单位，都是大中小企业并存，先进落后企业并存，不同企业间的生产成本相差悬殊；而且不同的商品又有着紧俏脱销和积压滞销的区别。所以，把价格的形成笼统地论证为都应当按中等成本定价，既不是从实践中来，也不能回去指导实践，从而不能正确地处理大中小企业的关系。

部门价值既可以是中位决定也有着低位决定或高位决定

　　当生产成本不等的大中小企业生产同一种商品时，人们主张按商品生产的中位成本定价，这当然有理论根据。这便是商品的价值量，由生产商品所耗费的社会必要劳动时间决定，而社会必要劳动时间"是在现有的社会正常的生产条件下，在社会平均的劳动熟练程度和劳动强度下制造某种使用价值所需要的劳动时间"①。人们根据这一经典定义，把注意力转去讨论按加权平均还是按算术平均，能更近似地反映社会平均必要劳动量，也是不足为怪的。

但是，所谓商品价值由社会平均必要劳动时间决定，商品社会价值是本部门中各个企业生产的商品个别价值总和除以商品总和的平均价值，乃是对现实的高度抽象。实际经济生活要较此复杂得多。每一个商品生产者所耗费的是它的个别价值，由个别价值转化为社会价值，不是数学的计算，不是先验的存在，也不是相互协商的结果，而是通过人们的经济活动来实现的。

在私有制的商品经济中，在自由价格条件下，商品的社会价值是在竞争中形成的。尽管每一个商品生产者都有其不同的个别价值，但不可能按照各自的个别价值来决定商品的社会价值和市场价格，这是因为在商品生产者之间，在商品供给者和需求者之间，还有在可以相互替代商品的生产者和购买者之间，都在进行着竞争。竞争作为一种强制力量，使不同的个别价值形成为相同的社会价值。

社会必要劳动时间和社会价值最终取决于平均条件下的劳动耗费，正是在连续不断的交换行为中自然形成。这种交换是在自由竞争可以充分展开的条件下进行的，而且供给和需求大体是均衡的，在这时，"市场价值，一方面，应看作是一个部门所生产的商品的平均价值，另一方面，又应看作是在这个部门的平均条件下生产的、构成该部门的产品很大数量的那种商品的个别价值"，因为这时候满足通常的需求，"是按两端之间的大量商品

---

① 《资本论》第 1 卷，《马克思恩格斯全集》第 23 卷，人民出版社 1972 年版，第 52 页。

的中等价值来供给的商品"。①

但是，各部门商品社会价值的决定，并非统统必然由中位价值来决定，还有可能出现某种商品社会价值的高位决定，即由劣等条件生产者的个别价值来决定，这便是马克思指出的："如果需求非常强烈，以致当价格由最坏条件下生产的商品的价值来调节时也不降低，那末，这种在最坏条件下生产的商品就决定市场价值。这种情况，只有在需求超过通常的需求，或者供给低于通常的供给时才可能发生。"② 另外也有可能出现商品社会价值的低位决定，即由优等条件生产者的个别价值来决定，"如果所生产的商品的量大于这种商品按中等的市场价值可以找到销路的量，那末，那种在最好条件下生产的商品就调节市场价值"。③

有的同志认为，商品社会价值的高位和低位决定，也就是价格和价值的偏离，这是理论上对劳动价值学说的误会。当商品社会价值由劣等条件的个别价值决定时，商品社会价值总和会大于商品个别价格总和；反之，当商品社会价值由优等条件的个别价值决定时，则商品社会价值总和会小于商品个别价值总和。但这仍属于商品价值决定的范围，不是价格和价值的偏离。它表明商品的社会必要劳动时间究竟应由哪种条件的劳动耗费决定，表明商品社会价值有其确立的具体界限。

商品的社会价值决定了，在价值实现过程中，仍然会发生价格和价值偏离的现象。当商品社会价值由劣等条件的个别价值决定时，如果社会需要仍然大于供给，价格还会涨到高位决定的社会价值以上；反之，当商品社会价值由优等条件的个别价值决定

① 《资本论》第3卷，《马克思恩格斯全集》第25卷，人民出版社1974年版，第199页。
② 同上书，第200页。
③ 同上。

时，如果社会需求仍然小于社会供给，那么价格还会落到低位决定的社会价值以下。这种情况便是马克思指出的："如果供求调节着市场价格，或者确切地说，调节着市场价格同市场价值的偏离，那末另一方面，市场价值调节着供求关系，或者说，调节着一个中心，供求的变动使市场价格围绕着这个中心发生波动。"①

探讨商品社会价值究竟由哪种条件下的个别价值来决定，对于制定计划价格时正确处理大中小企业关系，有着重要意义。商品生产的发展趋势是逐渐转向大批量生产。因为只有大批量生产，才能使分工日细，才便于采用新技术，研制新产品，有利于成本不断降低和质量不断提高。但小批量生产的小企业生产成本虽然较高，而投资少，建设时间短，生产适应性强，机动灵活，转产容易，又为大企业所不及。笼统地肯定一方或者否定一方都是不正确的，必须根据具体情况作具体分析，才能正确处理两方面的关系。

正因为这样，对于供给和需求互相适应的商品，应采取按中等成本加利润定价是合理的。但笼统地认为对所有商品皆应如此，就不妥当了。对于需求强烈的商品按高位成本加利润定价，才能促使处于劣等条件的生产者也投入生产以增加供给，满足需求；对于供给远远超过需求的商品，则应当按低位成本加利润定价，使处于劣等条件的生产者退出供给，才有利于提高经济效果。只有按不同情况区别对待，才能使定价适应供求状况和国家的技术经济政策，不至于在应当让技术相对落后、成本相对偏高的小企业投入生产以增加供给时，却因为价格过低而盲目限制；也不至于在供过于求应当让技术相对落后的小企业关停并转以缩小供给时，因为价格定得过高而盲目鼓励增产。

---

① 《资本论》第 3 卷，《马克思恩格斯全集》第 25 卷，人民出版社 1974 年版，第 202 页。

部门间利润率的平均化和部门内社会价值与个别价值间的关系,不能混为一谈

有的同志认为,正确处理大中小企业关系,在于按资金利润率定价代替按成本利润率定价。他们说大企业的生产成本比小企业低,成本利润率比小企业高,但是大企业占用的资金比小企业高好多倍,大企业的资金利润率不一定比小企业高,反而有可能比小企业低。他们说如果把按中等成本加一定的成本利润率定价,改为按中等成本加一定的资金利润率定价,便能更全面地考察大中小企业的经济效益,更好地处理大中小企业关系,更好地确定国家的技术经济政策。

从理论上来说,大中小企业关系乃是部门内社会价值和个别价值的关系问题。而是否需要采用平均资金利润率定价,则属于价值是否会转化为生产价格的问题。不同性质的问题,不能够混为一谈。

至于说到按资金利润率较之按成本利润率考察,对大中小企业的经济效益会有不同的评价。这是因为,商品的成本利润率和企业的资金利润率,它们反映着不同的侧面,在大中小企业并存的条件下,具有相同品种、质量、规格、花色的商品按同一价格出售,而生产这些商品的大中小企业有不同的生产成本,当然会有不等的成本利润率和不等的资金利润率。但这不等的成本利润率和资金利润率,是由商品社会价值的中位、高位、低位个别价值决定所制约,并随之起不同的变化。

当商品供过于求,商品的社会价值由优等条件的低位个别价值决定时,投资大、物质技术水平高的大企业,倚仗自己生产成本低的有利条件,仍能保有一定利润和相应的成本利润率及资金利润率;而中小企业虽然投资小,由于物质技术水平低,生产成

本相对较高，只能保本乃至亏本出售，谈不上什么成本利润率和
资金利润率。当商品的供给和需求基本适应时，商品社会价值由
中等条件个别价值所决定，这时中等企业有一定赢利，大企业获
得较高赢利，而处于劣等条件的企业可能仍只保本或者亏损。只
有当商品需求大大增加，商品社会价值由劣等条件的高位个别价
值决定时，才会出现另一种情况。由此形成的商品价格，使大企
业的成本利润率和资金利润率都提高了，而成本高的小企业也变
为有利可图，不愁销路，能饱和生产，小企业的成本利润率虽然
低于大企业，却因为投资少而表现为资金利润率高于大企业。资
本主义经济里小企业时而被大企业挤出市场，时而又如雨后春笋
般发展起来，正是这个缘故。

　　这种情况可以假设如下的例子，例中甲企业资金 5 亿元，产
某商品 1 万台，总成本 1.6 亿元；乙企业资金 2500 万元，产某
商品 1000 台，总成本 1800 万元。这时假设每台售价在 2 万元上
下浮动，其发生的赢利变化如下表（单位：万元）：

项目 \ 企业	每台售价 2 万元时		每台售价 1.8 万元时		每台售价 2.2 万元时	
	总价格（元）	赢利	总价格（元）	赢利	总价格（元）	赢利
甲企业	20000	4000	18000	2000	22000	6000
乙企业	2000	200	1800	0	2200	400

　　从上例可以看到，当商品售价为 2 万元时，甲企业的成本赢
利率为 25%，高于乙企业的 11.1%，但资金赢利率均为 8%。
当售价降为 1.8 万元时甲企业有利乙企业保本；如果售价再稍下
降，乙企业要亏本。当售价提高到 2.2 万元时，甲企业的成本赢
利率为 37.5%，高于乙企业的 22.2%；而甲企业的资金赢利率
为 12%，低于乙企业的 16%。如果售价再往上涨，乙企业的资

金赢利率更会高于甲企业。这个例子表明，乙企业的生产成本比甲企业高，所以不管价格如何变化，成本利润率始终低于甲企业；但乙企业投资比甲企业少，随着商品价格变动，资金赢利率起着变化，有可能高于甲企业。但这种变化是部门内商品社会价值的中位、低位、高位决定的变化引起的。

生产同一种商品的不同企业，成本利润率高而资金利润率反而低，成本利润率低而资金利润率反而高，最经常被人们提到的事例是水电站和火电站的经济效益比较。对此本想实地算算，但由于我国供电部门对电站实行不同的结算价格，如供电部门对丹江口水电站的结算价格是每千度电 26 元，对火电站的结算价格是每千度电 50 多元到 70 多元，而供电部门售电又因农业用、工业用、生活用而有相当大的价格差异，按财务成果比较很难说明问题，只得作罢。不过也可以假定，如果电网向电站购进电力价格统一定为每千度 30 元，丹江口水电站有赢利而所有火电站都将亏损；如果电价统一定为 50 元，仍将有不少火电站亏损；只有当电价提到 70 元或者更高时，才有可能出现某些火电站成本利润率低而资金利润率反而高的状况。由此可见，商品定价和作经济比较，是不同性质的两个问题。对于作经济比较来说，投资于水电站有利还是投资于火电站有利，也不能单纯从资金利润率考察。水力发电除了电站建设以外，要建设大坝和引水设施，所以建设投资比火电站大，一般要完成水工设施才安装发电设备，建设周期也长；而火电站发电所需要的煤炭、石油，运输设施等，是分别计算为煤炭、石油、交通等部门的投资和建设周期的，当这些部门有余力时当然表现为火电站建设投资小、建设周期短。如果这些部门也是短线而需要相应建设时，就会起变化。水力是可再生能源，而煤炭、石油等是资源会耗竭的一次性能源，两者利用的能源性质不同。但水电站要兼顾灌溉、防洪、航运、水产等综合经济效益，非灌溉季节发电要控制用水，汛期为了防洪又可能大量弃水，年发电利用小时一般低于火电站。类此种种，都必须经过充分论证，才能判别利弊，并不是简单地按资金利润率来计算所能解决的。电站的成本利润率和资金利润率，会随按中位、低位、高位成本定价而起变化。在商品定价时，应当考察具体情况，分析商品社会价值由哪种条件的个别价值决定，从而确定究竟按中位、低位、高位成本定价，才有利于生产和流通。

商品定价若不分析具体情况，会造成盲目限制或盲目发展，不利于正确处理大中小企业关系

探讨商品社会价值如何决定，有重要的实践意义。当前的情况是，一方面在理论上只承认按平均成本或中等成本加赢利定价，不承认根据具体情况可以按高位或低位成本定价；另一方面在实践中又很少按中等成本定价，有的应按高位成本定价的却按低位成本定了价，有的应按低位成本定价的反而按高位成本定了价，由此形成价格的扭曲，出现"逆调节"，给经济生活带来了不利后果。

前者表现为煤炭、铁矿石、原木、原竹等，当前供给不足，本来应当按劣等条件的高位成本制定计划价格，方属合理，然而现在却反过来，实际上是按资源丰富、交通运输条件好的低位成本来定价。结果是煤炭生产除了山西等地富矿生产的尚有赢利外，其余矿山多半亏损，采得多亏得也多，新建矿井花了投资还要花亏损补贴，挫伤了发展煤炭生产的积极性，以后改为分地区定价，才稍有好转。而原木、原竹的计划收购价格，曾经是出售者连脚力也不够，出现计划价格和集市议价的极大差距，助长了投机黑市和贪污渔利。

后者表现在加工工业方面，在相当长的时期里片面强调发展

小型企业和土法生产，似乎小和土代表着进步和革命，盲目地不加区别地提倡。而为了保护小企业，不使小企业亏损，价格普遍定得较高，实际上是按小企业的高位成本定的价，这在机械、化工等部门以及轻纺工业中都是存在的。有的小化肥、小钢铁的成本实在高得太不像话，定价时无法考虑。另外又给以亏损补贴，而亏损补贴的实质是价格补贴。目前小氮肥厂生产的碳铵按含氮量计算售价比尿素、硝铵高出 20%—40%，如果再加上碳铵性质不稳定，在产、储、运到施肥过程中，容易分解挥发损失，肥效低，那就比尿素、硝铵更贵得多了。但就是对碳铵实行高价，小氮肥厂仍有大量亏损。而且按吨氨投资比较并不省。当年地方发展小氮肥厂的积极性之所以高，是因为产出化肥归地方分配，而发生亏损则由国家财政负担。所谓小氮肥厂的强大生命力，过去实际是靠行政手段强行扶持起来的，等到亏损由地方财政承担时，便纷纷停产了。

"五小"工业的发展，是有意识提倡的结果，而更普遍的情况是，国家并未提倡，却出现了盲目建设和重复建设。这两年有些应该压缩的企业和行业还在发展，有些应该有步骤发展的行业一拥而上，有些原料本来就不足的轻纺工业，老厂吃不饱，新厂又在建。产生这种状况的成因很多，从制定计划价格来分析，主要是老厂生产这些商品，成本虽低，售价却高。当然国家要积累建设资金，价格不宜降低，但没有很好运用税收杠杆调节，利润过大，为盲目建设新厂提供了较大的回旋余地。这两年中央和地方"分灶吃饭"以后，由于地方的经济利益关系，小酒厂遍地开花，烟叶、茶叶、棉花产区纷纷办起小卷烟厂、小精制茶厂、小棉纺织厂，使得成本低、质量高的大厂因原料不足而减产，成本高、质量差的小厂却在发展，手表、自行车、缝纫机、电冰箱、洗衣机、电风扇等等是应当发展的，但到处办厂，每个厂的投资又有限，规模小、技术落后，达不到批量生产，不少新办厂的成本比上海或天津高一倍乃至更多，只是因为价格中的回旋余地大，高成本才能生存下来。在这种情况下，商品高价以及对乡镇企业的税收优惠，成了以小挤大、争夺有限的原料供应的动力，成了盲目建设和重复建设的刺激剂。

在商品生产中，商品社会价值的不断降低本来是客观规律，但近 20 年来，我国却出现了商品社会价值不断提高的反常现象，这当然有种种原因，不是价格制定所能左右的事情。但是，如今在经济工作中已经认识到过去决策的失误，已经重视技术政策的经济效果，那么在商品价格制定方面应当和经济决策的转变相适应。在任何一个生产部门中，总会有许多商品生产者制造同一种商品，他们的生产条件、技术装备、劳动熟练程度各不相同，从而生产同一种商品的个别价值有高有低。个别价值转化为社会价值，个别价值降低推动着社会价值的降低，本来是在竞争中实现的，如今实行经济改革扩大企业自主权，已经使企业开展竞争有了内在动力，如果在价格上窒息竞争，便会羁绊经济改革的步伐。应该说，除了有关国计民生的主要商品外，对其他商品允许企业有一定的价格自主权，有的可以有一定幅度浮动，有的可以自定价格，这对于开展部门内的竞争，促使企业在竞争中改善经营管理，从而克服分配上的平均主义，管理上的唯意志论，技术上的墨守成规，产品上的质次价高；而用行政办法难以解决的盲目建设和以小挤大，也将随之逐步得到解决。随着竞争的开展，商品的个别价值转化为社会价值，也将循其内在规律而运动。当然对主要商品还得由国家规定价格，但计划价格的制定也得遵循该部门商品个别价值转化为社会价值的客观要求，才不至于盲目限制或盲目发展。

（《中国价格问题探索》，上海人民出版社 1986 年版，第 97—107 页）

经济体制模式转换过程中的双重价格

一 双重价格是计划价格体制下以自由 价格作为补充时的特有现象

价格运动的规律性会使得同一市场中同一种商品以同一价格出售，这叫做价格的同一性。在同一市场上出售的同一种商品的价值反映着同一的社会平均必要劳动，因而价格将是同一的；在商品自由交换条件下，能够用低价购入的人绝不会用高价购入，能够用高价售出的人也绝不会按低价把自己的商品出售，这样进行选择和竞争的结果也必然使同一种商品价格趋于同一。但既然卖者总希望卖得贵些，买者总希望买得贱些，就有可能使买卖按不同的价格成交，使得在豪华商店里的售价贵于一般小铺，使得"货比三家不吃亏"成为购物的格言。所谓价格的同一性并不是指价格的整齐划一，而是指存在不同价格状况下价格运动的趋势。

只有在计划价格条件下，价格的同一性才得到最充分的贯彻，各个不同的售卖者都要执行统一的计划价格。而伴随着价格同一性的充分贯彻，却又需要以双重价格或双轨价格作为其必要的补充。在自由交换条件下即使存在不同的成交价格，也不属于双重价格，因为买者和卖者都拥有选择自由时的不同成交价，不能名之曰双重价格。双重价格或双轨价格是自由交换受到限制的计划分配和计划价格中的特有现象，也就是计划分配需要有自由交换作为补充，计划价格需要有自由价格作为补充时的特有现象。

双重价格在我国早就存在。农产品集市贸易作为国营商业计划购销的补充，早就形成了集市贸易价格和计划价格并存的双重价格。20世纪60年代经济困难时期，国家对有关人民生活的十八类主要消费品实行定量供应，坚决维持计划价格的稳定，同时又出售高价糖果、高价糕点和高价饭菜，满足有购买力的人的需要，形成了一部分食品销售的平价和高价并存，两者差距有好几倍。那时为了鼓励农民多交售粮食，还实行了按统购价格收购和超额交售按奖励价收购的两种收购价格。但应该指出，那时候的双重价格还是以计划价格为主体，而把自由购销和自由价格作为解决商品供应不足矛盾的手段，在理论阐述上都认为这是不得已的权宜措施。

1979年提高农产品收购价格时，实行了计划统购价格和超过征购定额的给予加价奖励或议价收购的双重价格制度。这样可以不必一下子使全部收购价格反映市场机制要求而提得很高，仅是使超计划部分的价格反映市场机制要求而有较高的价格，既调动农民的生产积极性，又在改变收入分配格局时照顾到国家财政的承受能力。我国这几年农业生产形势之好，提高农产品收购价格缩小工农产品价格剪刀差起到了重要作用。因而尽管存在着统购价、超购价、议购价、集市价等多种价格的差异，存在着这样或那样的矛盾，但是在国家还不能一下子把农产品收购价提得很高时，价格的双轨制曾起到了积极作用，由此刺激了生产发展，缩小了供需矛盾，又为以后缩小以至消灭双轨价格创造了条件。这就给人们以启发，认识到双重价格不只是供应不足时补充计划分配和计划价格的权宜措施，而且能成为经济体制模式转换过程中理顺价格的重要手段。

二　价格体系改革的难度在于会打乱原来的国民收入再分配格局，双重价格可以减轻理顺价格中的阻力

我国正在进行的经济体制改革，将从经济关系实物化的分配转到自主经营自由选择购销对象，从计划价格为主转到反映市场机制的浮动价格或自由价格为主，这是社会主义经济中内在运行机制带有根本性的转变。但我国现在还不能很快实现这一转变，其中一个重要原因是由此会在收入再分配和经济运行方面可能带来一系列复杂问题。价格的升降虽然不会增加或者减少国民财富，却关系着交换双方的经济利益。任何价格变动都会引起中央、地方、部门、企业、农民、职工之间经济利益的重新分配，它会使一些人或一方得到经济上的好处，同时会使另一些人和另一方蒙受经济上的损失。正因为这样，价格的合理调整往往会受到利益关系的牵制，很难打破已经形成的收入再分配格局。目前农产品、矿产品价格很低，既不反映价值，也不反映供求，这是我国价格体系不合理的主要表现，也是不少社会主义国家的共有现象。本来要求在有限的耕地上不断增加农业生产，不得不投入更多的种子、化肥，药械，农产品生产成本逐年上升；矿产品由于矿井延伸，开采条件变化，井下劳动力更新后二线人员增多等，成本也不断上升。这样，农、矿产品的价格上升是很难避免的，但是在实践中提价往往会遇到各种阻力。因为农、矿产品价格是基础价格，使得人们对调整农、矿产品价格有顾虑，怕提高

农、矿产品价格会引起连锁反应，导致价格总水平上升；再是农产品和煤炭等是人民生活必需品，往往是有意识地控制和维持低价，以便和低工资的状况相适应；还有，维持一定的工农业产品价格剪刀差，是国家从农民方面取得建设资金的一项重要来源，调整提高农产品价格要受到国家财力可能的限制，再如房租、市内交通费等收费标准过低，靠补贴维持，没有自我改造与自我发展能力，但低工资的现实却限制了价格合理调整的可能性。另外，有些加工工业品价格偏高，但这是国家财政积累的主要来源，降价会影响财政收入，也很难下此决心。所以，比价、差价不合理的问题早已清楚，改革的方向也已明确，所难者是这种既不反映价值又不反映供求的价格体系，是过去基于收入再分配的要求在实践中逐渐形成的，因而在改革价格时如何处理各方面的利益关系，如何在可能打乱原来的收入再分配格局时作出合适的处理，成了颇费踌躇的事情。

与此同时，我国经济基础差，发展水平低，经济上先进技术和落后技术并存，幅员辽阔，各个地区的企业自主组织产供销的条件不尽相同。经济发展上有的地区、有的企业已经从外延型增长转为内涵型增长，而不少地区和企业还在继续采取原来的以追逐数量增长为主的发展模式。在这样复杂的客观条件下，我国经济体制改革不适宜采取除旧布新式的"一揽子"转换方式，需要采取渐进的转换方式。从而在农产品以外的广阔领域里推行双重价格或双轨价格，就是经济体制模式转换过程中在价格方面的渐进转换方式，它使得双重价格具有了新的意义。

我国在农产品收购价格调整过程中曾经顺利地利用了双重价格，减轻了调价过程中的阻力，刺激了经济的发展。在城市经济体制改革调整工业品价格时，特别是对生产资料价格进行调整时也广泛地利用了双重价格。传统的集中性调整价格，在原来统收统支体制下本来只是国营企业内部利润的转移，可以通过算账的办法，对调价蒙受损失的企业由国家财政核减上缴任务，调价获取利益的企业由国家财政增加上缴任务。如今虽然仍要算账，由于地方和部门、企业都有了自己的经济利益，有可能出现调价获得好处的不吭不响，调价蒙受了损失却要上级财政认账；而上级财政也有可能把地方、部门、企业从调价获得的好处统统收走，对因调价蒙受的损失却要企业自己消化吸收。因而集中性的调价措施和分散化的利益结构存在着矛盾，在调价打乱原有国民收入分配格局时会增加国家财政的负担，或者会挫伤企业积极性。过去按老办法算账，本来就存在着算账水平低的问题，存在着调整相对价格引起的各种替代变化，会使得按原来投入产出系数算的账不尽符合实际，而现在基于利益关系的矛盾将更难把账算清，这就成了按传统方式调价的重大障碍。

但是，当前不少生产资料价格极度扭曲。有些产品生产越多亏损越大，一旦让企业自主经营、自负盈亏，便处于不调整价格就无法继续运行的境地。一方面调价有困难，另一方面不调价又不行。在这时实行双重价格或双轨价格，计划生产和计划分配的那部分产品继续实行计划价格，低来低去，超过计划的那部分产品实行浮动价格或协议价格，高来高去，可以起到几方面的作用：一是减轻了调整价格的阻力。计划分配的部分实行计划价格维持原来的收入分配格局，维持目前尚不可能完全取消的指令性计划体系。计划外则通过市场机制形成新的价格，这种新的价格以其灵活性松动了计划价格不易调整的僵死性，弥补和反映了价值规律的要求。它使价格得到部分调整，减轻了调整价格的阻力，并且使价格调整与逐步缩小指令性计划的步伐相适应，这是在冲击和突破僵死的指令性计划方面迈出了关键一步。二是减轻了调价承受能力的限制。计划外的议价是经过购销双方协议的，如果购买者不能消化吸收就不会去购买，因而不会遇到调价承受能力的限制，由此可以锻炼企业自主经营的积极性，使企业工作人员逐渐熟悉市场运行规律。三是在扭曲的价格尚未得到根本改变的情况下，调动了企业增加生产增加短线产品供给的积极性，这是衔接生产和需求的客观要求，有利于对原来很严重的资源配置不合理、供求不平衡、利益不协调的状况进行部分的调整。过去在实行指令性计划和计划价格时，由于价格过于扭曲，曾普遍存在地区间和企业间的以物易物的协作。由于以物易物这种自然经济办法和现代化大生产是矛盾的，以价格机制代替以物易物是经济发展的正当需要，也是逐步理顺价格不可缺少的一步。正由于以上这些原因，双重价格在我国经济体制模式转换过程中起到了别的方式不能替代的特殊重要作用。

三 带来了一系列新问题

双重价格是在价格不能作一次性的大变动时，逐步理顺价格实现模式转换的必经一步。但是双重价格破坏了价格的同一性，导致了生产者和经营者的双重行为，引起了种种摩擦，有一系列的弊端。表现在：

（1）苦乐不均。按计划内平价和计划外高价售卖商品的分配比例并无科学的划分依据，只能采取基数法，因基数高低不同而造成了苦乐不均。在农产品收购价方面表现为原来产量高的老粮棉产区征购基数高，超额交售潜力小，得到的加价奖励远不如征购基数低的地方。在工业生产资料方面表现为原来经营管理好的企业计划基数高，在计划外按高价销售的数量少，有时得到的好处反而不如原来经营管理差基数低的企业，并由此导致了企业对计划内和计划外生产的不同态度与双重行为。

（2）价格猛涨。某些生产资料的计划价格原来是扭曲的、过低的，对于计划外自由购销的那部分产品允许价格浮动，本意就是允许其价格可以有所上升，所以实行双重价格时议价上涨是很自然的事情。但由于投资规模过大，从计划分配方面得不到满足的巨大购买力涌向为数有限的生产资料市场，引起了某几种生产资料如钢材、木材等价格的猛烈上涨，则是不正常的。目前人们对双重价格的种种批评责难主要由此引起，但问题的根子是在投资膨胀而不在双重价格。

（3）冲击计划。由于计划内外产品价格差异过大，不少企业把计划内产品流向计划外，合同兑现率下降，冲击计划的实现。但应看到，两种价格差异过大和炒卖炒买、哄抬计划外产品价格，仍是和短缺相联系的。煤炭供应渐趋缓和，哄抬价格现象自然消失；而建筑钢材一直紧缺，套购哄抬便禁而不止，正说明问题不在于有两种价格，而在于短缺加剧了两种价格的矛盾。

（4）刺激了盲目生产和盲目重复建设。没有基数和基数低的生产单位的产品可以全部按高价出售：在农业方面表现为原来基数低的油菜子、烟叶等的生产一度盲目扩大，破坏了农业生产的合理布局，以后调低价格才有所缓和；在工业方面表现为生产资料高价使得无基数的乡镇工业盲目发展小煤窑、小高炉、小水泥等生产，造成了有限资源的极不合理利用，出现小企业挤大企业、落后技术挤先进技术的反常现象。

（5）由于存在着双重价格，往往出现生产同一种产品的企业，因为原材料购进价格差异而成本悬殊。有的企业消耗虽大因原材料是平价供应而成本低，有的企业消耗虽小因原材料是议价供应而成本高；有的企业按议价销售比重大而盈利多，有的企业按议价销售比重小而盈利少（有的轧钢厂生产的镀锡薄板正品按计划价售出每吨一千多元，废品可以自行处理每吨售价两千多元，出了废品企业反而可以多得利益）。当实行经济体制改革，企业自主经营自负盈亏时，这种双重价格不能鼓励企业从改善经营、提高效益来增加收入，而是使企业把注意力放在原材料争取按平价购入，成品争取按高价卖出去，以致无法正常评价经济效益，财务关系也因此而十分混乱。经济体制改革的目标是利用市场机制合理分配资源以提高经济效益，然而在双重价格下往往会出现背道而驰的情形。

四　兴利去弊，促进经济体制模式转换

任何一项经济措施都有利有弊，绝对好或绝对坏是不符合客观实际的。双重价格作为计划价格的补充，作为经济体制模式转换过程中的特殊措施，有其积极的一面。但是，它违背了价值规律对于价格同一性的要求。在"一物多价"中必然有不合理的不等价形式进行的交换，必然有不正常的商品交换，不能传递正确可靠的信息以促进生产要素的合理配置，而且双重价格的差异意味着利益的差异，不利于在商品经济条件下进行平等的竞争，由此引起了种种摩擦和矛盾，又有其消极的一面。人们对于双重价格的种种不同看法，往往是和强调其积极的或消极的一面有关的。

最近一段时期理论界对双重价格的议论比较看重双重价格的消极一面，因而提出的政策建议侧重于取消双重价格。但如何取消又存在着两种截然不同的主张。一种主张是进一步放，即缩小计划分配和计划管理的范围，加快向以市场机制为主的价格模式转换。但这样做的难点在于价格运动的总的趋向将是以低价就高价，很多企业难以及时消化，不能不引起调价的连锁反应，引起价格总水平的上升和收入分配的变化，如果没有工资与物价挂钩

的措施相配合，便会遇到职工群众抵制涨价的强大阻力。另一种主张是收，即从双重价格退回到以计划价格为主。但是，扭曲的计划价格阻碍了企业间的正常协作，总得有个出路。过去严肃物价纪律和制止生产资料乱涨价时，往往导致以物易物这种自然经济做法的盛行。所以收的结果，无非是用财政补贴或者以物易物代替双重价格，导致票证买卖和商品走后门的盛行，实际上只是以潜在的、隐蔽的双重价格代替公开的双重价格。而且收的结果，只能实行指令性计划和实物分配，于是经济活动又将回到传统体制的轨道，势必要推迟经济体制改革的步伐。正因为这样，过于强调双重价格的弊端而提出种种取消双重价格的主张并不现实。

另外一些同志则比较看重双重价格的积极一面，说它是经济体制改革中具有中国特色的创举。这一评价确有道理，因为别的国家谁也不曾把双重价格作为经济体制模式转换中的重要措施，谁也不曾把双重价格作为从一种价格体系转向另一种价格体系的过渡方式，这是中国所特有的。但是，这并不等于说不存在弊端。如何减轻或者消除弊端，仍旧需要重视。可以考虑的是：（1）要努力控制投资需求，防止需求膨胀，创造一个供给略大于需求或者至少是需求总量和供给总量基本适应的环境，这是使计划外允许浮动的那部分商品价格基本合理的首要条件。如果需求增长过猛，计划外的浮动价格便有可能成为脱羁之马，猛烈上升，而两种价格差距越大，其矛盾与造成的弊端也越大。利用市场机制必须以控制需求总量为重要条件，然后才能避免价格普遍上升与轮番上升。（2）过低的计划固定价格仍需作适当的调整。实行双重价格的一个重要原因是计划固定价格尚不可能作合理调整，不得不以计划外的高价作适当补充。但这不等于说对过低的计划价格就不能动了。事实上，计划内扭曲的低价往往会带来计划外扭曲的高价，加剧两种价格的矛盾。而适当调高计划固定价格，多少会起到一定的限制消费鼓励替代的作用，又可以在一定程度上减少计划内的浪费，增加计划外的供给。所以在使用计划供应物资企业能够承受的范围内适当调高投入品的价格，并不会连锁刺激计划外价格上升；相反，还因为缓和供求矛盾而有可能使计划外扭曲的高价下降，使两种价格差距缩小。（3）双重价格所存在的种种弊端，主要是由两种或多种价格的差异过大所引起。而价格差异之所以大，则在于计划外需求过大，供应紧张，所以对那些极其短缺的产品不宜实行双重价格，仍以保持计划分配和计划固定价格为宜。（4）需要建立公开的生产资料市场。计划外价格之所以猛升，一个重要原因是还没有公开的生产资料市场，购销渠道不通畅，给转手倒卖、哄抬价格者以可乘之机。兴办物资贸易中心，形成公开的生产资料市场，使购销双方直接见面，将有利于计划外价格趋于合理。

总之，双重价格并不是完美无缺的，它存在着弊端，采取积极措施以减轻其弊端，而不是听之任之让弊端扩散泛滥，然后才能发挥双重价格的积极作用，避免和克服其消极作用。在这时，人们便可以灵活运用双重价格的长处，根据企业的不同情况，采取不同措施。譬如，当生产企业进行技术改造或者改善经营有困难时，可以适当扩大其自由销售的部分；当企业盈利过多、油水过大时，也可以适当增加计划调拨的任务。对于使用者方面，则审时度势，根据消化吸收能力，逐步扩大计划外供应的部分，使消费者逐步地适应市场调节的要求；还可以考虑计划内外供应的生产资料都进入市场，统一按市场价供应。这样更有利于购销双方在品种、规格方面衔接，避免大材小用、优材劣用，有利于合理使用资源，提高经济效益。计划内外的区别在于，承担计划生产任务的企业其计划交售部分需要按计划价结算；享有计划供应指标的企业则在按统一价买进生产资料后，再向经营者结算找补两种价格的差额，不增加负担。这样做可以既实现生产资料供需的市场调节，又不打乱原来的国民收入分配格局，减轻调价过程中的阻力，然后通过灵活地、逐步地调整两种价格所占的份额，通过有步骤地调整过于扭曲的计划固定价格，使两种价格由极度悬殊转向逐渐接近。总之，利用双重价格是一项艺术，笨拙的做法将扩大其弊端而为人们所诟病，巧妙的运用则有利于治表和治本并举，有利于自觉地利用市场机制，调节经济活动，有利于在不冲击收入分配的条件下逐步理顺价格。

目前人们对双重价格的议论和责难比较多。双重价格是我国经济体制模式转换过程中的产物，它是双重计划体制、双重物资流通体制等双轨制的集中反映，是双轨制中最为人们关心的部分。但这些责难往往着眼于微观经济中的矛盾，忽略了在宏观经济角度、理顺价格体系等方面采行双重价格的客观必然性。应该看到，在传统的体制模式中，各种经济杠杆僵化，经济关系趋于实物化。其出发点是为了保持经济生活的稳定，但结果却使各种经济参数特别是价格参数极其扭曲，很不合理，严重影响经济活动的正常运行。理顺价格使经济参数趋于合理，是逐步理顺经济关系实现经济体制模式转换的重要阶段，是变逆调节为顺调节的重大措施。由于理顺价格的最大阻力在于价格变动会打乱国民收入分配格局，采行双重价格，有利于克服改革起步的困难，减少改革转变中的震荡，是我国经济体制实行渐进的改革中的创造。当然，双重价格是计划机制和市场机制都没有很好发挥作用的产物，在两种价格之间很不容易协调，经济运行中摩擦和冲突很多，搞得不好，有可能相互抵消作用，降低效益。因而双重价格终究是过渡性的措施，还要努力创造条件，实现从双重价格到一重价格的转换。改革调整了地方、企业、个人的利益关系，而地方、企业、个人的利益关系强化之后，给继起的改革设置了障碍，再要进行集中性的计划调价会打乱已经形成的利益格局和生产、分配格局，往往遭到抵制，而且给予补偿则在算账时是中央算不过地方，地方算不过企业，中央财政无力承担。这使得在理论上本属可行的"价税财联动、价格体系改革一步到位"的改革方案，在新的实践条件下成了经济学家的天真设想。

在利益格局变化之后，企业对于国家统一计划调价和市场价格变动持有截然不同的态度，对于因国家计划调价而利益受到的损失要求国家给予弥补，甚至想受损小弥补多；对于市场价格如投入品价格上涨，产出品价格下跌等变动则具有很强的应变能力，会主动通过改善经营、改进技术、更换品种等创造精神途径消化，消化不了也只好自认倒霉。因而，价格体系改革从"以调为主"转向"调放结合"，是顺应企业行为和态度变化的客观必然。

双轨制的推行是因为扭曲的价格一时难以理顺，全面放开价格又未具备条件，因而承认了原来的协作价格的合法性而把双轨价制度化了。在实践中，价格双轨制确实起到了刺激企业增多计划外议价产品的积极性，有利于调剂余缺，调节流通；特别是对于那些得不到计划内平价调拨物资供应的乡镇企业，由此减少了找米下锅的困难，成为乡镇企业发展的支撑点。但是，随着两种价格差距的不断拉开，它的弊端也越来越突出。由于计划内平价和计划外高价出售商品的比例确定找不出科学的依据，只能够用基数法，因基数高低不同造成了苦乐不均，国营大中型企业承担国家调拨分配物资的任务重，使得大企业处于不利地位，由于两种价格差距过大，不少企业把计划内产品流向计划外，冲击了计划的实现。双轨价的存在使得生产同一种产品的不同企业因原材料按平价或议价购进的比例不同，产成品按平价或议价销售的比例不同，使得它们的盈亏差异不能反映真实的效益差异，使得企业不是把注意力放在改善经营管理上，而是放在怎样能够得到平价原材料和多按议价销售产品上。所有这些现象从理论上概括就是双轨制导致了竞争机制的紊乱。

五　价格信号和数量信号的并用

在双轨制条件下，微观经济活动中价格信号和数量信号会并存，价格调节方式和配额供给方式会并用。[①] 在这时，微观主体所经常面对的是一个非均衡的不能结清的市场，从而需要引入数量信号和数量调节方式，借以确定市场供求均衡状态以外的均衡位置，这种位置通常被称作"短边规则"，即当求大于供时，供给方处于市场的短边，供求均衡点（成交量）由供方所能提供的供给量决定，需方受到数量限制；当供大于求时，需方处于市场的短边，供求均衡点（成交量）由求方所能提供的需求量决定，供方受到数量限制。在我国，由于经常出现的是需求过旺和供给短缺，因而数量信号和配额调节主要表现为对需求方的数量限制。

在非均衡的市场条件下，价格信号和数量信号并存、价格方式调节和数量方式调节并用，可以使两者起到互补作用，形成微观活动中计划调节和市场调节的某种板块式的结合，某些部门和某些企业的产品是由价格信号和价格方式调节的，另一些部门和另一些企业的产品是由数量信号和数量方式调节的，两者的比重将随市场状况的变化而不断变化，形成微观主体活动中计划调节

---

① 经济理论讨论中的大量文章把数量信号和配额调节方式称作"产品经济"，这虽然是习惯用语却并不准确。因为在这种方式中也仍然是商品货币关系，计划调拨分配的配额并不是无偿分配产品，而只是分配购买权利，购销双方之间仍旧要通过买卖和结算，不过结算的价格是固定的、扭曲的。这与经典作家设想的不通过买卖的直接的产品分配是不一样的。

与市场调节不断有进有退的"板块式结合"。

从长远来说，随着经济体制改革的推进和市场体系的完善，价格信号和价格方式调节的范围会扩大，但也不可能扩大到微观主体活动的全部领域，还会有一部分仍旧要采用数量信号和数量方式调节。这主要表现为三类：第一类是对外部经济效益影响特别大的部门，如铁道、邮政、电话、电讯等，这些部门服务质量的优劣，往往会引起外部经济效益相当巨大的变动，因而从社会的角度来看，不能够只着眼于这些部门本身的经济效益而听凭由价格来调节供求，更应当考虑外部经济效益加强调节的预见性，这就需要采用必要的数量信号和数量方式调节。第二类是某些具有高度垄断性的部门，与其由企业定价或市场定价（在垄断条件下市场定价实质也是企业定价）形成垄断价格，不如由国家计划定价能够较全面地反映和协调供方和需方的利益，而在这种计划固定价格条件下也就需要采用数量信号与数量方式调节。第三类是某些供需矛盾突出而且具有长期性的重要消费品，也以继续实行直接的计划控制并采取数量方式调节比较适宜。例如我国人口众多而耕地面积有限，粮食供需矛盾将会长期存在，因而粮食种植面积必须有计划保证，粮食购销价格必须由计划控制，在这方面过早地放弃数量信号和数量方式调节会带来灾害性的后果。综上所述，可见即使在将来的微观主体活动中也仍然有一部分要实行直接的计划调控，从这个角度考察，在将来也仍会存在"板块式"的结合。

数量信号和数量方式调节是在价格不能变动或不易变动时的可行的调节方式，但这种调节方式有着一些明显的缺陷，各种数量信号的量值是不统一的，有些是模糊不清的，据以判断市场供求的总体状况缺乏标准性和准确性；数量信号和数量方式调节容易受到人为的操纵，有可能成为孳生批条子、走后门等权力交易的温床；它的经济刺激性不如价格信号和价格方式调节那么明显，在价格过分扭曲时还有可能出现逆方向的调节。所以，一般情况下在非价格竞争的一些领域里使用时效果会好一些，而在外部交易成本大于内部管理成本时使用的效果会更好一些。数量方式调节在采取定量配给、凭证凭票供给等方式时界定比较清楚，弊端较少，而在采取批条子、批许可证等方式时随机因素较多，权力交易的弊端也随之而来。价格方式和数量方式的调节通常是互相替代的关系，但价格双轨制却同时兼容了两种信号和两种方式的调节，起初的设想是由此兼采两种方式调节的长处使之互补，在实际生活中有时却表现为兼采了两种方式的短处，加剧了两者之间的摩擦。

但是两者的摩擦也是有差别的。价格信号和数量信号并存、价格调节和配额调节并用有两种形式：一种是部门之间即一些部门的产品价格完全放开由市场调节，而另一些部门的产品价格固定，从而采用数量信号和配额供给；另一种是在同一个部门内同一个企业里也是两者兼用，而配额供给又有平均分配、按比例分配和按优先顺序分配三种方式；价格调节又有价格变动比较平稳和价格变动比较剧烈的程度差别，还有自销产品价格完全放开与有限度地上下浮动的区分。这样，两种信号、两种调节方式的并用有着多种不同的排列组合，彼此间的互补与摩擦也因排列组合的不同而呈现出种种差异。

在计划价格完全固定时，供求的调节不得不由数量信号和配额方式来实现。为了避免这种方式过于僵化，人们曾经设想允许企业自销一部分产品，价格在规定的上下限内浮动，供大于求时自销产品价格可以降到规定的低限，求大于供时自销产品价格可以升到规定的高限，从而利用两种调节方式的长处使之彼此互补。但是，总需求过旺造成的通货膨胀却打乱了这种设想，浮动价格的高限很快被冲垮，使得两种调节方式的摩擦加剧。不过摩擦的程度也因配额供给的方式而有区别，平均定量分配的产品如粮食、食油等，市场议价供应只是补充不足和调剂品种，两种方式的摩擦不那么剧烈；按比例分配使处于市场长边的各个交易者都同比例地按配给得到所需要的部分产品，又同比例地从市场得到另一部分产品，两种方式虽然有价格差异，但矛盾不突出；而按优先顺序确定配给对象和配给数量，优先顺序的确定又没有硬性的尺度，则给配额决定者以很大的权力和弄权的机会，批条子、走后门、拉关系的盛行，加剧了两种方式的冲突和摩擦。与此同时，则是在相当普遍的领域里出现了灰色经济和"寻租"现象。

六 灰色经济和"寻租"现象

在改革过程中，人们对于价格双轨制弊端的指责，对于市场调节的失落感，主要是对灰色经济和"寻租"现象的不满。但是，这并不是市场调节和价格双轨制所必然具有的缺陷，在一个敞开交易的市场里是不会出现灰色经济的，与此同时，我国早就存在双重价格，而"寻租"活动的泛滥，则是近几年的事情。因而对出现此类不正常现象要从理论上进行探索。

经济学上讲的"寻租"，是指寻求不劳而获的收入。从经济发展的历史看，不劳而获的收入是由土地、资本、劳动力等生产要素被私人占有所引起的。马克思考察了资本主义商品经济中的级差地租和绝对地租，指出地租的来源是农产品价格形成中存在一个利润以上的额外利润，它的性质是生产者剩余，这个剩余不能归于生产者，而必须让渡给拥有土地所有权的地主，地租不能高于额外利润，否则资本就会从农业移出，地主会找不到租佃者；地租也不能低于额外利润，否则资本会因能得到比平均利润更高的利润而涌入，从而把地租抬高。至于我国目前充斥于经济生活中的寻租现象，则是寻找由牌市价差额构成的消费者剩余，这是过去的经济学未曾讨论过的"租"，也由此出现了过去的经济学未曾讨论过的"寻租"现象。

双轨价格中的平价是政府人为地压低了产品和资源的价格，使价格中包含的利润远低于平均利润乃至发生亏损（由政府补贴），这是用行政方法把生产者利益转移给购买者，使购买者在以平价购得产品的同时获得了额外的收益即获得消费者剩余。如果没有人为的价格扭曲，市场上每一种产品和资源都能够保持其能使得供给和需求趋于平衡的市场均衡价格，那就无"租"可寻了。只有当人为地压低资源或产品的价格使之低于原来的市场均衡价格时，市场上的供给量将比原来减少，市场上的需求量将比原来扩大，供给和需求之间就无法自动均衡而形成了日趋扩大的缺口，这种缺口无法通过价格的变动自行消除。因此，只有靠政府的行政干预和计划分配来维持低廉的牌价，双轨制中牌市价的差额利益即"租"就是靠行政力量维持下来的。

原来认为价格双轨制可以一方面维持计划调拨的低价，另一方面又通过较高的市价促使生产者增加供给，对粮食实行统购统销之后开放了粮食集市贸易，在"大计划"之下有"小自由"，使经济运行不至于被卡得过死，确曾起到过上述积极作用。以后普遍推进双轨价，曾经设想由此可以增加市场供给，从而降低市价，使牌市价差额缩小，再相应地调整牌价，便可以逐步地从双轨转向单轨。然而，事情的发展却与原来的设想相背驰。其原因是：（1）追求经济增长高速度造成了社会总需求过于旺盛，有限的供给增加赶不上过旺的需求增加，供需缺口的扩大使得市价剧烈上升，牌市价差额不是趋于缩小而是成倍地扩大。（2）农产品的供给弹性和工业生产资料的供给弹性不一样，所以，对农产品实行双轨价虽有刺激供给，缩小牌市价差额的经验，推广到增产周期长的工业生产资料领域便走了样，牌市价差额的扩大使得从双轨过渡到单轨成为极其困难的事情。（3）粮、油、布等可以通过普遍的定量的票证发放，界定牌价供给的范围，市场调节这一部分只是调剂品种补充不足，而当双轨制扩大到工业生产资料领域之后，却发现计划分配与市场调节之间的范围很难明确界定，对双轨运行的监督成本很高，计划内外的倒腾，转手间即可获取暴利，从而诱使经济主体竞相争夺国家分配的平价资源，展开"寻租"的竞争，"寻租"的动力与牌市价的差额幅度成正比，双轨制成了当前我国"寻租"行为的主要途径。

按牌价调拨的产品和资源本来是维护计划调节领域里经济活动的手段，所谓平价来平价去，如按统购价收购粮食，需要按牌价供给农药、农用薄膜、化肥等农业生产资料。然而，牌市价的巨大差额，使得按牌价出售者丧失了生产者剩余，转化了按牌价购入者的消费者剩余，而拥有对产品和资源进行计划分配权力的单位和个人也同时拥有了分配剩余的权力，使得"寻租"活动和行贿受贿的腐败现象联系起来了，大量的资源从计划内溢出，通过平价转议价、牌价转市价而获利。

我国有些经济学家把出现灰色经济和"寻租"活动完全归罪于价格双轨制，但这尚未接触到深层根源。产品的计划调拨分配和计划价格要求有计划地组织供需平衡，如果不是这样，而是一面总需求过旺，一面价格固定，就会因普遍的求大于供而出现灰色经济。苏联除食品之外并没有实行价格双轨制，然而需求的过于旺盛使得倒买倒卖的灰色经济普遍存在，我们在苏联调查访问时有的经济学家估计，人们的消费支出有四分之一到三分之一是通过灰色经济得到满足的。在我国，彩电、自行车等消费品并没有实行双轨价，但在紧俏时也一度出现市场价以外的灰市价、票证、各种批文、许可证、火车皮等未实行双轨制，甚至本身并无价格，然而也成为倒买倒卖和贪污索贿的对象，这是因为需求过旺而采取了数量调节和配额方式，票证、批文、许可证等作为购买权也就有了让渡的价格。而当需求不那么旺盛时，两种信号、两种方式调节之间的矛盾和摩擦就不那么强烈，1989 年紧缩后彩电和自行车等不仅不再是倒卖的对象，而且因为市场疲软而大量积压，便证明总供需协调与否是事情的关键。有人说我国在去冬今春之交出现"倒爷冬眠"，这一方面是行政整顿起了作用，另一方面市场疲软可能是更主要的原因。

寻租活动把相当多的一部分牌价商品变成了市价商品，从最终购买者来说，多数是按市价消费；而生产者还是按压低的牌价调出产品，市价的高昂对于生产者起不到刺激作用，供给并不能由此而增加。这样在灰色经济的寻租活动中，在造租者和寻租者分割消费者剩余的交易中，价格双轨制所可能起到的促进供给的积极作用丧失殆尽，价格机制被扭曲为导致经济剩余流失的机制，结构性短缺也由此而成为痼疾。因为在人为的价格扭曲状况下，凡是"瓶颈"部门都是因为国家规定的价格过低，乃至增产越多亏损越大，方才成为"瓶颈"，而双轨制中的市价给生产者的利益远不如给造租者和寻租者的利益，双轨价并不能促使结构优化和供给增加。所以，"瓶颈"部门的长期存在和市场的自发调节的积极作用不能发挥出来，都必须从灰色经济和寻租活动中去寻找解答，而用灰色经济和寻租现象来否定市场调节作用和否定改革的市场导向则是不公道的。

（本文是由《经济体制模式转换过程中的双重价格问题》，
《经济研究》1986 年第 1 期以及《中国经济体制改革过程中的双
重价格和灰色经济》，《中国物价》1990 年第 5 期两文合并的）

第二篇

宏观经济运行与宏观调控

社会主义市场经济也要进行宏观管理

一 我国要建立的是有宏观管理和调控的市场经济体制

党的十四大明确提出我国经济改革的目标模式是建立社会主义市场经济体制。这是我国经济体制改革的里程碑，是对马克思主义经济理论的突破性发展。

在此以前，我国的经济体制改革也是以市场为取向而展开的改革。十多年来的改革开放，使市场范围逐步扩大，原来那种由计划手段牢牢凝固住的商品价格逐步放开，计划直接管理的领域显著缩小，市场对经济活动的调节作用已经大大增强。尽管各地以市场为取向的改革的进度有快有慢，但这正好提供了对比资料。资料显示，凡是那些经济搞得比较活、发展比较快的地方，都是市场放得开的地方。这不仅证明了市场经济的威力，而且证明了以市场为取向的改革的正确性。

当然，我们同时也要看到，前一段所进行的以市场为取向的改革，其最终目标并不是很明确的。虽然提出了计划与市场相结合，明确了要利用市场调节，但最终目标是什么样的"结合"和对市场调节利用到什么"程度"，并不清晰。这样，就避免不了改革发展中的曲折，避免不了"姓资姓社"的疑虑和干扰。正因为如此，明确改革的目标是建立社会主义市场经济体制就有着极其重要的意义。这意味着我国将彻底扬弃传统模式的计划经济，从而解决了理论上长期存在的争论，解除了各种传统思想观念的束缚。这将大大加快我国经济改革和经济发展的进程。

把市场经济作为改革的目标模式，是因为由市场进行资源配置的效益优于由计划进行资源配置。但是，不能过分夸大市场的作用。"市场万能论"和"计划万能论"同样都是具有片面性的观点。在资本主义的市场经济中，市场作用就是有缺陷的，为了弥补市场缺陷需要政府的干预。如果说亚当·斯密的《国民财富的性质及其原因的研究》一书是经济自由放任主义的经典，是对市场所唱的一首"赞歌"的话，那么，弗里德里希—李斯特于1841年发表的《政治经济学的国民体系》一书则是对自由放任主义的挑战性宣言。它指出了市场的局限性，并且提出了政府干预经济的要求。到20世纪30年代，席卷资本主义世界的经济大危机使主张国家干预经济的凯恩斯主义大出风头，以财政政策和货币政策为主要内容的需求管理政策，被认为是政府干预经济的必要政策。至于在我们社会主义的中国，则不仅因为市场作用有局限性，还因为市场体系发育度低，市场规则和市场秩序尚未充分建立，信息传递和搜集还有不少障碍。这就更强化了市场的缺陷，因而对政府干预的要求也就更加迫切。

所以，我们要建立的市场经济，不是自由放任的市场经济，而是在社会主义国家充分发挥其宏观管理和调控作用条件下的市场经济。那种把市场经济当作是放任的、无政府的经济运行方式的认识，是不确切和不可取的。

二　不能在宏观调控名义下搞换汤不换药的计划管理

社会主义市场经济是有宏观管理和调控的市场经济。但如何进行宏观经济的管理与调控，仍旧是一项新的课题。如果按照老一套去搞，很有可能是传统的集中计划和行政方式管理从前门赶出去又从后门放了回来。

从我国的实践看，曾经多次出现因为统得过死而放开，可是放开以后便出现市场秩序的混乱，价格的波动，收入分配的悬殊，又重新实行专营统配等强化计划管理的措施，形成了"统——死——放——活——乱——统"的循环。人们一谈起要加强宏观管理与调控，通常所意识到的往往是经济循环过程又走到了强调"统"的时刻。正因为这样，如何避免重演"一放就乱、一统就死"的循环，便成了需要探索与创新的课题。

在迈向市场经济的初期之所以会出现"一放就乱"的现象，主要是因为长期的传统计划经济所形成的价格体系和供求关系是扭曲的。这是一种扭曲了的商品经济。它必须依靠强制性的指令性计划才能够保持这种基于资金原始积累需要而构筑的扭曲价格。由于扭曲价格是与以等价交换及供需关系为基础的市场运行相矛盾、相冲突的，所以一旦放弃指令性计划而听凭市场调节，企业便会基于对利润的追逐而致使供求矛盾突然尖锐化起来，并且因为从扭曲价格转变到供需均衡的价格按照"蛛网定理"必然要经历求大于供和供大于求的反复过程，在这个过程中则会呈现出混乱与无序。加以培育市场不等于镶嵌式地组建几个专业市场，而是一个相当长的创造市场发育条件和健全市场竞争规则的过程。当市场尚未成熟时，不正当的竞争和过度竞争也会使市场呈现出混乱与无序。如果再因为经济过热而出现总需求膨胀和物价猛涨，因为地区间利益冲突而出现市场分割，防止出现"一放就乱"便更加困难。

"一放就乱"虽然是迈向市场经济过程中难以避免的现象，但是，重演"一统就死"的循环却是不可取的。因为，建立社会主义市场经济体制的关键是政企分开，使政府不再直接干预企业，使企业真正成为市场主体。因而，市场经济的宏观经济管理不能再采取传统的集中计划和行政管理的方式，政府不能再命令企业干这干那，冲击企业好不容易得来的经济主体地位。这就要转变政府职能，改变政府组织经济工作的工作方法，从直接调控转向间接调控，以区别于传统的计划管理。

三　政府进行宏观经济管理和调控的范围

社会主义市场经济体制目标的提出，意味着今后社会资源的分配将要通过市场来进行，这从微观经济领域来说是非常必要的和有效率的。但是，市场调节总是事后的、不确定的、短期性的，有着它的局限性，而且市场调节还有它力所不能及的领域，正因为如此，才逐渐地产生了由政府进行干预和调节的必要。因为从每个微观个体来说是合理的事情，到了宏观领域有可能变成不合理的事情。比如，节俭对个人来说是美德，但人人都节俭就有可能造成社会消费需求的不足，如果不从宏观上通过国家干预把节俭下来的储蓄加以运用，就有可能因消费需求不足而引起市场疲软。这说明，即使市场机制运行得十分灵活、十分完美，仍然有一些重大的领域无法靠市场机制来加以调节。因为这些领域超出了微观经济主体的认识眼界和决策能力。同时，市场调节中可能产生的种种混乱现象，也需要由政府有计划地加以协调。所以，政府进行宏观管理和调控是非常必要的。至于宏观管理和调控的范围，则有窄派和宽派的区别。由于社会主义国家政府职能的范围一般都比较宽，因而宽派的观点较适合于我国的实际。其范围包括：

第一，经济运行中总供给和总需求的平衡。在市场经济中，为数众多的微观主体依据市场信息来调整自己的活动。根据对不同产出的需求来配置各自的资源投入，但这并不意味着简单加总就可以使投入的供给总量与需求总量相等。如果投入的供给总量小于需求总量，就会出现总需求过旺；如果因为种种缘故而使得社会需求总量小于社会能够提供的供给总量，又会因总需求不足而出现宏观水平上的资源闲置，这种总供需的失衡是市场调节所不能解决的，不能不依靠宏观经济的管理政策来进行高于市场层次的总量协调。各个国家政府进行宏观管理和调控，都把对需求总量的管理作为最主要的方面。因为这涉及到对经济发展速度的掌握和熨平经济周期，涉及到保持多大失业率与物价稳定之间关系的处理，需要在随机调节的过程中不断进行政策调整和改进调控措施，日常工作量很大；而且从年度内的调控来说这是宏观调控所必须做好的大事。因此，习惯上都把需求总量管理和调控放在政府进行宏观管理和调控的首位，而且从窄派的角度来说，这种管理和调控甚至构成其唯一的内容。

第二，制定本国的社会和经济发展战略和规划。因为，市场调节不可能展示社会经济长期发展的动向，不可能展示应当循着什么途径发展和以什么作为发展重点，对于这种具有宏观战略层次的决策只能由政府来作。政府根据本国人口、资源、环境、经济实力等方面的国情特点，依据客观经济规律的要求，制定社会经济协调发展的总体战略和中长期规划，树立经济持续稳定协调发展的长远目标。显然，个别的经济主体即使有战略眼光也只能作出自身的发展战略，整个社会经济的发展战略只能由政府来作。因此，这是政府进行宏观管理的重要方面。

第三，协调经济发展中工农、城乡、沿海、内地等方面的关系，减少社会矛盾，推动经济加速增长。从传统的"大锅饭"到引入市场竞争机制，收入差距的拉开是相当迅速的，而利用市场机制推动经济增长从而提高全民的一般经济福利水平，则是一个长期的渐进的过程。市场调节的结果往往是一部分人很快地先富起来，然而相当大部分人的生活水平虽有提高，却还未达到富裕或者还很贫困。这就有可能因为贫富差距而出现社会矛盾。对此，也只能由政府进行干预，有计划地安排一部分资金扶持贫困地区发展经济，实行力所能及的社会保障政策来加以协调。

第四，研究制定产业政策和技术政策，引导产业结构和技术结构的升级和优化。技术进步是生产力发展的动力，而技术进步主要体现在产业结构的升级和换代上，对两者要结合起来观察研究和引导推动，这种推动要利用市场力量，但扭曲的价格会使价格信号失真而导致某些产业畸形发展。所以，国家要有计划地确定优先发展的主导产业和能合理配置资源的产业结构，实行不同的产业政策，确定生产力布局，以最有效地利用资源，提高经济竞争力和资源配置效益。当然，产业政策的具体实现即产业结构的调整过程是通过市场来进行的，企业向哪里投资和多生产什么，少生产什么，主要考虑的是现时的盈利和对未来的盈利预期。但政府可以根据产业政策所要求的长期资源配置的方向和目标，通过价格政策及差别税率、差别利率和财政贴息等政策给以引导，使市场调节能够体现国家调控的宏观意图。

第五，对市场体系的培育，市场秩序和市场规则的形成，中央和地方的分级调控系统的建立，国际经济交往协调等，都是需要政府来作的。因为，市场运行的规则不可能由市场本身来创造。市场不能自动消除垄断，市场本身不能避免投机行为，市场调节的局限性使得市场总是带有自发性特征，从而导致无序和混乱。所以，作为市场经济尚待发育的我国来说，塑造有利于市场经济发展的环境，研究市场经济发展过程中遇到的种种问题加以解决，参考国际惯例进行有关市场经济的各项立法工作，以及商标保护、专利保护、打击假冒伪劣商品等，都成为政府进行经济管理的内容。但窄派认为商标、专利、知识产权保护、商品检验等工作是政府一般的经济管理工作，它不同于宏观调控而要加以区分。

第六，处理有显著外部经济效益（或负效益）的部门的有关事项。市场机制无法全面衡量社会成本和社会收益。且不说那些非市场的相互依存关系如基础设施和公共服务之类的社会成本和社会收益是市场机制所不能反映的，就是企业的商品生产经营活动中也会产生一些超出市场评价原则的成本与收益，例如人所共知的污染是外部经济负效益，它加大了社会成本，但在企业成本中没有反映；而企业培训职工提高素质在技术交流和劳动力流动过程中会产生外部经济正效益，但企业又无法向受益者索取回报，在企业收益中得不到反映。对于具有重大外部经济效益（或负效益）的项目，也是不能够按市场价格和个别企业的盈利来计算它的实际效益的。这表明处于微观和宏观的不同角度，对于同一件事情会有不同的评价。各种经济措施往往相互影响，其利弊得失很难简单加以判断，由于各个经济主体是从自己的利害来考虑效益大小，国民经济范围的效益或负效益对企业来说属于外部影响，只能由政府来作出判断和进行调节。

综上所述，那种把市场神化得过分美妙的想法，以为有了市场就有了一切，市场可以取代政府，市场可以解决经济工作中种种难题等诸种议论，是不切实际的。即使转到市场经济体制模式以后，微观经济活动虽然主要由市场来调节，但在宏观层次上政府还有着大量工作要做。

四　在宏观经济管理中必须树立经济运行
具有系统性的观念

　　传统的计划管理中不止一次地出现过放权和收权的循环，不止一次地出现过膨胀和收缩的循环，而且还存在着为数不少的"隐性问题"，收入分配中的"欠账"、企业经营中的"潜亏"、银行贷款中的"呆账"，就是此类"隐性问题"中常见的事例。产生这种现象的原因，主要是传统的行政方式管理往往是就事论事式地处理问题，违反了事物本身的系统性，只不过在处理时用行政压力强行贯彻下去，压抑和限制其矛盾的显露，才表现为循环"怪圈"和"隐性问题"。在市场经济中行政约束的调控力量小了，就事论事式的处理会在市场经济的运行中和联系中扩散渗透，便有可能表现为在解决一个老问题时引起许多个新问题，再去解决这些新问题时又引起更多的新问题。

　　正因为这样，就得把宏观经济管理当作一项系统工程来处理，要按照国民经济运行本身的系统性以及这个系统运行的规则，按照国民经济大系统和子系统之间以及各个子系统和子系统之间的相互联系与相互制约的关系，综合地、深入地加以分析和考察，做到较全面地对待这个错综复杂的"连环套"，不至于简单地作就事论事式的处理。

　　从事物本身所具有的系统性角度来考察我国当前国民经济所具有的特点，可以看到在各个子系统中都存在"二元结构"。它们或者是现代部门与传统部门并存的二元结构，或者是先进技术与落后技术并存的二元结构，或者是传统集中计划体制与现代市场体制并存的二元结构，或者是国有经济与非国有经济并存的二元结构……这样，由许多子系统的叠加便组成了国民经济的大系统，它作为相互作用的诸要素组成的复合有机体，便具有了多重二元结构的特征。这种多重二元结构的犬牙交错式的"连环套"，彼此影响，彼此促进，也彼此制约，组成了影响整体功能发挥、影响社会经济发展变化的错综复杂的诸要素复合体。我国当前宏观经济中突出的国民收入分配中富裕与贫困差距的扩大，经济发展中城市与乡村的矛盾，地区间沿海与内地间的冲突，正是多重二元结构的大系统影响下的子系统特征，离开大系统而去孤立地考察子系统，是只能触及表层达不到深层的。

从技术进步的角度考察，后期进入现代经济增长的发展中国家可以通过引进现代技术，在比较有利条件下继承和利用别国生产力发展已经取得的成果，节省开发这些现代技术成果所必须花费的大量时间和资金，减少为此而付出的代价与风险，从中获得"后发性利益"。但由此所萌生的经济发展中的非均衡现象，包括农业发展的不景气，大量的农业剩余劳动力被闲置，要素利用和转换效率过低，而极度短缺的资金却被投入提供就业岗位少和资金积累少的产业，以致陷入无力继续开发的困境。这一状况在近年稍好些，到 1991 年，农业产值已不足工农业总产值的22.4%；在三次产业的序列中，第一次产业占国民生产总值的比重已达 26.6%。但从就业结构来考察，1991 年全国的社会劳动者共为 58360 万人，其中仍有 34876 万人在从事第一次产业，仍占到社会劳动者的 59.8%。传统部门所占比例之大与全世界的许多发展中国家相比较颇为突出。从宏观的系统的角度考察，"后发性利益"则在相当大的程度上已为"二元经济逆效应"所抵消了。

我国在经济体制改革过程中出现了双重体制并存的现象，

二元规则充塞于经济运行的许多方面。不论是企业机制、市场机制、宏观管理机制等等都具有双重体制并存的特征性。在计划体制上则表现为计划内和计划外并存；在物资流通体制上则表现为统一调拨分配的非市场渠道和自行销售的市场渠道的并存；在价格上则表现为计划内平价和计划外议价的并存。推而广之，在劳动就业、工资、社会保险保障以及投资、信贷等许多方面，都是双轨并存。这是由经济体制模式的转换不能采取"一揽子"方式只能采取逐步推进的方式决定的。因而才出现了新体制已在某些方面起作用而旧体制仍在某些方面继续起作用的状况。

经济体制子系统中的二元并存，与原来的单一的计划经济体制相比较是一个历史进步，对于我国 20 世纪 80 年代经济的高速增长起了重要推动作用。但也存在着一系列的摩擦和冲突。它表现在：企业行为仍普遍存在"一只眼睛盯住政府、一只眼睛盯住市场"的"双重依赖"状态，尤其是当政府指导与市场引导的方向不一致时表现为无所适从、左右为难；商品流通中计划调拨部分与市场调节部分相互影响相互制约，双轨价格的价差越大，商品流通中的矛盾越多；在投资方向上，由于价格扭曲，国家的产业政策和区域政策不易贯彻，由市场导向的独立经济实体（地方或企业）的投资行为与中央的投资导向不一致。所以，在新旧体制交替期间的经济子系统，是一个到处可以见到摩擦与冲突的子系统。例如在经济体制改革过程中调整集权与分权、中央与地方、国家与企业的关系，"放权让利"，引起了国家财政收入占国民收入比重下降，导致了中央政府对宏观经济运行调控实力的下降，便是国民经济大系统中经济子系统和宏观调控子系统之间发生冲突的明显例证。

我国过去因为种种原因所形成的封闭经济体系隔绝了对外

经济联系，失去了利用世界新技术成果加速发展本国生产力的机会，失去了通过国际经贸活动促进本国经贸成长的机会，失去了参与国际分工优化资源配置的机会。直到经过曲折的历程，才明白了封闭将陷于落后，开放才能加速发展的道理。但由于开放时序有先后、开放程度有高低，所以从面上看各地的开放格局很不相同，具有开放经济和封闭经济并存的二元特征。它不仅在面上有表现，而且在产业部门和运行方式中都有表现。有的产业部门与国际市场联系得很紧密，开放度很高，而有的产业部门仍对外紧闭大门。从经济运行来看，在价格上国内市场价格和国际市场价格是两个截然不同的二元价格体系，严重地妨碍了国内市场和国际市场的接轨。在货币流通方面，大凡开放型经济，本国货币总是可以和外国货币自由兑换的，但我国却还因为种种原因未能实现自由兑换，存在多种兑换制度和兑换率，从而因资本流动性的影响，造成了外资吸引中的二元现象。再有，人员的流动和技术的转让等，也存在着封闭与开放的二元结构并存现象。

　　过去的宏观经济管理按行政方式就事论事处理问题，本来是违反经济运行的系统性的，但行政方式的权力和服从关系可以限制其影响的扩散，还勉强行得通。到市场经济中则无法限制其影响的扩散，就事论事处理问题就更加行不通了。所以，市场经济中的宏观经济管理必须树立经济运行系统性的观念。因为，国民经济这个大系统是作为一个整体在运行的，实际经济中各种问题相互缠结，难解难分，不能不互为影响。因而，我们既要对特定领域的经济问题进行研究并提出对策，同时也要认识到孤立地研究和处理问题的局限性。要把视野扩大到更广阔的方面，从综合性的、整体性的角度，从不同政策领域间之关联性的角度来加以把握，以发挥宏观经济管理的综合整体功能。

五　在宏观经济管理中还必须树立发展的、可塑的动态概念

国民经济不仅是一个大的系统，而且这个系统是一个发展着、变化着的可塑系统。在宏观经济管理中处理社会总需求和社会总供给的关系，涉及到的一项重要决策是政策目标的选择和配组，这包括经济增长率、就业率、物价上升率的选择和配组。当前，人们对如何加快经济发展应有多高的增长速度议论很多，热情很高。这表明我国的人心所向是要牢牢抓住时机，发展自己，力争隔几年上一个台阶。然而加快经济发展、实现较高的经济增长速度，不能脱离现实和可能，不能搞"过热"，不能重犯高指标的失误。这就需要对具体情况进行具体分析。我国当前全方位发展社会主义市场经济，将进一步释放出受旧体制束缚的经济潜能，扩大开放、发展第三产业、实行老企业的技术更新换代和新兴产业开发、非国有经济的发展等，都会引发经济增长的加速效应。

然而，加快发展也存在着一些制约因素。从产业结构看，主要受能源和交通运输等瓶颈产业的制约。因而，看增长速度不能简单看数字序列，不能笼统说6%就是过冷，10%就是过热，而要看有利因素和不利因素的变化。

再一个问题是，对制止通货膨胀也要从实际出发。我国不应当采取通货膨胀政策，不等于在市场经济运行中不能出现通货膨胀。实行过多的和过于集中的货币投放，必然引起物价上涨，这当然是不明智的。但是通货膨胀是多种经济政策的综合反映，要想完全避免它也是不现实的。如果说需求拉起型的物价上涨是偶发性的，那么成本推动型的物价上涨从整个国民经济大系统的运

行来看将是 90 年代持续起作用的因素。如果不切实际地要求通货膨胀率为零，那就会制约经济增长和阻碍经济运行中利益关系的调整，不可能实现 8% 到 9% 的增长速度，甚至会低于 5%。所以，对经济增长率和通货膨胀率之间的关系，就要从发展的、变动的和可塑的观点进行政策配组的选择，并且依据这一配组选择方案，进行灵活的反周期调节。

传统宏观经济管理谈到对于社会总需求和社会总供给关系的处理和财政金融调节手段的运用时，它要着眼于比例关系的协调和平衡。但平衡有高水平基础上的平衡与低水平基础上的平衡的区别，又有对其他方面的经济子系统的影响。例如，对于农业劳动力向非农产业转移进程的影响就是一个重要方面。目前经济学家们谈论二元经济时较多地着眼于二元经济向一元经济的整合，但从动态看却存在着差距扩大与差距缩小的两种趋势。我国这几年的状况是在正常的经济增长过程中加快了农业劳动力向非农产业转移步伐，而在经济调整过程中则把调整对就业的压力主要放在清理"计划外用工"、把农民工清理退回农村，从而出现了连续几年的农业劳动力向非农产业转移的停顿和二元反差的扩大。至于和国际间相比，则我国在相同的经济发展阶段中的二元反差要比别的国家大得多。这几年我国城市经济的现代化进程是相当快的，东部经济的现代化进程也是相当快的。然而，农村经济的发展和西部经济的发展却相对滞缓了。从大的轮廓看，我国客观上存在着东部、中部、西部的三级梯度，区域发展的倾斜度与发展时序选择，不能不考虑由梯度差所形成的经济势能，从而构成区域间的二元结构。但三大地带的划分是非常粗略的，实际上在东、中、西部之外，还有南北的发展差异，而且在一个地带内部也存在着已经发展和尚未发展的二元差异；而从区域经济发展的过程看，它并不是平面推开，而是先在某些点上发展起来，通过

"增长极"再向四周扩散，这样就形成了"增长极"与其周围地区的经济差异；特别是"增长极"对周围地区经济推动力不大的状况下，会变成与四周差异极大的"飞地经济"或"镶嵌经济"，"极化效应"会大于"扩散效应"，集中在某些点上的极化发展所维持的高速增长势头，并没有被周围的广大乡村地区所分享，从而强化了已有的二元结构。上述这种地域间、城乡间的发展程度的二元状况，还表现为收入分配系统中由高度平均化转向贫富悬殊的二元反差扩大的倾向。从世界各国的实践看，第二次世界大战后日本和德国的重建，70 年代后亚洲四小龙和南美某些国家经济的飞跃发展，都证明了二元反差缩小是有可能性的，并不是难以逾越的鸿沟。但是，世界上也不乏并未获得成功的事例。在这些国家里，二元发展格局的定式很难打破。经济发达地区不仅获得早期增长的乘数效应，而且还大量借力于后起地区的资源。经济不发达地区的经济发展则面对着数不清的"瓶颈"，难以改变高投入、低产出、低效益的状况，以至于本来就极度短缺的资金和人才反而流向经济发达地区，形成先进地区更加先进，落后地区更加落后的发展格局，地区间、城乡间的二元反差继续扩大。因而，经济欠发达地区对于梯度发展战略理论是很反感的。逆梯度发展理论本来是基于缩小反差的需要而提出的，但经济学家的善良愿望不等于经济系统动态发展的实际。实际情况是，二元经济结构一经形成，便具有很强的自我演进倾向，发展不平衡的格局将被不断地复制，从而需要给予极大的注意。

在国民经济这个大系统中，技术进步是被作为一个独立的系统来对待的。但从经济运行的动态来考察，技术进步总是和产业结构的调整紧密地结合着，一个国家的技术状况是决定该国产业结构、产业高度化水平和产业发展前景的重要因素。在我国，经过 40 多年的努力，建设了门类比较齐全的采矿、冶金、化工、机械、轻纺等传统工业，也发展了航空、航天、电子、核能、精密机床、仪器仪表等新兴产业和高技术产业；有了一批具有当代世界先进水平的工厂和技术装备。但与此同时，又存在着大量落后的技术和设备，国营企业固定资产中有三分之一是在50—60年代形成的，80年代发展起来的一批小企业的技术装备水平也比较低。这种工业技术装备的先进与落后并存的二元状态有两种发展趋向：一种趋向是像日本和德国那样，淘汰落后技术而在较短时间里实现赶超；另一种趋向则是不断复制古董，扩大二元反差。这两种趋向都存在，从而在产品性能方面有的产品是在严要求下提高了质量性能，而有的产品则是性能低、质量差、寿命短。我国工业生产的物耗也是有的在降低，有的在上升。总的说来，由于技术落后和设备陈旧等原因，我国单位国民生产总值能耗比发达国家高2倍，钢材消耗高1—3倍；工业企业的劳动生产率有提高的也有不提高的，总的说仍然落后，如我国机械工业的全员劳动生产率约为美国、日本等工业发达国家的二十分之一。改变技术落后的面貌，需要有适合我国国情的技术政策，并且要和产业结构的调整结合起来。例如我国在1983—1985年引进技术和进口设备1.4万多项，用汇额100亿美元以上，我国的第一批耐用消费品工业诸如彩电、冰箱、录音机、洗衣机是在那时发展起来的，计算机及仪器仪表等高新技术工业也是在那时起步的。经济学家观察产业结构往往强调结构的失衡，但事实上结构协调的状态是短暂的，在经济运行中会不断地出现导致结构失衡的因素。因此，对产业结构的政策指导不应当过分强调均衡，而应当致力于推进产业结构的高度化，扶持知识密集度高和技术密集度的高技术产业的发展。而在这样一个发展过程中，产业间的技术水平二元差距将是先趋于拉开，相同产业内不同企业的技术水平二元差距也将是拉开的趋势大于缩小的趋势。

我国在对外经济子系统中存在着封闭与开放并存的二元格局，从封闭型经济向开放型经济的演进则是其主要发展趋势。在这一转换过程中，开放度的扩大既表现在从经济特区到开放城市、开放带并转向全方位开放的开放面的不断扩大上，也表现在国外资金、技术、人才的引进上，还表现在对外贸易的扩大上。尽管我们对开放的评价是比较高的、乐观的，但应该承认这条路还没有走完，或者说还只走了一小半。特别是把开放和整个经济系统联系起来看时，会发觉等待着我们走的路程还很长。仅仅从我国重返关贸总协定所可能引起的经济运行动态变化来说，就有着广阔而深远的影响。多少年来，我国一直实行保护民族工业的政策，通过关税和非关税壁垒限制"洋货"的进入。重返关贸总协定后，壁垒虽然不会完全消失，但程度将有所减弱，从而会形成比过去强得多的竞争压力。这样，就不能仅仅看到对于出口产业的刺激，还应看到因"洋货"进口而对民族工业形成的压力。而且后者也有两种动态选择，过少的贸易保护会使本国的幼稚工业难以和国外同类工业相竞争而遭淘汰，过多的贸易保护则不仅使消费者为此付出过高的代价，而且还会造成生产效率的损失，使二元反差难以缩小。应该说，从封闭型经济走向开放型经济远远不止如何对待关税与非关税壁垒一个题目，而是面临着国内市场价格和国际市场价格两种价格体系的差异缩小或扩大的动态变化，本国货币与外国货币的比价关系以及兑换关系的动态变化，外国资本对于中国投资环境吸引力的动态变化。应当在承认市场经济对于资源配置积极作用基础上，进而承认国际市场在资源配置上对我国经济发展所起作用的动态变化。上述这些动态变化，还只是从我国的国民经济运行来认识的。如果进一步从全球经济看，它还表现为发达国家和发展中国家的二元反差也有着扩大和缩小的两种动态可能，并且要清醒地认识到差距的相对比例缩小和绝对数值扩大的并存，可能在相当一段时间里都是难以避免的。

综上所述，在宏观经济管理中处理社会总需求和社会总供给的关系时，要把涉及的各个方面作为一个变动着的系统来对待。对于财政税收和税率、银行信贷和利率、收入分配和工资奖金、外汇管理和汇率等许多方面，都要本着系统工程的要求使各项政策协调配合。在经济体制改革方面，则要把经济体制作为一个变动着的系统来对待。对于体制改革的方方面面，如企业经营机制的转换和市场主体的形成，市场运作和价格形成机制的重组，宏观经济间接调控体系的构筑等等，要按照市场经济的改革目标，把各项改革措施有序地以小配套的方式推出，先行的改革不能为继起的改革设置障碍。与此同时，还要看到上述两项系统工程还只是从本身子系统内部的连锁关系来进行的。它们在国民经济这个大系统中，又正是和经济发展战略的转换，经济结构向有序化和高度化的转换，技术由落后的向先进的现代化的发展转换，对外经济关系从封闭型向开放型的转换，等等。再者，在进入市场经济的过程中，随着国民收入分配流程的变化，会使得国家、集体、个人以及城乡间、地区间、不同社会阶层间的收入分配格局发生变化。上述所有这些方面的转换和变化，在运动过程中又互为影响，因而作为动态的宏观经济管理要对之不断地加以协调。我国传统的数量型、外延型、粗放型的经济发展战略模式，在我国社会主义建设的初始阶段，作为一种启动经济发展的战略，确实推动了我国工业化初步基础的建立。但是，数量型、外延型、粗放型的经济发展战略需要有不断的大量的投入才能保证经济的持续增长，而且会形成投入不断增多而产出相对下降的趋势。在经济发展过程中，总供给虽有增长，但投入增长幅度大于产出增长幅度，从而形成了一种难以摆脱的封闭循环，使得总需求膨胀成为传统发展战略难以摆脱的伴生物，也使得"软预算约束"

和"投资饥渴症"成为传统经济体制的顽症。因此，发展战略亟待转换。而发展战略转换需要与经济体制转换相协调。协调了则彼此促进，不协调则彼此掣肘牵扯。还要看到，我国的经济结构，包括产业结构、就业结构、供给结构、需求结构等，都处于转换变化的过程之中。然而，每一种经济结构的形成都依托于特定的社会历史背景，它决不是哪个个人的主观意志可以随意左右的，但同时它又不是纯粹自然选择的结果。它是由多种力量相互交织而产生的合力推动其形成和演变的。从我国近年来的状况看，经济调整追求的目标，原本是使结构优化，但由于传统经济体制中缺乏促使存量调整的机制，扭曲的价格形成的利益导向，不仅没有促使产业结构优化，反而仍然制造着失衡；不允许失业的政策前提，也使得产业结构存量调整机制无从建立。这样，供给结构因体制制约而处于超稳固状态，与收入增长形成的消费结构变量极不适应；同时，由于城市住房等项消费还是福利型的，又使得需求领域相对狭隘。从上面所举的事例来看，宏观经济管理要着眼于经济运行的系统性和动态性①，才能适合经济运行的实际状况，并且使之朝着拟议中要塑造的目标发展。

六　判断经济类型，确定宏观政策调节的重点

从宏观经济管理来说，判断整个经济属于资源约束类型还是需求约束类型，是确定政策调节重点的大事。自从1990年以来，我国已经有两年多处于市场疲软的运行状态之中，这在以"短缺"为特征的社会主义经济中是非常罕见的。有的同志由此而

---

① 正是基于上述的对宏观经济管理的主张，我们被人们称作系统动态宏观经济管理学派。

认为，我国经济已经不再是"短缺经济"，已经出现了由资源约束型向需求约束型的转换，已经由长期的卖方市场转向了买方市场。当然，我们正处于这一转换的过程之中，并且正在加快转换的进程，但如果认为已经完成了转换，就未免估计过高了。

　　经济学里讲的需求约束或资源约束，是对经济运行进行制度性分析后所得出的结论。古典经济学原来只着眼于供求均衡的分析，认为供给的增长会创造出自己的需求，彼此共生共存，不会出现销售危机。后来凯恩斯学派分析了资本主义经济中人们的行为机制，发现人们收入愈多而用于直接消费的部分相对愈少，构成了边际消费倾向递减规律；收入减去消费的剩余本可用于投资，但由于投资是一种有风险的经济行为，投资者的审慎态度使得预期的投资边际效率是递减的，加上人们对灵活的偏好而保持现金，这样就造成了资本主义经济中经常出现有效需求不足。对于这种需求约束型经济进行宏观管理，就要通过政府干预增加需求刺激经济。在社会主义经济的传统体制中则与此相反。由于大家都吃"大锅饭"，进行投资只会给争得投资的地区、部门、企业带来利益，却不会带来风险；处处无风险和人人不承担风险，使得四面八方都来争投资、争项目，形成强烈的扩张冲动、普遍的投资饥渴。所以，形成投资饥渴症的制度性根源是无人承担风险和国家对企业的软预算约束。在传统经济体制下，一方面，对企业管得很紧、很死，企业的经营、个人的活动，都很难发挥主动性与积极性；另一方面，对企业的财务预算约束却是软的，财政、税收、信贷等都可以讨价还价，都是软的。"吃的'大锅饭'，何必细算账"，它使企业对经营成果不承担责任，对资金需求没有自我约束机制。这种预算软约束，正是造成数量冲动和囤积倾向的内在基础，它使得投资规模扩大了还要求再扩大，直至受到严重的资源约束才不得不停下来。由此可见，资源约束型经济和需求约束型经济所反映的是极不相同的经济制度中的极不相同的经济行为。

在宏观经济管理和调控中，对待短缺经济即对待资源约束型经济，重点是抑制需求，对投资饥渴的痼疾进行干预，通过一系列的政策调整使投资需求过旺的状况有所改变。应该看到，我国的经济体制模式还正处于转换之中而并未完成，形成"短缺经济"的制度性根源并未根本消除。当然，非国有制经济吃不着"大锅饭"，随着非国有制的多种经济成分的发展，预算软约束的范围在缩小；但对于国有制经济来说，尽管采取了多种扩大企业自主权的措施，由于国家和企业之间对于财产及最终收益的权利责任关系尚未明确，企业负盈不负亏的问题并没有真正解决，企业尚未真正承担经营责任，其结果是企业的行为侧重于追求产值或其他考核指标，并不去真正考虑投资的可行性或可盈利性。从现行体制来看，不论投资品的价格是怎样的高，也不论投资预期利润是怎样的低，都不会抑制地方、部门、企业的投资热情。所以，从体制上来看，不能够认为我国已经实现了从资源约束型到需求约束型的体制转换。

与此同时，对于买方市场的出现也要有恰当的估计。我国在1989—1991 年确实出现了罕见的总供给略大于总需求的宽松环境，市场上商品供应充裕丰富，消费者开始有了选择的余地。但这是靠政府在调整时期对需求的强控制取得的。作为买方市场所要求的交易双方能在市场上自由选择，众多的买方和卖方能在市场自由竞争而不是由少数寡头垄断，价格在市场上自由形成，市场参与者有硬的预算约束，这些条件只能说还处在培育之中，而并未完全形成。所以，目前在经济生活中出现的部分的买方市场并不牢固，一旦政府放松控制减弱干预力度，很可能又回到卖方市场的运行状态。当然，回归不会是简单的历史重演，但毕竟说明对需求过旺和资源约束不能掉以轻心。1992年上半年经济增长速度加快之后，某些生产资料供应吃紧特别是铁路运力紧张的矛盾再次显现并趋向突出，便是资源约束重现的证明。因此，对于已经出现的体制转换的估计要有分寸，对于市场的自约束和自调节能力既要充分肯定，又不宜过分夸大。

七　对待个人收入性质的认识转变和财政、银行调节的协调

在改革开放之初进行过一场关于社会主义生产目的的讨论，指出在此以前的20年里片面追求产量和产值的增长，不讲实效，在勒紧裤带搞建设的方针下经济虽有发展，人民得到的实惠不多，认为这是违背社会主义生产目的的。当时提出宁肯降低经济发展速度也要调整积累消费比例，把积累率从33%左右降低到25%左右，下的决心相当大，是有相当勇气的。

诚然，从静态讲，每年的国民收入有一定的数量，用于积累的数量多了，用于消费的数量就要减少。当年为了高积累而卡了个人收入，如今要合理安排国家建设和人民生活，提出降低积累率的主张是有道理的，它为采取调整提高粮棉油等主要农产品收购价格和提高职工工资等措施提供了宏观调控决策依据，并且为一系列改善人民生活措施的出台在宏观调控决策方面作了支持。然而从动态来看，城乡居民收入增长和消费增长，只不过在1981—1983年这三年里使积累率分别降到28.3%、28.8%和29.7%，此后城乡居民收入继续增加，消费的绝对数额在增加，而储蓄却增加得更快，这使得1984—1991年这八年里的积累率一直维持在34%强的水平，和过去的高积累相差不大，可是城乡人民却得到了很大实惠，收入增加，消费增加，反过来又推动

生产以相当高的速度增长。

我国这几年实践的结果表明真正发生变化的是从政府积累型转变为社会积累型。原来的状况是把城乡居民个人收入水平卡得低低的，个人收入在吃用开支之后毫无余钱可言，消费倾向接近于 1；而建设资金只有由政府财政提供这一条途径。为了保建设，就卡个人收入，压人民消费，把人民的裤带勒得紧紧的。这种政府积累型的做法虽然集中人力物力财力保了一批重点建设，办了几件大事，可是低收入低消费只能使消费和生产在低水平上循环，积累和消费的矛盾自然会突出起来。后来在改革开放中提高了个人收入，个人购买力对于消费的限制比过去少，消费水平提高而吃用之后仍旧有大量余钱，余钱通过储蓄转化为积累的这种社会积累型的做法使得积累率回升，而消费力的扩张却摆脱了生产和消费的低水平循环。所以，从静态看积累和消费的比例关系并无大的变化，从动态看生产、分配、消费却进入了良性循环，推动了经济的发展。

与此相适应，我国经济开始了从投资需求推动型经济向消费需求拉动型经济的转变。本来，勒紧裤带搞建设并非不可行，但它只适用于发生战争、灾荒或者初创的短暂的特殊历史时期。把勒紧裤带搞建设的方针长期化，在近 20 年的时间里冻结了职工工资，农民又牢牢束缚在产出有限的土地上，这样就形成了消费需求增长缓慢的状态。这也就是说，我国在新中国成立 30 多年之后才解决了人民的温饱问题。这是政策失误的结果。消费的停滞使得消费对于经济增长推动乏力，于是整个经济只能靠投资需求增长来推动，陷入投资品生产的自我循环，出现高投入低产出、产值增长与效益增长不相对称等弊端，经济运行难以转入良性循环。所以，在 60—70 年代里，我国和日本以及某些周边国家和地区逐渐拉开了经济差距，是丝毫也不值得奇怪的。

党的十一届三中全会以后，党中央纠正了那种把生产和消费对立起来的错误做法，调整了农轻重发展比例，使严重扭曲的经济结构得到改善；提出了允许一部分人通过诚实的劳动先富起来的方针，人民收入开始有了较明显的增加，商品市场也日益繁荣。正如邓小平同志所指出的："吃、穿、住、行、用等各方面的工业品，包括彩电、冰箱、洗衣机，都大幅度增长。钢材、水泥等生产资料也大幅度增长。农业和工业，农村和城市，就是这样相互影响、相互促进。这是一个非常生动、非常有说服力的发展过程。"这些年的实践证明，搞经济建设不需要勒紧裤带，生产的发展要靠消费来拉动。马克思曾经深刻地阐述过消费对生产的作用，他说："没有需要，就没有生产。而消费则把需要再生产出来。"① 我国的实践证明了马克思所阐述的真理：消费是推动经济发展的动力。在生产和消费的关系上，用卡消费的办法来求得供求关系的绝对的、静止的平衡，只能使经济发展停滞乃至窒息；不要怕消费走在前面，只有不断地出现新的消费热点，才能推动生产不断发展，供给持续增加，从而使我国经济迈上一个又一个的新台阶。

与收入分配流程的变化以及对个人收入性质认识的变化相联系的，是宏观经济管理中财政信贷手段运用的变化及两者关系的协调。在实行卡个人收入的政策的时候，通过勒紧裤带所集中的资金，主要集中到了财政，财政是进行宏观经济管理的主要调控手段。当不再实行卡个人收入的政策以后，个人收入有了余力，通过储蓄集中到了银行，再由银行发放贷款用于建设，银行的调节作用便比过去增强了。这时，协调财政和银行间的关系也就成了宏观经济管理中的大事。我国在 80 年代出现了收入分配向个

---

① 《马克思恩格斯选集》第 2 卷，人民出版社 1972 年版，第 94 页。

人倾斜的趋势，这本来是改革的必然结果，也是对于前 20 年欠账的偿还，城乡居民个人收入的较快增长刺激了消费，带来了 80 年代中期的蓬勃生机。然而，到了 80 年代末和 90 年代初，认为收入分配向个人的倾斜度"过分"了，采取了一些抑制措施，消费者对收入预期下降而紧缩消费，正是造成市场疲软的重要原因。收入分配向个人倾斜本来是有目共睹的趋势，但作出是否"过分"的价值判断却关系到下一轮的政策取向。作出价值判断有两种标准，一种是动态的生产力标准，考察的是城乡居民收入增长是刺激了经济发展还是抑制了经济发展；另一种是静态的 1978 年标准，和 1978 年比相差大了便是"过分"。按前一种标准，在 90 年代将继续实行使个人收入有较快增长的政策；按后一种标准，在 90 年代将是实行抑制个人收入以扩大国家财政在国民收入分配中占取份额的政策。显然，按照后一思路所能拓宽的消费空间远远小于前一思路。所以，从自然的消费欲望讲，我国作为一个低消费国家的潜在需求倾向还很高，需求市场的可开发空间还很大。但能不能开发出来，在很大程度上取决于政府实行什么样的收入政策。如果实行卡个人收入的政策，消费需求难以开拓新的领域，今后 10 年的经济发展要保持与前 10 年相近的增长速度是不容易的；如果能够推动个人收入特别是农民收入有较快增长，刺激消费进而刺激生产，某些年度的经济增长速度则有可能超过 10%。

在收入分配政策的选择上，一个很大的干扰源是如何对待已有 1 万亿元而且越来越大的储蓄。人们总是把储蓄当作现实的购买力，认为已经有这么多的储蓄，消费需求不旺便不是由购买力不足所造成。其实，目前属于储币待购性质的储蓄比重已经很小，城乡居民在正常情况下很少动用储蓄去消费，在总量上储蓄存款余额只会年年增加而不会减少。那种把储蓄当作"笼中虎"

的看法误解了储蓄的性质，认为储蓄很多而去抑制收入增长，其结果并不能把储蓄挤出来用于消费，反而会使人们因收入预期下降而强化储蓄倾向，使得消费上升趋势受到加倍的遏制。我国前几年的市场疲软，就是收入增长幅度下降导致消费增长幅度下降得更快所造成的，庞大的储蓄并未因购买力不足而出来充当替补购买力。

　　我国还是一个农民占人口很大比重的国家，农民收入的增长幅度对于市场消费和生产，都有着至关重要的意义。对于农民收入，传统理论的注意力是放在工农产品比价关系的调整上，这当然重要。但是，农村居民从农业劳动转向非农产业的进度，应该是更重要的。只有农民改变只从"土里刨食"的状态，才能使收入有较快的增长。我国在 1989 年后动员大批农民回乡，限制农民从农业劳动向非农业劳动转化，使农民收入增长幅度减慢乃至停滞，造成了农村市场疲软比城里更严重更突出。反过来在90 年代，只要下大力气加快农村劳力向非农产业转化的进程，使农民收入有较快增加，将会开拓极其宽广的消费品市场。那些在城里的拥有量已经接近饱和的电视机、收音机、收录机、洗衣机、冰箱等家电产品，还有服装、家具以及摩托车等等，农村拥有量都不高，在农民收入有较快增长之后，市场前景好得很。一旦农民都富了起来，就能够真正形成全世界最广阔的 11 亿人口市场。外国人要来中国投资，看中的就是这个大市场。一旦这个市场有效地运转起来，就会出现生产与消费相互促进的良性循环，并创造出高于资本主义的经济发展速度。

八　正确认识地区差别的扩大和"诸侯经济"

　　新中国成立以来，我国投资建设的重点一直放在原来经济不那么发达的地区，把调整经济发展的地区布局作为一项重要的方针，内地得到的投资比沿海地区要多好几倍。改革开放以后，国家财政的资金投放格局并未改变，但由于对沿海地区实行了一些新的政策，沿海地区蕴藏着的能量得到释放，经济有了较快发展，地区间的经济差别再度拉开。

国家给予沿海地区的特殊政策和灵活措施，是以财政"分灶吃饭"的体制改革为开端的。分灶有多种分法，其中最为彻底的是财政包干体制，它的特点一是交够了给中央财政的包干数额，剩下的都属于地方，中央与地方的财力划分透明度高；二是由一年一定改为一定五年不变，使地方对自有财力与经济发展心中有数，有利于长期规划，避免短期行为。这样，包干体制将地方财力与地方经济发展紧紧联系在一起，地方经济发展越快，归地方自己支配的财力也越多，从而支持地方经济发展的力量越强。正是在这一意义上，人们逐渐明白了给政策就是给钱的道理。

其实，"分灶吃饭"实行包干体制的并不限于沿海地区，对内地的一些省份除了财政收入全部留给当地之外，国家还给了定额的或者递增的财政补贴，优惠度不亚于沿海。但内地省份一般都沿袭产品经济体制下的小生产发展方式，局限于在自身经济范围内筹集和积累资金，然后通过立项——投资——建设——形成生产能力等环节一点一点地聚集经济能量。在资金使用上偏重于无偿的不承担风险的财政资金，不大敢用要偿还和承担风险的信贷资金。而沿海地区如广东则不一样，他们在保证上级财政利益不受侵犯的前提下，实行了养鸡下蛋、放水养鱼的政策，对于国营企业分别实行定额上缴、超额比例分成、递增包干上缴、亏损包干等办法，把企业增加的利润留给企业用作生产发展基金和福利基金。这样，企业有了钱，有了还贷能力，便敢于向银行借债，银行也敢于向企业发放固定资产投资贷款，从而大大促进了企业的技术改造和改建扩建，使企业生产能力有了飞跃式的发展。地方有了财力，也敢于对乡镇企业给予各种减免税优惠，实行"扶上马、送一程"的政策；同时也有力量运用经济杠杆调整农村产业结构，加快了农村从自给经济向商品经济的转变。这样做的结果是地方经济每年以超过 10％ 的速度发展，地方自有财力则以递增 20％ 的速度不断壮大，表明了财政包干确有成效。可见同样属于分灶吃饭的财政体制，沿海经济发展快于内地，其关键在于沿海发挥了商品经济的威力，能够把中央给的政策用足用够用透，从而形成两地之间的几何级数增长与算术级数增长的差距。

对于沿海和内地的经济发展差距的扩大，有不少人忧心忡忡，提出了种种调整政策的主张，其中有的是主张减少对经济发展快的广东等地的优惠，把资金集中到中央财政用于支持经济发展慢的内地。但提出这些主张的人不明白一个道理，就是从动态上说把发展快的地区的腿拉住了，并不能使发展慢的地区的发展快起来。"劫富济贫"的政策只能使富的穷下去，却不能使穷的富起来。一旦把经济发达地区的利益收归中央，挫伤了地方积极性，中央反而收不到几个钱；而且，支持内地发展不能靠输血，要靠构造内地本身的造血机制。我国的实践证明，能够使内地经济运转起来的造血机制在于发展市场经济，当生产与消费通过市场衔接起来之后，将以远远不同于产品经济的状态运转，逐渐地越转动越快。正由于此，实行沿边、沿江和内地的全方位开放，以对外开放促进内地的市场发育和壮大，对于推动内地经济发展的意义比兴办若干个项目大得多。给政策就是给钱也将在内地显示其威力，从而形成了以开放促进地区经济发展的思路。

在地方经济发展的过程中，计划因素不断缩小，市场因素不断增强，各类市场得到了不同程度的培育和壮大，与市场经济相适应的价值观如时间观念、效率观念、投资回报观念等陆续形成。与此同时，地方的独立经济利益主体的地位也逐渐强化，地方政府无休止地与中央政府的各个部门讨价还价，不间断地"跑部前进"，并且在中央给予的权责范围内，努力发展本地区的经济。对于这种由块块构成的经济利益主体塑造的经济格局，我们把它称作"诸侯经济"。"诸侯经济"的提法本来是中性的，它反映了地方有自己的独立经济利益和自主发展权力以后加速了地方经济的发展；又反映了因地区间经济利益的冲突，地区封锁、地方保护主义倾向时有发生，妨碍了统一市场的形成。只有同时看到这两个方面，认识才不至于偏颇。对于"诸侯经济"中因利益冲突而酿成的蚕茧、棉花、羊毛等"大战"；历来的做法都是哪种商品紧俏便恢复哪种商品的统购统配，回到传统体制，结果是激烈竞争的"大战"看不到了，市场经济中逐渐形成起来的购销渠道也被统配体制所否定，经济运行渐趋僵化，一旦放开又得重新来过，效率损失相当大。现在看来，克服"诸侯经济"的弊端要靠市场自身的冲击力和调节力，才不至于在改进宏观经济管理时采取与市场经济相悖的措施。

从我国经济发展的前景看，实施相对分权是大势所趋。在拥有世界四分之一人口的偌大的中国，中央与地方的一切收入和支出都由中央政府统一管理，中央与地方的经济发展都由中央政府统一安排，这是不可想像的。我国经济改革从微观经济运行说是要塑造独立经营的市场主体以转换企业经营机制，从宏观经济管理说则是要形成统一领导下分级管理的市场经济体制。所以，在社会主义市场经济条件下进行宏观经济管理，具体到计划、财政、信贷、外汇、外贸、物资、投资等体制方面的职权划分上和税率、利率、汇率等宏观调控手段的运用操作上，固然有许多做法需要在实践中不断探索，但从总的趋势讲则是要更充分地发挥地方政府在发展地区经济中的作用，带领群众从"土里刨食"的自然经济状态走向市场经济，为市场经济的发展壮大出力。经济分权尽管会产生这样或者那样的矛盾，但在从传统体制向市场体制转轨的过程中，经济分权赋予经济运行的活力是其他任何方式都难以取代的。

九 我国宏观经济管理方式的革命性转变

过去政府对经济工作的管理，对宏观层次问题和微观层次问题的区分并不很明确，特别是在直接管理到企业的状况下，对产品调拨、资金分配、投入和产出指标、投资项目和数额、财政上交和下拨等指标的层层分解，切块分配，占了很大一部分工作量；尤其是当涉及到各级利益关系时，讨价还价，协商折衷，成了日常工作的主要内容；"年度计划、计划一年"的说法，反映了处理利益关系的反复过程中的艰巨性，反映了那时候的宏观经济管理部门实际忙碌着的是向企业分项目、分指标。因此，今后经济部门进行宏观管理时，从直接管理转向间接管理，其意义之重大将不仅限于工作方法方面，还涉及到由"换脑筋"而引起的管理操作的革命性转变。

"换脑筋"是进一步解放思想的形象化说法。过去在计划经济、产品经济条件下所形成的观念，是根深蒂固不易消失的，"左"的东西还阴魂不散、禁锢头脑，传统的经济管理中的一些做法还因为习惯而在新的条件下继续采用着。因而，推行社会主义市场经济要对传统的计划经济"换脑筋"，而进行宏观经济管理也同样要"换脑筋"。从操作上讲，就是不仅要从直接管理转向间接管理，而且要从忙于"切块分配"、"讨价还价"的日常事务转向方针政策的研究。因为只有认真研究了方针政策才能革故鼎新，收到实效。

从几十年的经验来看，在传统经济体制中组织经济活动主要采取行政方式和由上而下布置经济指标，很可能因初期发展的顺利而头脑发热，提出一些不切实际的任务指标硬压下去，下面为了完成任务不惜花费一切代价，破坏了比例，降低了效益，使得想求快反而快不起来。多少年来，我们吃"高指标"的苦头已经不止一次，因"欲速反而不达"支付的学费是够多的了。当然，总结以往的教训并不能得出国民经济不应当高速度发展的结论，实践所表明的是脱离现实可能的大起会继之以大落，大起大落之后的年平均发展速度反而不那么快。

人们总是以为提出赶超的目标和口号可以鼓雄心、激壮志，提出一些高指标并要求各级地方和部门提前超额完成国家计划指标，而地方为了争功又层层加码，投资规模扩大了再扩大，由此形成了经济增长指标高了还要再高的"棘轮效应"。正常的经济运动过程便由此而越出轨道，从而又一次次地被迫进行调整。人们在每一次调整时都痛心疾首于高指标的失误，但对于问题究竟是出在指标管理这种做法上还是出在指标定得过高上，却没有认真地去探索过，往往在"左"的思想影响下直接把指标管理和计划经济等同起来。于是，所谓经济调整，从总量上说便主要是压缩经济增长速度，从手段上说便主要是控制固定资产投资规模、砍基本建设项目。尽管人们对国民经济发展的适度增长目标作过一些探索，企图使经济发展保持不过低又不过高的适当速度，在避免大起大落的稳定发展中提高平均增长速度，从较长的一段时间来看经济发展不是慢而是相当快。然而，从动态的经济运行来说，这种适度增长的指标是很难找到、很难掌握的，因为在不同条件下会有不同的、合适的速度。所以，在经济调整中提出的指标往往是低指标，为了实现低指标而压缩固定资产投资、清理农民工回乡、抽紧银根、限制消费，出现资金拖欠、产品积压、需求不振、市场疲软。这样，膨胀期的高指标固然造成了比例失调和经济过热；而调整期的低指标则束缚了地方和企业的手脚，使得已有的生产能力不能有效利用，也并不可取。平衡有高水平基础上的平衡和低水平基础上的平衡，经济调整也要付出调整成本来求得调整所期望的稳定。如果调整成本过高，在经济运行中出现过度衰退，那么获得的并不是预期的宽松环境而是"过冷"。尤其是在调整中如果不能解决结构和效益问题，却付出了牺牲就业和发展的代价，将会伏下经济不稳定的因子，实际上更不划算。由此决定了低指标是短命的，它并不是理论工作者所讲的可以长期保持的适度增长目标；由此决定了采用指标管理的行政方式将是在指标的高——低——等——低——高的循环中徘徊，导致经济运行无法摆脱膨胀——紧缩——膨胀的周期性循环。

　　市场经济中宏观经济管理操作的革命性转变，还包括传统计划经济中已成"定式"的观念的转变。例如过去在计划经济管理中的传统观念是赞扬节俭、抑制消费，对于市场经济中要靠消费来实现"商品的惊险的跳跃"的认识很不够。这样，就需要树立生产发展要靠消费拉动的新观念，扩大消费领域，拓宽消费空间，丰富消费层次，深化消费内容，创造新的消费热点。否则，生产发展了而没有消费力来购买，生产的增长便没有生命力。在宏观管理中，诸如此类涉及到方针性的观念转变的方面还很多，这就要不断地进行研究并且不断地"换脑筋"，才能改进宏观管理与调控，使之不再成为计划经济管理的复归，而是赋予宏观管理的新内容、新方法和新方针，推动社会主义市场经济体制模式的逐步完善。当今世界上，有些国家在从计划经济转向市场经济的过程中，出现了剧烈的动荡与不安，出现了经济生活的无序与混乱，陷入了宏观失控的困境。我们要重视这个问题。在进行市场经济的改革时，同时要注意微观和宏观两个方面，在随机的日常调节中要特别重视对货币供给和对社会需求的调控，既注意加快发展，又注意经济稳定；既注意经济搞活，又注意宏观管住，从而在我国创造出平稳地向市场经济过渡的奇迹。

（《中国市场经济——宏观经济运行过程与管理研究》，

中国财政经济出版社 1994 年版）

从科尔内的体制分析到保持宽松环境的政策选择

    实现经济的和谐与稳定的增长，是国家组织经济运行的最理想的目标，由此方能取得最优的资源配置效益与资源运作效益。但是从我国经济发展的实践来看，既有和谐的、稳定的增长阶段，也曾出现大起大落的不稳定发展，而且起伏波动相当频繁。据我国某些研究经济周期的经济学家分析，从新中国成立以来到 1989 年，我国已经出现过七次起伏波动。经济扩张过热和经济收缩调整的一而再、再而三地交替出现，使得我国的经济增长不止一次地离开了和谐与稳定发展的轨道。

    经济的增长是非线性的，经济系统的运动总是非匀速的。经济发展的和谐与稳定增长，终究是相对而言的宏观经济管理的努力目标。在经济运行中出现涨潮与落潮，扩张与收缩，有着多方面的原因。自从科尔内的《短缺经济学》传入中国以来，经济理论界通常把社会主义国家发生经济过热和物资短缺的原因，归之于传统的社会主义经济体制。但令人不解的是：在不同的社会主义国家里，有的国家经济波动频繁，通货膨胀居高不下而有的国家还是相对地保持了经济稳定增长；在有效需求不足的资本主义国家里，有的国家经济和物价基本稳定，而有的国家则经济波动、物价飞升。旧中国并未实行社会主义经济体制，然而却出现了经济波动和持续几年的恶性通货膨胀。对于这些，又当如何解释呢？

看来，有必要对蕴含于经济体制的内在机理和国家政策所作的外在干预间的关系作深一层的探索。

一　传统经济体制中蕴含着经济发展过热的内在机制

长期以来，我国国民经济的需求总量一直偏大，总需求膨胀或者说资源短缺，是我国经济运行的基本特征。之所以如此，是因为投资本来是一种有风险的经济行为，然而在社会主义经济中，由于大家都吃的"大锅饭"，投资使争得投资的地区、部门、企业获得利益，却不会带来风险。处处无风险和人人不承担风险，使得四面八方都来争投资、争项目，形成强烈的扩张冲动。再加上在传统体制中是以企业的生产经营规模来确定企业是属于地师级、县团级或是区营级的，是以产值速度定领导者的荣辱和升迁的，这就进一步刺激了四面八方争投资的数量驱动。

在传统体制中，各级行政机关把基层企业的产供销、人财物等具体的生产经营活动都管了起来，使企业成了行政机关的附属物，成了拨一拨动一动的算盘珠。在一切听命于上级的状况下，企业的经营和个人的活动，都很难发挥主动性与积极性。然而尽管对企业管得很紧，对企业的财务预算约束却是软的，不论是财政、税收还是信贷等，都可以讨价还价。"吃的'大锅饭'，何必细算账"，它使企业对经营成果不承担责任，对资金需求没有自我约束机制。这种软预算约束又正是造成数量冲动和囤积倾向的微观体制基础。

　　社会主义经济体制中的投资饥渴症和软预算约束，使得社会总需求膨胀成为不可避免的事情。经济发展速度快了还要求再加快，不断加大油门，直到受严重的资源约束而不得不进行调整，这样，经济发展便无法避免起伏波动的周期循环，经济增长很不稳定。

　　对于社会主义经济中出现的这种体制现象，匈牙利经济学家亚诺什·科尔内在他所著的《短缺经济学》一书中作了最为透辟的分析，他说："在社会主义经济中，没有一个企业或非营利机构不想得到投资，不存在饱和问题，投资饥渴是长期的，假如刚刚完成的一项投资暂时满足了投资饥渴，很快又会产生新的饥渴，而且比以前更为强烈。"[1] 这种"投资饥渴"是如此强烈，以致"对投资资源的需求几乎不可满足"[2]，"扩张冲动把投资需求推向无穷大"[3]。

　　显而易见，社会主义经济体制中所蕴含的内在机制截然不同于经常出现有效需求不足的资本主义经济体制中所蕴含的内在机制。在资本主义经济中，由于存在着资本边际效率递减规律，投资利润率的下降加大了投资风险并束缚了投资愿望；而在消费方面，则存在着边际消费倾向递减规律，人们所得越多，消费占收入的比重就越小，越富足的社会，消费需求就越是低于供给；再加上人们偏好灵活方便的现金，如果牺牲了灵活便要求取得利息并使得利息率上升，利息率和利润率相比较，常常使投资者处于不利地位。上述三个因素交互作用的结果，使得有效需求不足成为资本主义经济中的内在机制，由此造成了生产过剩危机和大量

①　亚诺什·科尔内：《短缺经济学》，经济科学出版社 1986 年版，第 197 页。
②　同上书，第 201 页。
③　同上书，第 200 页。

失业。这种状况在社会主义经济体制中是不存在的，"在凯恩斯的宏观经济学和在资本主义国家的经济政策中，主要的问题就是在企业主不大愿意投资的时候，如何刺激投资以及国家如何进行更多的投资活动。主要由于投资不足，才引起总量需求不足。社会主义经济不存在这个问题，从来不需要刺激投资意图。因为存在着不断的自我刺激"①。追求产量的增长和速度的突进使需求总量具有内在扩张趋势，它不断地拉大原有的供需缺口，又不断地生产新的扩张需求，从而使得需求过大和普遍的短缺，成为社会主义经济体制中不可避免的现象。

二　双重体制中蕴含的总需求膨胀的新因素

社会主义的传统体制中存在着普遍的扩张冲动，它造成了经济发展的过热倾向。但我国的经济体制改革已经进行了 10 年，当前经济生活中是双重体制在起着作用，然而经济发展中的过热倾向不仅没有"降温"，相反还表现得更加强烈而使得波动更加频繁。对此，经济理论界流行的说法是把导致总需求膨胀的罪责继续推给传统的旧体制；还有一种意见认为，在新旧体制交替过程中，旧体制继续起着作用而新体制尚未起到主导作用，双重体制的冲突和摩擦加剧了经济发展的不稳定。这些分析虽然有一定的道理，但是把问题完全归之于旧体制，未免失之公允。新旧两种体制固然在发生摩擦，但这种摩擦的具体内容又是什么，新体制在起着什么样的作用，也需要作进一步的分析。

从经济运行的角度来考察，传统体制的特征主要是计划的行政方式的调节，体制改革的目标则是要转到市场的供需方式的调

---

① 亚诺什·科尔内：《短缺经济学》，经济科学出版社 1986 年版，第 203 页。

节。在目前的双重体制下，计划调节的力量已经被削弱，市场的利润导向虽然已经广泛地起着作用，但市场的自我约束机制却并未形成。市场调节推动技术进步和资源配置优化的动力在于竞争，然而"大锅饭"尚未打破，"软预算约束"继续存在，竞争还是开展不起来；市场调节要通过价格机制，然而在双重体制下，价格机制还是扭曲的，有时甚至在进行着逆调节；市场调节要利用风险机制，然而在双重体制下，仍旧是处处无风险，人人不承担风险，边际利润的高低几乎无人关心。更何况，市场调节作用的发挥并不能直接调节社会总需求，在市场经济国家中也仍然要求国家的干预，而我国在双重体制下，随着财政"分灶吃饭"和企业自有资金的增多，地方和企业已经成为新的投资分配主体，这些新投资分配主体往往有着很强烈的投资扩张冲动，然而代表国家的中央政府对此的间接调控却缺乏有效的手段，难以遏制经济"过热"倾向，以致社会总需求一而再、再而三地过度膨胀。

在这里，有必要讨论一下地方分权对于宏观经济管理究竟是有利还是不利，是增加了稳定因素还是增加了不稳定因素。我国作为一个领土辽阔、人口众多的大国，与东欧、西欧或东南亚的中小国家有着很大的不同；何况我国经济发展不平衡，各地在资源条件、产业结构、技术进步、管理水平和文化程度等方面都有相当大的差距。无论是按经度分为东部地区、中部地区和西部地区，或是按纬度分为珠江流域（南部地区）、长江流域、黄河流域和北部地区，在经济和社会的发达程度上都呈阶梯状态。再按沿海和内地分，在对外经济技术往来和企业的经济效益、人们的商品意识上，同样有不小的反差。再加上交通不便、通讯不畅和其他因素，在全国统一市场的形成过程中，还不能不以一定范围的区域市场或地方市场为过渡，不能立即打破"块块"和"条条"的局限。此外，多民族的存在，也进一步导致多样化的区域特征。因此，从我国的实际情况出发，经济管理必然是一个多层次的或分层次的大系统。这个控制和管理系统以政府为主体，这本身就是分层次的，不仅有中央政府，而且有从省、市、区到市、县以至乡镇的各级政府，经济管理的分层化和区域化，是我国这样一个人口众多的大国的客观需要。

在分级管理中怎样处理中央集权和地方分权的关系，是长期以来直到经济体制改革中都涉及的课题。多年来，为了调动地方的积极性以促进国民经济的更快增长，中央曾多次向地方放权，然而一旦出现经济增长"过热"造成比例失衡，需要作大的调整时，又把对地方收权作为重要措施。新中国成立以来不止一次的经济震荡或所谓周期性波动，基本上是沿着这个反复的轨道前进的。严格地说，这不是什么改革，因为它只是在传统体制的格局内权力结构的重组，远非突破旧格局的运行机制的实质性转换。但也应该看到，我国这几年所进行的改革，已经使地方政府从一个权力的传递环节，逐步发展为有自己独立利益和独立决策权力的经济主体。这一变化，使得地方政府行为的两重性更加明显地表现出来。从它的积极方面看，这些年地方政府根据国家统一的方针、政策，结合本地的实际情况，具体落实，充分挖掘当地人、财、物等资源的潜力，大力组织生产建设，实现了区域经济的迅猛发展。前几年农业的持续增长，以及后来地方工业的不断壮大，都显示了地方政府的功绩。就是在改革上，不少地方大胆探索，努力创新，也成为总体经验的珍贵来源。因此，今天各地经济才有不同的区域特色，并且相互借鉴，蓬勃发展。例如，广东、福建利用其地理位置的优势，发展外向型经济；江苏、浙江利用其经济基础的优势，对原有企业进行扩建和改造，增长的幅度或绝对额始终领先。又如内地，充分利用其资源和物产优势，也先后找到了自己的新增长极。如果不扩大地方的权力，不调动地方的积极性，不刺激地方的兴奋点，就不会有上述成果。

但地方政府行为的消极方面在这几年的改革中也表现得极其明显。片面追求超高速度的责任固然不全在地方政府，但确实是通过地方政府的相互攀比和争名次、排座位而表现出来的，成为经济增长过热的主因。由于以产值速度考核政绩，尽管大家不是不懂得增长过热会导致通货膨胀等经济学常识，也不是忘记了"大跃进"的严重教训，但仍然自觉或不自觉地陷于扩张冲动而难以自拔。于是，产值上去了，效益下来了，结构倾斜了，质态恶化了。导致增长过热的手段，主要是无限制地扩大固定资产投资规模，这来自投资体制的演变、投资来源的多元化和投资决策的分散化，使地方政府成为一个具有投资活动的行为实体，不仅以投资管理者的身份介入投资活动，并且以投资主体出面直接进行投资，起到了火上加油的作用。在国家已经感到投资膨胀而需要控制投资规模时，力所能及的仅限于财政拨款部分，对预算外部分，包括以银行贷款进行的投资，有待于地方政府给予约束，对国家来说，就显得鞭长莫及了。

现在我们再来讨论企业行为。在传统体制下，企业并未真正成为分配主体和利益主体，它不像个现代意义上的企业。企业获得了盈利都上交给国家，企业扩大再生产的资金需要由代表国家的各级行政部门审批核拨，至于企业职工的工资标准和升级也都由国家统一规定，企业只不过是在微观层次执行中央的分配行为。如今经过 10 年改革，企业逐渐成长为独立或半独立的分配主体和利益主体，如果从预算外资金的构成看，其中绝大部分属于企业，由地方财政直接支配的预算外资金是很有限的。但是在实际的经济运行中，企业的投资意向往往由地方政府左右，是围着地方政府的指挥棒转动的。由于企业外在的规模大小和职工人数多少关系到企业的行政级别及其待遇，因此企业领导人的投资兴趣仍然集中在外延型扩大上面，不愿用于革新等内涵型扩大；企业留利的使用又受到企业职工增加收入的压力，因而在进行投资时都尽量少用本企业的自有资金，而依靠地方政府的支持尽量多使用银行贷款，在税前还贷的条件下，这种做法实际上是提前使用了预算资金，使银行的信贷约束等于无约束。企业成为独立利益主体以后，本来应该形成降低成本的自我激励机制，然而现实生活中的利益分配格局却是扩大成本对企业最有利，因而企业往往把各种费用都摊入成本，这又反过来助长了企业对各种开支费用大手大脚的倾向。所有这些因素，都使得企业经营活动中扩大需求的内在力量远大于抑制需求的内在力量。

　　居民本来应该是利益的主体，他们对物质利益的追求是推动社会进步和生产力发展的原动力，正如马克思所指出的："人们奋斗所争取的一切，都同他们的利益有关。"[1] 在传统体制中，收入分配的主体是国家。国家通过控制农产品价格和职工的工资水平、工资标准来实现国家的收入分配政策。在企业中，不论职工干多干少、干好干坏，企业都无权调整他们的工资。随着经济体制改革的进展，随着农民生产的产品逐步进入市场并由市场调节其价格，随着企业自主权的逐步扩大，农民和职工逐渐摆脱了原来的依附地位而开始表达自己的独立的利益要求。但这时，原来被压抑的利益变成了对收入增长的期望值过高的冲动，在期望值与可能性之间存在着极大的反差。从农民方面说，因土地资源有限和农业劳动生产率增长缓慢，导致了农产品价格递升倾向。在职工方面，则表现为工资侵蚀利润。工资和利润，本来是作为两个对立的经济范畴而存在的，作为独立商品生产者的企业内的

---

　　① 《马克思恩格斯选集》第3卷，人民出版社1972年版，第66页。

工资和利润，分别代表着两个不同的利益集团的利益，即劳动者利益和所有者利益。在市场经济中，尽管劳动者要追求工资收入最大化，但所有者也在追求利润最大化，两相冲突的结果是互相约束，谁也不能牺牲另一方来满足这一方。在计划经济的传统体制中，则是通过国家对工资水平和工资标准的管理来实现约束。然而，目前我国改革后的体制却使得这两种约束机制都不起作用。我国企业所实行的承包经营责任制，在操作中是把承包基数和企业前期经营状况相联系，企业不论利大利小乃至亏损，都可以通过讨价还价获得一定的承包留利。这种留利在经济性质上属于利润而不是工资，但事实上则在利益攀比机制的推动下，把绝大部分的留利用到奖金和福利上面，出现了工资与利润的混淆，工资与利润的对立关系模糊了，由此形成了个人可支配收入膨胀的内在机制，并导致了消费需求的膨胀与消费的早熟倾向。

　　投资主体的变化对产业结构起什么样的影响并进而对总需求的形成起什么样的影响呢？在这时候，市场利润高低对资金投向起着重要的引导作用，但由于价格还是极度扭曲的，越是紧张的短线产品其价格越低，对投资者越没有吸引力，所以新的投资主体纷纷把资金涌向价高利大的家用电器及轻工等"短平快"项目，而能源、交通、原材料工业等国民经济的"瓶颈"部门则更加短缺，造成结构失衡，这样，中央政府不得不以大量投资用于"瓶颈"部门，以期恢复平衡，其结果却是使地方更加放肆地扩张加工工业和实行资源封锁，导致下一轮中央政府更大规模地扩大对"瓶颈"部门的投资。显而易见，由此形成的我国经济发展中的"结构陷阱"和"面多加水、水多加面"式的扩张，是一种体制现象。改革后的新体制造成了结构失衡，并且使结构失衡和总量膨胀相互推动，使得传统体制中所固有的经济不稳定因素在改革后变得更加不稳定，从而成为经济发展的起伏波动更加频繁的重要诱因。

现在经济理论界有一种说法，认为经济不稳定在于新旧两种体制的摩擦，在于新体制还没有占主导地位，如果这番话是指放松了宏观经济管理却并未形成市场的自我抑制机制，那当然是有道理的；但如果讲这番话的目的在于肯定这些年改革中形成的新体制，那就不确切了。因为，这些年改革的一项重要内容是地方分权化的取向，然而宏观经济管理是不能够分散化的，地方政府由于它本身的地位和它本身的利益，决定了它经常会与宏观经济管理的目标与要求发生矛盾。这几年在改革中形成的中央政府宏观经济管理调控能力的削弱，不适当地把宏观经济管理分散化的新体制，不能不认为是经济发展过热和产生通货膨胀的重要的体制原因。

三　宏观经济政策的调控是必要的、不可缺少的

由于在传统体制中和改革后的双重体制中都蕴含着内在的扩张冲动，使得短缺不断地产生，因此，就产生这样一种理论观点：既然经济"过热"和资源短缺是一种体制现象，那么，使总需求与总供给基本适应的宽松环境的形成，就只能在经济体制改革完成之后，在改革过程中创造一个供求比较适应的宽松环境是不现实、不可能的。我不赞成这种理论观点，因为这种理论观点割裂了体制和政策的联系，似乎在一定的体制格局下经济政策是无能为力的，只能听凭数量驱动和扩张冲动去施展威力。事实是不是这样呢？不是！新中国成立40年来正反两方面的经验教训反复证明，在同一种经济体制下，经济发展有比较正常、总需求和总供给比较适应、经济运行比较顺畅的时候，也有经济发展"过热"、总需求过度膨胀、经济运行极度紧张的时候，其所以

如此不同，并不是因为经济体制有了变化，而是因为对经济政策的掌握有正确的时候也有失误的时候。

认为经济体制改革完成之前不可能出现宽松环境并且不可能实现稳定增长的论者，往往奉亚诺什·科尔内为其理论的鼻祖。诚然，亚诺什·科尔内在他的《短缺经济学》一书中深刻地分析了社会主义经济中最常见的短缺现象的体制原因，分析了经济发展不稳定的深层根源，但这不等于他认为政府的经济政策对此就完全无能为力了。相反，他在他所著的《突进与和谐的增长——对经济增长理论和政策的思考》一书中，就详细论述了和谐增长并不是某种单一的指标而是包含着丰富的内容的观点，并且进一步论述了如何实现这一目标的政策措施；论述了追求高增长率的"突进"是一种不和谐的增长，它会带来种种弊端。亚诺什·科尔内在为这本书的中文版写的前言中指出："在仔细地阅读了有关中国的报告和分析之后，我得到了这样一个印象：你们国家并没有能够避免我在本书中称为'突进'的病症的影响……成功容易产生过度的抱负、过大的希望，以及过分冒进的指标。我确信，极度谨慎小心是必要的。宁可要百分点少的较低增长率，也许它低于短期可能达到的最大增长率；但是，让我们以平衡的方式来实现它，在所有部门、所有地区的宽广的战线上向前推进。"[1] 科尔内把两种不同的政策比喻为："一辆汽车高速行驶在平滑的公路上，当到达一个山坡时，一个不好的司机可能抱有一种错觉，他只须踏油门就可能保持原有的速度。其结果，引擎开始发出杂音，不久就会熄火。一个好司机知道应当做什么：他放慢车速。这样他就能保证引擎有足够的力量过斜坡。这

---

① 亚诺什·科尔内：《突进与和谐的增长——对经济增长理论和政策的思考》，经济科学出版社1988年版，第4页。

样做虽然会使行车速度慢一些，但比较稳妥，不必冒熄火的危险。"①

　　显而易见，一种正确的发展政策可以抑制经济体制内蕴含的扩张冲动，而一种错误的发展政策则会加剧经济体制内蕴含的扩张冲动。因此，经济政策正确与否对于经济发展是稳定增长还是起伏波动，有着极为紧密的联系。由于经济政策是由政府领导人掌握的，政府领导人在决策中对政治目标的考虑往往重于对经济本身的考虑，所以经济学家们在分析我国经济频繁的起伏波动时，不能不注意到频繁的路线斗争和此起彼伏的政治运动对于经济波动的巨大影响。尽管近些年已经不大提路线斗争了，但政治目标的考虑使得和谐的、稳定的经济增长仍不断地遭到冲击，为了证明政绩总是在不断地追逐着高的经济增长速度，对一辆飞驶着的列车还要不断加大油门，快了还要求更快。于是，建设规模和国力相适应的经济政策主张便不止一次地被急于求成的经济政策主张所取代。

　　需要指出的是，传统的数量型、外延型的经济发展战略模式，在我国社会主义经济建设的初始阶段不失为一种有效的启动经济发展的战略，它确实推动了我国工业化的进程，奠定了我国工业化的初步基础。但是，数量型、外延型的经济发展战略需要有不断的、大量的投入才能保证经济的持续增长，而且会形成投入不断增多而产出相对下降的趋势，这也就是我国经济学家们多次指出过的高投入低产出的倾向，这种倾向使得我国为经济增长付出了巨大的代价。经济增长虽然使总供给有所增长，但投入增长大于产出增长使得对总需求的增长形成了更大的压力，从而陷

---

　　①　亚诺什·科尔内:《突进与和谐的增长——对经济增长理论和政策的思考》，经济科学出版社1988年版，第89页。

入了一种难以摆脱的封闭循环，使得总需求膨胀成为数量型、外延型发展战略的必然的伴生政策。经济发展的规模庞大，依靠大量资金投入来维持相对较高的经济增长速度的这种经济政策选择，必然会在自身的发展过程中制造出前进的困难，引起经济发展的起伏波动。如果不改弦更张，改为采取集约型、内涵型的经济发展政策，那么，经济发展的起伏波动便必然会反复重演。

社会主义经济是计划经济。社会主义经济中公有制经济的主导地位，使得国家有可能通过计划工作来推行稳定增长的经济政策。因此，计划的综合平衡是实现稳定增长的有效的和必要的手段。计划的综合平衡涉及许多方面，从社会总需求和社会总供给的相互适应来说，关键在于组织财政、信贷、物资、外汇的综合平衡。财政支出和信贷投放所形成的货币购买力总额，只是社会购买力的一部分，它与物资供应总额之间本来并无对应等量关系。如果把总量上的平衡理解为财政，信贷分配的资金与物资供应间的直接对等，那完全是一种误会。但是，不论是城乡居民还是企业、机关、团体、学校，购买力大小都要受到钱袋的限制，有多少钱才能够办多少事。它们虽然具有"软预算约束"的特点，然而对它们的预算约束"软"到什么程度，还有赖于财政、信贷部门对他们的资金"软"供给，即是通过与财政、信贷部门的讨价还价实现的。至于财政、信贷部门则和企业、事业单位等不一样，它们本身便可以不受钱袋的限制，可以利用掌握货币发行权的特殊地位，通过发行货币扩大开支。本来，国民收入的分配额不可能超过国民收入的创造额，人们不可能消费没有生产出来的东西，在以黄金作为一般等价物的铸币流通时代，不可能出现国民收入的超分配。然而，如今流通的是纸币，财政和信贷部门可以借助印钞机进行超额分配，使得国民收入分配总额超过创造总额，使社会购买力总额超过物资供应总额。所以，社会总需求和社会总供给的相互适应，并不需要罗列社会总需求和社会总供给的各个具体项目，只要财政和信贷统一平衡了，社会总供需也基本平衡了。我国多年来的实践证明，尽管在经济体制中存在着数量驱动和扩张冲动，但只要坚持财政和信贷的统一平衡，便能够保持建设规模和国力的相互适应，实现稳定增长的经济政策。

总之，我国传统体制中和改革后的新体制中都潜存着经济不稳定的内在因素，然而使这潜在的因素表现出来或不表现出来，是淡化了还是强化了，还在于实行什么样的经济政策。

四　经济目标多元化与宏观政策间的矛盾

不论哪一个国家的政府都在进行宏观决策，制定经济政策，它们都不会只有单一的经济目标，而是从各个角度提出各种各样的经济目标。在这些经济目标之间，有的是互相协调、互相促进的，有些则是互相抵触、互相矛盾的。因此，在政府经济目标多元化的状况下，常常会提出一些自相矛盾的宏观政策。过多地发行票子造成通货膨胀是一种政府行为，但这决不意味着政府的经济目标就是以通货膨胀去支持高经济增长率，更不会有哪个政府领导人明确宣布实行高通货膨胀政策。事实上，由于政府经济目标的多元化，不少国家的政府是由于追求经济快速增长，或者为了刺激经济从而扩大就业，自觉不自觉地走上了通货膨胀之路；但也几乎所有国家的政府都明确宣布要与通货膨胀作斗争，要稳定物价，保持社会的安定。这样，在不少国家里都出现了政策既制造通货膨胀又去弥合通货膨胀的自相矛盾的行为，其结果，就好像一面挖陷阱一面又在填陷阱那样，在多重经济目标面前来回反复。

政府领导人之所以抗不住通货膨胀的诱惑，首先是因为作为发展中国家的赶超型经济面临着强大的政治压力，它必须以高的经济增长速度来证明能够赶上发达国家，而作为社会主义国家还必须以高的经济增长速度来证明制度的优越性，这种政治压力在各级领导层中都存在着，形成普遍的扩张冲动。所以在管住价格的传统体制中形成了短缺经济，在价格逐步放开的新体制中出现了通货膨胀，应该说首先是基于强大的、追求高速度的压力而不自觉地作出的选择。这才一而再、再而三地出现急于求成、不量力而行的现象。其次，从经济上说，发展中国家一般都存在着人口压力和劳动力的过剩，而收入水平的低下又往往强化了利益刚性，这样也需要有较高的经济增长速度，以提供较多的就业机会，并且使城乡居民收入有较快的增长。然而，发展中国家尚处于资金的原始积累时期，因缺乏资金而制约经济增长是普遍现象，货币过量供给便作为实现资金原始积累从而扩大就业的手段，往往在两难选择中被选中了。再次，从社会因素说，在发展中国家的示范作用以及直观比较的影响下，社会公众的价值观念发生了变化，利益预期越来越高，从而迫使经济加速发展，以便满足日益提高的利益要求，协调各方面的利益关系。所以，与高经济增长伴生的高通货膨胀固然会造成社会不安定，但如果不能实现有效益的稳定增长而出现发展停滞也同样不能使社会安定，这也使得决策者倾向于选择前者。所以，政府领导人一方面对通货膨胀可能造成的经济不稳定和社会生活不稳定忧心忡忡，另一方面又存在着增发货币以支配更多资源、扩大建设规模的冲动。在两难选择中，采取一些自相矛盾的措施和自相冲突的政策，也就不足为奇了。

在多元化的经济目标下，宏观政策的互相冲突是经常出现的。例如，这些年来一方面不断地减税让利扩大企业的财权，另一方面又因政府财力不足无法承担基础建设的重任而对企业的留利征收能源和交通重点建设基金；一方面基于阻挡物价上涨的目标而对粮、油、肉、蛋等商品实行价格补贴，另一方面巨额补贴又扩大了财政赤字，造成货币过量发行而推动物价上涨；一方面提高农副产品收购价格以缩小工农产品"剪刀差"，增加农民收入，调动农民积极性，另一方面又提高销售给农民的农业生产资料价格，把农民刚得到的好处挖走；一方面实行利改税从法律上把国家和企业的分配关系规范化并稳定下来，另一方面又用承包经营责任制的一对一谈判方式对承包基数讨价还价而否定规范化的分配关系，否定利改税；一方面削弱对农业投资造成农业积累下降，另一方面又因农产品供给下降而不得不对农产品提价；一方面强调工资分配要体现按劳分配原则以促进效率提高，另一方面却出现收入分配不公和体力劳动与脑力劳动的收入"倒挂"而破坏按劳分配原则。出现这么多的宏观政策间的矛盾，正是因为在多元化的经济目标面前采取了一事一议、就事论事的决策方式，彼此间没有照顾，以至于对一项问题的解决措施引起了五项新问题，对五项新问题的解决措施引起了二十五项新问题，形成治丝益乱、理不胜理。

五　保持适当的经济增长速度，为改革和发展的协调推进创造一个良好的、相对宽松的环境[①]

众所周知，我国的经济改革和经济发展都是在国民经济不断

---

① 华生等人在《经济研究》1988 年第 9 期的《中国改革十年：回顾，反思和前景》一文中说："'宽松环境'一类提法，并不是经济学语言，而是带有渲染性的口号。把它们塞到经济研究中来（更不用说是作为分类的标准）至少是不严谨的。"其实，"宽松环境"是对比于"短缺经济"而言的，是指社会总需求略小于社会总供给时的市场环境状况，它把经济学语言与形象的比喻结合起来，已为中国经济学界所习惯，不见得比"职权经济"之类提法不严谨。

地运行中进行的，这犹如对一艘航行在茫茫大海中的轮船，要改造它的低速柴油机和传动装置，犹如对一架飞翔在蓝天白云之际的喷气客机，要维修它的引擎。这种不是在实验室里进行而是在运动着的机体中进行的特点，大大增加了改革的难度。并且使改革和发展成为扭在一起、缠在一处、难舍难分的连体儿。也正因为这样，协调改革和发展便成为领导经济工作的头等大事。两者相协调，便能够相互促进；两者不协调，则相互掣肘。

我国十年改革的经验反复证明，改革和发展相协调，主要是保持恰当的发展速度，对于经济体制中蕴含着的扩张冲动进行必要的抑制，以免因快了还要再快而形成"过热"，从而创造一个总需求略小于总供给的相对宽松的环境。有人说，所谓"宽松环境"的说法来自东欧国家经济学家的论述，似乎中国有自己的国情，不必采纳外人的议论。其实，东欧国家经济学家提出这种观点，正是因为东欧国家在实践中忽略了对总需求的控制，吃了苦头，使改革和发展受到挫折。他们向中国的同行们介绍控制宏观分配计划的重要性，强调在经济政策的选择中要努力制止总需求膨胀，使总需求略小于总供给以形成一个相对宽松的环境，是希望中国能够吸取他们失败的教训，不重蹈覆辙。当然，从中国经济学家来说，对此也早有自己的经验教训，并且早就得出了建设规模不能够超越国力的结论。多年来的实践证明，只要在政策选择上不急于求成、不贪多求快，做好综合平衡，使建设规模和国力相适应，那就能避免经济发展的起伏波动，实际的经济效益就比较好，想办一些事情的回旋余地也就比较大。反之，多年来吃的苦头，也正在急于求成和贪多求快，人为地制造紧张和经济的不稳定。因此，中国的不少经济学家早在东欧经济学家的提醒之前，就反复强调综合平衡的必要和组织财政、信贷、物资、外汇平衡的必要，认为经济体制改革需要有一个宏观经济比较协调，市场比较松动，国家的财政、物资、外汇等后备比较充裕的良好环境；认为新的经济体制要求市场机制发挥更大的作用，而市场机制发挥积极作用的必要前提是形成一个总供给略大于总需求的有限的竞争性买方市场，如果供不应求的卖方市场严重存在，就不得不借助于并且强化行政办法来分配资源，使改革受到阻碍。

近年来，在中国经济学界逐渐出现了扩张需求、刺激经济增长、"通货膨胀无害"、"以通货膨胀治理通货膨胀"的观点。他们认为，我国经济目前正在进入一种以结构变动为中心的新的高速成长阶段，广大人民群众的消费正处在从温饱型向选择型转变的阶段，这时，总需求增长超过总供给增长及货币供应的超前增长，都是我国经济增长进入高速成长阶段的内在要求。他们认为，在近期内甚至到20世纪末，也难以形成供给略大于需求的有限的买方市场，经济体制改革只能在供不应求的紧张状态下进行，改革要适应这种状态，通过改革逐步缓解这种状态。持这类观点的人大都是凯恩斯学派的信奉者，当经济运行中出现了总需求膨胀现象时，他们强调赤字财政无害和货币超前发行理论；当对过热的经济进行调整时，他们认为紧缩措施使国民经济出现了总需求不足从而导致生产下降和供给不足，形成低水平基础上的总供需矛盾；而当中国出现了通货膨胀，并且这种膨胀已经从轻度转向中度，引起了纷纷的议论和不安时，他们却认为是高通货膨胀率支撑了高的经济增长率，是中国的经济起飞所必经的阶段。在这里不无遗憾的是，这些凯恩斯学派的信奉者并没有真正懂得凯恩斯的政策主张，也不懂得扩大需求引起乘数增长要以经济中有生产设备、原材料、资金、劳动力的闲置为条件。显然，在需求已经饱和的经济中再宣扬扩大需求刺激经济增长的政策主张，无异于火上浇油，而这却并非凯恩斯学派的原意。1989年初在北京举行的"中美学者中国经济问题研讨会"上，作为凯恩斯学派大本营的美国麻省理工学院经济系的教授们，在会上反复强调中国应当加强对宏观经济的管理，抑制通货膨胀，认为通货膨胀会给经济活动带来许多破坏性后果，认为中国不能实行通货膨胀政策，高通货膨胀并不能够换来经济的起飞。这些观点，对于我国那些凯恩斯信奉者应该说是有益的教育。

我国这些年经济发展的起伏波动反复证明，越是起劲地争取高的经济增长率，就越有可能出现某些不平衡和比例失调。扩大需求刺激经济的做法造成了国民收入的超分配，造成了过量地发行货币，人们把这种状况形象地概括为：基建挤财政，财政挤银行，银行发票子，票子多了物价涨。亚诺什·科尔内在他所著《突进与和谐的增长——对经济增长理论和政策的思考》一书的中文版前言中，认为中国并没有避免争取高增长的"突进"的扭曲增长病症的影响，说："让我们回想一下'大跃进'时期，这是'突进'型强制增长的典型例子。我猜想许多中国经济学家都会同意这一点：中国的计划甚至在今天也还没有完全免除这种危险。"① 因此，实行一种稳健的政策，通过综合平衡使总需求和总供给相适应，使国民经济健康地、顺畅地发展，是十分必要的。

那么，怎样方能实行一种稳健的政策，促使经济发展走上稳定增长的轨道呢？我们知道，经济政策的目标总是多元的，对多元的经济目标的优先次序的选择和彼此间的合理配组，是制定合理的、稳健的经济政策的前提。

从我国经济生活的实践来看，在经济政策目标的选择上存在

---

① 亚诺什·科尔内：《突进与和谐的增长——对经济增长理论和政策的思考》，经济科学出版社1988年版，第4页。

着这样一些问题。一是政策目标过多。人们总是尽可能全面而详细地罗列各种经济目标，不仅追求经济增长、充分就业、价格稳定、经济效益提高、收入公平分配、国际收支平衡等目标，而且还致力于教育发达、科技进步、环境保护、安全生产、人民生活质量提高等等大量的目标。当然，我们不主张搞"单打一"的政策目标，主张要统筹兼顾、综合平衡，但政策目标终究是政府目标，面对存在着矛盾与对立的多种目标，政府能够成功地加以协调的数量是有限的，有一部分势必要交给社会和市场去协调。因而目标数量过多是不利于政府进行政策选择的。二是政策目标的期望值过高。人们不仅追求为数众多的政策目标，而且对每一个政策目标都要求最优的期望值，这就使得目标的理想值偏离了它可能实现的实际值，并且使总体目标的理想值远远超过了目标水平的可能性边界，这就人为地制造了紧张。特别是由此将使本来存在着对立与矛盾的可以互相替换的政策目标之间的矛盾更趋紧张，削弱了经济系统适应变化要求的能力。三是政策目标优先次序的选择受到政策制定者主观偏好的过分干扰，"长官意志"在目标次序优先与滞后的选择中处于举足轻重的地位，从而使得目标次序的选择偏离了它们在系统中本应具有的位置，例如经济增长和产值目标就往往受到特殊的偏爱而占有特殊的权重，而由这种特殊偏爱形成的绝对优先往往造成政策目标选择的失当，使得紧张成为常态而宽松环境难以出现。

正因为这样，在政策目标选择中提出有限的政策目标是非常重要的。所谓有限的政策目标就是意味着政策目标的数量应当是有限的几个，不要百废俱举、百业俱兴；每个政策目标的期望值不要过高，并且把一系列政策目标排一个优先次序，有的作为主要目标优先保证，有的作为次要目标把期望值定得更低一些；不要过分偏好某些目标，而要把不同的目标协调起来，作出合理的配组，这对于那些存在着互换关系的目标是非常重要的，例如过高的经济增长目标往往会引起高的通货膨胀率，而降低通货膨胀率的目标才利于和较低的经济增长率相配组。把以上几个方面综合在一起，我们的结论是：政策目标只能是有限的，只能追求次优的目标。数学上的最优表现为函数极值的一个确定点，而经济系统是若干个函数组成的模型也不能充分反映的有机体，不同的目标的最优点将会分布在不同的位置上，形成一个可以伸缩的范围和区间。进行政策目标配组的艺术就在于从这个可以伸缩的区间内，找出一条能与各个目标的次优点相交的曲线。如果做到了这一点，从总体目标来说就将是最优的组合。

正因为这样，我们把经济增长指标从两位数降低到7%或者8%，这并不是什么权宜之计，而将是今后较长期间内应当坚持的方针。因为从合理配组政策目标的角度来看，只有不高估经济增长指标，才能把绷紧的弦放松开来，才有利于其他各项政策目标的安排和互相匹配，才能适应经济生活中的不确定性和风险性，使各个目标变量之间的关系能得到较好的协调，从而使某些人认为不可能出现的"宽松环境"在恰当的政策目标配组下实现，使国民经济能循着稳定的、健康的发展轨道前进。

（《中国社会科学》1989年第4期）

导致经济波动的非体制性因素

　　认识与分析经济波动的原委，是进行宏观调控的必要一步。经济周期波动是以大机器生产为基础的商品经济的产物，是社会化大生产的产物，经济波动有着深刻的经济体制根源。资本主义经济因微观基础中的行为机制，造成有效需求不足，导致经济波动；社会主义经济因微观基础中的软预算约束，形成投资饥渴症，导致经济波动。但是，经济体制并不是导致经济波动的唯一因素，在经济运动中出现涨潮与落潮，扩张与收缩，还有着种种非体制性因素。举其大者，有以下几种：

一　农业丰歉会影响到整个国民经济的升降波动

　　农业是一个不稳定的生产系统，它往往在连续几年丰收之后继之以歉收，从而影响到国民经济的稳定。经济发展阶段愈低，农业在国民经济中占的份额愈大，农业波动对整个经济的影响也愈大。所以，有不少经济学家从农业周期来解释经济周期，杰文斯的"太阳黑子说"，就是从太阳黑子爆发影响地球气候，从气候变化影响农业丰歉，来解释一般经济周期的成因与规律；刘易斯认为用农业生产波动来解释 19 世纪初的周期波动非常适合。[1]
我国是一个农业在国民经济中占有极其重要地位的发展中大国，
农业丰收往往会诱发下一年经济的高涨，农业歉收则往往使下一
年的经济增长不得不进行调整收缩，农业丰歉和经济增长有着相
当高的相关度。而由于我国的农业抗御自然灾害的能力还相当
低，旱、涝、虫、雹、冻等自然灾害会造成农业歉收，风调雨顺
是农业丰收的一个重要条件，农业生产增长速度因气候变化而出
现起伏波动，对于实现和谐稳定的经济增长不能不说是一个相当
重大的限制条件。

　　农业丰歉之所以会对整个国民经济起重大影响，一是因为农
业在整个社会生产中占有相当大的份额，农业波动会直接影响当
年的国民经济增长率波动，这种影响可以按下列公式算出：农业
波动幅度×农业在社会生产中所占份额＝因农业波动导致的国民
经济增长率波动，这在当年就表现出来了。二是因为农业原料作
物是我国轻工业生产的主要原料来源，所以农业丰歉还会影响到
轻工业生产波动，引起国民经济的波动。三是因为农业是我国建
设资金积累的主要来源，尽管来自农业的积累要通过迂回曲折的
道路转移到工业部门才表现出来，但这种依存关系还是很明显
的。后两项影响比较复杂，有的反映在当年而有的反映在下一
年，计量它的影响度需要采取复杂的回归方程才能测算清楚。

　　历来判断农业生产形势的最主要依据是粮食生产情况，所谓
"粮食足，天下足；粮食定，市场稳"，就反映了我国"民以食
为天"的特点。"如果没有足够的粮食和其他生活必需品，首先
就不能养活工人，还谈什么发展重工业？"[2] 粮食不仅关系到吃

---

①　刘易斯：《增长与波动》，华夏出版社 1987 年版。

②　《毛泽东选集》第 5 卷，人民出版社 1977 年版，第 360 页。

饭，关系到养殖业的发展，而且还因为我国可耕地面积有限，人均占有不过 1.5 市亩，粮食作物与原料作物争夺土地资源的现象很突出。粮食生产升降一般会引起当年或下一年原料作物生产的升降，从而引起资金积累的升降。所以，把历年粮食生产增减和当年及下年整个国民经济增长幅度相比较，便可以发现两者有着相当高的相关度。例如，1955 年粮食生产比上年增长 8.5%，1956 年经济增长率达到 17.9%；1960、1961 年粮食生产跌入低谷，1961、1962 年便不得不采取紧缩政策，经济增长也进入低谷；1984 年粮食丰收，增长 5.2%，1985 年经济增长率达到 16.5%，1985 年粮食生产下降 6.9%，1986 年的经济增长率也降为 9.1%。历史经验表明，农业形势恶化特别是粮食产量下降，往往是政府下决心采取紧缩政策进行经济调整的重要原因。

二　固定资产更新周期导致经济周期波动

随着机器大生产的出现，商品经济的发展，商品的价值运动和使用价值运动的分离引起了一系列新的矛盾，在Ⅰ、Ⅱ两大部类产品的交换中会遇到种种阻挠，其中固定资产磨损的价值补偿和物质替换在时间上的不一致，会使得有些年度需要更新的固定资产很少，而有些年度则要大量更新，固定资产物质替换的周期性，会使得Ⅰ、Ⅱ部类间的交换不能够顺畅地进行。早在一百多年前马克思便已指出这是资本主义经济无法摆脱生产过剩、不断地出现周期性波动的物质基础，"纵然再生产是按不变的规模进行，危机——生产危机——还是会发生"[①]。马克思分析了两种不同的情况，指出："在这两个场合，对外贸易都可以起挽救的

---

① 马克思：《资本论》第 2 卷，人民出版社 1964 年版，第 516、517 页。

作用……但若对外贸易不单纯是（按价值）补充替换各种要素，它就不过是把矛盾推入更广的范围，为各种矛盾开放更大的活动范围。"① 马克思所分析的固定资产更新的周期性特点，使得在尚不需要更新设备时出现需求不足和销售危机，而大规模地更新设备扩大了需求，又使得资本主义经济从萧条走向复苏，由此导致了资本主义经济的周期波动，这一理论的深刻性是任何一个学派的经济学家们都不得不承认的。

由于资本主义经济是需求不足型经济而社会主义国家是需求过旺型经济，所以在应用马克思的固定资产更新周期理论考察我国的经济增长周期波动时，必须注意到我国的特点。这一特点表现为：固定资产因使用而提取了折旧基金但不需要进行物质上的替换更新时，这笔折旧基金便被当作额外的资金来源而用于新建扩建项目的固定资产投资，这种把折旧基金当作积累基金使用的做法是普遍的，由此扩大了建设规模，提高了经济增长率，而并不是引发了销售危机。于是当集中更新设备时，因"还欠账"而不得不把积累基金当作更新的折旧基金使用，从而降低了经济增长率。

不过在现实经济生活中更常见的是把折旧基金用于新建扩建投资，是与数量型发展紧密联系的，等到机器设备应该更新需要更新时也不愿意去更新，仍旧是不断地把折旧基金当作积累基金使用。这样便出现设备陈旧老化阻滞经济增长的现象。在我国这种现象是很突出的，旧中国遗留下来的老企业有的厂房危险，行将倒塌，有的超龄机器、设备、锅炉、汽车、机车，还在继续使用，"一五""二五"期间建设的骨干企业，固定资产使用已经达 30 年左右，设备精度减退，维修费用增大，废品次品增多；

---

① 马克思：《资本论》第 2 卷，人民出版社 1964 年版，第 516、517 页。

60—70 年代建设的一批企业，有不少是简易投产，成本高，效率低，也需要更新改造。愈是老工业基地、老行业、老企业，生产管理、技术力量、协作条件都比较好，生产成本也相对较低。一般都面临着设备陈旧、技术老化、工艺落后、竞争能力降低和经济效益下降的问题。由此带来的是经济增长的后劲明显不足，从长远看若不是因设备技术落后而降低经济增长率，便是因"还欠账"而大量地把积累基金去更新设备而降低经济增长率，二者必居其一。

三　产业结构从渐变到突变的周期性波动引起经济增长的周期波动

在经济运行中，产业结构和技术状态不会是稳定不变的。"不仅是经济生产中的生产结构的迅速改变，而且是经济和社会的其他方面的结构的迅速改变……必须看成是总体增长的高速度的必要条件和可能的费用。"[1] 目前我国经济正处于现代化经济增长的起跑线上，因而将进入产业结构和技术水平的高频变换时期，产业结构转换的进程及优化或劣化，技术进步的快慢及竞争能力的增强或减弱，农业劳动向非农业劳动转移的进程及超前还是滞后，都会影响到经济增长的加速或者减缓。然而，产业结构的转换、技术的进步、劳动力的转移都不可能是匀速的，从而使得经济增长也不可能是匀速的。具体表现在：

（1）产业结构的优化使宏观经济效益得到提高。产业结构包括产业部门结构和产业地域结构两个方面，当产业部门结构的发展和需求结构的发展相适应，将提供社会不断发展所需要的有

---

① 西蒙·库兹涅茨：《各国的经济增长》，商务印书馆1985年版，第355页。

效供给，使供给和需求相衔接；当产业地域结构的发展正符合生产力合理布局的要求，将大大提高地区的经济效益从而提高宏观经济效益。在这时间，就会形成良性的循环过程，即有效供给的增加和原有需求的满足将会引起新的更高层次的社会需求，而新的社会需求将会产生新的满足需求的新的生产资料、新的生产工艺、新的产业结构，从而成为经济更快增长的动力。反之，产业结构的恶化，也会带来相反的结果。应该看到，我国经济正处于现代经济增长的起跑线上，因而将进入产业结构迅速变化的高频交换时期，这种变化势必对经济增长率发生影响。

（2）技术进步使宏观经济效益得到提高。自从机器大工业出现以来，经济增长越来越依靠科学技术的进步及其在生产上的应用。尤其是在剧烈竞争的压力下，一个企业所生产的产品在技术上有没有进步，能不能提供有吸引力的新产品，能不能有低廉的成本和优秀的质量，是在竞争中能不能取胜的决定性因素。而从一个国家来说，我国要在 20 世纪内实现工农业总产值翻两番的任务，不论在资金条件、能源供应及原材料供应几方面都有着很大缺口，解决这个问题的出路正在于推动企业加速技术改造，把内涵型的扩大再生产作为我国社会经济的主要方式，依靠科学技术的进步提高我国社会生产的经济成果，从而克服资金、能源、原材料等方面的障碍。反之，低技术化所造成的技术落后势必阻滞我国经济的发展。由于技术进步往往诱发起产业结构的变动和投入产出关系的变动，是经济运行中最活跃的因素，技术进步的快慢便自然地会对经济增长快慢起着重要的而且是久远的影响。

（3）劳动就业从农业劳动向非农业劳动转移是影响经济波动的重要因素。我国作为发展中国家的一项重要任务，就是要改变现代工业与落后农业并存的二元经济结构状况。然而农业劳动力向非农产业的转移，受到多方面的制约，一方面要受到工业和服务业发展为农业劳动者转移提供就业岗位多寡的制约，另一方面要受到通过农业现代化提高农业劳动生产率进程的制约，因此也并不是转移得越快转移得越多好。1958 年过多地把农业劳动力转移到非农产业，正是 1958 年后农业生产下降和国民经济波动的原因之一。进入 80 年代后期，过快过急地要求农业劳动力向非农产业转移，从长远看所起到的正效应也许抵不上所起的负效应。然而农村劳动力的流动已经是由市场在调节了，庞大的想在城里赚到货币工资的农民队伍成千上万地涌向广州，又成千上万地涌向兰州和乌鲁木齐，土地却撂在那里任其荒芜。这实在是令人忧虑的事情，由此引起国民经济发展的波动，看来将是在相当长时间里都难以避免的因素。

在我国存在着产业结构周期性失衡的现象，这是因为我国急于想改变贫困落后的局面，急于赶超，加上对优先发展重工业的不完整的理解，因而在资金使用上一直采取重点使用的倾斜发展的不平衡战略。但由于我国经济是一个相对来说属于封闭型的体系，利用对外经济联系来调节的可能性有限，而且农业基础的落后和抵御自然灾害能力的薄弱和基础设施的薄弱使得产业结构中存在着先天性的脆弱基因。每当倾斜式的经济扩张发展到脆弱的产业基因难以承受的时候，便会因比例失调而导致经济活动收缩，这种周期性紧缩使失调的比例得到暂时的缓解，而缓解之后又会走向新的失衡，造成了经济发展的起伏波动。

四　经济开放度高低会影响通过对外经济联系平缓经济波动幅度的能力

对于一个开放系统来说，不论是发生于供需总量失衡还是产业结构失衡，都可以通过对外经济联系来加以缓解。从总量说，需求不足、资金过多可以通过资金输出来调节，而资金不足则可以通过借外债、用外资来调节；从结构说，产业结构是否协调，不完全在于国内需求结构与国内生产供给结构是否得到了平衡，只要通过外贸的出口与进口，便有可能使失衡的结构得到了均衡。日本就是这方面的一个典型。第二次世界大战后，日本也实行了倾斜发展的战略，日本重化工业在全部工业化中的比重，1955 年为 51%，1960 年为 61%，1965 年为 64%，1969 年为 73%，70 年代初达到 75%；而且向重化工业高度倾斜又缺乏坚实的产业基础，1973 年时日本重工业构成中原材料工业所占比重为 30%，矿业只占 1.1%，1978 年它们的比重分别为 28.1% 和 0.97%，日本经济的海外依存度很高。对于这种现象，我国经济学界有人认为日本经济是建立在沙滩上的，但正是这种很高的海外依存度，使倾斜战略的结构失衡得到了缓解，还通过重化工产品出口获得了资金，1953 年日本重化工产品出口占全部出口产品中的比重为 41.6%，1960 年为 45.3%，1968 年达到 71.1%，所以日本重化工倾斜发展不仅没有造成资金紧张，还为国内工业发展和消费增长提供了资金。这样通过对外关系在经济扩张导致供需缺口加大时可以通过增加进口来弥补，经济收缩导致供需缺口缩小时可以通过削减进口来配合，增加了经济的可调节度，提高了日本经济对经济波动的承受能力。70 年代前日本是资金输入国，80 年代后日本是资金输出国，也正是这种通过对外经济联系调节的表现。

　　但我国却不是这样，我国在 1979 年以前是一种封闭型经济，不存在通过进出口来协调产业结构的机制。这应该说是日本和我国同样实行优先发展重化工业的倾斜战略，然而日本取得成功我国却遭到失败的重要原因。我国经济作为一个封闭的自循环体系，重工业不得不自我实现。重工业是连锁性很强的产业，发展某一个部门，必须同时发展另一个部门，如钢铁厂建设时的前向连锁需要大量钢材、水泥、机械设备，建成投产时的后向连锁需要煤炭、电力和采矿等行业与之配套，这种连锁效应极易导致重工业进行自我循环，加以重工业是建设周期长的产业，这就削弱了重工业对农业、轻工业的服务。与此同时，封闭经济中发展重工业所需要的大量资金，主要靠高度集中计划经济的非市场力量取得，这种积累机制排斥了市场，抑制了竞争，从而使资源得不到合理配置，经济效益很差，为了保持一定的发展速度，就不得不继续向农业索取。而农业是在技术未得到进步条件下为重工业提供积累的，农业提供积累的能力很自然地会因气候变化而上下波动，从而使重工业建设规模上下波动。而重工业自我循环所需要的巨大规模的后续投资，压抑了农业轻工业发展也压抑了消费增长。重工业越是发展，它与农业轻工业之间的结构断层越是加宽。对于这种封闭型经济和开放型经济之间的巨大差异，是在探讨经济波动因素时不容忽视的。

但是，事情也并不是简单到从封闭型经济转向开放型经济，便会自然地通过对外经济联系平缓经济波动，还需要考察进口和出口的构成与产业结构的倾斜方向是否衔接协调。在相当长时间里，我国出口是以初级产品和轻纺产品为主，进口是以制成品特别是机器设备为主。直到1987年，我国出口总额中食品、饮料、矿产燃料等初级产品仍占到33.55%，轻纺产品占到21.73%，服装衣着占到15.91%，鞋类占到9.5%，而机械及运输设备只占4.41%；进口总额则与之相反，工业制成品占到81%，其中机械及运输设备占33.3%，钢铁占11.08%，从进口设备说虽然是经济建设所需要的，但是出口的很多是国内市场需要量也很大的短缺商品，是靠"挤"出来出口创汇的，这就使在协调结构失衡方面所起作用有限，有时甚至是推波助澜，扩大偏差，从而在平缓经济波动方面的协调力也就随之而降低了。

（《浙江财经学院学报》1989 年第 2 期）

通缩成因多角度探索展示的
后短缺特征

新中国成立以来，我国一直为通货膨胀而烦恼，宏观调控的反周期措施主要是反通货膨胀周期。如今却出现了通货紧缩，用货币供给受到障碍和货币流通速度减慢来解释，用消费需求和投资需求不旺，社会总需求不足来解释，虽然都有道理，禁不住人们追问为什么？为什么？这就需要作深一层的探索，并且有着种种不同的解释。

一 周期性波动

对于中国出现通货紧缩的探索，很多人从经济发展的周期性波动来作解释。

马克思在《资本论》中关于经济波动和经济周期的论述表明，导致波动和危机的原因有两个：一是客观可能性。例如，大工业的生产方式是经济得以跳跃式扩张的技术基础；货币产生后，商品内在的价值和使用价值的矛盾外化为商品和货币的对立，货币形式本身潜伏着经济周期性波动的可能性；固定资本的周转是经济周期性波动的物质基础。二是主观原因和制度安排上的原因。例如，生产和商业的脱节；社会生产比例的失调；信用制度对波动的杠杆影响；对抗性的分配关系造成狭小的市场等。（洪银兴，1999）在马克思的分析框架中，认为社会主义社会不存在商品货币经济，因而不存在产生经济周期性的客观条件。而现实的社会主义社会即使在计划经济体制下，也没有消灭商品货币关系。我国进行以社会主义市场经济为目标的体制改革，发展和培育市场经济，把计划经济转向市场经济，使现实中的社会主义经济依然存在着经济周期性波动。

中国经济增长的统计数据表明，从 1953—1998 年，我国的经济增长共经历了九个周期（表1），改革前有五个周期，改革后四个周期。无论是改革前的计划经济条件下，以及改革后的社会主义市场经济体制下都存在经济的周期性波动。

表1　　　　　　　**中国 GDP 增长率的历次波动**

年份	GDP 增长率（%）	周期序号	年份	GDP 增长率（%）	周期序号
1953	15.6		1977	7.6	
1954	4.2		1978	11.7	
1955	6.8	1	1979	7.6	6
1956	15		1980	7.8	
1957	5.1		1981	5.2	
1958	21.3		1982	9.1	
1959	8.8		1983	10.9	
1960	-0.3	2	1984	15.2	
1961	-27.3		1985	13.5	
1962	-5.6		1986	8.8	

续表

年份	GDP 增长率（%）	周期序号	年份	GDP 增长率（%）	周期序号
1963	10.2		1987	11.6	
1964	18.3		1988	11.3	
1965	17	3	1989	4.1	
1966	10.7		1990	3.8	8
1967	-5.7		1991	9.2	
1968	-4.1		1992	14.2	
1969	16.9		1993	13.5	
1970	19.4	4	1994	12.6	
1971	7		1995	10.5	9
1972	3.8		1996	9.6	
1973	7.9		1997	8.8	
1974	2.3	5	1998	7.8	
1975	8.7		1999	7.1	
1976	-1.6				

资料来源：《中国统计年鉴，1999》，中国统计出版社 1999 年版，第 57 页。

　　在计划经济体制下的经济波动主要受政府计划所左右，是一种"计划周期"，经济体制改革以后的经济波动逐渐地增大了市场机制的影响，出现了从计划周期向商业周期转变的过程。1978年以后，我国的经济体制逐步从计划经济体制转向市场经济体制。体制变化必然造成经济运行机制变化，相应地，中国经济的周期性波动及其形成机制，也都发生了相应的变化。计划机制逐渐让位于市场机制，即由计划对经济单位和企业的指令性、行政性调节，变为在市场信息影响下，经济利益引导企业和个人进行微观的自动调节。市场机制的出现，导致价格、利润、成本、收益、供给与需求的协调机制产生。这些机制又都围绕着市场竞争和利益得失逐渐展开。计划机制驱动的经济波动力量减弱，市场经济中利益机制驱动的经济波动力量增强，"商业周期"逐步形成。但是，计划经济体制是逐渐让位的，因此，在一个时期内，它与市场经济体制是并存的，也就是说，存在着一个转轨时期，相应地"商业周期"具有一定的不完全性。

经济的周期性波动是一种连续不断的运动过程，一般依次分为扩张（上升）、峰顶（繁荣）、收缩（衰退）、谷底（萧条）四个阶段。每一经济周期在上述四个阶段中的表现各有自己的特点，当前主要是要认识到增长型衰退已经取代了古典型衰退。古典型经济衰退表现为经济总体水平出现负增长，增长型经济衰退则表现为经济总体增长率的下降，但在下降的最低点，其绝对水平并不下降。我国的几个经济周期表现为古典型经济衰退是在1976 年之前。古典型经济衰退造成总体经济水平绝对量的下降，是计划周期中经济扩张和经济收缩的行政性强启动，导致经济波动大起大落的一种反映。改革后的四个周期，经济增长率仍然有所波动，但 GDP 增长率一直表现为正值，即使在经济周期的谷底，仍保持一定的经济增长率。

增长型衰退有着许多自己的特点有待认识。如我国这一次经济周期中处于低谷的 1999 年的增长率是 7.1%，从世界各国来说仍相当高。再是经济周期波幅和波动系数缩小，经济运行的稳定性大大增强。这样，过去因经济周期波动的陡升陡落造成严重经济损失，如今随着升降幅度减缓，状况有所改变。不过，我国过去的经济周期出现的是严重的供给短缺和通货膨胀，而此次则先是出现通胀和抑制通胀，随后在 1997 年出现物价下跌，信用收缩，企业利润下降，失业日趋严重，这种周期现象所反映的需求约束和过去的资源约束"瓶颈"有很大的不同，不能够当作过去周期的重复。

在调控周期波动的对策上。由于人们在长达半个世纪的时间里一直把经济过热、通货膨胀作为经济稳定增长的主要障碍，把抑制总需求过快增长作为宏观调控的主要任务。此番宏观调控虽然实行了积极财政政策，但仍有不少人士把它作短期灵活措施，仍把适度从紧的财政政策作为必须坚持的中长期政策，一直警惕着防止通缩与通胀的交替出现。所有这些，本来都是过去处理经济周期波动时行之有效的老经验。但实践却表明新的周期中存在着新的特点，对周期波动的"通货膨胀恐惧症"会妨碍对通缩的有效治理。

二　外部因素影响（国际通货紧缩传导影响）

我国出现通缩有内部原因，但之所以在 1997 年四季度通货紧缩明朗化，这是与国际性通货紧缩的传导影响紧密相连的。

世界经济在经历了 20 世纪 30 年代的经济大萧条之后，90 年代再次进入了一个全球性的通货紧缩时期，表现为世界性的生产能力过剩、能源产品价格下跌、许多国家货币贬值等。日本及东南亚国家和地区为了促进出口与经济增长，利用大量剩余生产能力向世界发动廉价产品攻势，让金融危机波及全球，使世界出现通货紧缩螺旋形，陷入经济萧条。[①] 我国经济已深深融入国际经济，早已不是一个封闭的经济系统，外部需求低这不仅导致了出口不振和外部供给对国内市场的激烈冲击，而且，不断下滑的外部市场价格实际上形成了对国内市场价格的巨大压抑，物价的连续走低在很大程度上是受到强大的外部价格牵制的结果。

国与国之间通货紧缩的相互影响，需要分析"影响是什

---

① 　陈东琪：《财贸经济》1998 年第 10 期。

么"。有人认为，东南亚金融危机对我国通货紧缩的影响是致使我国社会总需求不足；日、韩及东盟四国货币大幅贬值，使我国进口商品价格下降。[①] 至于为什么会有这些影响，这些影响在国与国之间传导的内在机制是什么，则有一些著述认为世界出现通货紧缩的重要原因之一是全球性生产能力过剩，另一个因素就是近两年这些国家币值的大幅度贬值[②]；由于心理因素在全球的可传递性和扩散性，它已使通货紧缩向全球蔓延[③]；日本的经济严重衰退对亚洲国家（地区）经济的稳定产生了极大消极影响，这种影响主要有两个传导机制，一是日本对亚洲国家的进口需求减少，二是日元贬值[④]；随着国际间经济贸易往来与交往的发展，各国间的经济联系日益加深，这为通货紧缩营造了国际传播的环境和途径，经济增长和经济波动都可以通过国际经济的运转从一国传递到另一国，19 世纪巨大金融危机的国际影响早已为人们所承认。[⑤] 这都表明了经济学家对形成通缩的外部因素的认识。

国际通缩对我国经济的影响主要表现在三个方面：

1. 国际市场商品价格下跌

1997 年亚洲金融危机爆发后，世界经济呈现明显的过剩与紧缩特征。据世界贸易组织的统计数据，1998 年世界商品和服务贸易总额为 6.5 万亿美元，比 1997 年减少 2%，是 1982 年以来的最大降幅。国际市场商品价格大幅度下降，使中国进出口商

---

①　郑春芳：《山西财经大学学报》1999 年第 10 期。

②　胡鞍钢：《管理世界》1999 年第 3 期。

③　王子先：《世界经济》1999 年第 11 期。

④　王洛林、余永定等：《世界经济》1999 年第 2 期。

⑤　[澳] A.G. 肯伍德、A.L. 洛赫德著：《国际经济的成长（1820—1900）》，经济科学出版社 1997 年版。

品价格相应下降，从而推动了国内商品价格的下跌。

在农产品国际市场上，1998 年末小麦、玉米和生猪的价格跌至近 20 年来的最低点；1998 年 4 季度，白糖价格减至近 10 年来的最低点。在有色金属国际市场上，1998 年铜价下跌 28%；铝价下跌 23%；镍价下跌 40%，跌至近 11 年来的最低点；锌价下跌 38%。世界钢的生产能力为 10 亿吨，而 2000 年世界钢的需求量不会超过 7.5 亿吨。铁合金中的硅铁、硅锰、聚氯乙烯、聚丙烯、树脂等价格持续下降。国际市场价格大幅度下跌，通过贸易传导影响到我国国内市场，使国内市场价格进一步走低，加大了国内市场供大于求的矛盾。

1998 年下半年我国增发国债，加大基础设施投资，取得扩大内需促进工业生产回升和经济增长的成效。但是，国内市场价格继续走低。内需扩大与价格持续走低并存的现象，固然有很多方面的原因，但国际市场价格的传递是一个不可忽视的重要因素。

国际市场低价格通过进出口贸易传导，进一步加剧我国市场价格走低。首先，出口价格降低加大国内企业降价的压力。在国际市场商品价格下跌和主要竞争对手货币大幅贬值情况下，我国出口商品处于价格竞争的不利地位。激烈的国际市场竞争，迫使我国企业为维持出口不得不降低商品的价格。在国内市场普遍供大于求、企业相互拖欠现象严重的情况下，出口收购价格对国内贸易产品的价格具有重要的影响。其次，进口"量增价跌"加剧国内供大于求的矛盾。国际市场价格下降，通过进口冲击我国市场，只不过当时主要表现为走私活动的急剧升温，突出反映在一些国内外市场价差较大的产品走私数量巨大。我国采取严厉的打私措施后，国内部分产品价格回升，但改用一般贸易方式进口的数量急剧增加。进口商品对国内同类或可替代产品价格的影响是巨大的，如化工原材料价格下降与大量进口有直接的关系。

国际市场低价格对我国经济造成了不利影响。出口额虽然保持增长但出口价格下降，意味着出口生产企业的利润相应减少。进口商品价格下跌，对使用进口商品的企业带来成本降低的好处，但对生产同类产品的国内企业产生了巨大的价格竞争压力。在供给方面，我国采取限产、压缩过剩生产能力，实行加大基础设施投资的政策，进一步扩大内需，目的在于改善国内市场供求状况，为企业经营创造良好的市场环境。但在人民币相对升值的情况下，进口大幅增加，在一定程度上抵消了上述政策的效果。

2. 出口增减的影响

我国经济原来是封闭型经济，与外部世界的经济联系很少，国民经济对外依存度极其微小。改革开放以后，随着开放度的加大和对外经济的联系日趋密切，依存度不断提高，到1993年以后，依存度超过30%。世界经济的波动对于中国经济的影响日益加深。这样，当1997年下半年出现亚洲金融危机，东亚各国纷纷以货币贬值提高出口竞争力，我国坚持汇率不变的政策，对国际金融的稳定作出了贡献，但是对我国的出口贸易是有影响的，1998年和1999年出口有较大幅度的下降，加深了我国经济的困境。而2000年东亚和世界经济形势趋好，我国出口贸易迅猛增加，上半年出口增长率达到38.3%，有力地刺激了我国经济的回暖。

进出口贸易的活跃对国民经济活跃有重要意义，但目前在分析问题时存在着误区，那就是过分强调净出口对经济增长的贡献。其实从宏观经济学看，衡量总需求和总供给的平衡，通常是将投资和消费之和与总供给相比较。如果投资和消费之和小于总供给，即为总需求不足。将出口视为宏观经济分析之外的因素，其原因在于出口对经济增长的影响是与进口相比较抵消后的净出口，如 2000 年上半年出口猛增进口缓增，下半年出口增速减而进口因石油涨价而增，净出口便有很大变化；同时世界各国与外部世界联系所需的是进出口贸易平衡，如果各国都要求出口顺差，那么谁来承担逆差？因此各国原则上应该是净出口贸易为零。现在世界上只有一个国家能够承担净出口逆差，即为美国。美国之所以能够承担大量贸易逆差，其原因是其在国际货币收支上有大量顺差，也就是大家储存美元，才能维持美国的贸易逆差。以美元收支的顺差来抵消贸易逆差，这是一种特定条件下的情况。国际上基本都要求收支平衡，因此，在宏观经济分析中，过分地强调净出口增减，作为宏观经济形势好坏的标志，是不妥当的。进出口贸易反映的与外部世界经济联系的趋势与影响，不能够局限为净出口的增减，而应当从更加广泛的视野观察，认识进出口贸易总量对本国经济的影响。

3. 资本外流的影响

通货紧缩的国际传导，还包括资本的流动。在 90 年代每次大的货币危机的中心，都有大规模的资本流动。无论 1994 年的墨西哥，还是 1997 年的泰国，1998 年的俄罗斯，还是 1999 年的巴西，情况都十分相似。在我国，外资的流入曾经在我国经济发展中起到过重要作用，特别是对沿海地区经济发展、对国内企业的技术进步和产品更新换代，对我国贸易发展、国际收支平衡起到了重要作用，也为中国企业以后融入国际社会作了演习性的准备。而外资在国内市场的竞争在某种程度上也推动了中国企业改革、机制转换。但是亚洲金融危机以后，外商直接投资趋于下降（1998 年的增长是时滞因素）。下降的原因是亚洲金融危机后外商投资更加谨慎，对中国经济的稳定性还需要观察，中国市场出现的相对饱和与竞争剧烈形成的投资无热点，影响了外资投资的选择；亚洲金融危机后有的亚洲国家扩大了开放度，在允许控股、资本自由流动和上市筹资等方面较中国有着大得多的竞争力。因而，中国虽然有着12亿人口的巨大市场对外资有极大的吸引力，但在近几年里则出现了增长停滞的状况。更加值得重视的是我国实际上还存在着资本的外流。由此对我国通货紧缩所起的影响，应该说是相当大的。据李庆云、田晓霞的测算，我国90年代资本外逃额一般在100亿美元上下波动，1997年和1998年猛增到364.74亿美元和386.37亿美元，这除了国内经济中的一些风险因素之外，东南亚金融危机对心理预期的负面影响不容忽视。1999年国际经济形势好转，东南亚金融危机的负面影响逐渐消退，资本外逃额下降至238.3亿美元。

在对外经济联系中资本的净流入或者净流出，对于货币供应量的影响是相当大的。资本的流出使一国经济运作中可以利用的货币资本减少。1997年和1998年一方面外来直接投资增长而有着大量资本流入，另一方面则因资本外逃而有大量资本流出。从流出额匡计，由此而减少的货币供应额在3000亿元人民币左右，1999年状况虽有好转，仍有2000亿元。由此形成的冲击虽然小于俄罗斯或者东南亚国家，但和我国资本流出的历史状况相比较，其严峻程度和对经济的影响不言而喻。

通货紧缩不仅是中国所面临的新问题，也是世界上许多国家所面临的重大难题。由于第二次世界大战后的较长时间里，世界各国的中央银行都在不遗余力地向通货膨胀作斗争，缺乏在新的国际经济环境下与通货紧缩作斗争的经验，这增加了治理通货紧缩的难度。随着经济全球化进程的加快，各国经济间的相互依赖性越来越强，这既有利于世界经济的增长，同时又使许多经济问题越来越具有全球性，从而不利于世界经济的稳定发展。通货紧缩的国际传导是当前世界经济发展的一大威胁。随着改革开放的不断深入，中国经济的对外依存度日益提高，加入 WTO 之后，中国经济还将进一步与世界经济融合，这会给我们带来新的机遇，同时也可能带来许多风险和挑战。在全球性通货紧缩日趋明显的国际背景下，我国的通货紧缩问题的出现具有重要的国际原因。要根本解决我国的通货紧缩问题，就必须认真分析国际通货紧缩因素传入我国的渠道和这些因素作用的方向及程度，并在今后的对外开放中采取相应的对策措施。

目前，国内外经济学界都主张从全球经济的视角考察国际通货紧缩因素对一国通货紧缩的影响及通货紧缩的全球蔓延，但是，在判断世界经济形势时，英国《经济学家》有文章指出，在美国以外的世界许多国家，消费价格下降的风险（通货紧缩）已达到 20 世纪 30 年代以来的最高水平；而法国《世界报》的文章则认为，虽然价格下跌现象比较明显，但这主要是由于技术进步引起工业品价格下跌的缘故，况且目前欧美经济表现良好，因此不必担心会出现严重的世界性的通货紧缩和大规模的经济萧条。同时，对通货紧缩在全球传导和蔓延的根源性问题研究还比较薄弱，这不利于通货紧缩国际传导问题的有效防治和通货紧缩问题的根本解决。

三　供给不足的影响（结构失调论）

70 年代世界经济中持续出现的滞胀，动摇了凯恩斯学派对于世界性经济周期波动的理论解释，货币学派、供给学派提出的强调供给的新主张，形成"重返萨伊定律"的浪潮。而当中国面对通货紧缩的新问题时，也有一些经济学家认为采取扩张性财政政策等需求管理措施，虽然能够刺激经济增长，但很可能引起通缩和通胀的交替，只能作为短期措施。从长期看中国还属于供给不足，还是要采取供给学派的主张，通过减税等措施，激活民间投资，促进供给增长，才是适合以发展和增长为目标的中国经济实际。

有不少人士怀疑供给不足论，认为中国当前的问题是商品供大于求，投资无热点，怎么会是供给不足、投资不足呢？对此，需要明确供给学派把供给区分为有效供给与无效供给，他们认为供给能创造自己的需求是指有效供给能创造自己的需求，所谓增加供给是指增加有效供给。这样，供给学派所主张的与中国自从 70 年代末兴起的经济结构学派的主张有很多相近之处。只不过中国学者一直把结构与总量区别开来；而供给学派却是通过有效供给的区分，把结构纳入总量，从总量的角度来观察结构。

那么，按照供给因素的理论来观察，应该怎样理解中国近几年的通缩呢？中国的状况表明中国存在严重的无效供给多余的现象。根据国家内贸局商业信息中心逐年对 600 余种大类商品供求状况的排队分析表明，从 1998 年上半年起，这些商品的供求关系发生了历史性的变化，计划经济时期许多供不应求的商品到市场经济时期已经变为供求平衡或供过于求，基本供给层面上的商品已经不再存在供不应求，商品"过剩"的问题有所发展。1998 年后商品供过于求的状况越来越严重。1999 年上半年供过于求的商品 437 种，占排队商品总数的 72.23%，与 1998 年下半年相比增加了 38.46 个百分点。1999 年下半年 25 大类商品中有14 类商品供过于求，供过于求的比例比 1999 年上半年又有增加。

表2　　　　　　　　　中国商品供求状况　　　　　　单位:%

	供不应求	供求平衡	供过于求
1995 年上半年	14.4	67.3	18.3
1995 年下半年	13.1	72.3	14.6
1996 年上半年	10.5	74.5	15
1996 年下半年	6.2	85.7	8.1
1997 年上半年	5.2	89.4	5.4
1997 年下半年	1.6	66.6	31.8
1998 年上半年	0	74.2	25.8
1998 年下半年	0.16	66.07	33.77
1999 年上半年	0.17	27.6	72.23
1999 年下半年	0	20	80

本表数据来自韩继志的中国人民大学博士论文:《通货紧缩下的消费规律》。

　　中国经济面临的困难虽是多方面的,可根本还在于经济结构不合理。比较突出的是,纺织、煤炭、冶金、建材、轻工等传统产业在低水平上过剩,支柱产业和一些高新技术产业发展不足;盲目重复建设严重,生产布局分散,各地产业结构趋同,造成极大浪费;企业组织结构集中度低,关联度小,相对分散,缺少专业化协作和规模效应;产品结构不适应新的市场需求,大路产品、低档产品、粗加工和初级加工产品过多。

　　商品供给过剩是当前中国经济存在的突出问题,它使得物价持续下跌,失业率持续上升,企业经济效益下滑。这表明我国经济和改革开放初期短缺经济时的状况大不相同了,那时候居民的货币收入持续快速增长,长期被压抑的消费需求以爆发的形式释放出来。消费热潮一波未平,一波又起。从补课性的消费,到家电新几大件打头的超前消费。在此情况下，生产追逐消费。消费对生产的制约被掩盖了，消费对生产的刺激被突出了。但进入90年代之后，这一消费特点由于消费自身的原因发生了明显变化。因为即使家用电器，单位价格也都是几千元，多数居民货币收入的规模具有这样的支付能力。而消费继续向前发展，面对的是汽车、住房等几万元、几十万元级单位价格的消费品，很多人需要通过攒积贮存才具备相应的货币支付能力，不足以形成80年代那样的热潮。因此，社会消费转入了平稳增长的状态，消费结构进入较为平缓的变化期，消费热点逐步形成和扩大。这样，消费对生产制约的一面就开始突出了，这时生产的发展面临的核心问题，就是调整生产结构，适应消费变化，并进一步影响和扩大消费。

我国经济处于一个低档严重过剩、高档供给不足的结构转换时期。产品结构需要升级，产业结构也需要升级。从世界各国的经验看，当人均收入超过1000美元以后，随着收入上升而出现的消费结构升级换代是极其迅猛的，小康型的消费结构不同于过去的温饱型的消费结构，而从小康型向富足型迈进时更加有许多新的消费领域。我国在很多传统产业饱和的同时，还有许多新产品和新产业仍没有得到发展。很多人都强调信息产业的巨大商机，其实远远不只信息业，例如我国民航业已经发展了，但我们的飞机制造业还很滞后，需要拿许多轻工产品去换国外的飞机。因此从经济结构来说，传统产业是相当饱和了，但仍有许多产业还没有发展起来，还有很大的潜力，从长远讲，中国经济的前景在于发展有效供给。

四　收入差距扩大的影响

在通缩成因的研究中，还需要注意一个问题，那就是随着我国城乡居民收入的增长，消费倾向下降得相当快，而这是与城乡居民收入差距的扩大紧密相连的。这也就是不能低估收入差距拉大对通缩的影响。

根据有关资料测算，改革开放初期的 1981 年，我国城镇居民的边际消费倾向为 0.92，到 1998 年降为 0.80，同期农民的边际消费倾向从 0.85 降为 0.74。其变化如下表：

表3　　　　　　　　　城乡居民边际消费倾向

年份	城镇居民	农村居民
1981	0.92	0.85
1985	0.89	0.84
1989	0.88	0.89
1991	0.85	0.87
1995	0.83	0.83
1998	0.80	0.74
1981—1990	0.889	0.848
1991—1998	0.816	0.805
1981—1998	0.833	0.85

本表数据来自韩继志的中国人民大学博士论文：《通货紧缩下的消费规律》。

消费倾向变动有这样的特点，即低收入居民比高收入居民的消费倾向高。1997 年在城镇居民消费倾向的调查中，其中占 20% 的低收入户消费倾向为 0.92，占 20% 的中等收入户为 0.83，占 20% 的高收入户为 0.73。占 10% 的最高收入户收入实际增长为 8%，消费倾向为 0.71；占 10% 的最低收入户收入实际增长为 3%，消费倾向为 0.95。

我国城乡居民的收入分配原来是高度平均化的，改革开放以后，随着各项鼓励收入增长措施的实施，收入差距逐渐拉开，对于这种收入差距拉开的程度，不同人士有不同的解释，其状况如下表：

表 4　　　　中国居民收入分配基尼系数变动情况一览表

年份	(1)南大课题组(1990)	(2)刘晓东、卢青(1991)	(3)陈宗胜(1991、1997)	(4)世界银行(1995)	(5)国务院研究室(1997)	(6)向书坚(1998)	(7)赵人伟、李实(1999)	平均
1979				0.33				0.33
1980	0.25							0.25
1981			0.2635	0.288		0.2680		0.2765
1982			0.2525			0.2494		0.2515
1983		0.3306	0.2865			0.2641		0.2937
1984		0.3399	0.2705			0.2784		0.2929
1985		0.3453	0.2875			0.2656		0.2928
1986		0.3595	0.2875			0.2968		0.3146
1987		0.3568	0.2924			0.3052		0.3182
1988	0.30	0.3624	0.2961			0.3133	0.382	0.3708
1989						0.3214		0.3214
1990						0.3063		0.3063
1991						0.3240		0.324
1992				0.375		0.3396		0.3396
1993					0.375	0.3592		0.3671
1994						0.3621		0.3621
1995			0.3650	0.415		0.3515	0.445	0.3941
1996					0.39			0.39

资料来源：（1）栏中数据引自南大课题组，1990 年；（2）栏中数据引自刘晓东、卢青，1991 年；（3）栏数据引自陈宗胜，1991 年、1997 年；（4）栏中数据引自世界银行，1995 年；（5）栏中数据引自国务院研究室，1997 年；（6）栏数据引自向书坚，1998 年；（7）栏中数据引自赵人伟、李实，1999 年。

发展中国家收入差距扩大有着不可逆的因素，这便是由刘易斯最先提出的"二元结构劳动剩余"模型，发展中国家在其工业化初期，由于传统农业部门存在大量剩余劳动力，使现代工业部门能在不变的低工资水平上源源不断地得到劳动供给，从而使资本积累不断扩大，现代部门不断扩张，并从两方面带来收入差距的扩大：一是随着现代部门扩张，资本所有者队伍的增多及其所拥有资本规模扩大，资本所有者的资本收入不断提高，而工业部门劳动者的工资收入水平则基本不变，由此形成二者之间不断扩大收入差距；二是随着农业部门的剩余劳动力不断向工业部门的转移，因两个部门劳动工资的差距（这一差距是劳动力不断转移的前提）所产生的劳动者收入差距也越来越明显。（1）在城镇现代部门，由于农村剩余劳动力的"无限"供给，致使劳动工资特别是非熟练劳动工资的水平徘徊不前，与资本所有者快速增长的资本收入相比拉开越来越大的距离，成为促进城镇地区收入差距扩大的重要因素。（2）城镇现代部门凭借不断进步的现代化技术以及不断吸收低工资的剩余劳动力，实现了自身的不断积累与扩张，与传统农业部门在生产力水平上的差距越拉越大，从而导致在结构转型初期的越来越大的城乡收入差距。而城乡收入差距扩大是推动全国收入差距扩大的重要因素。（3）由于我国幅员辽阔，各地区工业化的基础与条件参差不齐，体制转轨进程的差异与结构转型中工业化发展水平的差异，共同构成了改革开放以来我国城镇内部的地区收入差距不断扩大的根源，工业化发展水平在各地区城镇并不一致，而剩余劳动力向工业部门转移的进程在各地区农村也不一致，从而相应地又进一步导致农村收入差距扩大。

　　城乡差距、地区差距的扩大虽然有着经济发展过程中不可逆的因素。但是，在经济生活中还存在着通过权钱交易寻租引起的收入差距扩大，由法制不严、执法不力而引起的违法收入扩大，人们对此类现象十分憎恶，并且认为这是人为的因素所造成，并不是不能克服和制止的。

五　体制性因素的影响

中国正处于体制转轨的特定历史环境中，由体制转轨引起的社会经济关系的调整，在很大程度上影响着人们的行为和人们对未来的预期。由此考察，通胀与紧缩都是货币现象，但货币的供给过度或供给不足则是由特定体制和发展背景决定的，是经济行为人在特定发展背景与体制下的选择行为的结果。因此，通胀与通缩都具有微观基础，只有揭示这种微观基础，才能理解通胀与通缩机理。1994年以前，我国经济在发展上属于短缺经济，因此，整个经济对增长与就业有很高的双重敏感性，财政金融体制存在着软预算约束，国企实行有激励无约束的承包制，由此形成一种需求冲击型体制，这种体制成为我国通胀周期发生的基础。1994年以后，我国经济短缺程度大为缓解，增长与就业的双重敏感性尽管依然存在，但开始向单一敏感性调整，以预算约束硬化和现代企业制度的建立为契机，企业制度、财政金融体制开始发生重大变化，需求冲击型体制被弱化。在这种条件下，内生性货币供给不足成为必然，从而形成通货紧缩。这表明，当前的通缩尽管对增长有负面影响，但它同时给出了进行全面深入的结构调整与体制创新的信号及有利时机。

我国出现通缩现象及随之伴生的种种问题，在相当大程度上是源于体制转轨，是体制转变中的代价即改革成本。认识需求冲击型体制的弱化与内生性货币供给不足的紧缩机制的形成，才能把握从长期的通胀困扰转变为通缩困扰的深层原因，从而提供一个关于通胀与通缩的前后一贯的经济学解释，将有利于在稳定通货和不妨碍效率改进的前提下，走出通缩困扰。

1. 国有企业的高投入低产出

探讨中国经济体制改革的学者们都肯定中国采取的先体制外再体制内的改革策略，从而保持了经济高增长，但值得注意的是作为体制内的国有企业改革的滞后，使本来早该解决的问题堆积起来：国有企业的投资饥渴症是通胀之源，而低效率运行，高投入低产出，则未尝不可以认为是通缩之源。

过去国有企业低效而能够维持，在于国有企业和国有银行有着"大锅饭"的通道。我国的银行业采取的是近乎垄断的国有银行体制，国家通过各种手段限制居民自主进行投资选择，向银行存钱几乎成了唯一途径，国有银行利用自己的垄断地位控制社会资金的分配，把集中的社会资金用于国有企业。

国有企业的流动资金和固定资产投资都来自银行，这在经济上升期引发了投资饥渴症使经济热了还要再热。但长期运作的结果却因为国有企业除少数好的之外，普遍存在着经营不善、亏损累累，无力向银行还本付息。银行的高逾万亿元的不良贷款主要是国有企业贷的，银行的信贷风险一天比一天大，包袱一天比一天重。90 年代中后期，随着银行商业化的推进，巴塞尔标准的实施以及亚洲金融危机的影响，国有银行不仅追求效益的冲动开始占了上风，而且金融风险意识逐渐增强。于是，在国家整顿金融秩序、防范金融风险形势下，各个商业银行开始收缩战线，上收贷款权力，货币市场出现了收缩，"软贷款"逐渐变"硬"。不论把这种收缩称作银行"惜贷"还是"慎贷"，其根本原因是有相当多的国有企业低效运行，债务负担沉重，"前欠未清，后欠艰难"。银行对国有企业贷款减少的原因在于企业不能保证还本付息。而这是由于国有企业改革滞后，机制迟迟没有转换，现代企业制度迟迟未能建立。

2. 民营经济发展的体制障碍和融资困难

我国国有企业改革滞后而经济仍能快速增长，在于体制外的民营企业迅速发展。随着经济改革不断深入和经济的发展，单一的资金获取渠道无法满足不断增加的社会资金需求，于是，20世纪 90 年代初我国银行业经过了一轮自由化的改革，出现了一些非国有股份制银行和非银行金融机构。由于国有银行垄断了社会资金的分配，不利于正在兴起的民营经济的发展，于是在一些地方开始自发形成以信用社和基金形式出现的金融组织，担负着地方性的资金融通工作，成为乡镇企业和城市民营经济资金供应的主要渠道。至 1994 年，全国的城市信用社达 5000 家以上，其贷款的一半以上流向城市集体企业，8% 左右流向私营企业。由其提供给私营企业的贷款相当于国有银行的 5 倍。但是，这些金融机构所具有的先天不足是信用度低资金量小，只能以高利率来吸收社会资金或从国有银行借款，然后以较高利率借出，这就增大了经营风险。在经济高涨时期，风险通常被掩盖起来，而一旦经济紧缩，普遍出现经营困难，不仅资金来源成了问题，而且贷出去的款也难回收。国家借此进行了金融整顿，合并了机构，走上了金融集中化的道路。这些合并后的机构又成了另一类垄断型的机构，对民营中小企业的贷款来源由此也被切断。

这时候，非国有经济已经有了很大的发展，在 GDP 中占据了半壁江山，在工业增加值中占三分之二左右，但是，民间金融仍然处于非法地位，非国有经济和中小企业仍然没有与之相对应的融资渠道。既然在其他领域可以大力发展民营经济，为什么不能在金融领域向民营经济开放。尽管央行提出了扶植中小企业的政策，并在各大商业银行成立了中小企业信贷部，但是，由于大银行对中小企业进行资信评估等活动的贷款成本很高，贷款扶持政策无法实际实施，金融约束成为活跃货币市场和资本市场的体制性障碍。国有银行有钱贷不出去，存差一天比一天大，而经营效率好有还贷能力的民营企业却贷不到钱。

3. 体制转轨过程中引起的新问题

前面说过结构调整滞后和收入分配差距扩大是通缩成因的重要方面，而这种种状况的出现，是体制转轨过程中不可避免的。

由于体制转轨时期市场机制发育的不完善特别是市场竞争的不充分，再加上计划机制对市场竞争机制的干预与限制，致使在我国有些行业如金融、电信、电力等部门形成垄断格局，对于行业准入的限制使得社会资金无法投入这些行业，延长了无效供给过多与有效供给不足并存的局面，而且阻滞了结构调整。这些垄断企业通过加大工资成本分摊、制定垄断高价的手段来大幅提高本行业职工的收入水平，使其远远超出其他竞争充分的行业的从业人员收入水平，使得城镇地区收入差距不断扩大。

随着体制转轨的深入，国有企业的企业办社会负担与人员负担的剥离与转移，在城镇地区出现了大量的失业、下岗人员，据对 1999 年的城镇职工收入状况的调查统计，该年内有过下岗、失业经历的人员的平均收入比其他城镇职工低 40% 左右，一个在亏损企业的下岗职工要比一个在盈利企业的上岗职工的收入低 60% 左右。在转轨过程中市场发展还不够充分从而不足以消化全部的富余人员，再加上农村大量剩余劳动力的挤压，失业和下岗人员的增多是不可避免的，这是从传统体制向市场经济体制转轨过程中必然会出现的，只有在体制转轨之后才能改变这种局面。

4. 体制转轨过程中的心理预期变化

我国目前的情况是人们看到失业人数增多和国企部分职工下岗，对于收入增长的预期减弱，而老年人要考虑医疗改革后，疾病医治要增加个人负担，中青年人没有分到福利房的要考虑将来买商品房，要考虑今后子女的教育费用，使支出增长预期显著增强。这种心理预期使储蓄倾向增强，消费倾向减弱，成为制约需求增长导致通缩的重要因素。

应该看到，引起这种心理预期变化的原因是体制改革的推进。市场经济体制的建立需要有与之相衔接的社会保障体制、医疗体制、住房体制，改革措施是符合大方向的。

在体制转轨初期引起的心理震荡大了一些，但当震荡期过去之后，人们就会习惯这些市场经济中通行的做法，心理压力会减轻，对于需求的制约就不会像现在这样凸出了。世界上许许多多市场经济国家都实行不同类型的社保、住房、医疗、教育制度，它们并未由此压抑消费。何况从预期变化来说，人们对确定的预期可以进行适应性调整，而对于不确定性则必须用加大储蓄来应对不可预期的风险。所以，我们决不能因改革引起暂时的心理预期变化而推迟改革，而是要坚定推进体制转轨，缩短因变革而影响预期的过程。

以上我们分析了导致我国近几年出现通货紧缩的几个方面的原因，从近期的发展看，财政政策和货币政策的调控托住了经济，随着出口增加，国际市场商品价格由降转升，由此带动经济走出周期波动的谷底。这表明前两项因素已经起了变化，经济运行已经出现转机。但是，后三项因素不是短期内所能改变的，它表明我国经济将由此而从短缺经济过渡到后短缺时期，通缩压力将取代通胀压力，成为经济运行中需要认真关注的热点。然而人们仍然以过去长期在短缺经济时期形成的思维方式来看待新事物，仍然以"通货膨胀恐惧症"患者的眼光来对待"后短缺"时期的通缩，这就不能不使我们深深感到认识"后短缺"时期的经济运行特点，实在是非常重要的。

（《发展的智慧》，企业管理出版社 2002 年版，第 117—137 页）

社会生产两大部类比例关系及军事工业的属性

两大部类合乎比例是均衡的重要条件

在再生产过程中,各个部门的生产必须符合社会需要,然后商品的价值才能实现,生产过程中的物质消耗才能得到替换补偿,社会总资金才能顺利循环周转。实现论在社会主义再生产过程中,仍然是极其重要的问题。

社会主义经济是公有制占统治地位的计划经济,即有计划的商品经济,它已经代替了"看不见的手"在冥冥中自发调节的市场经济。但是,这并不等于流通过程无足轻重。随着生产社会化和专业分工的发展,生产单位之间的相互依赖和部门联系越来越紧密。只有使各个生产单位的生产符合社会需要,产供销合乎比例,才能在商品追逐货币的"惊险跳跃"中顺利实现跳跃,才能顺利实现资金的循环和周转。再生产比例的协调与否,宏观调节的正确与失误,对资金运动有重大影响。因此,只有认识再生产比例和再生产运行状态同资金运动的规律性联系,才能加深对社会再生产循环周转的理解。

但是在相当长的时期内，经济理论中却有否认社会主义经济中存在着实现问题，特别是否认国营经济中存在着实现问题。流行的"无流通论"，用分配的概念代替了交换，对待经济生活中生产和需求间的矛盾，采取了"有啥吃啥"和"定量配给"的办法，制造了社会生产和社会需求始终适应的假象。生产资料的调拨分配和消费品的凭证凭票供应，本来是产需不相适应时的不得已办法，它在性质上仍属交换。但是"无流通论"却把它美化为未来社会的直接的产品分配，于是流通在人们视野里消失，社会再生产只剩下生产、分配、消费三个环节。直到比例失调充分暴露，严重的供不应求和严重的积压滞销同时并存，才使人们认识到"无流通论"否定实现论所造成的危害。

在我国社会主义经济中，有几十个或者再细分为百余个生产部门，几十万个工业企业，还有大量的农业生产单位和专业户。各生产部门、各生产单位之间的产供销平衡，是极其错综复杂的。从这些错综复杂的关系中，理出脉络、找出最基本的关系，便是马克思分析的两大部类比例关系。从宏观经济看，两大部类合不合乎比例，是构成上均衡不均衡的最重要标志，是能实现还是不能实现的最基本条件。因此，两大部类合乎比例，乃是关系到社会总资金顺利循环周转和社会再生产顺畅进行的大事。

在经济发展过程中，消费资料生产和
生产资料生产要相适应地增长

在再生产过程中，商品生产出来以后，要经过市场进行三方面的交换。一是第 I 部类内部的交换，二是第 II 部类内部的交换，三是两大部类之间的交换。从两大部类之间的关系来说，如

果第 Ⅰ 部类新创造的生产资料的价值，只能抵补第 Ⅱ 部类消耗的生产资料的价值，即 Ⅰ（v＋m）＝Ⅱc，那么社会就只能维持简单再生产，不可能进行扩大再生产。如果 Ⅰ（v＋m）＜Ⅱc，则连简单再生产也维持不了。所以简单再生产条件下社会商品的实现条件，必须是 Ⅰ（v＋m）＞Ⅱc，与此相适应，还表现为 Ⅰ（c＋v＋m）＝Ⅰc＋Ⅱc，Ⅱ（c＋v＋m）＝Ⅰ（v＋m）＋Ⅱ（v＋m）。

正如马克思所指出的："一方面，在资本主义基础上，没有任何积累或规模扩大的再生产，是一种奇怪的假定，另一方面，生产条件在不同的年份不是绝对不变的（而假定它们是不变的），那末，规模不变的简单再生产就只是一个抽象。"① 在社会主义经济中尤其如此，再生产只维持原有的规模，经济增长只是零增长这种状况极其罕见。简单再生产虽然只是一个理论上的抽象，但是考察简单再生产的实现条件却极其重要。因为"简单再生产是每个规模扩大的年再生产的一部分，并且还是它最重要的一部分"②。社会主义国家在宏观经济决策中，总是要先保证简单再生产，在行有余力时再进行扩大再生产。从每年的再生产来看，简单再生产的比重总是占绝大部分，扩大再生产的比重只占一小部分，简单再生产总是社会主义扩大再生产的基础和出发点。用损害简单再生产的办法来扩大建设规模，片面追逐扩大再生产的速度，是极不明智的。

在通常情况下，社会主义生产的规模总是不断扩大，总是年复一年持续不断地进行扩大再生产。扩大再生产的必要条件，是第 Ⅰ 部类新创造的生产资料的价值，大于第 Ⅱ 部类消耗掉的生产

---

① 《马克思恩格斯全集》第 24 卷，人民出版社 1972 年版，第 438 页。
② 同上书，第 457 页。

资料的价值，用公式来表示，便是：Ⅰ（v＋m）＞Ⅱc。

但是，仅仅有追加的生产资料，扩大再生产并不可能实现。马克思早就指出：进行扩大再生产，既需要追加生产资料，也需要追加消费资料。"就象第Ⅰ部类必须用它的剩余产品为第Ⅱ部类提供追加的不变资本一样，第Ⅱ部类也要在这个意义上为第Ⅰ部类提供追加的可变资本。"[①]Ⅰ、Ⅱ两大部类都要发展，Ⅰ、Ⅱ两大部类之间要保持适当的比例关系。因为，如果只发展Ⅰ部类，不发展Ⅱ部类，第Ⅱ部类如果不能提供更多的消费品来满足追加劳动力和劳动者不断增长的需要，扩大再生产同样不可能持续进行。马克思提出："如果Ⅰ$\frac{m}{x}$是Ⅰm中作为第Ⅰ部类资本家的收入花掉的部分，那末，Ⅰ（v＋$\frac{m}{x}$）就可以等于、大于或小于Ⅱc；但是，Ⅰ（v＋$\frac{m}{x}$）必须总是小于Ⅱ（c＋m），其差额就是第Ⅱ部类的资本家在Ⅱm中无论如何必须由自己消费的部分。"[②]

军事工业属于哪一部类

军事工业通常是作为重工业、作为第Ⅰ部类来统计的。但是，从再生产的实现条件来考察，军事工业既不是生产资料的生产，也不是消费资料的生产。它从第Ⅰ部类取去生产资料，从第Ⅱ部类取去消费资料，而所生产的则是保卫国家安全所必需的武器、弹药和各种装备。军事工业产品既不供应给第Ⅰ部类，也不供应给第Ⅱ部类。所以，如果把军事工业的生产命名为第Ⅲ部

---

① 《马克思恩格斯全集》第24卷，人民出版社1972年版，第584页。
② 同上书，第590页。

类，在讨论两大部类的比例关系和实现条件时，把第Ⅲ部类排除掉，可能更合适些，可能更有利于对Ⅰ、Ⅱ部类比例关系是否协调的具体分析研究。由于有的人把服务行业等非物质部门称为第三产业，为了避免混淆，则也可以把军事工业称为Ⅰc，以资区别。

把军事工业划出作为第Ⅲ部类，并非意味着第Ⅲ部类不需要和Ⅰ、Ⅱ部类保持合理的比例关系。第Ⅲ部类不断地从第Ⅰ和第Ⅱ部类取走生产资料和生活资料，它不能不影响社会扩大再生产的速度。当前日本、联邦德国等国经济发展快，苏联、美国经济发展慢的原因固然很多，但和它们的军事工业规模及军费负担不同，也有一定关联。正由于此，我们在组织社会再生产过程中，必须正确处理国防建设和经济建设的关系。为了保卫我们伟大的社会主义祖国，要加强国防建设，逐步实现国防现代化。但国防建设又必须适度。我国在 20 世纪 60 年代和 70 年代，强调发展重工业，强调生产资料优先增长，但并没有带动起第Ⅱ部类的增长，其原因在于优先发展的重工业并不是第Ⅰ部类的生产资料生产，而是属于第Ⅲ部类的战备工业，它并不是真正意义上的生产资料优先增长，因此统计上经济增长速度虽快，实际上并不快，人民生活得不到实惠。应该看到，经济是基础，国防现代化不能脱离国民经济现代化而独立实现。正确分析判断世界政治形势和战争可能，利用可贵的和平时机节减军费，腾出资金加速经济建设，是决不能忽视的重要问题。

我国是有 10 亿人口和 960 万平方公里土地的大国，实现国防现代化，不能够靠买武器，必须建立自己的独立的军事工业体系。但军事工业又有这样的特点，即一旦发生战争，装备、武器、弹药的消耗量十分庞大，而和平时期仅仅用于训练和演习，消耗量相对来说又是有限的。所以军事工业保持的规模与和平时期对军工产品的需要之间，总不免存在着矛盾。军事工业要做到饱和生产，充分利用设备潜力，是很困难的。正因为这样，在军事工业建设中要注意军民结合，充分利用军工部门的设备和技术优势。与此同时，对军工产品的出口也值得研究。世界上总有一些小国不可能建立自己的军事工业体系，需要从国外购买装备、武器、弹药来保卫自己的国家安全。当军工产品出口换回生产资料和消费资料时，第Ⅲ部类生产便转化为Ⅰ、Ⅱ部类生产。国防建设和经济建设可以相互促进，军事工业可以实现饱和生产，并为经济发展作出可贵的贡献。用不做"军火商"等口号捆住自己的手脚，对军事工业和经济发展都没有好处。

在讨论Ⅰ、Ⅱ两大部类比例关系及实现条件时，对商业、服务、科研、文教、卫生以及行政等非物质生产部门，通常是不涉及的。但这些部门的人同样要吃饭、要穿衣，其来源或是通过对Ⅰv和Ⅱv的再分配，或是通过对Ⅱm的扣除，即$Ⅱ\frac{m}{x}$。归根到底，如果这些部门的人员增加了，社会集团购买力增加了，便需要Ⅱ部类提供追加的消费资料。所以在有计划地组织社会再生产实现时，除了要控制社会集团购买力之外，还必须正确处理物质生产部门和非物质生产部门之间的关系。一方面，轻视非物质生产部门，把商业、服务、科研、文教、卫生等都视为可有可无，鄙为低于生产部门，片面强调自我服务是不正确的；但另一方面，如果脱离了我国物质生产部门劳动生产率低的现实，过多过快地发展非物质生产部门，把非物质生产部门视为容纳过剩劳动力的场所，不考虑追加劳动力的消费需要，仍然要由物质生产部门来承担，那也是不妥当的。在物质生产部门和非物质生产部门之间，应当根据生产力的发展水平，保持合适的比例，并且加速第Ⅱ部类生产发展，为非物质生产部门的壮大创造条件。

　　（这是 20 世纪 80 年代初我在中国社会科学院研究生院
给研究生讲课时的内容，对于我国优先发展重工业为什么
不能给人民生活带来实惠，是因为那时发展的重工业是不
能推动生产、不能装备消费资料制造业的战备工业。后来
讲授内容编入《社会主义宏观经济学》第二章，中国财政
经济出版社 1986 年版）

从宏观经济决策探索消灭
财政赤字的途径

我国在 1979 年、1980 年，财政收支出现了相当大的赤字。财政收支活动，是宏观经济活动的重要侧面；财政收支的变化以及信贷、商业，是宏观经济活动的重要信息系统；财政扩张或者财政紧缩的效果好坏，要从宏观经济效果好坏来评价；财政为何出现赤字，要从宏观经济的指导思想和决策来寻找原因，即从生产比例是否失调、积累率是否过高、基本建设规模是否过大等方面来寻找原因。因为经济决定财政，财政的日子是否好过，归根到底是经济形势决定的。但是，财政又反作用于经济，财政通过再分配手段，不仅提供信息以检验和校正经济决策，而且正确的财政措施可以对经济稳定和经济发展起到积极的促进作用，取得最大的宏观经济效果。正因为这样，就很有必要从宏观经济着眼，对为何产生财政赤字，紧缩开支、消灭赤字会引起哪些新问题，怎样才能摆脱困境，等等，作一些探索。

一 财政赤字是否突如其来

财政有赤字，总是寅年吃了卯年粮。问题在于，这两年发生财政赤字，寅吃卯粮，是突如其来的吗？答曰：否。财政预算有赤字，或者财政账面上平衡而从宏观经济看有"欠账"，已经是多年了。由于多年来对财政赤字和"欠账"讳莫如深，从而使不少同志产生错觉，甚至误以为过去并没有财政赤字，三中全会以来采取了一系列纠正"左"倾错误的正确措施才出现财政赤字，没有认识到现在吞的苦果，是二十多年来种下的，并不是突如其来的。

为什么说财政发生赤字已经多年了呢？从1958年到1980年这23年来看，财政预算收支有赤字的占到10年，即1958—1961年、1967年、1974—1976年、1979—1980年。还有13年的预算收支是平衡或有结余的，但这只是账面上的情况。陈云同志说过："求得预算表面上的平衡并不困难，少打上一些就可以摆平。"所以对预算收支平衡的真实性，还得作进一步的分析。由于在生产和流通领域中，存在着大量的超储积压物资，隐藏的损失十分严重，而这些产品从生产单位来说，其税收和利润已经"实现"了，国家财政把这些钱拿来分配，便会形成虚收实支。另外，有些支出，财政预算本来作了安排，以后为了平衡预算而没有拨付。如果把这些因素核实，有的年度预算收支将是表面上平衡了，实际上并不平衡。

从宏观经济作分析，还有财政、信贷是否统一平衡的问题，国民收入分配是否有"欠账"的问题。对此，有的同志认为属于潜伏的隐蔽的财政赤字性质。但这两个问题属于宏观经济决策的范畴，而且财政赤字本身有其规定性，即指财政支出大于财政收入。为了避免概念的混淆，不一定要使用"隐蔽的财政赤字"这个名词，还是应从事情的实质来探讨。早在1956年，陈云同志总结了我国1953年和1956年财政、信贷没有统一平衡的教训，指出不能就财政收支论财政收支，只有财政、信贷统一平衡了，银行信贷资金的差额得到了弥补，才是真正的财政预算平衡。以后根据陈云同志的思想，考虑充实银行自有资金的需要，把银行贷款和存款利息差额的结益，绝大部分留归银行，作为银行自有资金的来源，从而使银行在组织信贷资金平衡方面有稳定可靠的来源，有较大的回旋余地。这一重大改变，即使在十年动乱期间，也对财政、信贷的统一平衡起到了良好作用。但另一方面，在此期间由于银行无法抗拒来自各方面的各种压力，发放了没有物资保证的各种贷款，形成大量虚拟资金提供的支付手段，使信用膨胀不断扩大，并由此引起了财政上的虚收实支。与此同时，由于财政收支的紧张，对于应该增拨企业的定额流动资金，应该增拨银行的信贷基金，有的年度并没有拨足；对于各种财政性贷款如农业设备贷款等，又有不少是由银行承担了。所以在 1966 年后的十年里，由于多种因素，使财政、信贷统一平衡有缺口。至于 1977 年，是靠清理冻结地方、部门、企业的存款来平衡预算收支，而这些存款早已成了银行信贷资金来源。1978 年财政收入确有较大增长，但端阳未过便追加预算支出，扩大了基本建设规模，当年企业清产核资欠拨的流动资金，却由银行信贷资金垫付。从财政、信贷统一平衡看，这两年也有缺口。

再进一步，还应当从国民收入分配是否合乎比例、是否有"欠账"来分析。因为平衡应当是合乎比例的平衡，然后才能真正说是控制了建设规模，使之适应于国家的财力和物力。如果用挤消费、挤农业、挤轻工业、挤市场、挤各项事业的办法来保基本建设，那么即使财政收支在账面上平衡了，实际上却欠下了不少的"账"，建设规模实际上并不适应国家的财力和物力，是不能认为真正平衡了的。然而多年来片面强调"先生产，后生活"，在国民收入初次分配方面，为了保持一定规模的财政收入，农产品收购价格低，而且随着工农产品价值的变动，工农产品价格的"剪刀差"日益扩大。至于职工工资，则多年停滞不动，在"文化大革命"的十年中，由于扩大就业使工资总额增加62.4%，而平均工资则由630元降为605元。同时，有大量新成长起来的劳动力待业。所有这些，都使城乡人民生活方面出现大量的"欠账"，不能不妨碍工人和农民的生产积极性，给生产建设事业带来不利的影响。

在国民收入再分配方面，本来各项事业应当同国民经济协调发展，基本建设的规模应当有所控制。薄一波同志根据第一个五年计划时期的经验，曾经提出基本建设投资占财政支出的比例，以控制在40%左右比较合适。可是1958年基本建设支出却占到财政总支出的56%，1959年和1960年也在54%—55%之间。"文化大革命"的十年中，基本建设支出占财政支出的比例，高的年度达到50%，即使在国民经济临近崩溃边缘的年度，也仍在40%左右。而且这几年财经管理的若干制度有改变，基本建设投资计算的口径不同于"一五"时期，如企业的基本折旧基金从纳入预算统筹使用改为由企业自行安排用于固定资产的更新和改造；不作为基本建设管理的零星基建和零星固定资产购置的标准有所提高，作为维持生产规模的专项资金，如油田维护费、煤炭开拓延伸费、盐田维护费、育林基金、养路费等的提取标准有所提高，数额有所增加；再加上这几年财政纪律松弛，挤成本、占利润搞基本建设的现象比较普遍。考虑到这些因素，基本建设支出占财政总支出的比重实际还要大一些。这十年只顾基本建设一头，压下了科学、教育、文化、卫生等各项事业的发展，势必造成科学落后、教育落后、管理落后、人才缺乏，反过来又拖了国民经济持续发展的后腿。

在生产性建设中，口头上强调按农、轻、重序列安排，实际上挤农业和轻工业来保重工业。从 1966 年到 1978 年，在基本建设投资总额中，重工业投资占到 56% 以上，农业占 10% 强，轻工业只占 5%。从而形成国民经济的畸形发展，Ⅰ、Ⅱ 部类比例严重失调。在生产性建设和非生产性建设的关系方面，"一五"时期前者占 71.7%，后者占 28.3%；而在 1966 年到 1978 年里，生产性建设的比重占到 85% 以上。这就挤掉了必要的公共消费支出，如职工住宅、城市公用事业等。商业网点的投资也很少。这就造成了住房难、行路难、做衣难、吃饭难、买菜难，给群众生活带来种种困难。

由此可见，这两年的财政赤字并不是突如其来，而是多年累积下来的。问题成因在前二十年，问题暴露在这两年。

在 1979 年和 1980 年这两年里，财政收支有相当大的赤字，但从财政分配结构来看，这两年归还了一些"欠账"，是符合社会主义基本经济规律要求的。从国民收入的初次分配看，提高了农副产品收购价格，减免了贫困地区的农业税收，提高了职工工资，恢复了奖励制度，扩大了劳动就业，国民收入中用于消费的部分已经有所提高，大多数农民和工人的生活有所改善。从国民收入再分配看，注意了调整农轻重的比例关系，发展农业和轻工业的资金有所增加；注意了调整"骨头"和"肉"的关系，职工住宅建设和城市公用事业建设等都有较大发展；注意了教育、科研等事业的发展，适当调整了各项事业发展和经济发展的关系。应该指出，这两年的这些措施是正确的。从财政收支平衡看，有了赤字，寅吃卯粮，确是坏事；但从宏观经济看，是寅还丑债，使分配结构趋于合理，使国民经济中长期积累的问题得到适当解决，是大好事。决不能把还"欠账"看作是宏观经济中决策的失误。

二　实现我国财政收支平衡的可能性和前提条件

这两年出现相当大的财政赤字，货币投放过多，社会购买力和市场商品可供量差距过大，毕竟威胁着安定团结的政治局面。这样，在我国当前经济形势很好的同时，却潜伏着危险。对于这一潜伏的危险，必须认真设法消除。

财政赤字和通货膨胀，是近些年来席卷全球的流行症。特别是进入 20 世纪 70 年代以来，资本主义各国出现了高的通货膨胀率和低的经济增长率并存的"滞胀"困境。它摇撼了各国的政治、社会以及经济的基础和结构。长期奉行财政赤字和通货膨胀政策的资本主义各国政府，如今都宣告要执行各种反通货膨胀政策了。但他们由于经济生活中种种矛盾，由于社会上不同的利益集团对各种经济目标的优先次序和各种经济政策的效果，有着不同的要求和评价，无法执行韧性的紧缩政策，使得通货膨胀成了资本主义经济中无法医治的癌症。

在我国，财政赤字和通货膨胀并不是由社会主义经济制度本身引起的，也不是为了挽救经济困境而有意识地采行的。所以一旦认清了这是潜伏着的危险，依靠优越的社会主义制度，依靠计划经济，完全能够有效地消灭财政赤字和制止通货膨胀。

新中国成立以来，我国曾经进行过两次大的经济调整。两次都是在经济极度困难状况下，实现了财政收支平衡并略有结余。一次是 1950 年。当时接收了国民党留下来的烂摊子，经济生活很不正常。1949 年到 1950 年，随着解放战争的需要，人民政府的财政支出迅速增加，而财政收入又跟不上，不得不靠发票子来维持，物价随之上涨。1949 年物价上涨十九倍，1950 年头三个月物价又比 1949 年底上涨一倍。当时国内国外有不少人怀疑人民政府能否克服经济困难、消灭财政赤字。但经过统一全国财政经济工作，大力整顿收入，加强税收，发行公债，坚决节约支出，便使当年财政收支接近平衡，使物价稳定下来。1951 年又进一步做到财政收支平衡还略有结余。再一次是 1958 年后，因为刮了共产风、浮夸风，搞了高指标、高征购，大炼钢铁等等，使得国民经济比例关系严重失调；加上遭到严重自然灾害和苏联施加经济压力，使我国经济极度困难。但经过贯彻党中央提出的"调整，巩固、充实、提高"的方针，集中财权，大力组织收入，并采取清理冻结各单位存款和卖高价商品等增加收入的非常措施；大力节减支出，把基本建设投资从几百亿元的高峰砍到只有几十亿元。从而在 1962 年实现了财政收支平衡，以后几年做到了货币略有回笼。

回顾历史，说明在社会主义制度下，一旦对财政经济工作中出现的问题有了充分认识，下定决心，全党动员，举国行动，便能够很快地消灭财政赤字。这是历史的成功经验。我国当前的经济状况，较之那两次，是好得多了。当前的困难乃是分配过了头，超过了国力。因此，只要能真正统一思想，严肃贯彻中央决策，便可以再一次取得成功。但另一方面，如果思想并不真正统一，如果财政预算严肃性并未切实体现，仍然强调本部门、本地区的需要，只看到局部、不看到全局，那么也会出现另一种可能，即有可能步 1979 年、1980 年的后尘，年末执行结果仍旧是财政支大于收。

当前和前两次消灭财政赤字时所不同的，是这两年进行了经济管理体制的改革，在中央和地方间划分了财政收支范围，扩大了企业自主权，这对于调动地方、企业的积极性，对于在国家计划指导下利用市场调节，是有很大好处的。但由此也带来了另一方面的问题，即在大力增收节支、组织财政收支平衡的过程中，往往会涉及到中央和地方、国家和企业间的利益关系，需要做大量艰苦细致的工作。特别是因为在财政已经实行分权体制的同时，在经济建设和各项事业发展的计划管理方面，却还未摸索出一套与前者相适应的全国综合平衡新方法、新体系，缺少分区发展的全局性规划、计划与具体指导。在这种集中与分散的关系远未合理解决的目前条件下，在前进中可能出现步调不一的矛盾。一方面，要把应该收的财政收入，切实地如数足额地收上来，需要克服各种各样的干扰；另一方面，在支出的安排中如何使有限的资金用于最迫切需要的方面，避免不该上的仍在上，防止把可以不安排或少安排的资金却安排了，也是很不容易的。而由于中央财政的回旋余地很小，一旦出现"硬缺口"，形成基建投资控制不住，各项事业支出不断往上冒，便有可能成为冲击平衡的力量。

20世纪50年代平衡预算，在思想上着重解决"仁政"观点和本位主义；60年代平衡预算，在思想上着重解决急于求成和本位主义。在今天，也仍然要在统一思想基础上才能实现全党全国的行动一致。既要从现实的可能出发，坚持量力而行的指导思想；又要切实解决"地方所有制"和"部门所有制"，切不可为本位主义推波助澜。这样才能有效地组织实现财政收支的平衡。

三　压缩基本建设投资,会不会影响经济增长率

在1981年，为了平衡预算收支，制止通货膨胀，稳定物价，必须把基本建设投资压下来。有的同志认为，基本建设规模不能压缩，积累率不应该降低，因为积累是扩大再生产的源泉，积累率降低了，就不能保证一定的经济发展速度。还有的同志引证外国经济学家的意见，认为财政扩张和紧缩，对经济增长率有很大

影响，能够做到低的通货膨胀率和高的经济增长率相结合，便是很大的成功，从而认为我国既要发展经济，又要降低积累率，这两者是有矛盾的。

这些意见，按通常情况说是有一定道理的。但我国当前是积累和消费的计划分配超过了国民收入，总需求超过了总供给，货币发行过多，对物价压力很大。出路不外两条：一条是继续保持过高的积累率，使货币发行继续增加，物价无法控制，货币日渐贬值。这实际上是通过压低人民消费来实现新的平衡，使得三中全会以来农民和职工在经济上得到的好处名存实亡，从而成为不安定的因素。另一条是下狠心降低积累率，压缩基本建设规模，使建设规模和国力相适应。这暂时虽然也会蒙受一些损失，但是从根本上却争得了主动，是壮士断腕的明智决策，能使整个国民经济摆脱潜在的危险，有利于将来更好地前进。

我们还要看到，经济增长的速度不仅和积累率的高低相关，也和投资的经济效果好坏相关。新中国成立三十多年来，我国的经济建设取得了巨大的成就，不论同旧中国相比，同资本主义国家相似发展阶段相比，还是同其他条件相近的发展中大国相比，我国的经济发展速度是不低的。但是也不容讳言，社会主义制度的优越性并没有充分发挥出来。多年来由于工作中的失误，和高积累、低消费并存的是高浪费、低效果，从而使我们不能取得本来应该取得的更大成果。

我们在经济建设中的问题，就是贪多求大，不量力而行，基本建设规模大、战线长、摊子多，结果是投入多、产出少，甚至只投入、不产出，表现为投资和交付使用固定资产的比例不断降低。同时，资金使用方向也不当，多年来"大炼钢铁"、大办"五小工业"、搞"三线建设"等，造成了不少浪费。由于缺乏总体规划，各行各业各部门难以协调发展，国民经济的综合生产能力低。加工工业发展快，原材料工业跟不上。当前特别是石油过量开采使得采储比例失调，煤炭吃了老本使得采掘比例失调，电力不足，运输紧张，成了国民经济持续发展的"瓶颈"。因此1977年的工业生产增长速度虽然达到14.3%，1978年为13.3%，但这是带有恢复性质的，1979年和1980年便不得不降为8.5%和8.4%，而且受到"瓶颈"的束缚，增长速度还有可能下降。这都会影响今后国民收入和财政收入的增长。

经济结构的畸形发展，也影响经济的持续增长。多年来重重、轻轻、轻农，形成重工业孤军突出，自我扩张。1952年时重工业产值占工农业总产值比重的15%，1978年占到了43%，农业、轻工业相对落后了。本来Ⅰ、Ⅱ部类生产可以相互促进，现在Ⅱ部类生产的落后却拖了Ⅰ部类生产发展的后腿。从财政收入来说，从1953年到1978年，轻工业每元投资为国家提供13元的税利，重工业投资为轻工业投资的10倍，每元投资只提供1.7元的税利。可以设想，如果认识到轻工业资金周转期短、投资回收快的特点，不那么片面强调发展重工业，适当少安排重工业的投资，相应多安排些轻工业的投资，那么现在的财政状况会好得多，不至于捉襟见肘、巧妇难为无米之炊了。

可见高积累率并不一定带来良好的经济效果。高积累率并没有发挥应有的作用。回想一下第一个五年计划时期，积累率只有20%左右，重点建设的156项工程投资不过70亿元，就奠定了我国工业化的初步基础。所以，在投资效率方面存在着巨大的潜力。如果降低积累率，压缩基本建设规模之后，能够真正把投资用在刀刃上，不仅本项目的投资效果好，而且还会带动一片，提高综合生产能力。这样，经济发展速度不一定会降低。即使暂时有所降低，只要国民经济比例失调的状况调整过来，今后还是可以"起飞"的。我们调整经济的目的，就是要做到基本建设投资减少了，也仍然能够增产。

归根到底，确定积累率，不能够只从需要出发，从一个什么率来倒算。而是要从实际的可能出发，使建设规模和国力相适应。正因为这样，古今中外关于积累率的数据都只是研究的参考数字，真正能作为决策依据的仍旧在于我国当前有多大能力，按照有多少钱办多少事的原则来决定建设规模。只有这样，才能在现实条件下取得可能达到的最好的发展速度。

四　如何看待有的部门利润下降和就业问题

有同志问：降低积累率，压缩基本建设规模，能不能保证消灭财政赤字，使财政收支平衡下来呢？能不能马上制止通货膨胀、平抑物价、改善市场供应呢？应该指出，从压缩基本建设规模到预算平衡，通货不再增发，市场供应改善，要有一个过程。因为第一，我国长期形成的重型经济结构，并不是短时间内能够改变过来的。第二，压缩基本建设规模以后，必然会影响和基本建设有关的建筑、机械等行业产值下降，从而影响财政收支和信贷存放的平衡。而工农群众的收入并不减少，Ⅱ部类的生产和市场商品供应量，并不能因为减少基本建设投资而马上增加，生产资料供应紧张的状况可以改变，消费资料供应紧张状况仍旧存在，对物价的压力并未减轻。这个问题只能在经济结构调整的过程中逐步解决，不可能一蹴而就。所以我们对压缩基本建设规模以后不可能马上使财政、信贷、市场、物价的状况有根本的好转，要有清醒的认识。

正因为这样，在财政预算上可能出现这样的情况，即年初预算在账面上平衡了，总需求和总供给平衡了，但因为投资需求的减少，会引起Ⅰ部类的生产缩减和利润下降，导致来自Ⅰ部类的财政收入完不成计划，出现构成上的不平衡；反过来又会引起总量上仍不平衡，即财政总收入达不到预期要求，总需求仍大于总供给。对此是否要相应地继续压缩基本建设规模？再压基本建设是否又会引起利润继续下降的连锁反应？这是需要探讨的问题。

我认为，首先，压缩基本建设规模要有一定的限度。当前中央预算的基本建设投资，有一大半是用于石油、煤炭以及矿山的后备资源补偿，属于简单再生产性质。因为必须保持能源生产已达到的一定产量水平，才能确保社会总生产的现有规模并有所增长。这部分投资是绝不能再压的。其次，调整经济结构，改变国民经济比例失调的状况，是实现财政经济情况好转的前提，而调整比例需要有一定的投资。再次，压缩基本建设规模，还有经济可行性的问题。因为基本建设项目的停建、缓建，并不等于能把相应的投资都节减下来。未安装的设备要有仓库存放，未完工程要维护保养，基本建设单位人员的工资需继续发放。还得考虑与基本建设有关的机械、冶金、建材等行业利润减少额，以及已耗费的投资额及相应的利息，引进项目下马后的损失赔偿费。当然，这些因素的考虑必须以宏观经济效果为前提，即首先应以全国经济结构的调整方向为最高准绳，以国力所及为最后界限。经济可行性的微观方向效果的得失，只能是在符合上述界限之内，在合"格"程度大体同等的不同项目之间取舍的参考。总之，压缩基本建设投资有限度，绝不能理解为可以无止境地压基本建设。

有的同志看到机械等行业的生产下降和利润下降，进而怀疑压缩基本建设规模的措施是否得当。我们认为，这两年国家安排的基本建设投资和各项消费开支的总和超过了国家的财政收入，使得社会总需求超过了总供给，增加了货币发行。现在压缩基本建设投资并未使计划分配的积累和消费低于国民收入，而只是使分配的量和生产的量相适应，从总量上看并不存在总需求的不足。所以投资需求的减少，固然会在Ⅰ部类生产中引起生产下降和利润下降；但是消费需求仍然大大超过消费品的供给可能，在Ⅱ部类生产中还是继续推动着生产的增加和利润的增长。从总量上看，是两者相互抵消，还是何者大于何者，取决于Ⅰ、Ⅱ部类生产比例的调整进程。可以相信，只要充分发挥社会主义制度的优越性，将会大大缩短这一调整进程，使我国经济健康和顺利地发展。

还有同志提出消灭财政赤字、压缩基本建设规模，会不会影响就业。大家知道，我国从1952年到1978年，在工业劳动者中重工业劳动者的比重从29.9%增长为63.6%，而轻工业劳动者的比重从70.1%降为36.4%；主要部门职工人数占职工总数的比重，商业、饮食服务业职工从18.5%降为13%，科学、教育、卫生人员从15.1%降为12.6%。从我国这样一个近十亿人口的大国来看，就业结构很不合理，重工业过长，轻工业、商业、饮食服务、科学文教卫生事业过短。如果不着眼于改变不合理的就业结构，今年待安排的近一千万待业人员，和今后每年新成长的三百多万城镇待业人员，确实很难安排。压缩基本建设规模，因投资的减少而引起可容纳的就业人员减少，当然会使问题更加突出。

在现代宏观经济理论中，往往认为制止通货膨胀和实现充分就业是矛盾的，鱼与熊掌二者不可兼得，需要从中作出抉择。国外的一些经济学家，也因就业问题而怀疑我国调整经济、压缩基本建设规模的正确性。但是，我国有优越的社会主义制度，只要我们认识到了就业问题的重要性，采取符合我国国情的建设方针，多发展劳动密集型工业，从调整经济结构进而调整就业结构入手，解决就业问题是有可能、有出路的。根据经验数据，每增加一名职工，重工业部门要有1.2万元的固定资产投资，轻工业部门只要 6000 元的固定资产投资，商业、饮食服务业需要的投资更少，集体所有制甚至不需要国家投资。可见只要把不合理的经济结构逐步调整过来，同样多的资金便可以容纳更多的职工，这有利于就业问题的逐步解决。同时，为了消灭财政赤字，必然要控制工资和奖金，从而影响就业。但这也不能"一刀切"。对于国民收入再分配领域的饮食业、服务业等等，劳动者的收入来自服务付费，它是从物质生产领域的职工工资等转化过来的。只要做到照章纳税、自负盈亏，劳动者的增加并不会增加国家财政开支。集体所有制经济和个体经济的发展，除了与国营经济争原料以外，不仅不会给国家背包袱，而且能够为国家增加税收。所以广开就业门路，将会消除财政紧缩给就业带来的压力，做到既有利于财政收支平衡，又能逐步改变就业结构，解决就业问题，还满足了社会的需要，便利了消费者，乃是一举数得的好事。

五　挖掘现有企业潜力，疏解"瓶颈"，切实组织 I 部类生产向 II 部类生产转化

财政紧缩所可能引起的一系列问题，都涉及到经济结构问题，这正表明财政矛盾是经济结构矛盾的反映。对待财政矛盾，不论是压缩基本建设投资，还是压缩国防费、行政管理费和各项事业费，都是属于节流的措施。节流对于消灭财政赤字固然是吹糠见米，能奏速效。但是，从长远看，还要立足于开源。毛泽东同志指出："未有经济不发展而可以使财政充裕的。"① 马克思指出："分配的结构完全决定于生产的结构，分配本身是生产的产物，不仅就对象说是如此，而且就形式说也是如此。就对象说，

---

① 《毛泽东选集》第 3 卷，人民出版社 1991 年版，第 891 页。

能分配的只是生产的成果。"① 要使当前的财政困难较快得到好转，使今后几年不再出现财政赤字，从根本上说，将取决于能不能较快地增加生产，增加收入，取决于能不能较快地把畸形的经济结构调整过来。

应该指出，我国现在有 45 万个工业企业，国家预算内工业企业就有 4.2 万多个，我国总共已有 5000 亿元固定资产，3000亿元流动资金，预算内国营工业的固定资产和流动资金就有5100 多亿元。我们克服困难的物质基础，较之过去是强大得多了，过去由于重基建、轻生产，重外延的扩大再生产、轻内涵的扩大再生产，现有企业的潜力远远没有发挥出来。这种潜力表现在地区之间、企业之间，经济效果悬殊。上海作为老工业基地，用同样多的固定资产，能够较其他地方创造更多的产值和更高的利润。因此把上海的先进的经营管理水平、技术经验，移植到各地，将有利于利用现有企业的可贵家底，增加生产，使我们从根本上摆脱困境。

挖掘现有企业的潜力，要把调整产业结构和产品结构放到重要位置上。我国多年来Ⅰ部类的生产畸形发展，能力过大，Ⅱ部类的生产发展慢，许多消费品供应不足，有的甚至是严重匮乏。这是多年来在理论上只承认生产资料优先增长规律，不承认或者不认识消费资料生产相应增长的重要性，在实践中受到的惩罚。因此，挖掘现有工业企业潜力，要着眼于使Ⅱ部类生产能同社会购买力增长、同人民生活改善大体适应，使Ⅰ部类生产从"自我服务"转到为Ⅱ部类服务。从而依靠现有的工业基础，把消费品生产搞上去，体现社会主义的生产目的。

---

① 《马克思恩格斯全集》第 46 卷（上），人民出版社 1979 年版，第 32—33页。

所谓调整经济结构，实质上是资金和劳力在不同生产领域的重新分配。在资本主义经济中，经济结构靠自发的经济力量来调节。我们是社会主义国家，可以有计划地调整经济结构，做到既加速调整的进程，又防止和减轻调整过程中的波动和破坏。但要把这种可能性变为现实性，必须做艰苦细致的工作，必须有正确的强有力的宏观经济计划的指导。

调整经济结构，可以有两种做法。一是通过调整投资比例，逐步把不合理的经济结构调整过来。因为财政资金的分配，既是生产成果的分配，也是生产条件的分配。调整财政资金的分配结构，真正按农轻重的序列来安排投资，将会对经济结构的调整起到积极作用。但我国畸形经济结构是长期形成的，通过改变投资比例，让长的慢走、短的快跑，这要继续追加大量投资。在当前国家财力物力有限的情况下，大量投资是不可能的。我们既要承认这种做法的必要性，又要看到仅仅是压缩基本建设规模和调整投资比例，不可能较快地把畸形的经济结构调整过来。二是着眼于组织既有的资金和劳力，从Ⅰ部类向Ⅱ部类转移。不仅Ⅰ部类的某些产品可以直接当作Ⅱ部类产品使用，而且Ⅰ部类生产和Ⅱ部类生产是可以互相转化的，Ⅰ部类生产为Ⅱ部类的生产服务，将对Ⅱ部类的发展起积极促进作用。当前就是要在组织转化上做文章。组织部分Ⅰ部类生产向Ⅱ部类生产转化，其方面很广，诸如：重工业包括军工企业能为满足市场需要而生产民用建筑材料、小五金、钢木家具以及耐用消费品等；某些重工业产品现在积压严重，如果少生产一些，让出煤、电、油、运输能力和原材料，将有利于把轻纺工业促上去；关停特别是并转一些亏损严重的县办"五小"工业，等等。

当然，以现有企业为基地，组织部分Ⅰ部类生产向Ⅱ部类生产转化，往往会受到"部门所有制"和"地区所有制"的束缚。人们往往只从本部门、本地区的利益出发来考虑安排建设和生产。如果仅仅是宣传鼓动、一般号召，很可能是雷声大而雨点小。军工企业要发展民用产品，喊了几年，效果不大，就是因为多方掣肘，阻力大于动力。因此必须做艰苦细致的组织工作，切实有效地解决转化中遇到的问题。生产合理化是和经济组织合理化紧密相连的，但经济组织合理化涉及到各方面的利益，搞起来阻力大、难度大。因此可以考虑先在工业基础好、历来是地区经济中心的主要城市，抓十几种主要的消费品，建立起打破条块束缚的专业化和协作相结合的多种形式的经济联合，取得经验，逐步推开。

挖掘现有企业潜力，还要着眼于疏通煤、电、油、运的"瓶颈"，提高综合生产能力。当前在能源供应紧张的情况下，要保证工业生产有一定的增长速度，必须从节约能源上下工夫，从合理分配能源上做文章。要开展能源投入产出分析和系统工程研究，尽一切可能提高能源利用的经济效果。而从今后几年来看，生产能不能较快增长，财政状况能不能较快好转，关键在于因缺油、缺煤、缺电而不得不停工减产的状况能不能较快改变。因此，必须加强发展煤、电、油、运的前期工作即勘测设计工作，提供必要的后备资源。特别要狠抓见效快的措施，例如抓紧对耗能大的锅炉和发电机组的技术改造，多搞一些30万—50万吨的中型煤矿，切实解决煤的运输等。由于轻工业耗能少，去年上半年每亿元轻工业产值耗能2.62万吨，仅为每亿元重工业产值耗能13.82万吨的五分之一弱，所以，随着产业结构和产品结构的改变，是可以用较少的能源消耗取得较高的经济增长率的。

六　搞活流通,清理超储积压,扭转外贸亏损

生产决定交换，交换又反作用于生产。恩格斯指出，生产和

交换"这两种职能在每一瞬间都互相制约，并且互相影响，以致它们可以叫做经济曲线的横坐标和纵坐标"①。正因为这样，搞活流通对于发展生产，加速产业结构的调整，开辟财源，增加收入，有着重要的意义。我们的企业领导人应当有做买卖的头脑，有经营的眼光，采取切实有效的措施把经济搞活。

有的同志认为，这两年市场商品供应的增长幅度较大，情况较过去有很大的改善，但购买力仍大于商品可供量，对物价的压力还相当大，在卖方市场条件下，不存在进一步把流通搞活的问题。这种认识，是只看到适销的商品和物资供应紧张的一面，没有看到不适销对路的商品和物资超储积压的一面。1979年末，全国16种主要材料和机电产品库存达到863亿元，1980年处理了一些，但又增加了新的积压。据推算，600多亿元的机电产品库存中大约有三分之一，近60亿元的农机库存中大约有40%，都是超储积压的。据典型调查，轻纺产品的超储积压大约占15%。超储积压产品的税利已经上交财政，形成了虚假的财政收入；其资金来自银行，是信用膨胀的主要方面，也是信贷资金的潜力所在。超储积压是生产不问需要、只讲产值的结果，是人为的，应当大大压缩。只要超储积压减少了，大量银行信贷资金被搁置的状况就可以改变。

有的同志提出，超储积压的设备物资反正是积压着，何不动用一些于基本建设？如果这是指动员内部资源顶抵基本建设拨款，由此可以进一步压缩财政支出，当然是可行的。如果并不顶抵拨款，采用贷款、赊销、无偿调拨等办法，由此而扩大基本建设规模，则是不可取的。当前对国外引进设备的项目，还宁肯承担经济损失，停建缓建，怎么利用国内超储积压的设备和物资，

---

① 《马克思恩格斯全集》第20卷，人民出版社1971年版，第160页。

就可以扩大基本建设规模了呢？两者相对比，便可以看到这种意见从微观看似乎有理，从宏观看则是不利于调整的。

还有的同志认为，清理超储积压，可以节省出一部分流动资金，用于弥补财政赤字。这种意见实质上是财政挤银行，把财政困难让银行分担，是不宜采用的。当前由于经济结构不合理，产供销脱节，货不对路，一面商品供应紧张，另一面又存在着超储积压多、资金周转慢的状况，这说明流动资金的构成上有问题。但从总量上看，生产流通中的流动资金并不是多了。所以清理超储积压以后，不能拿去弥补财政赤字，这部分资金仍应当作为流动资金，用于调整流动资金的构成，或者用于回笼货币。所谓通货膨胀，归根到底是从钱和物的对比关系而言的，即群众手里有钱却买不到需要的商品。随着经济结构的调整，流动资金的构成也得到调整，适销对路的商品多了，即使货币流通量并未减少，通货膨胀现象仍可以得到缓解以至消失。搞好清理超储积压，要把着眼点放在从资金占用于不适销商品，向资金占用于适销对路商品的转化上，为制止通货膨胀作贡献。

这几年外贸亏损不断增加，扭转外贸亏损是克服财政困难的重要方面。有人认为，外贸发生亏损，主要是外贸体制改革，造成互相竞争，互相拆台。这个意见有道理，有必要总结经验加以改进，以利于发挥社会主义国家外贸垄断的优越性。但也应该看到由此调动了地方发展外贸的积极性，带动了生产发展的一面，要保护已经调动起来的积极性。而且外贸亏损的因素复杂，问题并非全在于体制。我们的国内价格和国际市场价格是不联系的，国内价格又包括了商品生产全过程的税利，对账面盈亏和实际盈亏要作分析，赚赔得失要从宏观经济统一权衡。当前国际市场的价格变化，有着发达资本主义国家转嫁石油提价和通货膨胀的因素，对此需要认真研究"比较成本"，从进出口商品的构成上考虑适当的对策，对高亏商品应控制不出口或者少出口，对内销的经济利益远远超过外销利益的商品，不如少换一些外汇，多回笼一些货币。我国长期实行高汇率政策，这对于出口和争取无形外汇收入是不利的。至于从我国外贸的特点来看，出口是为了进口，财政上对外贸的出口亏损弥补，实质上是对进口的财政补贴。因此，有必要从汇率上或者从进口商品的作价上，认真研究改进，逐步做到外贸进出口的盈亏自求平衡或有余。这将对组织财政收支平衡起到积极作用。

七　提高人民生活要量力而行,价格补贴和奖金发放都要控制

随着狠抓消费品生产，在农业、轻工业发展起来的基础上，购买力的增长将会成为经济继续发展的动力。从长远来看，不要害怕购买力的增长。这是极其重要的战略指导思想。但由于我国长期以来消费品供应不足，社会购买力和商品可供量之间的差额较大，缩小供需差距、稳定市场物价的任务很艰巨。当前还是既要狠抓消费品的增产，又要控制社会购买力的盲目增长。两者结合，才能较快地缩小供需差额。

对农民这一头来说，首先是要稳定农产品的收购价格，稳定统购基数。目前粮、油、棉和民用煤等购销价格倒挂，即所谓政策性亏损的价格补贴，加上农产品超购加价补贴等，1980年已经达到二百多亿元，相当于财政收入的20%。今后随着农业生产的发展，在统购基数不变的条件下，增产增购部分将以超购、议购价格购进，价格补贴的自然增长便很可观。这样，在财政收入的增长额中，将有相当大的部分被价格补贴所吞噬。过去农业丰收会带动财政收入的增长，现在农业丰收则引起价格补贴的增

长，形成对财政的压力。与此同时，外贸进口粮、油、棉，每年亏损几十亿元，其性质也是对农产品的价格补贴，如果加上这一项，价格补贴占财政收入的比重便超过了四分之一，这实在是国家财政的沉重负担。

特别要重视的是，当前有不少人一方面主张采取各种方式提高农副产品收购价，这包括：逐步降低粮食等农产品的统购基数，变统购为超购，变超额为议购，任意扩大三类产品的议购范围和提高议购价格，或者通过返还利润等方式变相提高收购价，以照顾农民的利益；另一方面又想照顾消费者的利益，把稳定物价理解为高价进来也得低价售出。却没有认识到由此而人为地扩大了价格补贴，增加了国家的财政负担，势必会扩大财政赤字，增加货币投放，加重对物价的压力。这种表面上看来是既给农民好处又保持物价稳定的措施，实际上会成为刺激物价上涨的因素。

价格补贴制度是社会主义制度优越性的表现，它在可能引起消费品销售价格上涨的情况下，兼顾生产者和消费者的利益，保持了销售价格的稳定，保证了经济的稳定和政治的安定。但通过购销价倒挂和大量补贴来维持一个固定价格，就是人为地阻止价格的运动过程，这必然掩盖经营性亏损，妨碍价格运动对生产的促进作用。而且补贴的范围和数额一年比一年大，日益成为国家财政的沉重负担。但即便是局部取消价格补贴，也得在国家财政有余力、物资后备较充裕的条件下进行，目前时机尚不成熟，从而对价格补贴的自然增长便无法抗拒。只是对价格补贴的人为增长，必须加以制止。因为这是给国家出难题，帮倒忙。

对职工群众这一头来说，控制社会购买力就是要控制工资和奖金。控制工资比较好办，关键是要控制奖金的发放。奖金属于超额劳动报酬。按理奖金多发，表示超额劳动也多，给社会创造的财富和国家财政的收入也会多。但在我国，由于平均主义本来有着深厚的根源和广阔的市场，十年动乱中又把平均主义当作社会主义来宣传，因而直到现在仍然是平均主义地发奖金，干好干坏、赚钱赔钱都发奖，使奖金成了工资附加，并未和超额劳动相联系，多发奖金不一定代表创造的社会财富增多。正因为这样，整顿奖金，首先要坚决把奖金的总水平降到国力所能承担的限度，以适应购买力总额与消费品供应总额平衡的要求。要针对执行中发生的"一切向钱看"的偏差，加强思想政治工作。同时，在奖金发放中要真正贯彻按劳分配原则，把重点放在控制平均主义的滥发奖金上。对奖金发放要寻找较好地反映超额劳动报酬的分配形式。在有条件的单位也可以考虑用计件工资制取代奖金。

组织财政收支平衡，在于正确处理需要和可能的矛盾。国家建设要发展，人民生活要提高，旧的需要满足后又会在新的基础上提出新的更高的需要。但是，在任何时候，各个年度所能提供的财政收入总是有限的。因此，在宏观经济决策上，必须从现实的可能出发，坚持量力而行的指导思想，不仅确定基本建设规模要量力而行，提高人民生活也要量力而行。如果急于求成，不考虑现实的可能，把需要当作前提，把某一年要达到某一目标作为前提，倒过来算账，千方百计保证这个目标，反而会给国民经济带来挫折。

当前我国经济形势很好，但确又存在着困难，潜伏着危险。面对现实，我们要既抓好节流，又抓好开源。调整经济，挖掘潜力，发展生产，增加收入。我国的经济情况和财政情况肯定会得到根本性的好转。可以预见，通过调整经济的一系列艰苦细致的工作，将使我们从此摆脱"左"的积弊，真正从我国国情出发，量力而行，循序渐进，讲求实效，做到经济发展同适当改善人民生活相结合，使我国的社会主义现代化建设，从此走上协调、稳定、健康发展的轨道。

（《中国社会科学》1981 年第 5 期）

财政调控的景气对策与
财政健全目标

　　随着东南亚经济危机的爆发以及嗣后的全球性经济滑坡，扩大内需成为我国应对变局的国策。积极财政政策以其不需要中间传导过程就可以直接扩大社会需求、时滞短、拉动经济增长作用明显而获得普遍的认同。但是，在社会普遍肯定财政调控成效的同时，也产生了一些误解，似乎只有实施扩张性财政政策才是财政调控，只有景气对策才是财政调控应达到的目标。其实，在我国市场经济条件下，财政活动贯串整个国民经济活动的始终，涉及各种经济关系，影响各种经济行为，有其广阔的活动场所，可以通过诸多财政杠杆对国民经济进行广泛的调节。

　　在一般情况下，财政调节的力度应当和财力支持的可能相适应，量力而行。但在特殊情况下，也可以超越当时财力允许的界限，用增发国债实施扩张性财政政策的办法来弥补财力不足。但强化财政调节，并不等于只是实施扩张性财政政策。为此，对基于景气对策而实施的扩张性财政调节和基于财政健全发展的经常性财政调节这两者之间关系的把握，有必要作些探讨。

一　基于景气对策的扩张性财政调节的中期化

不少人认为，扩张性财政政策是在特殊情况下采取的特殊政策，只能作为短期政策运用。如果长期运用，过度发行国债寅吃卯粮，会使本来已经拮据的财政更加困难，到了偿债高峰期难以应付，而且有可能刺激不了经济反而引起滞胀。因而对于目前出现的扩张性财政政策中期化的倾向持怀疑态度，认为要尽早转向实行适度从紧、动态平衡的财政政策。

然而事实上，财政怎样进行调控以及持续期的长短，并不是机械不变的。随着市场失灵现象的反复出现、经济活动的复杂化和国民经济景气循环的不规则化，政府对经济活动进行调节，以实现国民经济持续增长、稳定物价和充分就业，成了各国普遍认同的选择。与此同时，能否正确认识、选择和操作财政政策，也就成了当代各国国民经济能否实现持续健康发展的一个重要条件。保证国民经济平衡运行和持续发展，这既是财政政策的根本任务，也是财政政策的价值所在。正因如此，当代人已不再单纯地追求财政的盈余，或盲目地反对财政的赤字，而是将这种盈余或者赤字放在宏观经济运行的大背景下，看其对国民经济福利总体水平的持续提高有无积极意义。如果一定程度的赤字能够为国民带来更大的经济福利，那么，明智的选择就不应当是过大的盈余；相反，如果赤字将导致国民经济福利的净损失，那么，明智的选择就不能是继续扩大赤字，而是尽可能缩小赤字、增加盈余。这就是说，赤字过大同盈余过多一样，同样是有代价的。我国经济增长的势头在 2000 年下半年和 2001 年上半年曾经出现好的发展趋势，但是进入 2001 年下半年又出现逆转。这时候，积极财政政策虽然已经实行了 4 年，人们已在议论财政撤出，但形势不允许财政撤出，而是仍旧要保持一定程度的赤字，刺激经济，保持经济景气。至于实行扩张性财政政策的时间长短，并不是决定性因素。

二 基于财政健全发展的经常性财政调节

国家运用财政手段进行经济调控，要受到财力大小的约束，当财政资金充裕、财力回旋余地大的时候，财政调控的能力比较强劲；而当财政拮据、财力不足时，财政调控能力就比较弱小。至于扩张性财政支出是作为经常性财政支出的补充手段来运作的，要提高其使用效益，其现实基础是经常性财政支出的安排基本合理，能够有效地调节经济运行与促进经济发展。现在的问题是，经常性财政收支的矛盾相当突出，有不少应该安排的支出未能得到安排。改革开放以来财政收入占国民生产总值的比重不断下降。最低时只占到 10.7%，远低于发达国家和发展中国家的一般水平。分税制改革后，财政收入虽略有回升但比重仍然很低，1999 年仅达到 13.7%。财政收入占 GDP 比重表现出一国政府在社会产品价值形态的分配中所能直接支配的份额。这一比重的持续下降是财政收入能力下降和财政调节能力衰弱的集中表现。并且由于受到财力的制约和政府机构的不断膨胀，我国目前的财政支出结构"刚性"明显增强。由此造成的财政收支矛盾，突出地表现在赤字县的不断增多。至 20 世纪末全国赤字县有500 多个，占市县级预算单位的四分之一。

近些年，压缩行政管理支出的呼声越来越高，但在市场经济体制建立的过程中，与市场经济运行有关的若干机构在扩大或者增设，而与新体制运行不协调的机关却得不到实质性的撤并。新旧机构叠加的结果，自然是行政支出的增加，加上机构冗员不断增加和开支标准的高级化，支出管理方法落后、支出标准失控、支出管理普遍存在约束软化的问题，致使行政管理支出压不下来。与此同时，随着"科学技术是第一生产力"这一论断的深入人心，社会文教科卫支出的重要性日益凸显出来。财政对社会文教科卫事业的投入逐年增加，文教科卫支出占财政支出的比重由 1978 年的 13% 上升到 1995 年的 26%，增长了 1 倍。从总体看其增长趋势是合理的。从教育支出看，改革以来，我国财政高度重视教育投入，教育支出所占比重由 70 年代中期的 6% 上升为 1995 年的 15.5%，这一比重虽然高于发达国家财政的教育支出比重（低于 10%），但这是在我国财政总规模过于低下的情况下形成的，并不能说明我国教育支出已达到应有的规模。具体到各级预算，教育支出占预算支出的比重差异很大，越是贫困地区，带有刚性的义务教育经费占基层预算的比重越大。目前我国赤字县不断增多，主要是收入增长跟不上文教科卫事业发展的支出增长，有的县的教育支出已占到县级预算支出的 60%，县里拖欠工资，主要是拖欠教师工资，即对教师只发原来的基本工资，而津贴、补助以及增加工资的钱都欠着不给。此外，有许多应该安排的支出无法给予安排，由此形成恶性循环，使得贫困地区的发展更慢，困难更大。

正因为如此，对于近几年出现的财政收入占 GDP 比重的回升，要作全面的实事求是的分析。目前有些人认为治理通缩，只应该减少财政收入，不应该增加财政收入。近几年每年增发国债 1000 多亿元，而每年财政收入增长也有 1000 多亿元，乃至 2000 多亿元，认为两相抵消，财政并没有起到调节作用，从而对财政收入增长颇有指责。我们不赞成这种观点，因为这几年并没有修改税法，增加负担，收入增长主要来自打击走私、打击偷税漏税和结构调整，这是合理的。事实上，财政增加收入以后占 GDP

的比重仍旧很低，2001 年财政收入增长远快于 GDP 增长，但占 GDP 的比重仍不到 15%。我国理论界多年来一直倡导要提高财政收入占国民生产总值比重和中央财政收入占财政收入比重，这在过去一直未能实现，如今刚有所改变，总不能够"叶公好龙"吧！其实，财政转向公共财政不是一句空话，而是要确实承担起各项公共支出的需求，因而财政收入占 GDP 的比重仍旧需要继续提高，才有利于经常性财政支出的合理安排，特别是由此可以加强转移支付力度，给处于赤字压力下的贫困县以必要的支持。这对经济增长是有利的。

三 预算内投资性支出的下降与摊派收费的增多

随着我国由计划经济体制向市场经济体制的转变，政府的经济管理职能逐步弱化，社会管理职能日益加强。伴随着经济体制转变带来的政府职能转变，我国财政也要由与计划经济体制相适应的"统包统揽"的经济建设型财政向与市场经济体制相适应的公共财政转变，即财政要从一般竞争性领域中退出，而主要提供公共产品和服务。相应财政支出结构的变化也会显现出经济建设支出所占比重的不断下降及公共支出所占比重的不断上升。但这是一个渐进渐变的过程，我国作为一个生产力相对落后的国家，在经济发展中不可能完全依靠市场自发力量，政府在经济发展中还要起到重要作用，政府投入仍旧是非常必要的。但目前政府财力不足，想办的事情办不了，于是，就靠收费和摊派来解决。如养路费缓解了公路建设资金不足，机场建设费发展了机场建设，电话初装费是电讯投资的重要资金来源。而地方改善市容的投入往往要向企业集资。这样，从经常性财政收支安排的经济建设投资数额越来越少，然而由于缺乏由民间资本来承担这些建设项目的机制，因而通过摊派收费安排的投资性支出仍未减少。

摊派、收费、税收返还以及地方政府向银行借款等等这些筹资手段，发达地区与不发达、欠发达地区相比较，筹款能力极不相同，从而表现为地方政府的经济投资能力极不相同。其结果很自然地是富裕地区更加富裕，贫困地区更加贫困，使得本想防止地区差距拉大的调控目标，却在实践中表现为差距不断拉大。

为了改变这种状况，推进费改税和财政体制改革，都是非常必要的。可是，中国的财政体制，包括税收体制，涉及到中央与地方、地方政府之间错综复杂的利益重新分配。如果这种分配无法使各方满意，那么改革就很难取得成功。中央政府在财政体制改革方面已经做了很多努力，比如加强对地方政府预算外收入的管理和控制等。但是，一些地方政府把这些措施理解成中央财政集权的手段，为了维护自己的利益，往往采取不合作的态度，致使费改税和财政体制改革的进程非常缓慢。正是基于这种现实，对于某些措施足以引起财政收入占 GDP 比重下降以及引起中央财政收入占财政收入比重下降的，更需要慎重对待。要从我国国情出发，看待现代公共财政理论和制度的形成，以免中央财政在经济性支出方面的调控能力削弱，把临时性的国债资金支出使用当作主要调控手段的尴尬。

四　经常性财政支出结构的合理调整

我国财政体制不论在收入结构还是支出结构方面都存在着不少问题，根据从计划经济向市场经济过渡的要求，建立一个适应经济形势发展变化的、简政高效的新型财政体制，实现资源配置方式的根本转变，是非常必要的。

不过，财政体制改革的难点相当多，阻力相当大。特别是将预算外的各项收支纳入预算内，使隐藏在各种收支科目内的实际收支显性化，遭到的抵制更多。因此理想化的改革措施难以实现，不得已而求其次，即采取妥协方式，先把预算内的最迫切需要改的一些方面加以改进。

预算内财政收支已经逐渐向公共财政转化，其中行政经费膨胀是地方财政支出面对的突出问题。对此，需要在财政内部全面实行"下管一级"的管理办法，也就是上级对下级财政的行政经费总量限额、行政人员编制及人均行政支出综合定额提出控制指标，进行动态考核，辅之以一定的奖罚措施。其目的和作用在于建立一种制约和控制机制，形成从中央到地方"一级抓一级、一级管一级"的管理格局，实现行政经费管理的科学化和规范化。由此推动精简机构，减少财政供养人员和压缩行政经费。国家机构改革已在中央这一层率先进行，迈出了重要的改革步伐。要按照总体规划，不失时机地在地方坚定不移地继续推进这方面的改革。教育经费属于社会公共性开支，在任何一个国家都是财政支出的一项重要内容。国家财政要继续把支持教育作为重点，采取有效措施，进一步提高财政支出中教育经费的比重。在教育经费安排中则要着重保证九年义务教育的经费，特别是对于收不抵支的赤字县，转移支付的重点应该首先向这方面倾斜。对于非义务教育如高等教育、职业教育等，国家无疑也要给予支持，但应该改变国家对学生包揽过多的局面并拓宽教育经费来源。社会保障是事关中国改革、发展和稳定的一个全局问题，需要纳入国家财政政策规划统筹考虑。针对当前的问题，社会保障制度改革的主要任务是从传统的由各单位各自为战的非社会化制度，向统一的社会化制度方向转换，把原来隐藏在各单位财务活动中的社会保障支出显形化出来，转由政府统一征缴资金，统一列入预算，统一管理起来。目前的问题主要是就业结构年轻化的一些地方有力量筹集社会保障资金却不积极且不愿意交给上一级政府统筹安排，而就业结构老龄化的一些地方又要求上一级政府给予更多支持，以致上级政府调剂的缺口很大。社会保障制度改革的重点是完善养老保障、失业救济及城市居民最低生活保障。这是社会保障的三道防线。特别要看到，随着老龄人口和失业群体的扩大，社会保障的资金需求会呈现出快速增长的态势。为此，财政必须按照公共财政的要求，进一步充实财政收入来源并且调整现行支出分配结构，腾出一部分资金满足社会保障支出的需要，真正把社会保障支出作为财政预算的一个重要内容。

由国债资金构成的扩张性财政支出属于临时性财政支出，它和经常性财政支出本来属于互补互促的关系。但由于经常性财政收支缺口相当大，财政体制不尽合理，又使得财政体制改革对策和景气调控对策有时会出现冲突和矛盾。正是这个原因，我们认为推进财政体制改革，合理安排经常性财政收支是非常重要的基础。只有这个基础打得好，临时性财政支出才能作为额外增加的支出来发挥它的作用并且见到效益。这也就是说，不能够因为景气调控对策的实施而否定财政健全和财政收支合理化目标的推进。我们之所以不赞成当前相当多的一些经济学家的观点，我们之所以支持提高财政收入占 GDP 的比重，正是基于对经常性财政收支合理化是实现良性循环基础的认识。

（《宏观经济研究》2002 年第 1 期）

财政体制改革与地方扩张能力增强

一 统收统支财政体制下地方自主支配的财力有限

我国原来的高度集中、统收统支的财政体制,是在1950年春统一全国财政经济工作时形成的。这一体制存在着三个主要问题:一是地方财政的机动财力极小,不能因地制宜地灵活使用资金,不利于地方积极性的发挥;二是大量繁杂的财政事务都集中在中央财政,分散了主要精力,影响了国家财政对重大问题的研究和对大政方针的决策能力;三是大量国家资金经常处于上缴下拨的循环过程中,影响了财政资金的及时调度和使用。基于这些情况,从1953年以后便转向统一领导、分级管理的财政体制,起初分为中央级、大行政区级和省(市)级三级财政。后来分为中央、省(市)、县三级财政。在三级财政权力的划分上,"大跃进"时期地方财权较大,60年代调整时期又收回下放给地方的财权,实行了比较集中统一的体制;1971—1973年实行财政收支大包干的体制,地方财权扩大,1974年以后包不下去了,于是又收回财权,实行收支指标由上而下逐级核定,收入按固定比例留成(即地方从收入中按一定比例提取地方机动财力),超收另定分成比例，支出按指标包干的高度集中的财政体制。

我国在改革前的 30 年里，财政体制几经变动，有中央财权过于集中的时候，也有地方财政分权过多的时候，但当时的放与收主要是随着政治形势的变动而变动，而且，由于 1958 年以后经济发展出现曲折，经济运行很不正常，各个年度财政体制上实行的多种办法，基本上属于解决当时出现的突出问题而采取的一些临时过渡办法，其目的是为了在困难中勉强维持过日子，当时的财政体制具有以下特点：（1）地方财权的下放和上收与企业的下放和上收互有联系，由于相当长的时期里是一部分企业下放给地方管理。一部分企业由中央直接管理，因而，组织财政收入的职责一部分在地方，一部分在中央各主管部门，中央和地方财政收入比重因各自管理的范围变化而有变动。而且各种收入都统统纳入财政预算再由财政统一分配，因而具有统收性质。（2）地方虽然有自己的财政收入，但中央财政仍处于支配地位，它通过中央集权制度和高度集中的国家计划控制着地方政府的经济活动，从财政体制来说，虽然划分了中央和地方的收支范围，但是由于各个支出项目都是由上面的各个条条逐级核定的，而且"打酱油的钱不能打醋"，地方财政对预算资金不能统筹安排，当时的收支划分实际上属于以收入抵拨支出的性质，中央财政的决策能力控制着地方财政的资金规模、使用范围和方向。因而，当时虽然实行了分级管理，在性质上仍属于统支。（3）当时地方财政的真正财权主要表现为支配地方机动财力的自主权，因而地方政府对地方机动财力大小是十分关心的。地方机动财力主要由地方组织的财政收入按一定的比例分成，超收之后，地方可以分得较高的比例，地方预算收大于支、略有结余时，可以留用一部分，核定地方预算支出时，给地方留有一定比例的预备费用由地方自主安排，这些方面的数额多时，地方便可以自行安排一些建设项目，自主权相对大一些。但总起来说，地方机动财力在地方财力中所占比重有限，地方自主支配的财力是有限的。

二 以"分灶吃饭"为主要特征的财政体制改革

1978 年底，中共中央十一届三中全会提出，要在认真总结历史经验的基础上，对经济体制逐步进行全面改革。当时，因财政困难而使财政体制改革显得最为紧迫。因而，于 1979 年在四川和江苏两地试点，四川试行的是"划分收支、分级包干"，江苏试行的是"总数分成、比例包干"，两种办法都扩大了地方的财权，加重了地方的责任。在 1979 年期间，由于国家采取了提高农副产品收购价格、调整部分职工工资、减免一部分农村税收、安排和扩大劳动就业、试行企业基金制度等重大经济措施，归还多年来在提高人民生活方面的欠账，国家财政减收增支的情况加剧，从而酿成了 1979 年国家财政前所未有的巨额赤字170.9 亿元。当时的局面是，中央财政压力很重，各方面都向中央财政要钱，难以应付，因而，当时从试点转向面推行分灶吃饭，扩大地方财权，使财政体制改革在城市经济体制改革中先行了一步，这并不是有意识的安排，而是逼出来的，是把担子分给地方，"千斤重担众人挑"。

1980 年 2 月 1 日，国务院决定改革财政体制，实行"划分收支、分级包干"，即，除了北京、天津、上海三大市以外，其余各地都实行了形式不同的"分灶吃饭"办法，财力分配由过去以"条条"为主改为以"块块"为主，使地方的权、责、利统一起来了。其主要内容是：（1）明确划分中央和地方财政的收支范围，对财政收入实行分类分成，划分为固定收入、固定比例分成收入、调剂收入三类，财政支出的正常部分，按企业和事业的隶属关系划分。（2）地方财政收入大于支出的地区，其多余部分按一定的比例上缴中央；收入小于支出的，由中央按差额给予定额补助。（3）财政收支包干基数确定后，地方上缴比例、调剂收入、分成比例和定额补助，由中央核定，五年不变。地方在划定的收支范围内，多收多支，少收少支，自求平衡。

实行这种体制收到了比较明显的效果。一是相对稳定了地方财力，虽然由地方支配的财力仅比实行这种体制前提高了一个百分点，但是，一定五年不变有利于地方因地制宜地运用自有财力安排经济发展规划；二是调动了地方增收节支、发展地区经济的积极性；三是在当时国家财政困难的情况下，地方财政也承担了一部分平衡国家财政收支的任务；四是打破了传统的统收统支、收支脱节的局面，使权责利在一定程度上结合起来。

由于我国国家大，情况复杂，在改革过程中又实行了多种形式的"分灶吃饭"财政体制，并且在实施中不断修正，其演变情况是：

1. 1977—1988年江苏省实行固定比例包干的财政体制，即根据该省历史上地方财政支出占财政收入的比例，确定一个收入上缴、留用的比例，一定四年。比例确定后，地方的支出由留给地方的收入解决，自求平衡。根据这个体制，江苏省1977年上缴国家财政58%，留用42%；从1978年起，上缴国家财政61%，留用39%。这是向"分灶吃饭"财政体制迈出的重要一步，它扩大了地方的自主权，冲破了以条条为主的限制，也避免了在财政指标安排上年年讨价还价、争执不休的矛盾，为地方自主统筹安排自有财力提供了保证，从1981年起，江苏省也执行了全国"划分收支、分级包干"体制。

2. 1980年起在广东、福建实行"划分收支、定额上缴（定额补助）、五年不变"的财政体制，这两个省靠近港澳，华侨多，资源比较丰富，具有加快经济发展的诸多有利条件。中央决定给它们在对外经济活动方面以特殊政策和灵活措施，赋予地方以更多的自主权，使之发挥优越条件，抓紧有利的国际形势，先走一步，把经济尽快搞上去。因此，决定从1980年起，在财政收入方面，除中央直属企业、事业单位的收入和关税归中央财政外，其余支出均作为地方支出。按照上述划分收支的范围，以1979年收支决算为基数，确定广东定额上缴10亿元，福建定额补助1.5亿元，都是一定五年不变。执行体制中增加的收入及节约的支出全部归地方支配。这种体制在更大的程度上扩大了地方财权，地方财力增强，促进了地区经济的迅速发展。

3. 民族自治地区的"分灶吃饭"财政体制。从1980年起，中央对地方实行新财政体制时，在体制上给予五个自治区和云南、青海、贵州以较多的照顾。除了保留原有的特殊照顾并将其纳入地方财政包干范围之内，新体制还作出三条新规定：一是对民族自治地区的补助数额由以前的一年一定改为一定五年不变，五年内收入增加部分全部留给地方；二是中央财政对民族自治区的定额补助数额每年递增10%；三是设立一笔支援经济不发达地区（包括边远地区、革命根据地和经济基础落后的地区）发展资金，由中央财政专案拨款，有重点地使用。这一新体制使民族自治地区的财力迅速增加，部分地改变了生产条件，改善了人民的物质文化生活。

三 "分灶吃饭"财政体制向地方包干的演变

1. 1985—1987年实行"划分税种、核定收支、分级包干"的财政体制。随着经济改革的迅速发展和国营企业全面实行利改税，情况发生了很大的变化，中央、地方、部门、企业的分配关系和过去有了很大的不同，为了促进经济改革与发展的顺利进行，国务院决定从 1985 年起改革"划分收支、分级包干"的财政体制。新体制的基本原则是：在总结以往财政体制经验的基础上，存利去弊，继续坚持"统一领导、分级管理"，进一步明确各级财政的权利和责任，做到权责结合，充分发挥中央和地方两个积极性。新体制的主要内容是：（1）财政收入的划分，基本上按照利改税第二步改革后的税种设置，划分为中央财政固定收入、地方财政固定收入、中央和地方财政共享收入三大类。财政支出的划分仍按照隶属关系。（2）重新核定基数，地方财政的收入包干基数以地方 1983 年的决算收入数为依据，地方财政的支出基数按照 1983 年的既得财力确定。（3）中央和地方的分成：凡地方固定收入大于地方支出的，定额（或按一定比例）上解中央；地方固定收入小于地方支出的，从中央、地方共享收入中确定一个分成比例留给地方，地方固定收入和中央地方共享收入全部留给地方还不足以抵拨支出的，由中央定额补助。收入分成比例或上解补助数额确定以后一定五年不变，地方多收入可以多支出，少收入就少支出，自求收支平衡。（4）民族自治地区和广东、福建省仍实行原来的体制。（5）由于经济体制改革期间的变化因素很多，完全实行"划分税种"的条件尚不具备，为了更好地处理中央与地方之间的关系，国家决定对新体制采取部分变通措施，即：1985—1987 年，暂时实行"总额分成"的过渡办法，除中央的固定收入不参与分成外，把地方的固定收入和中央、地方共享收入加在一起，同地方财政支出挂钩，确定一个分成比例，实行总额分成。待条件成熟，再实行"划分税种"的办法。

　　新体制具有明显的优点。一是它的设计是以税种作为划分各级财政收入的依据，尽管因实际情况还有不够彻底的欠缺之处，但它毕竟还是改变了过去以企事业单位行政隶属关系划分收入的办法；二是按照新体制的规定，中央财政收入比较稳定，并且具有增长的趋势，这有利于保证国家的宏观调控职能的实施和重点建设的资金需要，同时也充分照顾了地方的利益，保护了地方的积极性；三是坚持了"统一领导、分级管理"的原则，合理安排了中央与地方的分配关系，除个别地区外，全国基本上执行了统一的财政体制，为经济改革和经济发展中的地区间平等竞争创造了条件。新体制实行的三年间，在国家财政收入中，中央财政收入占39%，地方财政收入占61%，中央财政支出占43%，地方财政支出占57%。

2. 1988年以后实行的"地方包干"体制。由于经济体制改革期间的各种不确定因素很多，变动很大，致使财政收入的不稳定性加大，因此，在实行"划分税种、核定收支、分级包干"体制到期时，各级地方财政纷纷要求继续执行和完善分级包干的财政体制，提高中央财政和地方财政"分灶吃饭"的透明度。这样，国家决定从1988年起，进一步改进包干体制，对全国37个地区（不含广州、西安两市）分别实行不同形式的财政包干体制。其主要形式有：（1）收入递增的包干体制。即：以1987年财政收入和地方应得的财政支出为基数，参照各地近几年的收入增长情况，确定地方收入递增率和留成、上解比例。在递增率以内的收入中央和地方按比例分成；超过递增率的收入全部留给地方，收入达不到递增率，影响上解中央的部分，由地方用自有财力补足。（2）总额分成的包干体制。即：根据前两年的财政收支情况核定收支基数，以地方财政支出占总收入的比重，确定地方的留成和上解中央比例。（3）总额分成加增长分成的包干体制。即：在"总额分成"体制的基础上，收入比上年增长的部分另加分成比例，即每年以上年实际收入为基数，基数部分按总额比例分成，实际收入比上年增长的部分，除按总额分成比例分成外，另加增长分成比例。（4）上解额递增包干的体制。即：以 1987 年上解中央的收入为基数，每年按一定比例递增上缴。（6）定额上缴的包干体制。即：按原来核实的财政收支基数，财政收入大于支出的部分，确定固定的上解数额。（6）定额补助的包干体制。即：按原来核定的财政收支基数，支出大于收入的部分，实行固定数额补助。国家要求各地，包盈和包亏由地方自己负责，自求平衡。

3．"八五"期间改革地方财政包干体制，为实现分税制准备条件的设想。现行的财政大包干体制虽然调动了地方组织收入、压缩支出的积极性，促进了地方经济的发展，扭转了一些收入上缴大户地区财政收入下降的局面，但是，它本身还有许多不完善之处。比如，在中央与地方事权不清的基础上，中央财政收入在整个国家财政收入中所占的份额过低，因而连年赤字，这既削弱了中央财政的宏观调控能力，又使进一步的经济改革因缺乏足够的财力基础而困难重重；按企业隶属关系划分各级财政收入来源的做法，既造成了各级财税部门对不同企业的亲疏远近不同，影响了财政收入，特别是中央财政收入的足额入库，又强化了政府与企业的血缘关系，阻碍了政企分开的改革进程；以财政支出基数作为分配地方财政收入的依据，造成了苦乐不均，在某种程度上鼓励了增加支出的短期行为。此外，我国的税制结构还存在一些不完善之处，价格体系中不合理的比价关系没有得到有效的调整，企业承包使国家与企业的分配关系处于不稳定、不规范的状态，投资、计划、工资、物资等体制的改革也迫在眉睫。所有这些表明，我们必须在深化改革中，改进和完善现行地方财政包干体制，同时，创造条件，向中央与地方按税种划分财政收入的分税制过渡。其要点应是：（1）明确划分中央政府与地方政府的事权范围，据此确定各级政府应拥有的财权和财力规模。
（2）在"八五"期间稳定和完善财政包干体制的同时积极推进分税制改革的试点工作。在提高企业经济效益的基础上，逐步提高财政收入占国民收入的比重和中央财政占国家财政收入的比重，提高财政对宏观经济的调控能力。在税制结构上适当增加地方税种，逐步扩大地方固定收入的范围，调整产品税与增值税的征收范围，适时开征消费税；统一和规范所得税，改变"包税"的局面，使所得税成为调节国家与企业分配关系的有力杠杆，同时扩大利税分流、税后承包、取消税前还贷的改革试点，完善国有资产管理体系和职能，适时进行国营企业清产核资，摸清家底，为明确企业产权关系做好基础性工作；积极推进价格、投资体制与财政体制的配套改革，防止财政体制改革的孤军深入。
（3）在"八五"期间分税制和企业税利分流试点、总结经验的基础上，于"九五"期间全面推开，普遍实行。努力做到在适当兼顾地方利益的同时，通过提高企业经济效益和严防跑、冒、滴、漏，增加财政收入，特别是中央财政收入，使中央税能准确反映国家统一行使的宏观调控、结构调整等职能，将经过改进和新开征的地方性税种划为地方税，由地方组织征收，以上述分税为基础，对财政收入仍大于支出的地方可以实行递增上缴、比例分成等方法，对财政收入不抵支出的地方，可以实行定额补贴、递减补贴等办法，在严格划分税收管理权限的前提下，同步设立中央税局和地方税局、分别组织中央税和地方税。

四　财政体系改革的利弊及其和其他
经济体制改革的关系

实行"分灶吃饭"财政体制的背景是 1979 年发生了巨额财

政赤字。当时实行分灶吃饭主要是为了克服财政困难，在统收统支的财政体制下，各地都在伸手向上，中央财政压缩支出的余地极小，向地方分派压缩支出的任务十分困难，在这种情况下，财政体制改革在经济体制改革中先行一步，由"一灶吃饭"改为"分灶吃饭"，使地方财政眼睛向内，积极压缩支出，增产节约，分担财政困难，第二年就取得了财政赤字减少43亿元的效果。它迫使地方政府为了增加本地财政收入而拼命发展生产、强化对企业的直接行政干预，从而造成投资规模膨胀和产业结构失衡，以及更高程度的政企合一，导致了地方封锁、市场割据和形式多样的地方主义或"诸侯经济"。这样，它又给继起的改革制造了障碍。

（一）"分灶吃饭"体制的成效

1. 它增加了地方财力，扩大了地方自主支配自有财力的权限。实践表明，在各种包干体制下，地方政府可以支配的财力大体包括财政预算资金、预算外资金、差额包干的信贷资金、地方外汇留成，以及各种地方政府债券和国内外借款。仅从财政资金看，1988年地方总财力（预算资金加预算外资金）就比1982年增加了约2.7倍，在国家财政收支中，地方财政所占比重逐年上升。

2. 它调动了地方政府当家理财、增收节支的积极性，促进了地区经济的发展，带动了整个国民经济的增长，壮大了国家财力。在统收统支的体制下，大家花钱，国家平衡，压力在中央，实行包干体制后，把全国"一灶吃饭"改为各地"分灶吃饭"，加重了地方政府平衡预算的责任心。并且，由于分灶吃饭一定五年，使地方有可能立足眼前、预测几年后的地方财力规模，做到心中有数，统筹安排本地区经济发展战略规划，提高资金使用效益，搞好各项事业的发展。

3. 它为地方政府进行"自费改革"提供了财力保证。由于地方有了相对稳定的自有财力，一些地方政府为有效地增加地方财力，还根据国家产业政策和地方经济发展规划，关停并转了一些长年亏损的落后企业，加快了地区产业结构合理化的进程。同时，一些地方政府运用自有财力进行"自费改革"，为建立地区商品经济运行机制作出了努力。

（二）经济体制改革中出现"诸侯经济"现象是各种包干体制综合作用的结果

"分灶吃饭"财政体制强化了地方利益，确实出现了一些副作用。但是，"诸侯经济"现象的出现是多种因素综合作用的结果。

在财政"分灶吃饭"前后，我国还实行了物资、信贷、外汇等包干体制。各种包干体制与财政的"分灶吃饭"体制融为一体，使地方利益更加突出。应该指出，在这些包干体制中，对地方政府最有诱惑力的还是信贷资金"差额包干"。因为财政分灶伊始，地方财政基本上是保"人吃马喂"的收支盘子，已无大的油水可榨，预算外资金则一是数量少，二是有专门的用途，地方财政可支配的部分仅占总量的3%左右。在这种情况下，地方政府除挤预算内，抓预算外和向社会集资外，很自然地把眼睛转向了银行，加上银行无贷款硬约束机制、财政实行税前还贷和以税还贷政策，这就使地方政府又有钱、又有权，得心应手地添平补齐地方企业，加速发展本地经济，增加财政收入，但是，各地对信贷资金的运用是很不一样的。西北各省很穷，除了财政收入全部留给地方外，中央财政还给予大量补贴，但是，对信贷资金却因为要还本付息而不敢利用，还有存大于贷的存差向省外流出。大量使用信贷资金而有贷差的，是一些经济发达省份。直到80年代后期，一些经济不发达省才明白这个道理，而那时的信贷资金已经很紧，地区间拆借无门，信贷资金包干基数已经不大好调整了。与此同时，各级地方政府还利用诸如物资、外贸、外汇等包干体制，实行区域割据，地方封锁，自成体系，层层搞大而全、小而全，资源地区搞就地加工，加工地区努力开发本地资源，各自要求保护本地区工业，于是形成一边是商品和贸易封锁，一边是资源争夺，酿成全国性的"蚕茧大战"、"羊毛大战"、"棉纱大战"，造成了有限资源的巨大浪费，严重束缚了生产力的发展。同时，由于相当多的地方政府不顾国家产业规划和区域分工，利用包干得到的权力和财力，拼命发展花钱少、周期短、见效快的加工工业，致使企业规模小型化、技术低级化，经济效益低下，无法形成规模效益，造成地区间产业结构趋同，全国产业结构失调。

（三）经济体制改革中一再出现放权和收权循环的症结所在

新中国成立以来，我国在中央财政向地方财政下放财权方面经历了三次大变动：1958 年，1970—1973 年，1980 年以后。它们呈现出了几个共同特点，一是放权的目的都是为了调动地方发展经济、增收节支的积极性；二是财权下放总是与信贷、物资、投资等体制的变动相呼应；三是放权后的效应大体相同，一放就乱，宏观失控；四是放权没有明确的依据，因而形成收权——放权——收权的循环。

经济体制改革以来，中央与地方关系的变化更加突出，与前两次不同的是，这次变化没有受到大的政治运动的影响，在宏观失控的情况下，中央没有采取大的收权动作；并且，"诸侯经济"的形成又表明地方利益远远超过前两次。但是，利益关系的冲突影响到宏观调控，为了调控的需要，又自然地出现了某些小的放和收的循环，影响到经济体制改革的推进。其中，有些理论问题很需要做深层次的发掘。

经济体制改革要求充分利用市场机制，把经济搞活，由于市场调节是事后的，总具有一定的盲目性，因而在利用市场机制的同时，要加强宏观调控。我国作为一个人口众多、幅员辽阔的大国，宏观调控不能只由中央政府承担，还应在统一领导下实行分级管理，地方政府是国家进行经济管理的一个层次，作为地区内经济调控的主体承担着执行和传导中央政府各项经济决策的职能，维护着宏观经济的整体利益。然而，财政包干和其他各种包干体制又使得地方政府在组织地区经济活动中有着明显的自身利益，作为地方经济利益的主体，它会据此作出各种维护自身利益的经济决策。一般来说，地方政府的调控主体和利益主体这双重身份之间是统一的，并且，在传统体制下突出的多是全国的整体利益，这时地方政府调控身份为主，作用明显，利益主体的身份和作用让位于前者。但是，在经济体制改革向地方放权，也向企业放权，各种包干体制不仅把企业和地方政府紧紧地捆到了一起，而且使地方政府在发挥其调控主体作用的时候，能够利用各种手段，扩充和实现其利益主体的要求，这就出现了地方政府或者"藏富于民"与中央讨价还价，再通过集资，扩大地方投资；或者越权减免税收，实行价格保护和贸易保护，对企业施以"父爱"，使地方政府的双重身份向经济利益主体一头儿倾斜，从而出现种种矛盾。因此，通过政企分开等改革措施，淡化地方政府的利益主体身份，已是深化改革中极其重要的方面。

（四）深化经济体制改革中，如何处理中央与地方的关系，部署下一步的财政体制改革

问题的关键在于明确划分中央政府和地方政府的事权范围，这是我国中央财政与地力财政之间财权划分和关系变化的基本依据。从国外情况看，政府职能分成两个主要部分，一是维护国家机器的正常运转，目的是实现社会稳定；二是提供城乡基础设施建设，目的是为企业竞争和经济发展创造外部条件。我国政府的

职能与之大体相同。但是，由于我国是发展中的社会主义国家，从现实国情和 40 年的实践经历出发，在中央政府与地方政府事权划分和职能分工问题上，还必须注意研究三个问题：（1）我国政府在实现其职能时面临的突出问题是国民经济基础薄弱，经济结构合理化的进程需较长的时间，并且，资金短缺，人口众多，地区发展不平衡，这就决定了我们不可能像发达国家的中央政府那样，完全退出对大中型盈利性生产项目的投资，而必须在较长时期内保持并在某种程度上强化这一职能。（2）在取消按行政隶属关系划分各级财政收入的同时，地方政府必须坚决退出盈利性生产项目的投资，集中力量搞好地方基础设施建设，若地方自有财力尚有不足，可通过地方政府债券或向外借款解决，或经中央财政批准后，通过开征地方零星税种筹集资金，严禁向企事业单位强行摊派。（3）由于各种经济的和非经济的原因，我国各级政府的职能显现出模糊、分散的状态。例如，政府为人民提供的社会福利和社会保障采取了政府、企业、事业和农村基层单位等多渠道、多源头、多形式（多有重叠）、意义不明、透明度极弱的管理体制，也就是说，政府在国民收入再分配中为人民提供的社会福利、社会保障资金远远小于初次分配中企事业单位抵留的资金。这就影响了政府职能的发挥，也淡化了社会主义制度的优越性。这种社会福利和社会保障资金来源不明、渠道不清的状况不改变，是很难划清中央、地方、部门、企业的权利义务界限的。而在这方面的改革推进，也将有利于各级政府事权和财权的界定。

在经济体制改革中有步骤地推进政企分开，是实现各级政府经济职能转换的关键一环，政企分开包括两个基本内容。一是要明确企业的产权关系，明确划分政府作为国有资产的代表和国家政权的管理者这两重身份。但是，目前由于价格扭曲，流动资金供应体制存在弊端，通货膨胀的潜在压力以及结构性矛盾突出，企业无法实现清产核资的要求，国有资产存量不清，加之国有资产产权多头管理的体制，企业产权关系至今仍然模糊，还要花费较大的气力。二是要真正切断政府与企业的亲缘关系，使企业真正成为独立经营、自负盈亏的经济实体，政府则可以在投资环境、社会保障、技术开发、信息传递诸方面为企业服务。但是，从目前乃至整个"八五"期间的现实情况看，实现政企分开的难度还相当大，这主要是因为在财政包干制、企业承包制，以及信贷资金差额包干制下，地方政府增加收入、扩大投资、攀比速度的冲动，把各级政府与企业紧紧地捆在一起，强化了政企合一，而取消了财政包干制，向彻底的分税制过渡又有赖于各级政府事权的划分、税制结构的调整，以及较为健全的法制，这些都需要较长时间的艰苦努力。因而，应通过深化改革，为政企分开创造条件，其要点是：扩大税利分流、税后还贷、税后承包的试点，强化企业内部管理，使企业内部的工资总额、实现税利、资产增值和全员劳动生产率形成相互制约的运行机制；建立健全国有资产体系，选择适当时机，在全国开展一次全面的清产核资，摸清国有资产家底；扩大股份制企业试点并逐步完善立法，积极、稳妥地开放证券市场，鼓励个人股；允许新建企业采取股份制形式积聚资金；随着社会保障体制的建立与完善，可以对那些经营不善而长期亏损的企业实行拍卖或破产。

　　从经济体制改革的远景来看，地方政府在经济发展中应起什么作用呢？根据我国的具体情况，地方政府的经济职能应主要包括四个方面：（1）根据全国国民经济发展计划，从本地区的实际情况出发，统筹规划地区经济和社会发展战略，实现生产力的合理布局，保证本地区经济的协调发展。（2）在贯彻执行中央政府宏观经济决策，维护全局利益的前提下，通过经济杠杆的协调运用，对本地区经济实施调节、控制和监督，以保证国家计划的完成和地区经济的发展。（3）加强经济信息的研究和传递，对地方重大建设项目组织科研攻关，推进新产品的开发和新技术的应用，提高地区内的科学技术水平。（4）加强基础设施建设，促进文教科卫等公益事业的发展，为企业平等竞争创造良好的外部环境。

多年来我国在中央集权和地方分权关系上，曾出现多次收放循环。为了促进国民经济的更快增长，放权便作为有效的对策被提上议程；一旦需要进行经济调整，收权又似乎是唯一办法。这种放放收收的反复，从经济体制改革的角度考察，是改革尚不彻底、新旧两种体制并存的结果。因为"诸侯经济"现象的出现并不是地方分权的必然结果，而是市场发育度低，市场力量弱小，地方才能够以调控主体的权力分割市场来保护本地区的利益。许多发展中国家都有地方政府和地方特殊的利益，但因为市场的发育已经冲破了地区的狭隘范围，就搞不起地方保护主义，欧洲各国都是独立的国家，并没有一个凌驾于其上的中央政府来进行调控，然而却因为共同的利益使它们打开国界，形成欧洲共同市场。所以，处理中央集权和地方分权需要明确中央政府和地方政府的职责，而解决"诸侯经济"的关键却是需要借助于市场的力量。市场受到限制，价格出现扭曲，地方保护主义便有了生长的温床，盲目发展"短、平、快"的加工行业和产业结构趋同的现象便难以避免。这也就是说，不同层次的问题需要通过不同层次的改革来解决，"诸侯经济"这个深层的问题需要通过深化以市场为取向的改革解决。至于从财政体制说，中央和地方财权关系是需要经常调整的，总的原则是使财权和事权相适应，明确了事权，划分财权才有依据。

（《经济学家》1992 年第 4 期）

财政扩张和发债规模的度

一 关于发债规模的李嘉图等价学说

对于以扩大国债发行为支撑的扩张性财政政策,历来有着众多的反对者,他们有着各种不同的理论假设与分析阐述。但历时久长的争执,归结起来,都是以李嘉图关于国债的原始论述为起点的,从而被称为李嘉图等价主义者。[①]

李嘉图在分析国家为筹划战争费用(纯粹消费性政府支出)是通过征税还是举债时,阐述了举债的本金、利息支付负担的分布及其对私人消费、储蓄和整个社会财富的影响。他为此写道:"如果为了一年的战费支出而以发行公债的办法征集两千万英镑,这就是从国家的生产资本中取去了两千万英镑。每年为偿付这种公债利息而课征的一百万英镑,只不过是由付这一百万英镑的人的手中转移到收这一百万英镑的人手中,也就是由纳税人手中转移到公债债权人手中。实际的开支是那两千万英镑,而不是

---

① 持有李嘉图等价主义观点的当代学者有获得诺贝尔经济学奖的布坎南以及巴罗、圣路易斯、科钦、斯卡丁、泰勒等人。

为那两千万英镑必须支付的利息。付不付利息都不会使国家增富或变穷。政府可以通过赋税的方式一次征收两千万英镑，在这种情况下，就不必每年课征一百万英镑。但这样并不会改变这一问题的性质。一个人虽无须每年交付一百英镑，却可能必须一次付清两千英镑。对他说来，与其从自己资金中一次付清两千英镑，倒不如向别人借两千英镑，然后每年给债主付息一百英镑为方便。"①

李嘉图的这段论述只是表明，在国家非生产性的前提下，为了筹集用于纯粹消耗性支出（战费）的费用，不管是征税还是借债，效果是相同的。因为至少均使民间可能会用于生产事业的资本减少，转变为不会提供任何利润和利息收入的非生产性消耗。同时又表明，由于公债利息的偿还来源于未来的课税，但为付息而课征的税收只是人们初始时期因享受政府采取借债而非大规模课税所获得的大额免税优惠所付出的成本，也就是将税收负担延后并在一定年度间分摊化了。这当然是一般人所偏好的方式（就像现代的人们偏好分期付款一样）。况且由于债息的支付也不过是由一部分纳税人手中转移到债券持有人手中，完全是一种借助政府财政收支而产生的民间内部转移，因而付不付利息也就无关国家财富的增减了。于是李嘉图又进一步总结道："国家既不会由于支付公债利息而陷入困境，也不会由于免除支付而得到解救，国家的资本只能由储税收入与节省开支而增加。取消公债既不能增加收入，也不能减少支出。"②

李嘉图等价定理的简洁表述应该是，通过发行公债的政府融

---

① 彼罗·斯拉法主编：《李嘉图著作和通信集》第一卷，中译本，商务印书馆1991年版，第209页。

② 同上。

资仅仅是延迟了征税，但由于债务终究是由未来的增税偿还，因而它与现时税收在某种程度上是相似的，所谓"等价"也就由此而来。进一步的结论是，在政府财政开支不被削减的情况下，预算赤字的增加应会导致正好与赤字相配合的储蓄的增加。因为，发债会造成纳税义务后移，产生代际效用函数变化，由此或者引起后代人所负担的税收增加或者是当代人为了不至于使下一代人因未来增税还债而减少未来消费，便在当代增加储蓄以增加留给后代的遗产，由此引起消费减少，也会抵消政府开支增加的效应。应该说，发债确实会引起银行储蓄存款以及民间投资的变化，但相互间并不是等量的替代关系，至于代际效应则更多的是从利益转移的伦理道德角度而不是从对当前经济影响的角度作出的分析。

归结起来，李嘉图主义的分析是以封闭经济和政府活动非生产性为前提条件的，它追求的是一种较少政府干预的财政政策目标，它不区分经济发展是处于繁荣期或衰退期，是处于通货膨胀期或通货紧缩期，强调财政预算收支平衡，认为由国债支撑的财政赤字对刺激经济是无效的。其实由增发国债支持的扩张性财政政策并非在任何时候都有效，它只是在经济衰退期，在通货紧缩期有效。[①] 尤其是当国债用于生产性支出时，由公债融资形成的公共物质资本，能够产生外部效应，且这种效应不仅仅能够对当代人产生效用满足时，公债活动也就不会产生李嘉图主义所认为的那种由偿债负担引致的私人储蓄对政府储蓄的替代，况且公共物质资本还有利于私人资本的形成，公债作为一类金融资产，在家庭和企业部门的资产选择与资产积累中占有非常重要的地位，

---

① 由此涉及庇古效应即财富效应，国债对于债权人的当前消费的刺激，会大于未来由增税偿债引起的消费抑制。

作为一种重要的资产存量，被其他资产替代的可能性较小，即其可替代性相对较小。因此，即使从动态过程观察，为弥补赤字而发行的公债量是多少，私人部门资产积累中的公债资产存量不会趋于减少。如果把资产选择与积累看成不同储蓄形式的形成及其总量增减的过程，那么，公债发行量所引起的上述变化就意味着，人们的储蓄存量不会因为公债发行而减少，按照庇古的财富效应理论，消费与储蓄倾向会随财产的增加而增加。这样，由发行公债而增加财政支出，当然能够填补总供需缺口而刺激经济增长。

　　我国经济转型期间，经济运行复杂多变，体制、机制及制度差异，使单纯谈论李嘉图等价定理的适用性不可能扯清，也没有多大的现实意义。[①] 不过，李嘉图等价定理论证的有关公债引发的减税效应以及对储蓄、消费、利率进而产出的影响机制，则启示我国在宏观经济管理转向注重需求型管理，尤其是在为扩大需求以启动经济增长而启用财政政策时，应当注意赤字、债务、税收、储蓄、消费间的关系。而且，我们从反对李嘉图等价定理者的理论分析中能体会到以债务融资支持的赤字财政政策能够对需求产生影响。从李嘉图等价定理的本身，我们又看到了赤字财政政策有可能无效的一面，又提醒我们注意使用这些政策工具的限度，如此对待，便有现实意义了。

　　李嘉图等价定理并不区分赤字和债务融资的适用期，但事实上，经济发展有张有弛，在经济萧条时，为了充分利用过剩的储蓄资源，筹集资财支持扩张性财政支出以弥补有效需求不足之用。这是以确实能够使经济增长出现上升的预期为政策前提的，

---

　　① 赵志耘、郭庆旺：《李嘉图对等定理的分析》，载《财政研究》1998 年第 5 期。

假如不能在短期内将经济增长引导到一定区间，尤其是萧条阶段的经济不能在短期内有较大幅度回升，那么，财政的非债务性正常收入也就难以随之充裕，过多的国债发行无疑会使财政在逐步陷入债务危机的过程中失去应有的主动性。也就是说，究竟在多大程度上启用公债政策，首先取决于对当前及今后一段时间内经济基本运行态势的断定。比如目前这种带有全球经济不景气的现象是一种短期还是较长期的现象，处于世界经济周期的哪一个阶段？在此环境中的中国经济处于运行周期的谷底还是回升过程中？对这些最基本问题的不同断定，将直接决定着国债政策的使用。当然，这种断定不管采取什么高明的测算方法，也总会带有一定的不确定性，因而国债政策的运用也并非没有风险。

二　债务合理规模的重要性及其确定

实施扩张性财政政策，增发国债，它对于经济增长是有利还是有害，取决于当时的具体条件，同时也取决于增发国债的规模是否合理。在合理规模之内是有利的，超越了合理规模则是有害的。

国债管理中最重要的是国债规模的合理确定，即使创造了所有条件可供国债对经济增长的效应得以充分释放，但如果对国债规模掌握不好，也会使其效应打折扣甚至走向经济要求或政策意向的反面。这就要从经济增长的视角观察公债变动和评测债务规模的大小。尤其是要从较长历史时期内经济增长、国债变动的轨迹来分析国债相对规模（债务余额与名义 GDP 的比率）的变化，描述出公债与实际利率、产出增长率之间的关系。

正因为确定国债的合理规模非常重要，因此，不少经济学家设计了各式各样的债务规模模型、计算方法，反复探讨了与国债合理规模有关的各种变量的计算。但很多模型对于它的具体环境条件界定不很清楚，而事实上，国债的合理规模在不同条件下是有很大差别的。

国债的合理规模，在通货膨胀条件下和通货紧缩条件下，是完全不一样的。在通货膨胀条件下，已经是社会总需求大于社会总供给、投资大于储蓄，这时候再扩大财政赤字、增发国债，不论增加多少，都有可能加剧求大于供，对通货膨胀推波助澜，火上浇油。不过，有时候迫于无奈，种种必要安排的财政支出难以削减，不得不有财政赤字，那么，仍应将财政赤字控制在一定界限上。我们经过测算和验证，认为当赤字——债务率低于 GDP 增长率和通货膨胀率时，财政赤字对通货膨胀并未起到加速作用；而当赤字——债务率高于 GDP 增长率和通货膨胀率时，则会推动通货膨胀，使它变得更加严重。这样，尽管此时出现财政赤字都是不合理的，但这种不合理对经济的影响仍有个转化界限。也正因为这样，尽最大努力增收节支降低赤字——债务率，便成为此时财政政策的最佳选择。

在通货紧缩时期，面对的经济状况是社会总需求小于社会总供给，投资小于储蓄，产生这种状况的原因是民间投资畏缩不前，增长乏力，市场失灵，不得不由政府出面干预，扩大财政赤字，增发国债。但政府不可能也不必要承担全部的投资小于储蓄的缺口。从理论上说，一个国家的最大规模赤字率可以由这个国家的最大资源闲置程度特别是资金的最大闲置程度给出，但实际上一般都达不到这个规模，例如我国企业开工率只有 60%，潜在的总供给能力非常之大，而闲置资金也相当多，银行存贷差达万亿元，货币流通速度加快一个百分点也可以动员出几千亿元资金，而近几年扩大财政赤字的年规模不过 1000 亿—1500 亿元。这是因为政府所能起的作用是启动，如果超越启动界限，把闲置资源全用上了，由乘数原理和加速原理推动，就会超越闲置总量，引起通货膨胀乃至引起经济动荡。而从效率角度考察，一个国家的最佳赤字率必须在这个国家资源特别是资金大量闲置的前提下，由赤字的收益与成本及其相互关系决定。从这个角度看，所谓最佳赤字率，只能是赤字的边际收益与赤字的边际成本相比有净收益或相等时的赤字率。不过，到目前为止我们还很难对赤字的边际收益及其边际成本本身作出全面的和比较准确的估计。因为，影响债务的边际收益和边际成本的因素非常之多。但它大体上反映了一个基本要点，那就是赤字——债务应控制在资源闲置程度之下。而对于在资源闲置程度之下的合理规模，通常都是采用与此有关的各个国家的经验数据进行比较参证来加以把握的。

衡量财政赤字是否超越合理规模，一个重要标志是社会对国债的可接受度，即至少不能超过社会资金可供量。科学合理地确定国债发行规模，从国民收入分配的角度来看，举债的可能规模可以简单表示如下：

举债的可能规模＝国民收入生产额－（补偿基金＋积累基金＋社会消费基金）－（原有人均消费水平＋由于生产率提高而新增的人均消费水平）×（原有人口＋新增人口）＋新增企业存款－流动资金增加额＝个人储蓄存款增加额＋企业存款增加额－流动资金增加额

个人储蓄存款增加额加上企业存款增加额减去流动资金增加额，仅仅表示举债的最大限度，具体年度内可以举借多少国债，还要综合考虑国债发行方式和时间、企业债券以及股票的发行情况。

在明确国债的最大发行限度后，应具体考虑和测量国民经济的应债能力。这主要取决于企业单位和个人收入水平的高低及购

买力结余情况，总体上国债发行额的增长率不应超过国民经济增
长率。在测量国民经济的应债能力时，可以参考下列指标：个人
国债负担率（对个人发行的国债余额占居民收入的比例）、单位
国债负担率（对单位发行的国债余额占单位预算外资金的比
率）、国民经济负担率（国债余额占 GDP 的比率），应当根据本
国国情并参照国际情况，对上述指标定一个波动上下限，并随经
济形势的变化而进行调整。

　　总之，尽管从挖掘潜在总供给的角度来看，需要的国债数量
可能相当大，但运用国债只能作为启动力量。确定国债发行规模
一定要控制在社会应债能力之内，不能超越这个限度。

　　衡量财政赤字是否超越合理规模，还需要看赤字运用产生的
经济效果。如果新增赤字性支出与政府债务增长能够带来较大的
经济效益，那么，它就是适度的；反之，就是不适度的。在这里
需要指出的是着眼于政府干预的赤字规模，要为民间资本留有余
地。如果政府干预的规模过大，增发国债引起利率上升，那就不
是吸引和推动民间投资而是挤出民间投资了。从实践中赤字运用
所产生的经济效果看，如果新增赤字性支出能够带来较大的经济
收益，那么，它就是适度的；反之，就是不适度的。1998 年以
来我国实行的扩张性财政政策的效果表明，现行赤字率是适度
的。例如，1998 年以来我国曾分别增发建设性国债 1000 亿元、
1100 亿元和 1500 亿元、1500 亿元，分别拉动同期经济增长 1.5、
2.0、1.7、1.7 个百分点。如果将分析的视角做一下调整，通过
回归分析，仍可得到与上述分析近乎相同的结论：从 1998 年至
2001 年，我国赤字额每增加 1% 可使同期 GDP 增长 0.738%，内
债余额每增加 1% 可使 GDP 增长 0.671%，内外债余额每增加
1% 则可使 GDP 增长 0.689%。回归分析的结果表明，总体上看，
我国赤字和国债的使用效率是比较高的。

　　有人认为积极财政政策效果虽好而强度不够，强度不够的主要依据是零售物价持续下跌已经有 5 年多了，迄今尚未改观。但是，赤字强度分寸很难把握，物价持续下跌的因素也很复杂，增加财政赤字强度有可能达不到最佳效果。然而经济活动是不能重新试验的，如若超过合理界限会带来不良后果，因而，也可以认为这几年的赤字规模把握是最佳的把握。

三　年度赤字——债务率的合理区间

　　宏观调控不完全是短期调控，但短期调控是主要的内容。扩张性财政赤字的合理规模首先是指年度财政赤字规模。对此，可以设立模型进行计算，也可以借鉴世界各国的经验数据。世界银行曾于 1999 年公布过一个包括我国在内的 32 个国家中央政府盈余（赤字）率统计表（表 1），求取总体平均：人口达亿人以上的国家平均和低收入国家平均，就这 32 个样本，求得了一组世界范围的中央财政赤字率均值指标。这组指标共有四个：一是用于代表世界平均水平的 32 个国家的赤字率均值，为 2.39；二是发达国家的赤字率均值，为 2.91；三是人口为 1 亿以上的国家的赤字均值，为 3.47；四是人均 GDP 不足 1000 美元的典型发展中国家的赤字率均值，为 5.44。观察这四组指标可以发现，近十多年来，世界范围的平均赤字率要明显低于高收入发达国家的赤字率，人口达 1 亿以上的国家的赤字率则高于发达国家的平均水平，赤字率最高的是包括我国在内的人均收入低于 1000 美元的发展中国家。这种统计结果是符合经济发展的内在逻辑的。因此，将包括我国在内的世界范围的平均基本赤字率的近似值 2.5 作为一般赤字率的下限，将较成熟的高收入发达国家平均赤字率的近似值 3.5 作为中限，将低收入发展中国家的平均赤字率的近似值5.5作为上限，从而得到基本赤字率3.32和亿人以上国家的平均基本赤字率3.47，包括上、中、下限的赤字率变动区间为：2.5—3.5—5.5。[①]

欧洲经济与货币联盟为了实现欧洲经济的长期繁荣与稳定，经过两个多月的争论，1992年2月7日，欧洲12个主要国家的首脑在荷兰南部小城马斯特里赫特（Maastricht）签订了一个条约，即《欧洲经济与货币联盟条约》（*Treaty on European Union*），简称《马约》（*Maastricht Treaty*）。条约根据欧洲国家的经验，明确提出了一个要求——联盟成员国必须于1996年底、最迟于1998年底之前，将其赤字率和政府债务率降到规定水平以下的指导线：年度财政赤字率不能超过3%、政府债务率不能超过60%。《马约》所确定的赤字—债务指导线，是根据欧洲各国实践归纳总结出来的。

当然，《马约》关于赤字—债务的"标准"或"指导线"与我国实践并无内在联系，但由于我国遇到了东南亚金融危机所造成的外需大幅度收缩、内需严重不足的矛盾，如何运用扩张性财政政策启动内需，又需要寻找一个扩张度的掌握监控界限，而俯视全球，可资借鉴的现成标准并不多，这才对在90年代初已经形成条文的《马约》及其提供的所谓赤字—债务"标准"或者说"指导线"倍加重视。

应该看到，《马约》的"标准"带有明显的区域特征。欧盟12国首脑签订《欧洲经济与货币联盟条约》，目的是试图经过三个阶段（约10年左右）的努力，在欧洲建立一个统一的经济和货币联盟。因此，在一些重要问题上必须对成员国和申请成为成

---

① 朱之鑫主编：《国际统计年鉴2000》，中国统计出版社2000年版，第366页。

员国的国家提出一系列达成一致的要求。这是自然和正常的。但是，必须看到这类要求的特殊性及其区域特征。将一个本来专门用于指导某一特定区域或者说"联合的经济国家"经济活动的政策，以泛国际化的形式直接推广至"非联合的经济国家"，既不符合《马约》的本意，也不符合其他国家的实际。

表 1　　　32 个国家中央政府财政盈余（赤字）率统计表

国别	1980 年	1990 年	1992 年	1993 年	1994 年	1995 年	1996 年	1997 年	1998 年	再平均
中国		-1.9	-2.2	-2.2	-1.9	-1.7	-1.5	-1.5		
印度	-6.0	-7.5	-5.2	-6.9	-5.5	-4.9	-4.7	-5.6	-5.2	
印度尼西亚	-2.3	-0.4	-0.4	-0.6	-0.9	-2.2	-1.2	-0.7	-6.3	
巴基斯坦	-5.7	-5.4	-7.9	-8.9	-7.2	-6.6	-7.9	-7.7		
巴西	-2.4	-5.8	-3.8	-9.3	-6.1					
缅甸	1.2	-5.1	-2.8	-2.2	-3.3	-4.1	-3.2	-0.9		
斯里兰卡	-18.3	-7.8	-5.4	-6.4	-8.5	-8.3	-7.8	-4.5	-8.0	
美国	-2.8	-3.9	-4.8	-4.0	-3.0	-2.2	-1.5	-0.3	0.9	
日本	-7.0	-1.6	0.3	-1.5						
法国	-0.1	-2.1	-3.9	-5.7	-5.6	-6.6	-5.3	-3.5		
德国			-2.4	-2.5	-1.3	-1.8	-2.2	-1.4	-0.9	
意大利	-10.8	-10.3	-10.9	-10.3	-10.5	-7.6	-7.1	-3.1	-3.3	
英国	-4.6	0.6	-4.9	-7.4	-6.0	-5.5	-3.7	-2.1	0.6	
澳大利亚	-1.5	2.1	-2.3	-3.3	-3.0	-2.4	-0.9	0.4	2.8	
伊朗	-13.8	-1.8	-1.5	-0.5	-0.2	1.5	0.1	-0.5	0.3	
以色列	-16.2	-5.3	-4.3	-2.5	-3.1	-5.0	-4.3	0.4	-1.2	
马来西亚	-6.0	-2.1	-0.4	1.3	4.4	2.3	2.0	2.9		
新加坡	2.1	10.8	12.8	15.8	16.3	14.6	10.6	11.7		
韩国	-2.2	-0.7	-0.5	0.6	0.3	0.3	0.1	-1.3		
菲律宾	-1.4	-3.5	-1.2	-1.5	1.0	0.6	0.3	0.1		
泰国	-4.9	4.6	2.8	2.1	1.9	2.9	2.4	-0.9	-3.5	
土耳其	-3.1	-3.0	-4.3	-6.7	-3.9	-4.1	-8.4	-8.4		

续表

国别	1980 年	1990 年	1992 年	1993 年	1994 年	1995 年	1996 年	1997 年	1998 年	再平均
埃及	-11.7	-5.7	-3.5	1.7	0.3	0.9	-1.9	-2.0		
南非	-2.3	-4.1	-8.7	-9.1	-5.6	-5.4	-5.2	-3.4	-2.9	
加拿大	-3.5	-4.9	-6.2	-5.9	-4.8	-3.5				
墨西哥	-3.0	-2.5	4.2	0.5	0.0	-0.5	-0.2	-1.1		
阿根廷	-2.6	-0.4	0.6	0.7	-0.2	-1.2	-2.2	-1.5		
委内瑞拉	0.0	0.0	-3.1	-2.3	-5.6	-3.6	1.6	2.2	-2.8	
保加利亚		-8.3	-4.9	-12.1	-4.6	-5.2	-15.4	2.1	2.8	
捷克共和国				2.4	0.8	0.3	0.1	-1.1	-1.6	
罗马尼亚	0.5	0.9	-4.7	-0.5	-2.5	-3.0	-4.0	-3.9		
新西兰	-6.7	4.0	-2.2	0.1	0.8	0.4	5.2	4.0	0.5	
世界平均	-4.83	-2.37	-2.72	-2.6	-2.22	-1.91	-2.2	-1.09		-2.39
发达国家平均	-4.029	-1.886	-4.385	-5.075	-4.88571	-4.8571	-3.45	-1.66667		-3.32
亿人以上国家平均	-4.3	-3.79	-2.74	-4.6	-3.8	-2.64	-2.9	-3.16		-3.47
低收入国家平均	-5.76	-5.54	-4.70	-6.08	-5.28	-5.12	-5.04	-4.96	-6.50	-5.44

　　《马约》"标准"的设置前提也有局限性，并非一个普遍适用的"标准"。众所周知，20世纪80年代末90年代初，欧洲很多国家都面临着高赤字率、高债务率以及与之相关的高通货膨胀率问题。因此，将这"三率"降到一个适当的水平，是欧洲经济能否获得持续健康发展、统一的经济与货币联盟能否成立的一个重要条件。由于高通胀率是与高赤字率、高债务率联系在一起的，并且在大多数情况下都是由后两者派生出来的，因此，着重解决高赤字率和高债务率，就成了欧盟面临的一个重要任务，从而也就成了《马约》中必须明确的一个目标。问题是，究竟应当把过高的赤字率和债务率降到什么程度才是适当的？南、北、西欧各有各的问题，各有各的情况，各有各的利益，因而必然各

有各的主张。由于动议签约的当年（1991 年）欧洲各国赤字率的均值为 4.3%、政府债务率均值为 61.7%，面对这样一个事实，于是，12 个参与缔约的成员国通过谈判达成了"妥协"，在"妥协"基础上确定了一组比上述均值低 1.3 和 1.7 个百分点的"参照值"和"指导线"。这个"参照值"或"标准"得以成立的一个重要前提条件，就是欧洲各国的目标通货膨胀率和目标经济增长率为 2% 和 3%，即名义 GDP 增长率为 5%。由此便带来了两个问题：对于一个国家来说，名义经济增长率为 5% 并长期不变是不可能的；对于不同国家来说，要使其名义经济增长率均保持在 5% 的水平更是困难的。显然，如果不能满足这样一个假定前提的要求，《马约》的两个"标准"或"参照值"也就不可能同时存在。为了避免出现上述问题，欧盟 12 个成员国首脑在签订《马约》时，并没有把"指导线"定义为一条不可更动的"死线"（deadline），相反，他们还是给各国实践留下了很大的余地。例如，他们并没有在条约正文中使用"指导线"这个词，也没有将"指导线"的具体指标直接放在条约的正文而是放在附录之中。我们采用更仅仅是借鉴。还要说明的是，《马约》提出的"指导线"、"参照值"，某些欧盟国家是针对当年要求他们控制通货膨胀不致波及欧盟其他国家，到 2002 年欧元正式流通时，通货紧缩已经取代通货膨胀而成为欧盟经济的主要威胁，欧洲有些经济学家已经在议论放宽约束以刺激经济。有鉴于此，同样处于通货紧缩压力下的中国在实施扩张性财政政策时，如果把扩张的"度"控制在这一"参照值"之下，不会有什么威胁。

我国从 1998 年以来实行了扩张性财政政策，和以往年度相比，赤字规模有较大增加，新增发国债分别为 1000 亿元、1100 亿元和两个 1500 亿元。占当年 GDP 的比重均低于《马约》提出

的 3% 的标准。2002 年仍为 1500 亿元，但因赤字总额达到 3056
亿元，占 GDP 比重已由 2.7% 上升到 3%，赤字占当年财政支出
的比例已超过 15%，尤其是中央财政的赤字举债额占当年财政
支出比例达到 50% 以上，但这是因为我国的国家公债都由中央
政府举借，地方使用都由中央财政转贷，从而加大了中央财政的
赤字率。

四 持续发债的可能性空间——采取发新还旧做法时的财政债务负担率

在财政理论分析中，通常把国债作为"税收后移"来看待。
这也就是，政府在增加支出时，有增税和发债两种选择。发债是
当时不增加税收，但国债债务到期归还时，仍旧要通过增税来取
得偿债资金。李嘉图等价学说以及与此有关的政策选择的效率比
较，利弊研判，以及相应的适度规模等等，都把国债的到期归还
作为讨论的前提。

但从世界各国的实践来看，很多国家都采用发新债还旧债的
做法，新旧相抵后，除了少数年份出现国债余额下降，由增税抵
偿了发新还旧的净差额，绝大多数年份表现为国债余额上升。其
状况如下表（表 2）：

表 2　　　　　　　　英、美、日国债规模变化

年　份	英国（亿英镑）	美国（亿美元）	日本（亿日元）
1915		12	
1930		162	
1936		338	

续表

年　份	英国（亿英镑）	美国（亿美元）	日本（亿日元）
1940		507	
1945		2587	
1950		2569	
1955	269.34	2728	
1960	277.33	2909	
1965	304.41	3138	1972
1968	341.94		20298
1969	339.84		
1970	330.79	3826	27896
1971	334.42		
1972	358.40		59267
1973	368.85		
1974	404.57		96584
1975	464.04	5441	
1976	565.85		220767
1977	671.66		
1978	791.80		424158
1979	868.84		
1980	955.68	9143	7070130
1981	1132.60		
1982	1186.14		964822
1984			1220000
1985		18280	
1991			1678515

资料来源：英国《年度统计摘要》1963、1970、1980 年；《英格兰银行季报》1980 年 12 月、1982 年 12 月。

美国、日本资料见龚仰树著《国内国债——经济分析与政策选择》，上海财经大学出版社 1998 年版，第 107 页。

在我国，也和世界各国相似，在发新债还旧债的机制下，债务规模日益扩大。我国财政债务余额状况见表3：

表3		国家财政债务余额情况表	单位：亿元
年　份	债务余额合计	内债余额	外债余额
1981	228.18	48.66	179.52
1982	272.13	92.46	179.64
1983	337.76	134.70	203.69
1984	398.35	176.60	221.75
1985	462.70	237.21	225.49
1986	524.00	293.07	230.93
1987	638.73	391.73	247.00
1988	766.46	502.24	264.22
1989	1063.26	752.93	310.33
1990	1208.76	892.43	316.33
1991	1337.71	1061.66	276.05
1992	1545.44	1284.36	261.08
1993	1844.70	1542.39	302.31
1994	2832.85	2288.05	544.08
1995	3829.46	3301.94	527.52
1996	4945.62	4363.81	581.91
1997	6074.51	5511.07	563.44
1998	7862.33	7258.66	603.67
1999	10410.60	9729.86	680.74
2000	13086.35	12337.35	749.00
2001	16357.00	15608.00	749.00

资料来源：《国债与金融》2001年第2期。2001年数据为在九届五次人代会上报告数。

从债务管理来看，实行扩张性财政政策的必要条件是发新债必须大于还旧债。因为，一旦出现发新小于还旧或者发新等于还旧，那就是紧缩性财政而不是扩张性财政了。但发新大于还旧总得有一个限度，对此，国际上通用的当年国债余额/GDP 比率的警戒线为 45%—60%，1996 年日本为 97.3%；1997 年美国为62.1%，英国为 52.7%，法国为 57.5%，德国为 62.2%，意大利、比利时等国则在 100% 以上。我国在 1997 年为 8.1%，1998年为 10.74%，1999 年为 13.25%，2001 年为 16.3%，2002 年预计接近 18%，离警戒线还有很大距离。因而，采用发新债还旧债的办法扩大财政支出，还有着相当大的空间。主要国家国债余额占 GDP 比重与我国的比较如下表（表 4）：

表 4　　　　主要国家国债余额占 GDP 比重比较表　　　　单位:%

国别 年份	中国	日本	美国	英国	德国	法国	意大利	加拿大
1991	6.19	58.2	59.5	40.1	41.3	41	109.3	78.6
1992	5.8	59.8	61.9	46.9	44.4	45.5	118.3	86.1
1993	5.33	63	63.4	56.2	50.1	52.7	119.9	92.8
1994	6.06	69.4	62.6	53.7	50.2	56.1	126.1	95
1995	6.55	76	62.2	58.9	60.5	60.1	125.2	96.7
1996	7.29	80.6	61.3	58.5	63	63	124.3	96.5
1997	8.16	84.7	59.1	59.1	63.6	65.3	122.4	92.7
1998	10.74	97.3	56.7	56.6	63.1	66.5	119.9	89.8
1999	13.25	130	54.2	55.2	63.3	67.4	118.5	85.9

　　　　资料来源：发达国家的数据引自 OECD "Economic Outlook 65"（June 1999）。

五　政府各项债务的综合债务负担率

以国债余额占 GDP 比重反映的财政债务负担率，固然是考察国债规模的一项指标（我国这项指标并不高），但是，国家实际负担的债务除了国家预算公布的赤字债务之外，还有银行的不良贷款、政府担保的外债等。因为中央和地方银行一直被作为向公共部门（国有企业）和公共项目提供资金的主渠道，所以，应该将不良债务视作"准赤字"和政府负债的一个组成部分，把有关各项都包括在内，构成最大的政府负债，据以计算公共部门的综合债务负担率，便会看到我国政府的债务总额已经不小，留下的空间已很有限。

综合债务负担率是按照公共部门的全部债务计算的，我国的公共部门范围主要包括：中央政府、各级地方政府、预算外账户和中央银行。由于我国的财政赤字统计不能完整反映公共部门的赤字水平，因而估计公共部门的可持续赤字，需要正确评估我国的公共债务。

由于中央银行的债务就是基础货币，而它属于货币发行和铸币问题，计算公共部门债务是并不包括在内的。因此，我国公共部门的债务是指政府的全部债务、隐含的直接债务和隐含的或然债务（表5）。这种以权责发生制为基础的债务核算方法，能够全面和最大限度地估计政府的综合债务。这些债务概括起来主要指政府的各种显性债务、担保债务和道义责任。按照以下财政矩阵，我国有影响的政府债务主要包括：

对于我国的综合债务负担率有着不同的计算结果，一般都认为已达到50%或者更高一些。但参照国际数据，1996年时意大利的综合债务负担率为124%，日本、加拿大为90%，美国如果把美元作为国际货币的负债因素计算在内，更高于上述数字。发展中国家综合债务负担率高于GDP的也相当多。因此，即使从"最大债务负担率"考虑，也仍有增发国债的空间。

表5　　　　　　　　　　　　　财政综合债务矩阵

债务	直接债务	或然债务 （在特定情况下发生）
明确的债务 （由法律和契约认定）	◇国内和国外主权债务 ◇预算法规定的支出 ◇在长期有法律约束力的预算支出	◇国家担保的地方政府、公私实体的非主权债务 ◇国家提供保护伞的各种贷款（如农业贷款、小企业贷款和学生贷款） ◇国家对贸易和汇率、为国外主权国家借款、对私人投资提供担保 ◇国家保险制度（存款、农业、灾害等保险）
隐含的债务 （政府迫于公众和利益集团压力而承担的"道义"责任）	◇法律没有规定的未来公共养老金 ◇法律没有规定的社会保障部门 ◇法律没有明确要求的为未来医疗保健提供资金 ◇公共投资的未来经常性成本支出	◇地方政府、公共和私人实体违约的债务 ◇对私有化中的经济实体的债务清偿 ◇拯救倒闭银行提供支持（大于国家保险的部分） ◇对未担保的社会保障基金投资失败提供救助（保护小投资者） ◇在中央银行不能履行其义务（外汇交易合约、币值稳定、国际收支平衡）时给予支持 ◇对遇到紧急财政困难的私人资本提供救助 ◇环境保护、灾害救济等

对于综合债务除了考察现在已经达到的规模之外，重要一条是考察它的趋势是上升还是下降，这就要对构成综合债务的各个子项目作具体分析：

1. 直接的显性债务。除了国债余额之外，主要是两项：一项是我国许多地方财政困难，全国有四分之一左右的县级预算单位出现赤字，不少地方欠发工资，或者只发基本工资而拖欠交通费、洗理费、书报费、知识分子补贴和"菜篮子"补贴等。有不少县财政只保行政、事业单位的吃饭，而把迅速发展的义务教育经费甩给乡镇，靠摊派收费解决。这表明我国现行的财政体制和财政转移支付制度存在着问题，亟须改进以减少赤字县和减少赤字幅度，否则行政开支性赤字有可能继续增长。另一项是粮食企业作为特殊的国有企业，历来是亏损由财政弥补，目前粮食企业挂账亏损累积已超过 2000 亿元，大体上占到 GDP 的 2% 左右。目前有不少地方的粮食企业正通过市场化运作以减少亏损，亏损占 GDP 的比重趋于下降。

2. 直接的隐性债务，主要指社会保障资金债务。随着我国社会保障制度从现收现付制转向逐步积累模式，就产生了对国有企业原有职工的偿债问题。这些职工在计划经济下工资被人为压低，没有包括社会保障部分和形成养老金积累，现在或今后退休要求政府按工作年限给予补偿。关于国家对于国有单位职工的隐性养老金债务，世界银行 1996 年测算它占中国 GDP 的 46%—69%，即大约 21468 亿—32202 亿元（张春霖，2000）。还有徐滇庆、王燕等人的计算，社保基金的隐性债务也是非常之大。不过，过去在低工资下虽没有形成社保资金积累，却由此形成了大量的国有资产，在隐性债务和隐性债权之间有着一定的联系，从而有可能通过出售国有资产来充实社保基金，减少隐性债务。还要指出社保基金是逐年收入逐年支付的，当收不抵支而需要财政承担隐性债务通过发行国债支持时，到那时候从综合负债率考察则是一面增加了国债项目的直接显性债务，另一面减少了社保项目的直接隐性债务，不会引起综合负债率的上升或下降。

3. 或有债务，主要指银行不良贷款造成的损失。在传统计划经济时期我国国有银行按照行政命令向国有企业发放了大量贷款，当时的可行性报告的基础是企业生产出来的产品按照成本加利润定价，是有能力还贷的。可是改革的推进使得“软价格”机制为竞争形成价格的机制所取代，价格不断下跌，企业便无力还贷，甚至还要向银行贷款来填补企业亏损，企业的不良债务日长夜大，成了无法解决的难题。

　　企业的不良债务也就是银行的不良金融资产，它的数额有多大？据国家有关部门公布的数字，我国的四家国有商业银行大约有近20000亿元坏账，占其贷款总额的25%，其中有6%到7%是无法收回的。即这样的数字已经表明这些银行的资本金已严重不足。国际上对这些银行坏账判断数字则更为悲观，有的对坏账的估计值甚至高达40%。[①] "据1997年美国标准普尔公司的计算，中国国有银行的不良贷款高达2000亿美元，按当年汇率折算人民币（按当年汇率计算）则为16000多亿元"[②]，日本野村证券研究所主任大诼正修作出的估计，认为到1994年，中国银行业不良债权占整个贷款的比例为26%，其中逾期占15%，呆滞占8%，呆账占3%；不良债权绝对数约有10000亿元。[③]

　　还有资料披露：1990年末，四大国有银行的不良贷款为2200亿元，占信贷资产总量的12.2%；1995年末，不良贷款升到9000多亿元，占比超过25%，其中呆账贷款达3000亿元；1996年末，国有银行的不良贷款总额已超过1万亿元人民币，近3倍于银行自有资产，仅国有企业拖欠的利息就达1000亿元。[④] 2002年1月15日由国务院新闻办公室举办的记者招待会上，中国人民银行行长戴相龙说，2001年中国国有独资商业银行的不良贷款下降了907亿元，不良贷款占全部贷款的比例为25.37%，比年初下降3.81个百分点。国有商业银行的资产质量

　　① 李俊杰：《论我国银行的不良资产及其处置》，《金融研究》1999年第6期，第21页。

　　② 江春：《经济研究》1999年第7期，第35页。

　　③ 楼继伟、许美珍、谢平：《中国国有专业银行商业化改革》，中国金融出版社1998年版，第206页。

　　④ 厦门大学金融研究所课题组：《国有商业银行信贷资产风险：增量防范和存量化解》，《经济研究》1999年第5期，第18页。

获得普遍提高，但换算出来的绝对数有可能大于以上人士的估计数。

金融不良资产居高不下，表明金融部门的资产流动性出现了问题，这些资产已经沉淀在经济之中，一旦有一点风吹草动，存款人就会向银行提取现金，发生挤兑现象，而且会像瘟疫一样蔓延到整个社会。金融不良资产在1997年发生的亚洲金融危机中扮演着重要的角色，它不但是引起金融危机的直接原因之一，而且对危机的传播也起着推波助澜的作用。因而要把银行的金融不良资产纳入政府的综合债务，以示重视。但我国商业银行是国有的，收不回来的金融不良资产即使接近6%，甚至再高一点，国有银行不见得真的破产，也不会发生金融危机。原因是：第一，银行制度本身流动性、盈利性规律的支撑。存款于国有银行实际上是对政府或中央银行的债权，国际上公认此类债权与购买国债一样，对该国居民来讲属没有风险。我国国有银行每年新增存款平均在10%以上，只要国有银行性质不变，流动性必能掩盖其经营问题，各行自身或者跨行资金调剂会降低不良资产的冲击能量，不会立即引起金融业挤兑风潮。第二，主权信用制度给公众信心预期的支撑。公众对政府的信心取决于政府对民众的态度及民众利益的维护，只要国家经济向前发展，人民生活水平不断提高，公众就不会过多考虑国有银行经营是否盈利、是否存在大量不良资产，毕竟存款是公众最习惯、最便捷、最安全的保值增值途径。第三，印钞机及通胀手段的运用以及现实实物手段支撑。如果公众承认国有银行与国家的联系，国家银行的不良资产就不会对公众造成明显的利益损害。少数人提现不能称为挤兑，多数人提现，国家可开动印钞机，弥补银行的资本金损失。这当然会引起通货膨胀，影响到国民收入的再分配，但挤兑并不会使国有银行倒闭。第三，资本市场的发展滞后也是没有爆发支付危机的原因之一。居民缺乏通畅的投资渠道，没有分流居民的储蓄。强调上述理由，不是说可以忽视金融不良资产的负面影响，也不是说对不良资产生成的各种因素不必加以遏制，更不是说国有银行可以不顾自身资产质量管理和风险控制，而是说我国现实金融存在的不良资产并没有达到引发经济危机的地步。而且金融不良资产的发展趋势是在下降，这样，由此形成的综合债务负担率虽然高，但还不至于影响继续利用国债手段。

在或有债务之中，还有一项是非统借统还外债。我国由政府出面统借统还的外债并不多，而由部门或地方政府以及它们办的窗口企业向海外以公募和私募方式借的外债远大于政府借债。原来认为借款用来兴办企业，承担还本付息，谁借谁还，中央政府不加干预也不承担责任。但很多借款单位资金使用不善，无力还贷。而海外债权人则认为不论是哪一级政府哪一级企业借的，都含有国家的隐性担保，要求中央政府负责偿还。这种非统借统还外债的数额在事后申报认定，数额不断在变，大体上接近1000亿美元，不过非统借统还外债的还款，首先应当变卖由举债购建的财产，其次应来自举债单位的自有财力，并不是全部都由中央财政负担。再加上严格监管限制，也不呈增长趋势。

总之，我国的综合债务负担率虽然已在50%左右，但其中较多项目是下降趋势，可以腾出空间支持实施积极财政政策，支持增发国债。

六　通过债务管理拓展发债空间

（一）调整国债的品种期限结构

国债的品种结构尤其是期限结构是债务管理的重要内容，因为结构合理与否直接关系到能否及时满足财政支出需要，能否做到避免偿债负担的畸轻畸重，能否为金融市场提供一个连续的不同基准收益率结构。合理的国债管理应当尽可能丰富国债市场上发行的国债品种，根据财政的不同支出用途和债券的不同特征而有灵活的分类，实现短、中、长期限的系列结构。这种结构可为投资者提供较大的选择余地，适应投资者进行不同投资组合的需求。从而拓宽了国债发行空间。以美国为例：美国目前发行国债的品种包括贴现国债和息票国债两大类，涵盖了多个品种。其中有的是可流通国债，有的是不可流通国债。可流通国债是主要债券形式，占美国政府发行国债的 70%，主要面向机构投资者和个人发行；其余 25%—30% 的国债是不能买卖的储蓄国债。按美国的惯例，期限在一年或一年以下的国债都以贴现方式发行，依据期限不同，分成三小类：91 天期国库券、182 天期国库券与 364 天期国库券。短期国库券是中央银行在货币市场上进行公开市场业务操作的主要工具，因此这一部分国库券在美国政府债务中占了较大的份额。期限在一年以上的国债都采用息票方式发行，其中，期限在 2—10 年的，称为中期国债。美国财政部发行的中期国债通常有 2 年、3 年、5 年、7 年和 10 年期五个品种。期限超过 10 年的为长期国债。美国国债从最短的 3 个月到最长的 30 年，品种繁多。

不同的国债投资者对于国债期限的要求是不一样的，商业银行愿意多持短期国债，以满足流动性需要；保险公司等金融机构喜欢较长期的国债；个人投资者则偏爱中期国债。因而政府发行国债要合理安排它的品种期限结构，如果国债的期限结构不能满足投资者的需要，投资者就会要求额外的收益补偿，从而增加国债发行成本。

我国从 1981 年恢复发行国债以来，已发行了国库券、国家重点建设债券、国家建设债券、财政债券、特种国债、保值公债等多种国债，这些国债名义上虽有差异，但其市场性、利率的确定原则以及发行方式都基本相同。从 1996 年以来，实际上就只有国库券和特种国债两个单调的品种。这种状况不能适应不同机构和不同收入水平的购买者的需要以及各部门和个人的偏好要求。因此有必要根据不同的用途发行不同种类的国债，并相应调整其期限结构，使期限品种和券种相应多样化。如在货币市场上发行财政债券，期限以 1 年期、6 个月、3 个月等期限品种为主，债券资金主要用于弥补政府经常预算执行中发生的赤字；在资本市场上发行建设债券，期限以 2 年、3 年、5 年、7 年等中长期品种为主，债券资金主要用于平衡政府资本预算在执行中出现的短缺；在货币市场和资本市场发行转换债券，期限可相机抉择，筹集的资金用于调整国债的偿债高峰和筹措国债偿还基金等。国债券种及相应的期限品种结构的调整，将大大提高货币当局货币流通调控的余地和灵活性。

调整期限结构有可能降低发债成本。托宾于 1963 年分析，如果长短期利率间存在差异，调整期限结构有可能带来较大幅度的债务成本下降。比如，当短期利率低于长期利率时，公债期限结构的短期化就会减少债务利息支出。但如果央行设定短期利率不变，政府就很难再通过调整期限结构缩减债务成本。再需注意的是，也要看货币政策关注的是新增长期公债还是公债存量，如若是前者，央行通过降低短期利率可有助于降低新发长期公债的票面利息率，或者促使长期公债售卖价格提高；如果关注的是已经发行的长期公债，降低短期利率有可能促使长期债券价格上升，并不利于减低已有债务的成本。

在诸多国债品种之中，我国特别缺少便于金融调控的短期国债。其所以如此，有着它的体制原因。目前我国国债发行管理实行的是年度额度管理，即由财政部在每年的人代会上提出当年国债发行数量安排，经人代会讨论通过后付诸实施。经过人代会讨论后就赋予了法律含义，非经人大常委会讨论不能变动。在此情况下，财政部当然倾向于发行中长期国债。1996年我国发行国债1960.1亿元，其中短期国债发行675亿元，当年偿还360亿元。财政部好不容易获得了人大常委会通过的发债额度，用来发行很快就归还的短期国债，麻烦不少，实惠不大，1996年后不再发行短期国债。

为此，有必要请全国人大常委会把国债发行管理由核定年度发行总额改为用年末余额控制，赋予财政部更多的发债主动权。这样，财政部可根据财政部资金需求灵活发行各种期限的国债，困扰国债市场的国债品种单一的问题有望得到解决。实际上发行短期国债一举两得，首先，可以活跃国债流通市场，增加国债的流动性，拓展国债的金融工具功能。其次，可以降低国债的发行成本。一般来说，短期国债的利率总是低于长期国债的利率，由短期滚动成长期，利率成本会随之下降。再次，国库资金收支在月度间是不均衡的，一般是上半年收大于支，下半年支大于收，有了短期债券，便于按照预计的临时资金短缺，有计划地作月度间的调度安排，在国库资金较紧月份发些短期国债并在国库资金宽裕月份归还，从而避免国库沉淀资金过多而造成的资金使用浪费，实现国债发行与国库资金的协调配合，提高财政资金使用效率。

（二） 调整本币公债与外币公债的结构

在经济全球化日益加深、资本账户流动性加大的环境中，国家债务的币种结构显得越来越重要。特别是对那些外债举借量尚不是很大的新兴国家，不仅意味着在国际资本市场上发行外币债券的空间较大，而且适当增加外币公债的份额，也将产生一些积极效应：一是可以相对降低在国内市场举借的以本币标示的公债规模；二是对那些政府是国内最主要举债者的国家而言，用外债券替换部分国内公债，可以缓解公债对国内利率的压力，这对降低财政融资成本和经济增长都是有利的；三是可以增加外资流入量，从而有利于提高资本积累率，对于弥补实际国内储蓄与应有投资间的差额是积极的；四是可以缓解国际收支的约束。因此，很多经济学者也对适当增加外币公债份额的多方面效应给予了论证分析。但值得注意的是，如果外币公债发行的主要目的是用于增加外汇储备或用于支撑本币的对外价值，则会缩减该种公债管理调整措施的积极效应，反而会加大实际风险。外汇市场越不发达的国家，上述不良情况越容易出现。在外债发行、海外资本流入、外汇储备增加之后，紧随的现象是资本的流出。

我国的情况便是如此，在中国外币存款不断增加和外汇储备增长的同时，由于存在着人民币汇率不稳定性预期，产生了斯蒂格利茨（1998）所讲的那种得不偿失的"怪圈"，即"把所有借债国的资产负债表合在一起看，就好像是新兴市场以较高的利率从发达国家借钱，然后再以购买外债和其他低利率证券的形式把大部分钱再借给发达国家"，这在中国的具体表现是，以巨额出口退税补贴外国消费者换回大量美元后再通过购买美国国债的方式借给发达国家，这也是导致我国资本外流的一个原因（崔之元，1999）。①

针对上述情况的一项有效措施，是调整本币、外币债务结构，开办美元国债市场。由于人民币还不是国际结算货币以及人民币国债市场对外未开放的特性，决定着我国当前尚不存在向境外投资者或海外华人认购本币公债的引入所产生的财富流入效

---

① 崔之元：《扩大内需是一场深刻的革命》，载《国际经济评论》1999 年第5—6 期。

应，可以设想的是开办境内美元国债市场，即利用现有国内债券市场的基础设施，面向国内现有债券市场参与者和境外投资人发行以美元计价的政府债券，以及在银行间债券市场和交易所市场进行上述债券交易。由此将拓宽发债空间，更好地满足财政筹资的需要，更好地利用外资。我国目前政府外债余额大约为700亿美元，主要由美、日证券机构作承销商，在欧美金融市场或日本证券市场上发行，比较典型的有"扬基债"、"武士债"，发行工作复杂，发行费用较高，也较难实现连续发行和均衡发行。而如果开办由我们自己管理的美元国债市场，向境内外投资者开放。鉴于目前我国居民、企业所持美元基本都存入了银行，形成了超过千亿美元的外汇储备，它们大都被用于购买美国政府债券，而我国财政所需要的美元债务资金则要从国际市场上筹措。如果国内有一个美元国债市场，必然能吸引大量国内投资人参与，这一市场不仅可支持我国财政，而且也有利于外汇储备的调控，使之保持合理的总量水平和结构，阻止日益明显的资本外流。同时，我国经济地位的提高和政府的良好形象，将会使我国发行的美元国债在信用等级与收益水平方面的"收益信用比"保持一定的优势，对境外投资者会有相当的吸引力，尤其是会吸引海外华人社会的关注和投资。这些情况都将有利于建立新的、更为合理的国际收支结构。

七　国债规模和国债的归还清偿

由经济增长稳定性所要求的国债规模也具有一定的约束性，如果实际的国债规模偏离这一水平，即为不合理的债务规模，或者国债活动对经济增长的稳定性就可能产生负效应。当经济增长所要求的债务规模看起来似乎相对较高，或者相对即期财政收支显得较高时，会引起人们对未来债务负担与政府清偿能力的忧虑，并提出了如何削减偏大的国债规模的问题。

从财政手段的运用来说，主要是指通过增税或减少政府支出来达到减债的目的，但是无论增税还是减支都会遇到多种现实阻力而有较大的实施难度。如果预算调整能够有利于实际经济增长率的提高，该种减债的措施就是有效的，或者说，用于减债的预算调整措施的有效性与持久性主要取决于经济增长率。现实生活中，当经济增长处于回升或较高阶段时，由于税收收入随着经济增长而增加，以及对公共福利开支需求的下降，从而使得减债的预算调整具有可行性。反对这一主张的理论认为，增税或减支的预算调整措施，会产生紧缩效应，影响经济增长，使增税或减支措施产生不良影响。其实，两种不同见解的关键，是增税或减支的时机选择。再者，在经济全球化的状况下，一国预算调整措施会通过金融市场、外汇市场以及投资部门内一些内在变量的相互作用而使其效应更加复杂化，某一公债规模是否能够被接受的最佳规模，不仅仅取决于一国的意愿与因素，还要看其对贸易与资本内外流动的影响。由此，用于减债的预算调整措施相对于经济增长可能不是相互矛盾，对经济增长不仅不会产生紧缩影响，反而可能会具有扩张效应，因为债务规模的降低可能在国际范围内被认为是一国风险减少的指标，从而使外来资本投资增加，当这种力量超过预算调整的紧缩影响时，其净效应当然就有利于经济增长。

此外，国债规模过高，通胀也会被作为减债的措施。通胀率的提高可以减少国债余额的实际价值，或者随着通胀率的上升国债交易价格下降，政府可趁机从市场以低价赎回部分国债，以降低偿债负担。在采取该种措施的初始，往往是借助放松型的货币政策增加货币供应量，利率得以降低，此时会有助于政府发行长期国债以增强财政融资的坚实性，但问题是，随着通胀率的上升，利率也会逐步上升，这不仅助长了国债票面利息率的上升，而且由通胀率引起的政府信誉降低，也会增加国债的发行难度或助长成本上升，况且通胀所固有的一些负效应，更使得这一渠道在实践中很难得以实施。

公共资产的变卖，也是偿债资金的一项来源。只要政府没有将债务资金用于纯粹消费性开支，一定量的国债发行就会形成相应的资产，资产的收益仍是未来偿债的源泉，或者资产的变现收入可直接用来偿债，这在那些正处于日益市场化的新兴国家尤显重要，因为伴随这些国家国有企业改革的深入，必然使相当一部分国有资产通过转让变现的形式退出某些一般竞争性领域，这些收入即可直接用来减少债务存量和增量。所以，在衡量和认定某一时期的国债规模时，公共资产因素也要予以考虑，否则，将会影响政府运用国债政策刺激经济增长或维持经济增长稳定性的程度。

由此，也使得公共资产售卖或私有化被当作一条削减国债规模的可供选择的渠道。但采用这一措施时应考虑以下三个因素：一是可供售卖的公共资产市场价值的确定以及该价值量的大小；二是以该种措施减债的机会成本；三是政治压力，这主要是指政府受政治因素影响，公共资产变卖或私有化受到多方面的限制，或者受政治影响，公共资产变卖收入被继续用于政府投资性或消费性开支而不用于减债。

偿还国债通常认为属于紧缩性财政政策，但我们探讨偿债的几种方法之后，则可以看到用后两种方法偿债并不会产生紧缩效应。

在国债的偿还中，值得借鉴的是日本的国债整理基金。日本为了保证国债偿还，建立了以国债整理基金为中心的减债制度。

国债整理基金是根据国债整理基金特别会计法设立的，以与一般会计法相区别，国债的偿还全部通过国债整理基金来进行。

日本国债整理基金的资金来源包括由一般会计转入的资金、民营化企业股票卖出所得的收入（如 1986 年以来曾先后三次将 NTT 股票卖出）、为偿还旧债发行新国债（转换国债）的收入，以及上述各项在运用中取得的收益。其中由一般会计转入的资金主要包括以下三项：一是将相当于年度初国债总额 1.6% 的固定比率资金转入国债整理基金；二是依据财政法的规定，将一般会计剩余款项的二分之一以上转入；三是在必要时由预算款中划入。

国债整理基金建立后，政府可以在国债到期时或国债未到期前，根据情况按市价全部或部分从证券市场上购回所发行债券来注销债务。其采用买销法偿还国债有几个优点：其一，便于政府摆脱还款期限的限制，做到简单、灵活、迅速偿还债务。这对于分散偿债压力，调节财政收支十分有利。尤其是在政府持有剩余资金时更是如此。其二，可稳定国债价格，维护国债信誉。由于这种偿还方式通过市场动作，从政府减少偿债支出的角度，一般选择在国债价低于其票面价值时从市场上购回债券。这样，在控制国债规模进行旧债偿付时，采取买销法偿债，既可以减轻偿债负担，又可以抑制国债价格的下跌走势，活跃流通市场。

（《积极财政政策与宏观经济调控》，人民出版社 2003 年版）

国债的流通性与增发空间[*]

我国1998年实行积极财政政策以来，对经济发展起到了积极作用。但随着市场失灵现象的反复出现，经济活动的复杂化和国民经济循环的不规则化，积极财政政策淡出的设想难以兑现，在2002年和未来一段时间里，还不得不继续增发国债。因此，提高流通性以拓宽国债增发空间，便成为攸关经济增长全局的大事。

一 国债发行从行政派购到初步市场化的发展过程

我国自1981年恢复国债发行以来，20多年来经历了行政摊派、承购包销到招标发行几个阶段，国债市场发展初见成效。随着国债市场化程度不断提高，国债发行规模呈快速增长之势（见表1）。1981年发行第1期国库券时，还没有市场经济概念，

* 本文是中国国债协会的课题报告，中国国债协会"国债市场化"课题组组长戴园晨，副组长张红力、刘世安、周国友、王礼华、刘情剑。本报告是在课题组的4个分报告基础上由戴园晨、俞亚丽综合整理的。文中涉及的数据均由中国国债协会提供。

发行时采取了行政摊派、财务扣款等一些非市场化举措，遭到群众抵制，虽然发行规模不大，但发行一年比一年难。当时国库券条例还规定，国库券"不得自由买卖"，投资人购券后只能持有到期满。持券人的变现需要与没有公开流通市场的现状产生了矛盾，便滋生了黑市交易。1988 年国家在 7 个城市开展国债转让试点，初步建立了国债二级市场，但由于市场发育不完善、覆盖面小、地区之间有较大差价、管理跟不上等原因，黑市交易并未完全消失。直至 1991 年国债二级市场初具规模，并逐步趋于规范时，黑市交易才自行消退。

表1　　　　　　　我国国债发行规模（1981—2001 年）　　　　单位：亿元

年份	发行额	年份	发行额	年份	发行额	年份	发行额
1981	48.66	1987	116.60	1993	381.32	1999	4015.03
1982	44.15	1988	188.36	1994	1028.27	2000	4657.00
1983	41.70	1989	226.12	1995	1510.85	2001	5004.00
1984	42.16	1990	197.23	1996	1848.50		
1985	61.30	1991	280.83	1997	2411.79		
1986	62.30	1992	460.75	1998	3808.77		

国债流通性的提高，可以 1990 年上海证券交易所成立并开设国债交易系统为界线，自此开辟了新的、市场化的国债发行和流通渠道。国债由一级自营商承购，并通过交易所的交易网络向广大投资者分销；而后又从承购包销转向招标发行。国债发行的市场化程度逐步提高，形成了以可上市国债的公募招标为主，以向特定发行对象私募和在银行柜台销售不可上市的凭证式国债为辅的发行体制。国债流通也日趋活跃，国债现货交易和国债回购交易规模迅速扩大，国债发行规模也大幅度增长（见表 1）：

1981—1988年，年发行额由48.66亿元增至188.36亿元，年均发行额75亿元；1989—1993年，年发行额由226.12亿元增至381.32亿元，年均发行额310亿元；1994—1997年，年发行额由1028.27亿元增至2411.79亿元，年均发行额达1700亿元；1998年实施积极财政政策以来，年发行额由3808.77亿元猛增至2001年的5004亿元，年均发行额突破4370亿元。形成了不流通的凭证式国债与可流通的记账式国债并存，国债流通市场由银行间市场和上海、深圳交易所市场共同组成的市场新格局。

20年来，我国国债市场建设的主要成就之一，是提高了国债的流通性。市场为已发行的债券提供出让转售的机会，国债持有者在需要资金时能卖出变现，资产富裕者在选择不同金融资产组合时把国债也作为选择对象，短期的和不确定的闲置资金也能投资于国债，社会资金融通增加了渠道和灵活性。这表明，不断提高国债流通市场的活跃程度，是扩大国债发行量空间的方向。

二　国债流通性与国债市场化

国债可持续发放规模的"度"，是一个可变的量，和国民对国债的认知程度、国债发行方式、国债市场发育程度等都有关联。发达国家的国债市场发育程度高、流通性强、变现容易，因此国债的发放空间大；而我国的国债市场尚处于从创建到发育的过程之中，国债市场的封闭性、参与国债交易的局限性、可交易的国债量的稀缺性，使国债增发空间相对狭小。因而，迫切需要研究如何改进改善国债市场，使之从封闭的市场逐渐发育成长，建立一个适合我国国情的、活跃的、规范的、稳定的、具有高度流动性的国债市场，充分实现国债筹资、融资功能，为财政、货币政策协调配合服务。

促进与提高国债市场的发育度之所以重要，是因为国债作为一种金融资产，它的发行规模和其他金融资产一样取决于三个方面，一是增值性。国债利率一般略高于储蓄利率，其增值性对投资者是有吸引力的。二是安全性。国债以政府信用为基础，风险性小，被称作金边债券。三是流通性和变现性。流通性强的金融资产容易为投资者接受，那些对灵活具有偏好的投资者会选择变现性强的金融资产。国债前两个方面都不弱于其他金融资产，拓展增发空间的关键是提高流通性。

资产流动性的提高是市场经济发展的必然结果，也是促使市场经济发展的必要条件。不论哪一类经济实体，所拥有资产的流动性越大，其效率就会越高，机会就越多，收益也越有保障。金融工具流动性可以从到期日、便通性和金融力三个方面考察它的内涵。这三个概念均与金融资产有关，如果将货币作为"零到期日"资产，依各类资产变现为货币的程度，可以形成一条以"零到期日"为时间（横轴）起点、以货币为各类资产起点（纵轴）的资产流动性曲线，这与金融市场上债权资产越临近到期日，其流动性越大的道理相一致。而不同的货币资产、准货币资产、其他各类资产之间互换的难易有着区别，从而形成不同的便通性；至于金融力，是就某个实体以市值表明的净债权资产（包括对政府部门和私人部门的）来说的。不能说单个经济实体持有的净债权资产越多，就表明其金融力越大，进而其资产流动性越高，因为这要取决于其所持资产本身的流动性大小；但完全可以说，整个经济体系内的债权资产（当然是良性的）越多，亦即金融资产越多，规模越大，那么，整个经济的综合金融力就越大，经济的流动性也越大。国债资产除了到期偿还时存在资产与货币的互换外，其余的变现完全是在流通市场中实现的。流通市场中的国债越多，交易方式越丰富，功能作用越广泛，吸引的参与者也就越多，能够利用国债交易的频率也就越大。惟其如此，国债与货币互换也才越容易，国债本身的流动性也就越大。如果国债由此成为一种仅次于货币的准货币资产，它将成为重要的储蓄资产，并因其高度流动性而在某种程度上替代货币，可能会因为资金的极易变现而"挤掉"一部分货币发行；此外，由于国债发行总额受公共财政决策、监督机制以及公债规模限额的限制，可以减少因货币发行的较大"随意性"而导致的政府对经济运行干预的"不当性"，进而使"货币的内生性"更加突出。

国债发行市场是以自愿、平等、互利的债权债务契约关系为依托的。国家作为筹资者与作为投资认购国债的投资者的法律地位是平等的，双方不是行政上的附属关系，而是一种以债务债权关系为基础的契约关系。因而国债发行必须建立在投资者自愿认购的基础上。没有这种自愿平等互利契约关系的基础，国债的循环运行就会受阻，发行计划很难完成。在自愿、平等、互利的自由买卖基础上，市场化的国债买卖可以有不同的方式，或者是财政部将国债直接卖给投资者，也可以通过金融中介机构出售，即直接发行与间接发行。国债的间接发行包括代销、承购包销、招标发行和拍卖发行。在各种国债发行方式中，竞价拍卖最能体现市场竞争规则，最有利于降低发行成本。我国由于市场参与者数量有限，竞价不充分，当拍卖标的为利率时，往往会抬高利率；当拍卖标的为价格时，则压价过低，从而增加国债发行成本。我国在 1995 年至 1997 年间曾加大交易所市场发行国债的比重，但因为发行成本高，效果不理想。从财政分配范畴分析，国债利息最终是由纳税人承担的，但税收负担人与债务利息享有人非完全对称，因而国债发行利率的高低就不仅仅是一个金融市场价格问题了，还牵涉税负及财富分配的公平性。在目前尚无法很快做到国债发行利率低于银行储蓄利率的情况下，其中的国债利息好处应由居民个人享用，而非财富直接创造领域外的金融中介机构。所以，在国债发行利率高于银行储蓄利率的状况未得到根本改变之前，国债发行对象主要定位于居民个人的状况也难改变。从这个意义上讲，近几年以凭证式国债为主体，面向居民个人销售，不仅充分满足了个人投资需求，于财富的公平分配也是必要的。在条件尚不充分情况下的招标发行，不仅极易助长利率的高昂，而且中标承销商的惜售行为，也使个人难以买到债券，较高利率的好处基本被金融中介机构获得，这就可能发生普通纳税人的财富转移到金融中介机构的现象。

国债流通市场的职能是为已发国债提供再行转让的机会，由此形成一种流动性，使国债持有者在急需资金时能卖出变现，并使新的投资者和资金富余者有投资选择的机会，从而使短期和不确定的闲置资金也能投资于国债，使社会资金融通有更多渠道和更加灵活，客观上扩大了债券市场的容量，促进了国债一级市场的发展。从某种意义上说，国债二级市场是国债信用工具功能和融资功能得以充分发挥的场所。在发达国家，随着国债发行规模的不断扩大，人们金融投资意识的增强，买卖方式的多样化，国债流通市场得到不同程度的发展，参与者越来越多，不仅有本国的个人与机构投资者，也有国外的个人与机构投资者，交易市场网络不断扩大与完善，交易规模不断增加。如目前美国国债二级市场有50—60个国债品种在交易，不仅存在现货交易，还有远期交易、期货交易、期权交易和回购交易，每天的交易额高达3000亿—3500亿美元，国债的流动性仅次于货币。

国债一级市场与二级市场是互为依存的。只有一级市场发行了国债，二级市场才有可流通的筹码。而如果没有流通市场，中长期国债不能流通转让，其发行就会受阻。如果建立了公开流通市场，允许其流通转让，尽管债券期限较长，但因具有一定的灵活性，投资者急需资金时可以变现，人们也会比较乐意持有，也能够促进中长期国债的顺利发行，有利于满足国家财政资金的周转需要，从而使那些拥有短期富余资金的机构和个人可以购买中长期国债，扩大一级市场的参与者范围，有利于充分调动社会不同层次和不同闲置时间的资金，有利于扩大发行市场规模和丰富债券的品种结构。而且，流通市场扩展了国债的投资面与投资机会。那些无力参与发行市场或错过投资机会的机构和个人，可以通过二级市场购买二手券来满足自己的投资需要；在国债流通市场上，通过证券交易所以及众多的场外市场和柜台交易，使更多的人接触了解国债投资，进而了解国债发行情况和国债投资的特点，起到一种提供信息和宣传的作用，可以直接影响国债投资行为和发行市场的运转。

三　国债市场化与国债金融工具功能的发挥

我国历来只把国债作为财政工具看待，认为国债的功能只是弥补财政赤字。财政赤字是不得已的，因而运用国债功能也是被动的，在认识上仍旧把缩小财政赤字、缩小债务规模作为努力的目标。而许多发达国家已把国债功能从财政领域拓展到金融领域，国债市场是货币市场的市场，中央银行通过买入和卖出国债进行公开市场操作，调控货币供应，国债市场的利率升降已成为利率市场化的主要风向标。国债已成为金融调控的重要工具。

发达国家把国债作为金融调控工具，是在国债发行已达到了相当大的规模，国债的流通性也有了很大提高的情况下实现的。货币流通调控是宏观金融政策的主要内容，但其实施是以货币市场为传导场的，而货币市场又与国债市场交织。因此，有效地发挥国债市场的功能，基点在于深刻认识货币市场在传导和扩散货币流通调控政策效应中的功能与作用。从整体上看，拓展和完善国债市场，在某种程度上也就是拓展和完善货币市场。货币市场整体功能的高效发挥，部分依赖于国债市场的充分有效，并进而影响货币流通调控的效果。三者之间的传导机制是：国债市场，特别是其中的现货短期国库券市场、国债回购市场的发展完善情况，影响着货币市场的发展及其功能的发挥；货币市场的发展及其功能的发挥，又影响着中央银行利用货币政策进行货币流通调控的效果。

货币政策传导机制表明，货币市场是货币流通调控操作的基础市场。货币流通调控的效应传递需要货币市场作为信息载体，并且依赖货币市场与实体经济的联系，进一步使货币政策效应扩散到整个宏观经济中去。各国的实践表明，货币市场越发达，货币流通调控的预期效应和实际效果越吻合。各国在调控货币流通的操作中，都十分注重利用公开市场业务，在市场上买卖有价证券，利用市场吞吐基础货币调控货币供应量。但货币流通调控要达到预期效应，货币市场上必须有足够种类和规模的信用工具。美国之所以选择公开市场业务作为主要的货币流通调控工具，是因为美国有相当广度和深度的有弹性的国债市场。发达国家国债余额占 GDP 的比重一般在 50% 以上，有的国家如日本、意大利、比利时等达到 100% 以上。其所以能容纳那么多的国债，就是因为发达的国债市场已成为最重要的货币市场子市场。

我国随着经济的发展和改革的深化，也需要对国债功能作进一步的拓展。目前我国国债流通性不高，国债市场发育度低，与国债功能拓展的要求有较大差距。主要表现在：

1. 国债市场的规模还相当小。发达国家国债余额占 GDP 比重在 50% 以上甚至超过 100%，我国国债余额占 GDP 比重原来在 10% 以下，近年才提高到 15% 左右。发达国家的证券市场中，国债市场远大于股票市场，美国每天国债市场交易规模是股票交易规模的 7 倍左右，日本达到几十倍。我国股票市场和国债市场的发育度都不高，尤其国债市场的发展滞后于股票市场。规模小、发育度低的国债市场难以承担起货币政策工具的功能。

2. 国债期限品种结构比较单一，主要是 3—5 年的中期国债，长期品种少①，短期国债只在 1994、1995、1996 年少量发行过。而流动性最强的短期国债是发达国家公开市场业务的操作主体。它的缺位，使国债市场患上流动性低的先天不足症。

3. 国债市场参与者定位偏低，降低了国债的流动性。国债市场参与者定位影响国债发行的品种和方式选择，若以机构投资者为主，机构投资者对投资工具的流动性要求较高，发行可流通国债的比例会较高；若以个人投资者为主，则对国债流动性要求相对较低。在国债市场比较发达的国家，国债的持有者通常以专业机构、政府部门为主，即参与者主体实现了机构化，国债市场的发展吸引着更多符合要求的金融机构及非金融机构进入国债市场，而个人持有的国债比例较低。例如美国个人持有的国债比例为 10% 左右，日本也不超过 30%，我国 1997 年、1998 年和 1999 年面向个人投资者发行不流通的凭证式国债占当年国债发行总量的比例分别为 68.12%、82.21%（不包括增发 1000 亿元和 2700 亿元特别国债）和 38.60%。

4. 国债作为货币政策工具的功能，需要有包括现货与期货的发达国债市场，然后才能通过现货交易与期货交易的互补，提

①　根据财政部 2001 年公布的第二季度国债发行计划，30 年超长期固定利率记账式国债将于 5 月第 3 周在全国银行间债券市场发行，这是我国首次发行如此长期限的国债。

高流动性，形成短中长期的市场利率序列。我国自 1995 年停止国债期货交易后，迄今未恢复。

5. 可流通的国债分割为银行间市场和上海、深圳两个交易所市场。在不同市场之间债券不能自由转移，资金不能自由流动、投资者不能自由跨市场交易，降低了国债市场的流动性。目前银行间债券市场以商业银行为主体，它们的资金较充裕，买入债券后倾向于长期持有，资金趋同性使得银行间债券市场国债换手率相当低。到 2000 年，银行间债券市场流动性有所好转，托管的每一元国债换手 1.8 次，而交易所国债市场该年的换手率为19.3 次。

国债市场作为货币市场的分支，参与者包括供方和需方，资金需求者以一定的成本（包括利息和交易成本）获取一定时间资金的使用权；资金供给者通过让渡一定资金的使用权获取收益。目前，银行间债券市场的主体是商业银行，供给方资金充裕，而交易需求方主要是弥补金融机构头寸不足，需求弱于供给；交易所国债市场的主体是非银行金融机构和企业，商业银行不允许进入交易所债券市场，资金供方实力有限，而交易需求中相当一部分是弥补短期资金不足，资金需求大于资金供给。这样，资金的供给方和需求方分处于两个市场，形成分割，降低了流动性。

经济体制改革的目标是建立社会主义市场经济体制，充分发挥市场在资源配置中的主导作用，经济运行中也越来越强调用市场化手段对宏观经济运行进行调控。各国国债市场的演进表明，在市场经济体制下，国债是一国货币政策和财政政策的结合点，随着经济发展和经济体制改革的深化，拓展国债的货币政策工具功能，从实际出发克服存在的问题，提高国债流动性，无论对提高金融市场效率还是实施货币政策操作，都具有重要的现实意义。

四　提高国债流通性

本文致力于探讨如何提高国债流通性，发挥国债作为金融工具的新功能，为增发国债创造市场条件。针对当前国债流通中存在的问题，提高国债流通性的主要措施有：

1. 调整提高可流通国债的发行比例。近年发行的国债中，面向个人不进入二级流通市场的凭证式国债占了相当大的比重。这是因为国债市场化程度低，可流通的记账式国债的发行成本降不下来，反而使不流通的凭证式国债有了低发行成本的优势，财政部门愿意多发。而且有一部分个人投资者乐意在投资组合中有不同流动性的搭配，愿意持有一些利息回报高于银行储蓄而流动性较低的凭证式国债，每次发售都一抢而空。这样，凭证式国债的发行停不下来，但随着国债发行规模的扩大，其比重可以适当降低，可流通的记账式国债的比重可以适当提高。同时，银行间市场的记账式国债，可以考虑通过指定银行的柜台交易转让，使之成为面向个人的可流通国债。

2. 国债发行对象逐步转向机构投资者。不同投资者对国债流通性的要求是不一样的，活跃的国债二级市场主要是机构交易商之间的市场，这是由国债市场的性质决定的，即它是货币市场的分支，国债流通是资金供给者和资金需求者之间的交易。在西方，由于国债与商业银行信用有密切联系，而且个人收入大多以非现金性的金融资产为存在形态，尤其是以金融中介机构中的存款、基金等形式存在。所在，国债也大多被机构持有，个人直接持有国债的份额一般不超过 10%。1994 年日本长期国债的这一份额为 2.4%；美国个人的持有份额 1981 年为 16%，1993 年下降到 10%，其余全为不同类型的机构所持有。以机构持有为主的市场结构，无疑是这些国家国债能够顺利实行拍卖发行的保障条件。同时，这也决定了二级市场的活跃程度。我国国债发行对象应逐步向机构投资者转移，这是提高国债流通性和拓展国债金融工具功能过程中的必然变化。

我国银行间债券市场和交易所债券市场不能互补并形成统一市场，因此需要扩大市场交易主体。近年来，我国银行间债券市场的交易主体在种类上丰富了许多，包括国内各类商业银行、农村信用联社、保险公司、证券投资公司、基金管理公司、外资金融机构等，交易主体趋同的不合理状况已经得到较大程度的改善。银行间债券市场的成员不断增多，从1997年的27家，到1998年的118家，再到2000年底的600多家。相当一部分非银行金融机构，特别是证券公司和基金管理公司进入了银行间债券市场，不仅扩大了市场规模，而且通过市场交易主体多元化，缓解了市场资金供求不协调的矛盾，推动了市场发展和交易活跃，也意味着两个市场割裂的局面将被改变。但应该指出，近年来推进的交易主体扩大是单向的，主要是银行间债券市场扩大交易主体，至于对交易所的国债市场来说，主要是硬性规定商业银行不得进入交易所市场，交易主体的扩大受到限制，两个市场分割的局面难以得到根本改变，市场流动性受到限制。

3. 完善国债期限结构。我国现在的国债以中期债券为主，期限结构单一，缺乏短期债券和10年以上的长期债券。今后在国债期限设计上要有长远规划。要合理安排国债的发行与偿还期，除充分发挥国债的筹资功能外，有意识地发挥国债的金融功能，如为市场提供利率基准和流通工具。应加快发行结构调整，满足不同操作需要，在增发国债的过程中逐步形成长、中、短期限分布的合理国债结构。要增加短期国债的发行，为市场提供流通工具。短期国债偿还期在一年以内，滚动发行，具有流通性强、交易量大、安全性好的特点，是央行公开市场业务的主要操作对象。目前我国银行间债券市场不活跃，与债券构成中缺乏短期国债品种有直接关系。与此同时，也要增加一些长期债券，特别是在当前市场利率较低的状况下，多发一些长期债券有利于降低长期筹资成本。

4. 采取渐进步骤把分割的债券市场连通起来。可流通的国债分割为银行间和上海、深圳两个交易所市场，债券不能自由转移，资金不能自由流动，投资者不能自由跨市场交易，降低了国债市场的流动性。两个市场分割不仅使市场交易的活跃程度不同，而且债券的收益也不同，有时相差还比较大。发达国家通常把国债市场收益率作为市场利率的基准，我国两个市场的国债收益率差距大，不利于形成以国债收益率为基准的市场利率体系。

世界各国国债市场的演进表明，在市场经济体制下，国债是一国货币政策和财政政策的结合点，随着经济发展和经济体制改革的深化，拓展国债的货币政策工具的功能，提高国债流动性，无论对于提高金融市场效率还是实施货币政策操作，都具有重要的现实意义。正是基于这种考虑，有必要改变债券市场间的分割状态。

改变彼此间的分割，并不等于变分设的市场为统一的市场。两个市场的功能有差异。自从 1997 年商业银行退出交易所国债市场，另组银行间国债市场之后，两个市场服务于不同的对象，具有不同的功能，两个国债市场的区别见表 2。

大多数国家进行大笔国债交易是在场外市场（即银行间债券市场）。因为债券买卖除资金筹措调度之外，还要考虑资产结构调整，内容复杂，数额巨大，不适宜在交易所的交易系统集中撮合竞价成交，而适合用场外询价方式。在两个市场功能有差异的状况下，保持两个市场分开的格局，更有利于适应不同需求和提高资源配置效率。

两个市场有分工，但是可以创造条件把两个市场连通起来，提高国债市场流动性。发行市场的连通是容易的，只要发债主体采取类似 1999 年记账式五期国债同时在两个市场发行的做法，两个市场就有了相同的国债品种。而流通市场的连通则相当难，难在两个市场的交易主体不一样。如今银行间债券市场已经允许非金融机构进入了，可是交易所债券市场仍不许商业银行进入，其出发点是防止信贷资金流入股市，以此构筑一道"防火墙"，其实限制信贷资金进入股市的关键在于执行严格的监管，不宜简单地用割裂市场的方式来达到监管目的。但现实情况是不准进入的规定必须执行，连通便显得十分困难。连通的最根本的阻力在于限制商业银行进入交易所债券市场的规定。变通的办法可以设想让信用社联社、城市商业银行、地方股份制银行等进入交易所债券市场，因为它们的身份不同于国有商业银行。通过渐进方式证明连通的有效性，有步骤地让国有商业银行重新进入交易所债券市场。这样，投资者同时参与两个市场的交易，就把国债流通市场连通起来了。流通市场的连通还有一些技术问题，如需要建立统一的国债托管、清算系统，中央国债登记结算有限责任公司的建立，《国债托管管理暂行办法》等规章的颁布实施以及实券国债的停发等措施的推出，表明国债的统一托管已经实现。证券交易所和银行间市场可以通过各自与对方进行系统联网来延伸其交易系统与功能，或各自对交易系统和清算系统进行改进，以实现两个市场之间的连通。比如，交易所应在交易系统中添加大宗交易的功能，以满足大机构进行大宗交易的需求以及避免对市场造成大的冲击；银行间市场应对其报价系统和报价方式进行必要的改造，以降低询价难度，提高交易的效率。

表2　　　　　　　银行间国债市场和交易所债券市场的比较

	银行间市场	交易所市场
参与主体	银行、信托投资公司、农村信用社，以及部分保险公司、基金公司、证券公司和财务公司	证券公司、基金公司、保险公司、企业和个人
交易规模	大宗交易为主	小额的零星交易
交易方式	场外询价方式	集中撮合竞价方式
交易费用	免费	单向交易0.2%的手续费
交易平台	全国银行间同业拆借中心	沪、深交易所
托管单位	中央国债登记结算公司（不可转托管到沪深证券登记结算公司）	沪深证券登记结算公司（可转托管到中央国债登记结算公司）
交易种类	回购交易为主，现券交易为辅；回购交割天数可协商确定	回购现券交易发展平衡，回购交割天数是特定的
交易工具	国债和金融债券	国债、企业债和可转换债券
功能作用	承担了较多的货币市场职能	承担更多资本市场功能

　　国债存量在各种金融资产中所占比重较低时，国债市场的金融功能是有限的，流通性必然受到限制。提高国债流通性，拓宽增发国债空间之后，国债发多了，有了一定规模的国债存量，国债流通的活跃才有基础，债券市场才能在货币市场中占有一定地位。2000年，我国发行国债连同以前年度的国债余额为12300亿元，占当年GDP的13.76%。2001年国债余额增加到15608亿元，占当年GDP的比重提高到16.3%。这样，国债存量规模的扩大，将有利于国债作为金融调控工具功能的发挥。而国债市场化的发展，国债流通性的提高，又能够使国债因容易变现而逐渐地成为仅次于现金的准货币，投资者更乐意持有国债，进一步拓宽了国债的可增发空间。这时候，宏观当局对于积极财政政策是继续实施还是适时淡出，便有了更大的主动权。

（《经济研究》2002年第5期）

利改税是经济体制改革的关键一步

实行利改税，对国营企业用课征税收来代替上缴利润，是我国宏观经济的重大决策。利改税把国家和国营企业的分配关系用税法形式稳定下来，为整个经济体制的进一步改革创造了条件，为国营企业独立经营不再吃国家的"大锅饭"创造了条件，它是经济体制改革很关键的一步。我国的利改税分成两步：第一步是对国营企业开征所得税，已于1983年6月实行；第二步是全面的税收制度的改革，将于1984年第四季度实行。本文主要从经济体制改革的角度，从理论上探讨几个问题。

一 改革国家和国营企业的分配关系，把宏观控制和微观搞活结合起来，为全面的经济体制改革创造条件

经济体制改革要求改变企业吃国家的"大锅饭"和职工吃企业的"大锅饭"的状况，使企业拥有生产经营的自主权，把经济搞活，把经济中蕴藏的潜力挖掘出来。多年的实践证明，微观搞活一定要和宏观控制相结合，如果失去控制，往往形成一放就乱，不得不再度统起来，形成反复。

国家和企业的分配关系是一定要改革的，国营企业的收入全部上缴国家，支出全部由国家拨付，企业没有财务自主权，经营好坏、赚钱赔钱都一个样，不可能把企业和企业职工的积极性调动起来。但怎样来进行改革呢？如果把国营企业的利润全部留归企业支配，不仅会引起分配失控，国家财政无力承担，而且因为价格、资源、设备等多方面原因，企业利润水平相差悬殊，会造成很不合理的情形。采取种种利润留成办法，留成比例很不容易确定，国家与企业的分配关系不稳定。较好的办法是实行利改税，把国营企业的上缴利润改为按国家规定的税种及税率征税，税后利润留归企业支配，从而通过税法把国家和企业的分配关系稳定下来。随着生产发展和利润增长，国家财政收入和企业自己支配的资金都会有稳定增长。利改税兼顾了国家和企业两头的利益，因而它是把宏观的控制管理和微观的经济搞活结合起来的较好形式。从税后利润留归企业支配来说，它有利于调动企业和企业职工的积极性，有利于把经济搞活；从必须按照国家统一规定的税率征税来说，又有了一定的约束。它不仅使企业有了一定的归自己支配的财力，而且还明确了企业只有经过努力才能取得这部分财力，使经营管理好、经济效益高的企业得到鼓励，使经营管理差、经济效益低的企业受到鞭策。有了利改税的控制和约束，为经济体制改革的前进创造了条件，例如今年提出的扩大国营工业企业自主权的十条规定便可以顺利推开。

二　开创具有中国特色的企业自负盈亏、独立经营的道路，让企业跳起来摘桃子

现在人们常说，企业里跑冒滴漏多，遍地黄金，潜力很大，其实那还只是看得见的浪费；至于看不见的，因为缺乏竞争的压

力，在经营上和技术上故步自封、墨守成规所造成的浪费更大。一旦把企业里孕育着的潜力挖掘出来，得到的收获将远远超过人们的预期。

怎样才能把潜力挖掘出来呢？"大锅饭"养懒人，"大锅饭"窒息了竞争和活力。只有打破"大锅饭"，解脱束缚，让人们甩开膀子干，才能形成自动的机制，把遍地的黄金拣回来。所以，国营企业体制改革的关键，就是要破统负盈亏、统一经营的旧体制，立企业自负盈亏、独立经营的新体制，把企业和职工的积极性充分调动出来。

在各种缴纳形式中，企业利润全部上缴国家，反映了统负盈亏、统一经营的旧体制，利润留成办法要通过中央各部门或者地方各部门来核定基数和比例，助长了部门所有制，或多或少仍有统一经营的痕迹；税收形式，其课征的比例是固定的，不需要经过层层级级来核定，税收直接体现了国家和企业关系，有利于破地方所有制和部门所有制。利改税后，企业盈利中上缴国家和留归企业的比例都有规矩可循，能各得其所，减少了争基数、争留成比例的扯皮现象，为企业的自负盈亏、独立经营创造了条件。

处理国家和企业分配关系的核心问题，是留利水平的高低。留利过低过少，就和统收统支差不多，谈不上自负盈亏，调动不了积极性；但留利过高过多，又不是国家财力所能承担。出路就是通过改善经营管理，提高经济效益，逐步增加企业的留利。1983 年实行第一步利改税的工业、交通、商业企业共留利 121亿元，比 1982 年增加 27 亿元，增长 28.2%，大大超过工业产值、实现税利、上缴税利的增长幅度。企业留利占税利总额的比例，由过去的 15.7% 提高负 17.9%。第二步利改税后企业只要狠下工夫提高效益，利润有较大增长，便可以得到较多的经济利益，大中型企业则可以从增长利润中享受到减征调节税的好处，使企业有较大的后劲。经济活动中的潜力正像树梢上熟透了的桃子，关键在于我们的体制能不能鼓励企业和职工跳起来，鼓励的劲头愈大，摘到的桃子将愈多。

三　实行多种税多次征，从多方面调节企业利润和组织收入

实行第二步利改税以后，调整、恢复和新设置的共 11 种税，加上原有继续执行的 10 种税，我国工商税收共有 21 种。按照税种的性质来划分，属于流转税性质的有 4 种，包括产品税、营业税、盐税、增值税；属于所得税性质的有 6 种，包括工商所得税、外国企业所得税、中外合资企业所得税、个人所得税、国营企业所得税和调节税；属于地方税的有 6 种，包括屠宰税、牲畜交易税、集市交易税、房产税、车船使用税、城市维护建设税；属于调节级差收益的税有两种，包括资源税和土地使用税；属于特种目的征收的税有 3 种，包括奖金税、建筑税、燃油特别税。以上这些税种互相配合，基本上形成了我国以多种税多次征为特征的税收体系，从大的框架来说，适应我国经济变革的新的税收制度已经基本成型了。

20 世纪 50 年代前期，适应多种经济成分并存而且资本主义工商业比重较大的情况，我国实行的也是多种税多次征的税收制度。到了社会主义改造基本完成以后，进行的几次税收制度的改革，则以简化税制合并税种作为主要内容。到了 1973 年以后，对国营企业只征收工商税一种税，对集体企业只征收工商税和所得税两种税。税制由复杂趋向简化，一方面与当时总的政治经济形势发展分不开；另一方面在统收统支体制下，利润多变和国营企业本身不发生利害关系，不需要税收从多方面来调节企业利润，把复杂税制加以简化也就成了国营企业普遍的要求。所以从

复税制逐渐简并为单一税制，乃是当时的经济模式的产物。

但是，税收本来是调节利润和组织收入的杠杆，税制过于简化，也就限制了通过税收组织收入和调节利润的作用的发挥。十一届三中全会以来，实行对内搞活经济对外开放的政策，经济情况发生了很大变化，原来的过于简化的税收制度就愈来愈显得不相适应了。这表现在：我国经济在坚持国营经济主导地位前提下，其他各种经济形式发展了，而且新的生产组织形式和经营方式不断出现，流通渠道多种多样，如何从多方面组织收入是重大课题。对于国营企业来说，经济体制改革的要求是今后企业不再吃国家的"大锅饭"，各个企业要对自己的盈亏负责，企业纳税以后留下的利润归企业自己支配，可是形成企业盈亏及盈利多寡不仅有主观因素，也有客观因素。怎样把造成企业盈利水平高低不等的客观因素在可能范围内加以调节，尽可能减轻因为客观条件差异而造成的企业间的苦乐不均现象，是税收制度上面临的又一重大课题。这也就是说需要更充分地发挥税收杠杆调节利润的作用。然而一种税只能在一个侧面调节利润，调节的深度和广度都有其局限性，只有把单一税制改革为多种税多次征，使不同的税种在经济活动的不同领域里发挥各自的不同作用，才能适应新形势的客观要求。

经过第二步利改税后形成的新的税收体系，怎样从多方面来发挥税收组织收入和调节利润的作用呢？在商品流通过程中课征的产品税、增值税、营业税、盐税，是从原来的工商税中划分出来的，属于流转税性质。由于各种产品价格有高有低，利润有大有小，对价高利大的产品征以高税，对价低利小的产品征以低税，通过产品税来调节各种产品间的利润水平，是最主要的调节手段。产品税是按产品销售的全部金额征税、对于协作环节多的产品来说，多一道协作环节便多征一道税，协作厂的税负大大重于全能厂，助长了"大而全"、"小而全"，因此对某些行业实行增值税，不按照产品销售金额而是按照增值额征税，调节了全能厂和专业厂的税负和利润水平，消除重复课税，将有利于专业化和协作的发展。营业税是原有税种的恢复，其主要改革是恢复对批发商业的课税。多年来我国商业流通体制的弊病是流通环节过多，按行政层次定商品流向，造成很多不合理现象，因此要广开流通渠道，减少流通环节，营业税是按流通环节征收，多一道环节要多征一次税，正是促进多渠道少环节，贯彻合理负担政策。营业税税率分行业确定，有高有低，也调节了不同的商业和服务业的利润水平。

形成企业利润水平高低的原因，除了生产产品不同之外，还有资源、地理、技术等方面条件的差异。第二步利改税新开征的资源税，针对着采掘企业由于资源的丰沃贫瘠而形成的高低悬殊的盈利水平，通过征税把一部分级差收益归于国家，调节了企业间的利润水平。还有土地使用税是调节企业因地理位置差异而形成的级差收益，并促使企业节约使用土地。

除此以外，对企业还课征其他一些税收。例如燃油特别税是为了鼓励以煤代油的特定目的而课征的，同时也是对企业使用廉价石油作燃料取得利润的调节。通过不同的侧面课征不同的税收，在一定程度上调节了企业间利润水平的悬殊状况，可是，企业的利润并不能全部留给企业，还要通过所得税在国家和企业之间进行分配。对大中型企业征收55%的所得税。对小型企业实行八级超额累进所得税，最低一级税率为7%，最高一级税率为55%，从而使小型企业在增产增收中获得了更多的好处。

由于我国经济发展不平衡，先进落后企业并存，经过课征产品税、资源税、所得税以后，不同企业间留下的利润仍有很大差异。有的企业留下的利润大体接近本身的需要，有的企业则留下的数额很大，远远超过需要。对此曾有过不同的设想：一是提高产品税税率，这样做可以通过产品税把盈利水平高的企业利润调节到合理水平，可是生产成本高利润低的企业受不了，这部分企业面广量大，产品税税率过高会扩大亏损面，造成不利后果；二是扩大所得税的级距和提高所得税税率，这样做虽能把利润水平高的企业留利调节到合理水平，可是会有相当大一部分企业留利不敷需要，打击企业积极性；三是对企业占用固定资产实行收费或者课税，这从理论上说可以促使企业关心固定资产的合理利用，是比较理想的办法，但有不少企业承受不了，目前条件还不成熟。所以从保证国家财政收入来说可以有多种办法，但都因为成本高利润低的后进企业承受能力有限，会引起新的矛盾，这说明了我国过去长期吃"大锅饭"，企业间没有竞争、没有淘汰，由此造成的后果不可能很快改过来，不得不采取过渡的措施。调节税就是在这样的条件下产生的，它只对那些课征所得税后留利较多的企业征收，在四万多户国营企业中，只有一万户左右的企业还需要征收调节税。它以1983年国营企业实际留利作为基数，与企业缴纳各项税收和所得税后的利润相比较，换算出一个比例税率，在实际执行中不能不形成一户一个税率。税收杠杆的特点之一，是统一的税率能够鼓励先进、鞭策落后，调节税起不到这一作用。所以说调节税在一定程度上还带有利润留成的旧痕迹。现在采取的措施是对增长利润减征70%，并改环比为定比，一定七年不变，从而对先进企业有一定的鼓励。今后随着竞争的开展，后进企业赶上来了或者淘汰了，经济发展不平衡的状况逐渐得到改变，整个税制布局还可以作进一步的改进与完善，使得税收调节利润和鼓励先进鞭策落后的作用更好地发挥出来。

第二步利改税使税制从简单趋于复杂，但这并不是回到20世纪50年代的老税制去，而是在新的经济条件下新的发展。同时，多种税多次征是对比于 70 年代的单一税制而言的，绝不意味着税收种类和征税次数越多越好。需要有多少种税，需要征多少次，取决于运用税收杠杆调节经济关系的必要，在发挥税收调节作用前提下，税制仍应力求简化。

四　通过调整产品税、增值税的税率，缓解价格不合理的矛盾

我国现在各种商品的价格长期没有调整，存在着很不合理的现象，有的商品价高利大，有的商品价低利小。要使企业自负盈亏，就必须适当解决这一矛盾，使之相对合理。但是价格体系的改革涉及面广，不可能很快理顺。在价格还未合理状况下，通过调整税率使各类产品的利润水平大体相近，对于开展生产竞争和解决分配中苦乐不均问题是很重要的。

第二步利改税对于产品税的税目税率作了较大的调整，有些需要发展的短线产品、能源产品、日用必需品，如煤、煤气、液化气、纸浆、新闻纸、生铁、低支光灯泡、日用陶瓷、卫生纸等，都调低了税率，还有烟、酒、糖等产品原来税收比重大，征税后企业利润很小，也适当调低了税率。与此同时，有些如炼油产品、电力、气制氮肥、钢铁等，因使用低价原料而获得较高利润；有些如牙膏、卷烟纸、汽车轮胎等属于长线产品；有些如西药、香精、香料、油毛毡等产品利润率较高，对于这些产品都适当提高了税率。还有一些产品，由于生产规模和生产条件不同，利润水平悬殊的，采取了分档定率的办法。通过税率的调高和调低，对于各种产品间的利润水平作了调整，使各种产品间因价格不合理而使利润水平悬殊的现象有所改善。

但是，价格应当符合价值规律的客观要求，扭曲的价格往往

会形成逆方向调节，是不能把经济理顺的，购销价格倒挂，有的地方粮食很多却调不出去，有的地方黄豆积压而群众吃不到豆腐，这就不利于流通，经济活不起来；原料价格过低而加工产品价格很高，原料产区就要发展自己的加工工业，以免"肥水外流"，各地发展小糖厂、小毛纺厂等，不是没有缘故的。求过于供的价格理应从高，供过于求的价格理应从低，然后供需才能渐趋平衡，如果反其道而行之，必然是短线拉不长，长线压不短。像以上这些问题，都不是税收所能为力，税收只能调节利润水平，只是在价格还不能作大的变动时，缓解价格不合理的矛盾，它不能代替价格改革，价格不合理的问题终究还是要通过调整价格才能解决。

还应该看到，如果在一个竞争有一定基础的经济中，生产同一种产品的各个企业生产经营水平基本相近，按照中间偏上的水平设计产品税税率，便可以把产品间的利润水平大体摆布合理。可是我国多年来忽视竞争，生产同一种产品的不同企业之间，生产经营和成本水平悬殊，这种状况一时难以改变，不得不按照中间偏下水平来设计产品税税率，通过产品税来调节产品间利润水平也由此受到限制；即使如此，征税后有些企业已经发生亏损，而有些企业的利润水平仍然很高，不能不再采用其他的调节方法。再就是不论产品税还是增值税，税目、税率都不可能定得很细，只能分大类或者分档定率。可是同一大类产品如机械或者西药，在不同的品种规格之间，价格和利润水平差异很大，如果按大类定一个税率，便不能调节品种规格间的利润水平。在这方面也仍然需要价格摆布得合理，才能使利润水平合理，否则也还要采用其他的调节措施。上述种种，都说明通过产品税、增值税调节利润，缓解价格不合理的矛盾，是有一定限度的。

从税收杠杆和价格杠杆的不同作用来说，本来应该是通过高低不等的税率体现国家的奖励限制政策，指导经济发展方向，税率要相对稳定。而价格则随着生产条件变化和价值的升降，随着供需关系的变化，不断进行调整。因为价格不能大动，通过税收来缓解价格不合理的矛盾，终究只是权宜措施。今后随着价格的调整改革，逐渐摆布合理，税收也需要作相应的调整。那时候税收仍是调节利润的杠杆，但不必那么复杂，税目、税率不必定得那么细，因为价格中的矛盾已经由价格本身解决，税收体现奖励、限制政策的作用也就更加明显了。

（《经济研究》1984 年第 9 期）

税收课征强度与税收宏观调节

一 税收增加趋势与税收成为宏观调节内在稳定器

当今世界各国有一个共同趋势，那便是政府支出范围不断扩大。发达国家是如此，发展中国家也是如此。社会主义国家因为政府承担着更多的公共事务和发展经济的责任，在这方面表现得尤其明显。

政府支出范围的不断扩大，要求取得更多的政府收入。不论哪种类型国家的政府，政府收入来源主要是税收，尽管政府还采用举债的办法来弥补收入的不足，但国债仍旧要靠增加税收来归还。所以，随着政府支出的扩大，税收增加便是不可逆转的趋势。在某个短时期里政府可能因为宏观调节的需要而采取减税措施，在长时期里则还是不断增加新的税种甚至不惜重叠征税，使税收在国民收入分配中所占比重愈来愈大。

随着税收比重的提高，税收杠杆在宏观调节中也逐渐起到一种内在稳定器的作用。所谓内在稳定器意味着不需要采取特殊的增税或者减税措施，税收本身会随着总需求的增减而变化，对总需求产生一种稳定性影响。通常这是指所得税类的税收，因为所得税具有"多得多征，少得少征，无得不征"的特点。当经济扩张时税源扩大，税收自动上升，从而对企业在税后的利润和个人在税后的可支配个人收入给予约束，使总需求量的增长受到约束，使投资需求和消费需求的扩大受到某种限制，从而使经济扩张的势头有所减缓。反过来，当经济萧条时税源缩小，税收也随之下降，使得企业在税后的利润和个人在税后的可支配收入的减少幅度相对的小些，从而对总需求量的收缩起到某种抑制作用。当所得税类实行累进税率时，上述内在稳定器作用强度还要大些。

税收的内在稳定器作用使经济扩张或者收缩的波动小于没有这些稳定器时将会出现波动，减轻波动的程度，而且这种调节可以不依赖经济决策部门采取措施而自动发挥作用，自动地限制向上摆动和向下摆动的幅度，但是，税收这种稳定器的内在的调节作用的强度终究是有限的，为了强化调节，就有必要采取增税或者减税的措施，通过减税来刺激企业扩大投资需求和个人扩大消费需求，刺激经济增长；或者通过增加税收来限制企业和个人的收入增长，以限制投资需求和消费需求。这时候，税收仍旧是作为一种稳定器来发挥作用，它会对经济波动产生阻碍作用，或者是阻止由需求过度扩大所可能造成的通货膨胀的势头，或者是阻止因需求下降过度所可能造成的经济萎缩势头。但这种稳定器作用强化是通过增税或减税来实现的，便不能说是内在和自动起着的作用了。

从我国的实践看，各种税收都不同程度地具有内在稳定器作用，流转税类随流转额征收，流转额扩大则税收相应增加，流转额缩小则税收相应减少；所得税类随所得征收，所得增加税收上升，所得下降税收减少。税收占国民收入的比重越大，内在稳定器作用越明显；税收占国民收入比重减少，则稳定器作用也相应减少。而且在实行税收承包时，课征税收的数额被固定下来，税收在宏观调节中所能起到的稳定器作用便趋于消失。所以从宏观经济管理角度看包税制是不可取的。各种税收对宏观经济的调节作用有大有小，把这几年采取的增税和减税措施作比较，1989年对预算外资金开征的预算调节基金，一方面组织收入缩小了财政赤字，另一方面又针对总需求膨胀中最为突出的预算外资金过多的状况加以抑制，在宏观调节中所起到的稳定器作用便比其他税种明显。

二 税收课征深度的极限及税收效应曲线

税率高低反映着税收课征的深度，当征税对象的数额不变时，税率高低直接决定着税收收入的多少。税收收入是税率的函数。设 Y 表示税收收入，X 表示税率，则

$$Y = f(X)$$

从一次性征税过程来看，税收收入与税率的变化是同向的，即税率越高，税收收入就越大；税率越低，税收收入就越少，若税率为 0，国家不能取得任何税收收入。

但是从持续的再生产动态过程来看，由于税收对生产的反作用，一定时期内，决定国家税收收入总额的因素就不仅是税率的高低，还要看征税后所引起的税源的增减，过高的税率削弱了经济主体的经济活动，会缩减税源，国家的税收收入反而会减少。而税率降低，从一次性征税过程看，国家的税收收入是减少了，但从再生产过程来看，低税促进了该部门生产的发展，这又为下一次征税培养了更多的税源，从一段时期的国家税收总量来看反而会增加。它们的关系可以用下图表示：

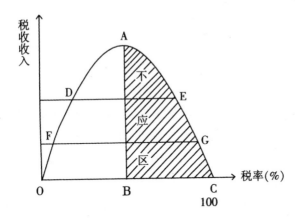

图中横轴表示税率，纵轴表示由税率与生产共同决定的税收收入。曲线经 OAC，自 A 点转折，以两端点为极限，两端点的税率分别为 0 和 100%，当税率为 0 时，国家税收收入为 0。当税率为 100% 时，人们将停止生产，国家也不会有任何税收收入，只有在 A 点代表的税率是与生产相结合能够提供最大税收收入的税率。A 点以左表示：随着税率的增加，生产和税收都会增加。A 点以右表示：随着税率的增加，生产和税收均将减少。ABC 斜线面积都分为"不应区"，税率进入"不应区"以后，降低税率税收不会减少，反会增多。上述税率、税收与生产之间的关系曲线称为税率与税收数量效应曲线。

把这种税收课征深度和税源增减的关系用曲线加以图解，是美国供应学派的拉弗作出的，所以类似的曲线被称作拉弗曲线。

从税收效应曲线图上可以看出，并非税率定得越高税收数量就越多，只有适度的税率才能够既促进生产的发展，又能使国家取得一定的税收收入。在图中，F 和 G 表示提供同等数额的税收，G 表示较高的税率和较低的生产，F 表示较低的税率和较高的生产。D 和 E 亦如此。因此，当税率在 D 和 E 或 F 和 G 之间选择时，应当以选择 D 或 F 为宜。0 和 100% 为不可取点，A 点最优。当然，以上分析是就一个国家的总体税率来说的，如果联系到不同税种的个别税率，并把它与特定的经济政策目标联系起来，情况就要复杂得多。

（1）税率为 0，就总体税率来说，是不可取的。因为国家征税，就是为了强制地、无偿地取得一部分财政收入，就是要把分散在各部门、各单位和个人手中的一部分收入集中起来，转变为国家的财政资金，满足国家行使职能的物质需要，税率为 0，国家不能取得任何税收收入，当然不可取。然而，从个别税率来看，在一些特殊情况下，根据国家经济政策的要求，对一些特殊产品、特殊行业给予鼓励和照顾，实行免税，这也是正确贯彻税收政策，运用税收杠杆的一个重要方面。这时，从短期看，税率为 0，国家没有税收收入，但从长期看，免税促进了该部门生产的发展，培养了后继税源，随着这些部门生产的发展，国家反而能取得更多的税收收入。这时 0 税率也是最优税率。从我国经济发展趋势看，对农业税有必要逐步降低税率乃至实行 0 税率。

（2）税率为 100% 就总体税率来说也是不可取的。因为100% 的税率会使整个社会连简单再生产都不能维持，生产萎缩，投资为 0，社会无人生产，国家也就不能取得任何税收收入，这是一种竭泽而渔的征税方式。但是，就某些个别税率来说，在一些特殊情况下却是可取的，"价内税"不可能把税率定到 100%，而"价外税"则是可以这样做的。我国关税条例就曾经规定，对那些国内已能大量生产的非必需类商品，其进口税率可达100%。如海产品、干鲜果品、手表、照相机等，其进口税率的最低一级是 60%，最高一级是 100%。而那些需要限制进口的烟、酒、化妆品、爆竹烟火等，其最高税率可达 150%。这就可以抬高进口商品价格，抑制这些商品的进口，保护了国内同类商品的生产。

总之，关于税收效应曲线的 0 点和 100% 点为不可取点时，要区分总体税率和个别税率这两个不同的概念，否则会发生误解。

三　税收效应曲线的运用——减税效应和最优税率的选择

根据税收效应曲线所体现的税收与税率之间的函数关系，当税收偏重时，可以运用减税措施，使企业的税后利润和个人的可支配收入增加，从而刺激储蓄和投资，促进生产的增长；而随着生产增长，税收总额也随之增长。所以，减税被认为是运用税收杠杆进行宏观调节的重要手段。我国在 80 年代中期对国营企业一再减税让利，并且认为减税让利后不会使财政平衡受到冲击，正是基于这种认识而采取的措施。但是，从减税到刺激起产量增加和效益提高，有相当长的一段时间间隔，这使得减税总是要先付出税收收入相对下降和财政赤字扩大的代价，而且上述减税效应需要有一个市场经济的环境和有效的控制财政支出和货币供应的政策，否则就有可能因减税使财政赤字扩大进而使货币供应量增多，从而诱发通货膨胀或者使本来就存在的通货膨胀趋于严重。目前，我国企业税后留利的使用，侧重于多给职工兴办福利和发放奖金，减税让利明显是让给企业而最终主要是让给职工，对生产的刺激效应变成对职工个人收入的增长效应，这种鼓励方向的差异也是在评价减税让利的经济效应时不能不加以注意的。由此得出的结论是减税作为一种宏观调节的方法，对于促进经济增长是能够起到作用的，但是在减税初期要保证财政收入不减少则并不现实；尤其因为减税是在原来征收的税率高、税负重时才发挥其作用的，所以在税负已经不重，财政收支已经发生赤字，财政状况已经拮据时，更加不能滥用减税办法进行调节。

运用税收效应曲线还可以找到一个最优的区间，符合这个区间的税率被称作最优税率，也就是能促进国民经济的协调发展、经济速度增长最快且全国税收总收入最大的最合适的税率。它实际上是一种平均税率，是全国税收最大额与国民总收入的比率，用图来表示，在税收效应曲线中的最高点所对应的纵坐标是税收收入的最大额，横坐标便是总体最优税率。

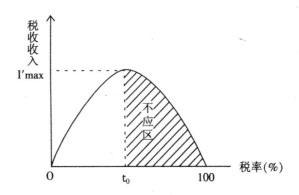

图中 t_0 代表总体最优税率；$I'\text{max}$ 代表税收最大额，G 代表国民收入总额；其关系为：

$$t_0 = I'\text{max}/G$$

从理论上说存在着一个最优税率的点或者最优区间，但这个点或区间的具体位置究竟在哪里，是不容易找到的。尤其因为总体最优税率是一种平均税率，而平均税率的提高或者降低要通过具体税种的税率提高或者降低来实现，因而还需要具体分析不同税种的效应。以流转额为征税对象的税种的征税效应偏重于供给方面，以所得额为征税对象的税种的征税效应偏重于需求方面。提高和降低流转税税率，可以限制产品供给的扩大或增加产品的供给。提高和降低所得税税率，能够抑制总需求的膨胀或促使企业和个人收入的增长。因此，当总供给大于总需求，或总需求大于总供给时，我们可以分别从调节供给，或调节需求的角度，对流转税税率、所得税税率进行调整，从而使总供给总需求达到平衡，使总体税率达到最优。

四　不同税收优惠(税收方式支出)的调节作用比较

政府为了达到某种社会或者经济的政策目标，对于财政税收政策手段通常可以采取两种不同的调节方式，一种是通过政府的直接支出方式去达到目标，另一种是通过税收制度上实行优惠减免政策的方式去达到目标。后者和原来的税收制度比较使政府的税收收入受到损失，可以把它称作税收方式支出。这是税收杠杆调节作用的进一步深化，它使减税效应具体体现在某种行为或者某些产业上，使宏观调节微观化，成为实现政府经济政策的重要手段。

不同的税收减免优惠规定体现了不同的税收支出方式，它们所起到的调节作用是不一样的，这就有必要把它们加以分析比较，探讨不同的税收支出方式在调节经济活动和促进经济发展中起到的不同作用：

（1）对某些符合规定的新创办企业在一定时间内给予减税免税优惠。如前所述，政府为了实现经济政策目标，常常要鼓励创办某些新的企业，以实现特定的政策要求，通过一定时间内减征或免征某些税收，使这些企业能够发展壮大，站稳脚跟，是一种重要的扶持方式，也是许多国家常见的运用税收杠杆进行调节的做法。但不同的税收减免对于企业的影响是有差别的，对于引进机器设备等免征关税，可以使企业直接享受到一定的利益，同样多的设备可以少投资，或者同样多的投资可以多引进设备的利益；对于进口原料与半制品免征进口关税或者对产出品免征流转税，可以使企业获得减免税收支持而增强竞争能力，利益也是直接的和明显的。但以上两种方式并不是常用的做法，由于对特定企业减免关税和流转税会使新老企业处于不平等竞争的基础之上，使照章纳税的老企业的生产和流通受到打击，通常认为是不可取的。所以常用的是在一定时间内减免所得税的做法，企业在减免税期内经营管理愈好，从减免税方面获得的利益愈多，减免税期间愈长，企业受益的程度愈大。但新创办企业在开始营业的头几年一般盈利较少，投资数额大建设时间长的重工业企业更加需要较长时间才能够获得盈利，在开始营业的头几年给予减免所得税的调节作用很可能形同虚设。因此也常常有人认为要实现预定的政策目标不能够仅限于减免所得税。

我国这些年来，对于新创办的乡镇集体企业、城市工业交通集体企业、吸收待业知识青年超过 30% 的企业，都给予定期减免流转税（列举产品的高税率流转税不在内）和所得税的优惠。对校办工厂给予免征所得税的优惠；对民政部门办的集体福利工厂，街道办的集体性质的社会福利生产单位，安排聋哑残人员占生产人员总数 10% —35% 之间的减半征收所得税，超过 35% 的免征所得税，这些规定的效果从积极方面看是鼓励了这些企业的创办，实现了促进乡村经济发展和帮助待业知青就业、照顾残疾人等政策目标；从消极方面说则是发展一批小企业与国营大中型企业争原料、争市场，降低了资源配置效益。人们因看问题的方法不同，对减免税收效应的评价毁誉不一，但可以统一一个认识，便是税收杠杆确实起到了调节作用，只是对调节作用的好坏还有着不同的估价。

（2）出口退税。对于出口商品给予免征出口关税和退还原来征收的流转税，是世界各国支持发展出口商品生产的通常做法。这是因为，对外贸易和国内贸易不一样，它所面临的是国际市场价格。由于各类商品的国际价值不可能和国内价值相一致，国际市场价格不可能和国内价格相一致，往往会出现各种各样的矛盾。尤其因为我国还是发展中国家，经济底子薄，技术装备差，工业品出口的竞争能力弱，而且很多工业品在国内市场上属于紧俏商品，在国内市场上按国内价格销售的利益远大于出口按国际市场价格销售的利益。这就更加需要采用国际上通行的出口退税办法给予支持，鼓励商品出口外销。

我国有不少商品从它的实际生产成本看，在国际市场上还是有竞争力的，例如我国手表的生产成本不到 20 元人民币，在国际市场上能卖到 10 美元以上，然而外贸部门向工厂购进时的价格包括了流转税和工厂利润，再按国际市场价格出售便成了亏损商品，这种亏损从宏观说是假亏。因而有必要采取出口退税办法，使这些本来有竞争力的商品能够更多地出口。

出口退税和出口商品生产的发展，在世界各国都公认为有很高的相关度。但在我国由于对外贸易的垄断，由于进出口贸易盈亏的统一核算，加上 20 世纪 80 年代中期以来外贸亏损补贴居高不下，并且逐年大幅度增长，使得人们对出口退税有不同见解。有的经济学家就认为，既然国家对外贸亏损给予财政补贴，便不必再搞出口退税，认为出口退税也是一种补贴，两头补贴使得补贴总额不清，不利于进行成本效益的比较分析，在中央和地方实行分灶吃饭的财政体制条件下，外贸亏损由中央财政承担而出口退税会减少出口口岸地的税收收入，也使得出口口岸地对退税不积极。但我们认为废弃出口退税是短见的，外贸进出口统一核算盈亏由国家财政统一弥补的办法，今后要逐步向独立核算自负盈亏方向发展，外贸进出口要同时采取自营和代理两种经营方式，出口退税作为反映出口商品的实际生产成本和实际竞争力的手段，可以区分哪些商品出口有利，而哪些商品出口不利，是不能够简单地废弃的；出口退税是世界各国公认的惯例，出口商品财政补贴则认为是不平等倾销而可以采取加征进口关税等报复性措施，这也使得废弃出口退税统一由财政补贴成为不可行的；再加上外贸管理体制从中央集中统一转向地方包干以后，出口口岸地因出口退税减少了收入，可以从外汇分成上得到补偿，也使出口退税易于执行。但现行的出口退税只退最终一道流转税，而流转税制度是重叠课征的，如何把商品生产各个环节的流转税连同进口原料所征进口关税一并退还，以确切反映出口商品的实际生产成本并增强出口竞争能力，还是需要做进一步改进的。

（3）对于再投资的税收奖励。许多国家为了鼓励老企业增加投资，改进技术装备，扩大生产，有着各种对再投资的税收鼓励办法。我国中外合资经营企业所得税法规定合营者把从企业分得的利润在中国境内再投资，期限不少于五年，可以退还再投资部分已纳所得税款的40％；美国所得税法规定企业进行合乎规定的固定资产投资时，可以在应纳所得税款中扣除相当于投资额7％的税款，但纳税义务每人每年允许扣抵的投资减税额不得超过当年的应付所得税额。对再投资的税收扣抵与对新创办企业的税收减免，税收调节的重点是有区别的，前者主要是对再投资的鼓励，后者则是保护新创办企业的利润。

我国目前对企业用银行贷款进行投资所实行的在交纳所得税前归还贷款的办法，其性质也是一种对投资的奖励。但税前还贷使信贷成为软信贷，缺点也很明显。而且税前还贷是对利用信贷进行投资的鼓励，反过来又会使企业尽可能不把税后留利再进行投资；还加上对企业留利用于土建工程时还要征收建筑税，更加妨碍企业用税后留利的自有资金进行固定资产投资，税收制度上奖励限制的失当也就更加明显了。

税收优惠在实质上也是一种支出，它是以税收让与方式给纳税人以优惠，诱导经济活动向预期的政策目标发展。由于不同的税收优惠在实际效果上不一样，对于不同税收优惠进行成本效益的政策分析是很重要的。只有作出具体的分析，才能判明减税的具体政策效应，并据以改进税收优惠减免措施。

总起来看，对于税收课征强度和税收宏观调节，不能够单纯考察税率本身的高低，还应该和各种税收优惠结合起来考察，方能够作出比较全面的实事求是的判断。我国目前的问题主要不在税种设置和税率设计方面，而在于各地为了维护本地区的经济利益，出现了"你有优惠，我比你更加优惠"的竞赛，或者给予种种方式的减免照顾，或者降低承包基数，使企业实际留利不致因效益递减而下降，而国营大企业则因为是国家收入重点却得不到那种优惠照顾，在市场竞争中处于不利地位，从而束缚了国营大企业，使得整体的利税率下降而社会经济效益也未改善。所以，制止优惠竞赛应是税收的宏观决策首先要考虑的问题。

五　从区域性的税收优惠转向国民待遇原则

近年，在我国出现了开发区热。"开发区"、"工业城"、"科学园"、"旅游区"之类的牌子，随处可见。与此同时，各种优惠减免，也成了各地兴办开发区招商引资的重要手段。国家原来对在经济特区和经济开发区从事工、农、交通运输等生产性"三资"企业给予2年免征所得税、3年减半征收的优惠政策被突破了，有的地方自行兴办的开发区宣布免税 3 年减税 5 年、免税 5 年减税 5 年，甚至宣布实行比经济特区更优惠的税收政策。这种在税收优惠减免上相互竞赛的趋向，把开发区引向了与市场经济格格不入的政策误区。

市场经济的一项基本原则是平等竞争。然而，根据纳税人的不同身份而给予的税收优惠减免，所倡导的却是不平等竞争，对甲的优惠，也正是对乙的歧视。税收优惠减免虽然在世界各国都有所采用，它对吸引外资投向符合国家产业政策的产业是有作用的，但一般都严格控制在一定范围之内。而对于外国投资通常强调的是实行国民待遇原则，即外国投资者与本国投资者处在平等竞争的同一起跑线上，既不享有特殊的优惠，也不遭受歧视。这种国民待遇原则对于外商来说是最迫切需要的。

国民待遇主要指在原材料和动力供应、交通运输、雇佣劳动力、各种税收和费用的负担，从事旅行及居留的自由与收费标准等，外国投资者都享有和本国公民同等的待遇。然而过去在传统计划经济下存在着双重价格及双重汇率，实行起来有着种种操作上的困难，因为与外国相互之间实行国民待遇的起码要求是经济运行机制和经济管理体系具有相似性。

目前，我国提出建立社会主义市场经济体制，市场经济要求中外投资者平等竞争，这就要把中外投资者彼此互享国民待遇的政策作为目标，不宜一方面给予歧视，收取高价、高额费用，另一方面又进行不适当减免。

有人会问，既然税收优惠减免与实行国民待遇的原则相悖，为什么我国在兴办经济特区以及经济技术开发区时，又都曾把减免税收优惠作为吸引外资的手段呢？在此需要指出，对外开放地区的税收优惠有两类：一类是关税，世界各国的出口加工区和自由贸易区一般对区内企业都在出口时给予关税的减免照顾，如果内销再补征关税，以鼓励加工出口和转口贸易，我国的经济特区也采取类似做法；另一类是所得税，美英等多数发达国家采取属人主义，投资者在外国投资所获得的减免所得税优惠，要和投资企业在国内获得的利润合并计算征税。这样，对于英美等国的投资者来说，所得税有无优惠及优惠多寡均无实际意义，只有香港采取属地主义，企业投资大陆盈利后从大陆获得税收优惠，到香港不必再补征税款。事实上，像香港那里的投资者那样能从所得税减免中获得好处的是极少数的。

我国兴办经济特区和经济开发区是以国外的出口加工区和自由贸易区为借鉴的。迄今为止，经国家批准的可获得关税优惠的有5个经济特区、30个经济技术开发区、13个保税区、52个高新技术产业开发区、11个国家旅游度假区、14个边境经济合作区，这虽然相对于世界各国来说还是显得多些。但与去年以来出现的8000多个开发区相比，经过国家批准的还是相当少的。

需引起我们注意的是，各地自行设置的开发区，由地方自行宣布给予税收优惠的做法，给投资者的印象是我国法制不健全，地方自定的土政策冲破国家税法的统一规定，从而降低我国投资"软环境"的得分。投资者会从地方领导人对于政策的随机任意性，意识到利益缺乏保证。因为一项可以任意给予的优惠，也可以任意取消。

笔者见到一些外国投资者经常抱怨国内各个地方优惠政策的不一致；也经常听到外国投资者对双重价格和种种中外待遇不一致的申诉，并且表示对未来前景感到不明朗；有"朦胧感"。这使得外国投资者缺乏长远投资思想，滋长了短期行为，实际投入资本远远小于项目协议总投资额，绝大部分资本靠中国的银行担保在国外金融市场借款。还有的是以自己掌握的商标牌号、经营管理等无形资产估价入股，甚至对于企业以自己的利润再投资来发展企业也不那么积极，资本净流入为数不多，这些表明单纯依靠税收减免优惠收效甚微，难以达到吸引外商和外资的目的。

税收优惠减免的滥用并不限于对"三资"企业，近些年来对于乡镇企业、吸收待业青年的企业等等，都有着各种不同的优惠；有时地方领导出一个主意就创造一项减免。这使得企业间的税收负担差异甚大，企业间的不平等竞争加剧。显然，不平等竞争对于发展市场经济是不利的，尽快从这一误区中走出来，是市场经济健康发展的客观需要。

（《税务研究》1990 年第 1 期）

税收调节的传递过程及
逆调节的出现

一　税收调节是通过税负的转嫁与归宿来实现调节的目标

在各种经济政策手段中,税收是实现宏观调节微观化的重要杠杆。国家不仅能够通过征税筹集财政资金满足国家行使职能的物质需要,通过税收总量的增减调节总需求量,而且可以通过税种、税目设置和税率高低,直接和间接调节各部门、各单位、各经济成分和个人之间的分配状况和利益关系,体现国家对不同产业部门的奖励限制政策,促进对外经济贸易往来,调节各阶层收入以实现社会政策,在实现国家的多元化经济目标中发挥多方面的作用。

运用税收杠杆发挥它的调节作用,需要考察税收是由谁实际负担的?是怎样进行调节的?这就需要考察税收调节作用的传递过程,即税负的转嫁与归宿过程。

历来的税收理论对于税负的转嫁与归宿,有着不同的观点,有的学者认为所有的租税就像几个底部互通的水管,如果把一个水管中的水抽走,其他各个水管中的水仍会流来,直到水平时为止。租税最终落在有支付租税能力的生产者身上，因而认为开征新税会破坏业已形成的均衡状态，有着"旧税尽为良税，新税尽为恶税"的断语。有的学者认为所有租税不论怎样课征，最终都转嫁给消费者负担。但是最通行的观点，则是认为所得税类和财产税类是不转嫁的直接税（或者要经过复杂的过程使税负转移），纳税人同时是税收的直接负担者，认为流转税类是能够转嫁的间接税，纳税人会通过提高商品销售价格或者压低商品销售价格，将税负转嫁给商品的购买者或供应者。

二 税类的税负转嫁与归宿过程

在商品经济中，商品价格由商品价值决定，但又受市场供求关系影响而围绕着商品价值上下变动，在完全竞争条件下的市场价格，是由出价最高的边际需求和成本最多的边际供给的均衡点决定的。以纵轴表示价格，横轴表示供给量或需求量，S 为供给曲线，D 为需求曲线，市场价格里 P_0 对应于供求曲线交点 A_0 的横坐标是 Q_0，其状况可以图示如下：

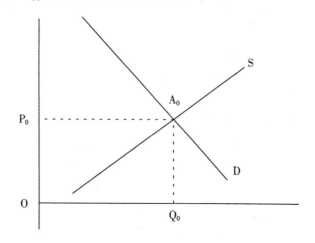

上图是没有征税时的市场均衡状况，在这时候，如果需求增加则会使价格上升，如果供给增加则会使价格下落，这是供需变动影响价格的常态。如果在商品流通过程中课征流转税，这时便会出现两种情况，一种是生产者把税负加到价格上面，由购买者负担；另一种是由生产者压低原材料进价而由原料供给者负担税收。不论出现哪一种情况，都会造成供求曲线的位移，或者是减少需求，或者是影响供给。通常出现的是供给曲线内移，其状况可以图示如下：

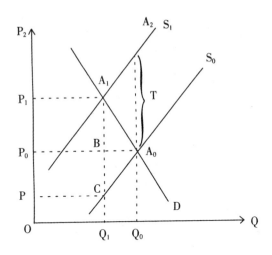

在征税前，生产者生产 OQ_0 量的产品，要求的价格是 OP_0，现在征了税，单位产品税额是 T，企业或产品的销售者在刚性的成本面前，为了保持与其他行业相近的利润，势必要通过提高产品价格的方法将税负转移给购买者承担，否则，将会发生资金转移。结果是：价格上涨到 $Q_0A_0 + T = Q_0A_2$ 时，生

产者或销售者才能净收到以来的价格数 OP_0，才愿意生产或提供 OQ_0 数量的产品。同样，征税前，生产 OQ_1 数量产品的相应价格是 OP_2，征税后，价格必须提高到 $Q_1C = Q_1A_1$ 时，生产者或销售者才愿意生产或提供 OQ_1 数量的产品。将 A_1、A_2 等点连接起来就是征税后的新供给曲线 S_1，由图可见，由于征税，供给曲线向左上方平移，两供给曲线之间的距离（非垂直距离）$A_0A_2 = CA_1 = T$，即两曲线之间的距离等于单位产品的税额，结果是，由于征税，需求曲线不变，供给曲线位移，两曲线的交点从 A_0 移到 A_2，产品价格从 OP_0 提高到 OP_2，供给和需求量从 OQ_0 减少到 OQ_1。

上述供给曲线内移而需求曲线不变，纳税人通过提高商品价格把税负转嫁给消费者，属于最典型和最普通的转嫁方式，人们把它称作前转，也就是纳税人通过提高商品销售价格，反把税负向前转嫁给消费者。如对卷烟征税，卷烟生产者提高卷烟销售价格，将税负转嫁给卷烟购买者负担。前转是一种卖方向买方的转嫁。

在特殊情况下，如果商品的需求弹性极大，生产者或消费者无法通过提高商品销售价格的办法将税负转移出去，这时，只要条件允许，他们可以通过压低原料购进价格的办法，将税负逆转给原料供给企业。这时，商品或原料价格的降低是需求曲线位移的结果，只不过在这里，需求的主体发生了变化，它不是前面所说的那种消费者意义上的需求，而是对原料供给的需求。其状况如下图：

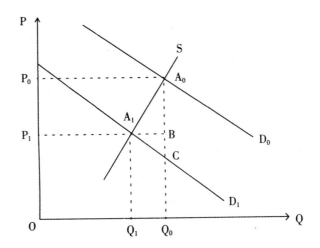

从图中得知，征税前，生产者或销售者对原料或商品批发的需求曲线为 D_0，征税后，单位产品的税额 $T = A_0C$，需求曲线位移到 D_1，与此相应，需求量由 OQ_0 减少到 OQ_1，价格由 OP_0 降至 OP_1，结果是，生产者通过降低价格的办法，逆转给原料供给企业的税负为 A_0B，生产者自己承担的税负为 BC_0，在这里，征税引起的市场价格点的变化，因为需求曲线发生了位移。

上述状况被称作后转或逆转，即通过减少原料需求以压低原料价格，将税负转嫁给上一道生产环节的生产者，如卷烟征税后将税负转嫁给烟叶生产者。这时纳税人是作为原料商品的购买者出现的，后转时，商品、原料等购进价格能降低多少，不取决于纳税人的主观愿望，而取决于一定税负水平下的需求曲线的斜率和位移程度。

综上所述，税负之所以能够转嫁，在于征税能够推动供给或需求曲线作相应的移动，形成一个新的既能为供给者接受，又能为需求者接受的市场价格，借助于价格的传导，纳税人可以把税负向前转嫁给购买者，也可以把税负向后转嫁给原料供给者；还可以将部分税负向前转嫁给消费者，而将另一部分税负向后转嫁给上一道生产环节的其他生产者或商品供应者。它是一种前转和后转的结合，既有买方向卖方的转嫁，也有卖方向买方的转嫁。而被转嫁者只要能将税负转嫁出去，又会辗转将税负转嫁给第三者，但不论是向前辗转转嫁还是向后辗转转嫁，每转嫁一次，都得伴随着一次供求曲线的位移。转嫁终止，供求曲线的位移也就停止。若转嫁过程中某一环节受阻，转嫁也就到此为止，不再继续进行。不论是消费者还是生产企业，对于课税后所引起的商品价格的上升或下降，企业利润的增加或减少，都会作出一定的反应，如改变自己的需求构成，调整自己的供给量等。不过，这种调整，要受一定时间的制约。较长的供给调整时间可以使企业能够重新组合生产要素，缩减生产规模，改变投资方向以避免课税而带来的损失。供给调整的时间越长，企业转嫁税负的能力也就越强，对企业也就越有利。从消费者来看，长时期内所形成的消费习惯也非一日就可改变，个人消费支出项目作出适当调整需要有一定的时间。

在社会主义传统体制模式中，商品价格由国家有计划地制定，而不是在市场上自发地形成。国家定价、部和局定价、省市地县定价，在性质上都属于计划价格，企业对非标准设备等按照规定的定价原则自行定价，企业执行有一定幅度的浮动价格，其性质亦属于计划价格。在计划价格条件下，税收不能推动供求曲线的任何移动，新的市场价格不能形成，税负转嫁也就无从谈起。过去很长时间内，我国流转税一直采用"价内税"形式，产品价格由国家计划制定，国营企业纯收入以"上缴利润"的形式纳入国家预算，税收杠杆对生产和消费的调节作用便会发生变异。

有的经济学家认为在计划价格条件下，只存在着价格对需求的调节作用，不存在税收的调节作用。我们不同意这种观点。我们认为"价内税"虽然不能引起商品售价的变动，但税收仍然是配合价格调节利润的杠杆。各类商品的纯收入水平虽然是由价格决定的，然而把纯收入的较大部分用流转税的形式集中到国家手中，仍然起着重要作用。因为国家和企业终究是不同的经济主体和利益主体，税收和利润终究不一样。流转税随商品的销售额征收，做多少买卖征多少税，可以保证国家财政有稳定可靠的收入；对于企业来说，缴纳流转税后，虽然商品的利润相对小些，可是一旦成本有所降低，利润会有较大比例的提高，反过来成本升高也会很快使企业利润下降乃至亏损而暴露出企业经营中薄弱环节。所以征收流转税既有利于国家组织财政收入，也有利于促使企业改善经营管理；而且运用税收杠杆还可以调节各类产品间和企业间的利润水平，从而和价格杠杆相配合，在调节经济活动中起到它的作用。

价格调节供需间的矛盾主要是通过价格偏离价值的形式进行的。价格偏离价值有两种情况，一种是求过于供则价格高，供过于求则价格低，这是符合价值规律要求的偏离，是顺方向的调节；另一种是短线产品价低利小，长线产品反而价高利大，以致"短线想拉拉不长，长线虽压压不短"，出现逆方向的调节，属于不合理的价格偏离价值。利用价格杠杆调节经营活动主要是利用顺方向的调节，而逆调节则是由违背价值规律客观要求的种种行政措施所造成，是利用价格杠杆中的失误，但这种失误又因为硬性冻结价格而经常出现。

价格偏离价值虽然能够调节供给和需求，但难以兼顾供需双方，需要税收杠杆与之配合。例如为了合理利用资源，或者为了国家积累资金需要，把某些商品价格定得大大高于其价值，这时候高价固然限制了需求，却刺激了生产供给，在这时候如果课以高税，就可以使生产者不致因利润过高而增加供给。反过来，为了鼓励新技术、新产品的推广使用和鼓励节约作用，把某些商品价格定得低于其价值，这时候虽然刺激了需求，但是生产者却因价低利小而不愿多生产，这时候给予减免税优惠，可以对生产者给以鼓励。所以当价格是由国家制定由国家运用时，价格杠杆和税收杠杆的配合运用便会出现以下几种不同的组合：限制需求又限制生产，实行高价高税；限制需求不限制生产，实行高价低税；鼓励需求又鼓励生产，实行低价免税；鼓励需求但不鼓励生产，则低价而不免税。这也就是说通过税收的配合，克服了制定价格时难以兼顾生产者和消费者的矛盾，可以按照国家经济政策的要求全面地调节供给和需求，调节社会经济活动。

随着经济体制的改革，单一的公有制将逐渐改为以公有制为主体、多种经济成分并存的所有制体系，多种经济成分将包括国营、集体、个体、私营、中外合营、外商独资等等。这些不同的经济成分之间又可以进行多种多样的联合，所有制形式和经营方式可以适当分离，一种所有制形式可以有多种经营方式。在这种新的经济条件下，计划价格的适用范围将逐渐缩小，自由价格的适用范围将逐渐扩大。自由价格是通过竞争在市场上自发形成的，国家不可能预先为这些商品规定价格水平和纯收入水平，价格的提高或者降低、价格和价值的偏离程度，取决于供需双方力量的对比。因而，国家不可能继续把价格当作经济杠杆运用，将主要通过税收杠杆来体现国家的经济政策。这时候国家规定的流转税税率，体现了国家对某种商品最起码的积累要求，成为自由价格形成的重要因素，是进行价格竞争时必须考虑的最低界限。如果售价低于生产成本加上税负，企业出售这些商品就要发生亏损。于是在自由价格条件下便使原来的"价内税"转变为"价外税"，税收作为经济杠杆的调节作用通过税负的转嫁和归宿来传递，税负转嫁使价格上升调节需求，税负不转嫁使生产者利润减少则调节了供给，国家的奖励限制政策体现在流转税的低税率和高税率之中。

在自由价格条件下，作为国家掌握的调节经济的杠杆已不再是价格而是税收，税率高低体现了国家的产业政策，指导着社会经济活动。但应该认识到，流转税收的这种调节作用，是在基于国家政治权力所进行的分配过程中实现的，税收能调节经济活动在于政府经济利益和企业经济利益的分离。然而在实行地方财政包干的条件下，税收的调节作用却引起了新的变异。这种变异的特点表现为：一方面，从价格形成机制看，由市场竞争中形成的自由价格已经使流转税从"价内税"转变成了"价外税"，税收已经通过税负转嫁对社会需求起着调节作用；另一方面，则是地方财政包干使地方政府成为新的经济利益主体，地方财政把税收和利润合在一起衡量自己的经济利益，这样，从税收政策说高税率本来是限制生产的，而地方政府从目前的经济利益出发反而尽量发展高税产品生产。如卷烟在 1980 年的产量是 1520 箱，1987 年增加到 2881 箱；啤酒在 1980 年的产量是 68.8 万吨，1987 年增加到 540 万吨。这种发展趋势是和国家运用税收杠杆进行调节的意愿相背反的。有人认为地方财政包干使税收调节作用削弱了、消失了，我们认为不如表达为这时税收调节作用出现了变异，制定高税率的本意是限制供给而这时却成为刺激供给，从对供给的顺调节转化为逆调节了。

（《湖北财政研究》1990 年第 3 期）

认识货币流通规律,调节货币流通

　　保持货币流通的正常和稳定,历来是我国党和政府在组织经济活动中高度关注的大事。货币流通的正常和稳定,关系到国家经济建设事业的顺畅进行,经济的稳定和人民生活的安定。尤其是我国正在进行经济体制改革,从依靠指令性计划和实物切块分配的产品经济模式向充分发挥价值规律作用的有计划的商品经济模式转移,在新旧两种体制交替的阶段,旧体制的宏观控制办法受到冲击,新体制的宏观控制办法尚待建立,这时候很可能出现投资需求和消费需求的迅速膨胀,造成流通中货币过多,冲击市场和物价。这就会影响经济改革的进展,特别是会给价格改革和工资改革造成困难。因此,对于货币流通更加要关注和重视。

　　但什么叫货币流通的正常与稳定呢?是不是比上年增发了票子便是不正常和不稳定呢?其界限和影响又如何认识呢?为了调节好货币流通,需要从理论上进行探讨。

判断货币流通是否正常，需要认识
纸币流通的特殊规律

在考察货币流通是否正常时，通常不采用货币发行量增长的绝对额，因为随着生产的发展和流通的扩大，流通中的货币量总是要增加的，单从增长的绝对额很难判断货币流通是正常还是不正常。在改革开放前很长一段时间里人们通常采用的是平均货币量和年度商品零售额的比例，把它作为经验数据进行年度间的比较，例如在 1965 年时为 1:8.5，在 1962 年时为 1:5.7，把前一比例作为货币流通正常的标志，把后一比例作为货币流通不正常的标志，并曾经称作货币流通的警戒线。应该指出，这种经验数据是有用的，问题在于要对此作出正确的理论说明，从而指出适用的条件。

为什么上述比例能用于判断货币流通是否正常呢？过去的理论解释之一是商品准备说，1 元流通中货币有 8.5 元商品准备反映了商品准备的充裕，1 元流通中货币只有 5.7 元商品准备反映了商品准备的不足。商品准备说是从黄金准备说转化而来的，当流通的是可兑现的银行券时，需要有一定比例的黄金或白银作为兑现的准备金。然而现在流通的是不兑现的纸币，用兑现准备说来解释并不确切。而且年度商品零售额是在不断进货不断销货过程中逐渐累积起来的，它不是商品准备的数额，1:8.5 或者 1:5.7 反映的是货币出银行又回银行的流通次数，把它称作货币流通的商品准备也不确切。

过去还有一种理论解释，认为采用上述比例是运用了马克思的货币流通规律。马克思说过，在货币仅充当流通手段时，"就一定时间的流通过程来说是：商品价格总额/同名货币的流通次数 =

执行流通手段职能的货币量。这个规律是普遍适用的"①。假设用 M 代表流通中货币量，用 V 代表货币流通次数，用 T 代表商品数量，用 P 代表商品价格，那么这个规律的公式表述是 $PT/V = M$。人们把 V 和 M 移项，这个公式便变成了 $PT/M = V$，由此论证说可以用货币流通次数来测度货币流通是否正常。但是，马克思说的是金属货币的流通规律，而现在流通的则是纸币，纸币本身没有价值而是价值符号。马克思说过，纸币流通有它自己的规律，"在价值符号的流通中，实际货币流通的一切规律都反着表现出来了，颠倒过来了"②。所以，用反映金属货币流通的规律来解释纸币流通并不符合马克思的原意。而且在马克思的公式里，货币流通速度是和商品交换中反映的资金形态变化联系的，当资金形态变化不出现新情况时是个常数，而货币流通量则是应变量，两者不能够移项，移项就不符合马克思的原意了。

　　金属货币流通和纸币流通的区别在于，金属货币本身是有价值的，各种商品的价格反映的是商品价值和金属价值的比例关系，这样在流通中金属货币数量增加或者减少时，不会引起商品价格的上涨或者下跌。而且金属货币具有贮藏手段职能，一旦流通中的金属货币量超过了商品流通的需要量，一部分金属货币会自动退出流通成为贮藏手段；反过来，当流通中所需要的货币量增加时，贮藏货币又会自动进入流通。这样，贮藏货币就像蓄水池一样，自发地调节着流通中的货币量。到了纸币流通的时候，纸币本身没有价值，不具有贮藏手段职能，一旦纸币数量超过了再生产过程对纸币的实际需要量，纸币不会自动退出流通，而是

　　①　马克思：《资本论》第 1 卷，人民出版社 1975 年版，第 139 页。
　　②　马克思：《政治经济学批判》，《马克思恩格斯全集》第 13 卷，人民出版社 1962 年版，第 111 页。

会引起它所代表的价值量上升或下降。譬如说纸币流通数量比实际需要量多了一倍，那么纸币这个价值符号所代表的价值量便只有原来的一半，商品价格便会上升一倍。因此，纸币流通的规律便变成了 MV ≡ PT。[①]

从表面上看，TP/V = M 和 MV ≡ PT 这两个公式的差异似乎只是符号的易位和等号变为恒等号，但是它们的关系却改变了。前一公式说明金属货币流通中 M 是商品运动的应变量；后一公式则说明纸币流通和商品流通互为因果的关系。流通中货币量 M 的增加，不仅是商品量 T 增长的需要，也刺激增加 T 的供给；超过 T 的需要而增长的货币是 M 又会引起商品价格 P 的上升，而未被商品价格 P 吸收的货币过量发行，会引起货币流通速度 V 这个应变量的变动，表现为货币流通速度的减慢。平均货币量和年度商品零售额的比例的经验数据之所以能够用来测度货币流通是否正常，它的理论依据是纸币流通规律，在这个规律中货币流通速度的减慢反映流通中货币量相对增多了，而货币流通速度的加快反映了流通中货币量相对减少了。因此，把 1：5.7 的经验数据作为货币流通的警戒线，不是没有道理的。

纸币在流通中的沉淀，现金流通和非现金流通范围的变化，会表现为纸币流通速度的变化

使用 MV ≡ PT 这个纸币流通公式，有一个严峻的假设条件，那就是把所有的纸币都作为流通手段看待。这个假设在理论上有充分根据，因为纸币只是价值符号，而价值符号只能充当流通手段，不能充当贮藏手段。但是在实际生活中，纸币并不是全部充

[①]　MV ≡ PT 这个公式是由费雪（Fisher）提出的，所以也称作费雪公式。

当流通手段，总或多或少地会有一部分货币会在流通中沉淀下来。尤其是像我国这样一个有十亿人口四亿劳力的大国，原先又是底子很穷，身无余钱。随着城乡居民收入的增长，消费水平的提高，消费结构的改变，各家各户保有的现金也随之增多。每人平均的手持货币增加十几元，全国便是百余亿元的巨数。随着经济的发展和收入的增加，这部分沉淀货币的数量还会逐步增长。如果看不到这一点，对于我国经济中沉淀货币的增多，便往往会认作是流通手段过多，误以为是货币流通不正常的表现。

正因为这样，在计算流通中货币量时，本来应当减去沉淀下来的带有贮藏手段性质的货币量，才是充当流通手段的货币量，才是在公式中起作用的 M。然而在现实经济生活中，要把居民手持货币分一分类，其中多少属于有钱买不到商品而被迫增加了手持货币，有多少是支付能力提高而使处于贮藏状态的货币增多，这种区分很难办到。而且充当流通手段的货币和充当贮藏手段的货币，在生活中体现在同一货币上，两者又随时会互相转化。所以从道理上说只有充当流通手段的货币量才计入 $MV \equiv PT$ 的公式，实际上却把这部分带有贮藏手段性质的沉淀货币也当作流通中货币，把全部投放的货币总量都计入了公式。这样货币流通速度本来取决于资金形态变化的速度，如果没有什么经济活动的突然变化，货币流通速度本来应该是个稳定的数值，货币流通速度的减慢反映了货币流通不正常。如今在流通中有一部分货币实际上并未流通，这种不流通的沉淀货币占的比重增大，由此而表现货币流通速度减慢，便未必是货币流通不正常。

还要指出的是，用平均货币量和年度商品零售额比例所反映的货币流通速度，指的是年度内现金离开银行再回到银行的流通次数。这个比例的变化还和现金流通与非现金流通范围的变化有着联系。现阶段的货币流通采取两种形式，一种是使用银行发行的纸币进行的现金流通；另一种是使用支票、本票、汇票等支付凭证，通过银行转移存款资金来清偿债权债务，这种形式称作转账结算或非现金结算，转账结算已经由银行的各种信用支付工具代替了现金，但它仍旧是货币，转账货币（信用货币）是纸币的代表。这两种形式都是货币流通，作为使用各种信用票据依据的存款量也是流通中的货币量。遗憾的是我们过去只承认现金流通才是货币流通，只有使用现金流通的经验数据，从而也只能就现金流通是否正常来测度整个货币流通是否正常。在这种情况下，就特别要注意货币流通的两种形式是紧密联系的，两者随时可以相互转化，两者的范围经常在变化。农村中推行联产承包责任制后，原来以生产队为基础的经济单位转变为以农户为基础的经济单位，大量的转账结算转变为现金流通；大量个体户的出现，商业核算单位的划小，从事长途贩运的经营者增多，都扩大了现金流通的范围。由此而引起的平均货币量和年度商品零售额比例的变化，也不能认为是货币流通不正常。

从纸币流通规律来说，货币流通量 M 和货币流通速度 V 是反比例的关系。货币流通速度加快将减少对流通中货币量的需要，货币流通速度减慢则会增加对流通中货币量的需要。现在沉淀货币增多了，现金流通和非现金流通的范围变化了，货币流通速度自然会减慢，货币流通的警戒线将会下移，下移多少则要具体分析。

经济增长会增加对流通中货币的需要，能否超前发行要作具体分析

货币流通是商品流通的中介，随着生产的发展和流通的扩大，流通中的货币量总是要不断增加。加上我国现阶段自给自足和半自给自足的自然经济还占一定比重，在有计划的商品经济

中，将不断发展商品经济以取代自然经济，流通中的货币量也要相应增加。所以在纸币流通规律中，货币流通量 M 和商品总量 T 是正比例关系。人们常说因生产发展和流通扩大的客观需要而增发的纸币，属于经济性发行，就是这个道理。

在货币流通理论研究中，有人提出货币的超前发行可以刺激经济的增长。应该指出，超前发行理论是从乘数理论演化而来的。当有效需求不足时，国家可以采取扩大政府支出的办法来干预经济，因为政府增加投资，就要增加投资订货所需的生产资料的生产，从而可以增加就业，增加企业和职工收入；企业和职工再把这一收入用于生产和生活的消费，又会转化为另一些企业和职工的收入。如此循环往复，投资的增加可以导致收入的成倍增加和需求的成倍增加，从而刺激了经济的增长。这种支出增量可以获得成倍的需求增量，便是乘数效应。而货币的超前发行则是支出先期增长在货币流通方面的表现。对于这一理论要明确的是，乘数效应和超前发行有着严峻的假定条件，它只适用于因有效需求不足而造成总需求小于总供给的场合。而在另一种场合，因"投资饥饿症"引起的投资需求过量增长尚未消除，因消费早熟而引起的消费需求过量增长又方兴未艾，社会需求总量超过社会供给总量成为宏观控制中亟待关注解决的问题时，再增加财政支出不会起到什么乘数效应，而流通中的货币已经过量，再超前发行势必是抱薪救火，事与愿违，不仅不能刺激经济增长，反而会造成供求更加紧张，破坏经济生活的合理比例和协调发展。

在此特别要强调的是，在经济体制改革过程中，形成一个社会需求总量略小于社会供给总量的买方市场，将有利于价格改革和工资改革的顺利进行，有利于提供较大的回旋余地，可以加快理顺经济和改革体制的步伐。暂时把经济增长速度放慢一点，随着改革之后经济效益的提高，最终将大大加快经济增长速度。所以在货币政策上应当是通过有效的宏观控制，保持适度的、正常的货币流通量，不宜采取超前发行的做法。

商品价格水平基本稳定是货币流通正常的最主要标志

在纸币流通规律中，货币流通量 M 和商品价格 P 成正比关系。在金属货币流通条件下，流通中货币量的多寡不会影响商品的价格，而纸币流通则不然，当纸币流通量的增长超过了国民经济发展对纸币增长的需要量时，它并不会自动退出流通，而是会引起商品价格的上升。这样，判断货币流通是否正常的标志，就是要看商品价格有没有上升，也就是看纸币作为价值尺度有没有发生货币贬值。

纸币之所以能成为流通手段、支付手段，是因为纸币是充当一般等价物的特殊商品的代表，是价值尺度的代表。纸币本身不过是一张纸，它之所以能够成为价值尺度，是因为它代表着能够作为一般等价物的符号。它既然是符号，这个符号将随着它的量的变化，而影响它所代表的一般等价物的量。这个问题的理论难点在于，用商品价格水平的升降来测度通货稳定不稳定、正常不正常，会不会成了马克思批判过的货币数量说。对于这个问题，要弄清货币数量说错在哪里。马克思当时批判的货币数量说，是在金本位制时却"把金属货币理解为铸币，而把金属铸币理解为单纯的价值符号"[1]，然后，"按照价值符号的流通规律，商品价格决定于流通中的货币量而不是相反地流通中的货币量决定于商品价格这一原理就被提出来了"[2]。可见马克思认为在本身具

①　马克思：《政治经济学批判》，《马克思恩格斯全集》第 13 卷，人民出版社 1962 年版，第 150 页。

②　同上。

有价值的金币流通条件下货币数量说是谬误的，其谬误是错把金属货币当作价值符号来理解，在金币流通条件下金币数量增减不会影响商品价格，商品价格反映的是商品价值和特殊商品黄金或白银的价值的比例。但是在本身不具有价值的纸币流通条件下就不能认为货币数量说是谬误了。纸币是价值符号，它适用"价值符号的流通法则"，纸币发行数量超过客观需要量会影响这个符号所代表的价值量的变动。钞票多了，物价就要上涨，货币就要贬值，这是人人都知道的生活中的常识，而这也正证明纸币这个价值符号代表的价值尺度是否稳定，确是考察货币流通是否正常、稳定的标志。

在多数社会主义国家里，国家对物价是进行管理的，物价并不自由地普遍地随着流通中货币量的增加而上涨。所以除了物价指数的测度标志之外，还要有辅助的测度手段，这便是看商品供求是紧张还是不紧张，是存在着供大于求的买方市场还是求大于供的卖方市场，有没有黑市和商品走后门现象，从而考察是否存在着抑制性通货膨胀。抑制性通货膨胀很不容易测度，然而将是下一轮物价上涨的因素，必须引起警觉和认真解决。

物价基本稳定可以使货币流通速度减慢，物价不稳将加速货币流通刺激物价上涨

在货币流通理论中还有所谓最佳通货膨胀率的探讨。通货膨胀总是不妙的事情，然而当通货膨胀已经成为生活现实的时候，对于不同程度的通货膨胀引起的不同经济后果，区别其利大于弊还是弊大于利，还是有必要的。而把利大于弊的情况名之曰最佳通货膨胀率也未始不可。一般说，当货币发行增长率大于物价上升指数时，即货币增发伴随着货币流通速度的减慢时，既加快经

济发展又不破坏经济稳定，利弊相较是属于最佳的。我国近几年流通中货币增加较多，然而物价上升指数相对较低，货币流通速度减慢了。从货币政策来说是实现了经济增长和物价稳定的双重目标，比较理想。有人由此而认为可以继续多发些货币，多搞些建设，以加快经济发展速度，这种主张却值得商榷。

所谓最佳通货膨胀率决不能滥用。因为流通中过多的货币量本来要靠物价上升来吸收，物价涨即币值降，货币流通量便和需要量相平衡了。要使货币量增多而物价不上升，另一条途径就是要使一部分货币转化成为带有贮藏手段性质的沉淀货币，这样从全部货币来测度便是流通速度减慢了。但纸币本来不是贮藏手段，要使纸币沉淀下来被人们贮藏，一个重要条件是物价必须保持稳定。纸币本身没有价值而只是价值符号，纸币终究是纸币而不是金属货币，只有在物价基本稳定即价值符号不变的条件下，才能使不会沉淀的纸币发生沉淀。但是，流通中过多的货币量本来要靠物价上涨来吸收，如今没有被吸收掉，继续在流通中徘徊，将会不断地累积起来，当日积月累，越积越多时，就会成为对物价的压力。一旦物价守不住了，币值开始下跌，纸币所具有的货币职能便按照价值符号的本来面目而仅仅作为转瞬即逝的流通手段，在作为流通手段的瞬间才表现为价值尺度。这样当人们预期物价还要上涨时，便会为了保存币值而尽快推出货币，原来带有贮藏手段性质的沉淀货币不再沉淀，重新进入流通，使得货币流通速度日益加快，物价更难稳住。所以利用最佳通货膨胀率刺激经济，只适用于物价能够控制得住、能够基本稳定的短暂时期，不讲条件地滥用就会从最佳转化为不佳。长期搞货币的过量发行总是不妙的。

在纸币流通条件下，一旦出现物价不稳，纸币流通速度会加快，物价上涨会远远超过纸币流通量的增长。旧中国就是这样，以 1936 年为基期，1946 年底旧法币膨胀指数为 364800，而上海批发物价指数达到 582000；到 1947 年底旧法币膨胀指数为 2358800，而上海批发物价指数达到 8550900；到 1948 年 8 月发行金圆券以后，经过一段短暂的限价时期，由于发行激增，很快物价便如河堤溃决，迅猛上升，到 1949 年 5 月通货增发 1400 亿倍，而上海批发物价上涨达到 368600 亿倍。物价上涨幅度比通货增发幅度高出 250 多倍，就是因为在物价日涨夜升时，纸币持有者为了少受损失，竞相抢购，大大加快了纸币流通速度。

我们应该看到，在物价基本稳定时可以使货币流通速度减慢，从而在流通中容纳更多的货币。产生这种情况是由于社会主义计划价格制度不同于资本主义自由价格制度，才会出现纸币流通规律的变化，才会使不沉淀的纸币发生沉淀。但也要看到，一旦价格不稳，沉淀的货币又会流通，货币流通速度会从减慢转化为加速，市场会刮起抢购风，就会形成对物价的强大冲击力量。正因为这样，在社会主义经济中最好是不要过量投放货币。一旦发现流通中货币过多时，国家竭尽全力保持物价的基本稳定，并且采取各种回笼货币的措施以调节货币流通，是值得称道的事情。它保证了人民生活的安定和经济的稳定，是社会主义优越性的表现。而且物价基本稳定可以使货币流通速度减慢从而容纳较多的货币，而物价不稳将加速货币流通，反而只能容纳较少的货币，这种纸币流通速度和物价关系的辩证法，正是社会主义条件下纸币流通规律的新特点。

发挥银行调节货币流通的作用

在有计划的商品经济中，货币流通是关系到商品经济顺畅运行的大事，因为商品流通自始至终都和货币流通联系着，货币流通是商品流通的媒介，是进行各种经济支付的工具，是国际经济交往的中介。因此，调节货币流通乃是社会主义国家进行宏观调节的极其重要的方面。

从根本上说，货币流通能否正常在于控制住投资需求和消费要求，既防止"投资饥饿症"引起的投资膨胀，又防止个人分配猛增引起的消费早熟，避免对国民收入的超额分配。这首先要坚持财政收支平衡，在执行中力争当年略有结余；其次要组织财政、信贷的统一平衡，因为在信贷环节上既可以弥补财政缺口，也可能因为贷放过多而发生国民收入的超额分配，只有统一平衡才能把总需求控制住；再次要进而组织财政、信贷、物资的综合平衡，不仅要在总量上平衡，还要在部类构成上尽可能使需求和供给相适应。在实行对外开放，国际经济交往日益密切的状况下，上述几方面的平衡还要和外汇收支综合平衡。在经济体制改革的过程中，既要扩大企业自主权，把微观经济搞活，又应当加强宏观控制，防止社会需求的盲目扩大，确保社会需求总量同社会供给总量平衡，然后才有利于保持正常的货币流通，有利于经济的正常运行和经济体制改革的顺利开展。

在调节货币流通中，银行起着特殊的重要作用。银行是全国唯一的货币发行机关，是全国资金活动的总枢纽，也是有计划地调节货币流通的总闸门。银行可以通过调节贷款发放的数量，调整利率的高低，以及加强现金管理等途径，有计划地投放或回笼货币。应该看到，银行信贷和货币流通情况的变化，不仅可以反映工厂、商店的经济活动状况，而且可以反映整个国民经济的状况，所以它是反映国民经济状况的"寒暑表"，为国家组织经济活动提供了最灵敏的信息。在国家宏观决策指导下运用好银行的调节作用，吞吐货币灵活调节货币流通，是很重要的事情。

要发挥银行调节货币流通的作用，使中国人民银行真正作为中央银行进行宏观调节，需要解决以下几个问题。第一，要控制因财政赤字扩大而引起的货币投放增多。在社会主义经济中，财政和银行是穿连裆裤的，在资金上财政收支和信贷收支必须统一平衡，在工作中则中央银行既是管理货币发行的中心，又代理财政金库业务，但由此并不应当形成财政发生多大赤字就向银行透支多少货币。国家每年在国民经济计划综合平衡的基础上，根据国民经济发展的需要，核定年度人民币最高发行限额。在这个限额中已经包括了经国家批准的因财政赤字而向银行透支的数额。银行要守住货币发行的口子，就必须守住银行承担财政透支数额的口子。除非经过原来批准预算的机关的审议通过，银行无权增加财政透支数额。至于财政上因资金周转调度而发生的临时需要，可以采取贷款办法。这就是要从财政、银行不分的体制改为财政、银行各守各的口子的体制，正是因为两者穿连裆裤而必须有的制衡措施，这将有利于制约财政赤字的扩大，避免出现财政挤银行、银行发票子的状况。第二，要控制因信用膨胀而引起的货币投放增多。中国人民银行行使中央银行职能以后，对企业和个人的信贷业务是由各专业银行经营的，中央银行和专业银行的职能有分工，但两者也是穿连裆裤的。一旦专业银行贷款失控，发生信用膨胀以后，专业银行业务库的库存现金不敷需求，要从中央银行的发行基金保管库把现金调到专业银行业务库，这就出现了货币发行。信用膨胀之所以会发生，是因为信用有放大作用。甲企业有一笔资金存入银行，银行把它贷放给乙企业；乙企业尚未使用时存入银行，银行又可以转贷给丙企业；如此反复，一笔资金可以扩大为几倍的存款和贷款。当存款尚未动用时，虽然存在着虚拟存贷而从银行的资金来源和运用看是平衡的。一旦各自动用存款，而贷款又不可能马上收回，银行的资金来源和运用便出现了不平衡；加上在推行存贷差额包干办法的时候，地方的专业银行为了缩小上交存差的基数或者扩大拨补贷差的基数，又主动发放了没有存款保证的贷款，放松了对企业动用存款的监督，从而加剧了信用膨胀。专业银行的资金来源与运用出现缺口，是只能靠中央银行拨入现金来弥补的。所以，当旧体制实行的层层核定贷款指标的控制办法冲破以后，必须有新的办法来代替。中央银行对专业银行既要支持，又必须控制。譬如实行存款准备金制度以缩小信用的放大作用，对于超过包干指标的现金调入实行较高的转贷利率等，都可以考虑。除此以外，我国现在的存款放款利率都比较死，需要探讨怎样把利率搞活，使之在调节信贷和调节货币流通中起到应起的作用。中央银行任务中有管理金融市场一项，今后怎样开放金融市场，又怎样通过金融市场吞吐和调节货币流通，更需要摸索。总之，银行是调节货币流通的吞吐闸门，在新的体制模式中，银行作为"绝妙的技巧的机关"，需要发挥其远不同于以往的重要作用，成为国家调节宏观经济运行的得心应手的工具。

（《经济研究》1985年第3期）

利用国债市场调控货币流通

一 货币流通调控工具的有效性比较

货币当局进行货币流通调控主要是利用存款准备金率的变动、调整再贴现率、开展公开市场业务操作以及利用利率的调整来完成的。这三项工具对执行货币当局的意向的效果是不同的。

首先，从法定存款准备金工具看，法定存款准备金制度的出现，最原始的目的并非是为了调控流通中的货币流量，而是为了保障客户存款的安全，避免金融业危机。尽管在演进中各国中央银行将它利用起来，通过调整商业银行的法定存款准备金率来控制商业银行的信用创造能力，以达到间接地控制货币供应量的目的，但在实践中各国中央银行均未将其作为主要工具而经常使用，主要原因就在于法定存款准备金工具在贯彻货币流通调控政策意图时有着较大的局限性。这种局限性最主要的表现是，由于货币乘数是法定存款准备金的倒数，因而它的哪怕是微小的变动，都会引起商业银行信用规模数倍扩张或数倍收缩，进而对整个流通中的货币量规模变化产生震动性影响，严重时会使商业银行陷入资金周转不灵的困境。其效果的强烈性决定了它不能成为货币当局日常调控货币流通的工具，而只能是在少数情况下使用。我国货币流通调控的实践也证明了这一点。从 1984—1998 年的 14 年间，我国只调整了四次法定存款准备金率，其中，1987、1988 两年只是进行了微小的调整，1985 年和 1998 年在特定启动经济、实现既定经济增长目标要求加大刺激内需力度的环境条件下作了幅度较大的调整，两次的降幅分别达 50% 以上和 38%（详见表 1）。但其调控效应并非如预期的那样理想，特别是 1998 年调整之后商业银行的"惜贷"、"慎贷"现象仍然持续，流通中的货币量并没有得到有效的放大。

表 1   1984—1998 年我国法定存款准备金率变动情况   单位：%

年份 项目	1984	1985	1987	1988	1998
企业存款	20				
储蓄存款	40	10	12	13	8
农村存款	25				

资料来源：1998 年 3 月 14 日《中国企业报》。1998 年数据见 1999 年 3 月 26 日《中国证券报》。

理论经济分析认为，降低存款准备金 1 个百分点，则基础货币会增加 500 亿元，在没有货币漏出的情况下，经过商业银行体系的放大，货币供应量增加近 9000 亿元（参见 1998 年 3 月 4 日《中国企业报》）。但实证经济分析表明，在通货膨胀时期及时调高法定存款准备金率可以有效地抑制通货膨胀，然而在通货紧缩时期它的效果却是不尽如人意的。可以说，法定存款准备金是一项有着"强收缩、弱扩张"特征的调控工具。与上述法定存款准备金率变化时期相对应，我们考察我国各层次货币供应量的变化可以做出同样的结论（详见表 2）。

表 2　　　　　　1984—1998 年我国货币供量变化情况　　　　单位：亿元,%

年份 \ 项目	M_0		M_1		M_2	
	余额	增长	余额	增长	余额	增长
1984	792. 11	–	2845. 24	–	4440. 加	–
1985	987. 83	24. 7	3011. 39	5. 8	5196. 57	17. 03
1986	1218. 36	23. 3	3856. 03	28. 1	6718. 13	29. 3
1987	1454. 48	19. 4	4481. 67	16. 2	8252. 76	24. 2
1988	2134. 03	46. 7	5409. 17	22. 5	10100. 77	22. 4
1989	2344. 02	9. 8	5835. 42	6. 3	11949. 60	18. 3
1990	2644. 37	12. 8	6950. 66	20. 2	15261. 74	28. 0
1991	3177. 80	20. 2	8635. 24	23. 2	19349. 88	26. 5
1992	4336. 00	36. 5	11720. 21	35. 7	25402. 17	31. 3
1993	5868. 72	35. 3	16206. 10	21. 6	33335. 8	24. 0
1994	7288. 60	24. 3	20556. 20	26. 8	44837. 00	34. 4
1995	7885. 60	8. 2	23987. 30	16. 8	60749. 40	29. 5
1996	8802. 00	11. 6	28514. 80	18. 9	76094. 90	25. 3
1997	10178. 00	15. 6	33219. 74	16. 5	89259. 32	17. 3
1998	11204. 20	10. 08				

资料来源：《中国金融统计年鉴》1999 年版。

从表 2 中的数据可以看出，尽管我国在 1985 年和 1998 年大幅度下调了存款准备金率，其降幅分别超过了 50% 和达到 38%，理论上它应该分别增加 90000 亿元和 45000 亿元货币供应量，显然这两年无论哪一个层次的货币增量都没有达到理论预期水平。1985 年，我国金融调控的重要监测指标 M_1 的增长速度（5.8%）甚至远远低于存款准备金率的降幅。当年虽然 M_1 的增速较快，但并非银行系统自觉受中央银行调控所作出的反映，它一方面是反映了我国改革开放以来出现的第一次较高的通货膨胀率对现金需求的增加，另一方面又是当年我国大幅度提高农产品收购价格而使现金政策性投放增多的结果。这种情况也体现了我国经济转轨时期的价格政策与货币供应量连动的特征。但无论如何，三个层次的货币增长速度都明显低于存款准备金率的降幅，表明了存款准备金率工具在通货扩张效果上的弱性特征。

在市场经济条件下，商业银行的行为将更多地受中央银行推出的宏观调控参数的影响。1998 年我国一次将存款准备金率降低 5 个百分点，目的就在于要加大力度使流通中的货币量有效增加，然而实际结果却是并未改变通货紧缩态势。从货币供应量变化的数据看，考虑到调控手段的滞后性，1998 年调低存款准备金政策应该在 1999 年有比较明显的效果，但是直到"金融运行出现新亮点"的 1999 年 9 月，也只是狭义货币有了比较快的增长，流通中现金 M_0 比上年同期增长 16.4%，M_1 增长 14.8%；而广义货币增长仍然乏力，M_2 增长幅度只有 15.3%。可见，这种状况的形成除宏观调控的经济环境的影响外，存款准备金工具在通货紧缩态势下功能的弱化不能不说是一个重要原因。1999 年 11 月，我国中央银行再次将存款准备金率从 8% 调低到 6%，其调控效果如何尚难预卜。

其次，从再贴现工具看，它有着较为悠久的历史，是中央银行调控货币流通量最早使用的传统工具。特点在于其变化可以产生一种告示性效果。当中央银行提高再贴现率时，意味着货币当局判断市场过热，有紧缩意向，对证券市场起到收缩作用；反之，则意味着扩张意向。这对短期市场利率常起导向作用，从而影响商业银行和社会公众的预期。但是，再贴现工具在实施中也因其本身的局限性而难以收到理想的效果。其一，货币当局在使用这一工具时处于被动地位，而商业银行则处于主动地位，中央银行难以预期商业银行是否向中央银行再贴现，更难预期再贴现数额的多少。如果商业银行可以通过其他途径获得资金，则无论中央银行怎样变动再贴现率，都不会影响商业银行收缩或扩张信用的能力。其二，货币当局对再贴现率的调整，只能影响市场利率总水平，却不能改变利率结构。其三，再贴现工具缺乏弹性。再贴现率虽易于调整，但它的微小变化都会引起市场利率的经常波动。如果货币当局经常调整再贴现率，就会使商业银行无所适从，而由此引起市场利率的经常变动，又会给经济稳定发展带来不良影响。其四，它在经济出现过热迹象之时经常出现"失灵"现象，因为在经济高速增长时期，再贴现率无论多高，都难以遏止商业银行向中央银行再贴现或借款。

可见，再贴现率本身的弱点也决定了货币当局不能频繁地利用调整中央银行的再贴现率来影响流通中的货币量，而只能慎而用之。

再次，从调整利率来看，利率是各国调控流通中货币量，实现经济稳定目标经常使用的政策工具，其特点是敏感、传播性能好，它的变动有着较明显的引导作用。但是，如同存款准备金政策一样，它也有着"强收缩、弱扩张"的效果。我国和日本的经济运行过程及结果证明了这一点。我国从1996—1999年3年间，先后进行了7次幅度较大的利率调整，趋势一直是下调。7次下调的结果，使一年期存贷款利率下降了几近80%。然而直到1999年7月，我国居民的储蓄存款却一直呈上升趋势，始终难以向其他投资渠道分流，银行贷款的增速更是不尽理想。这其中除了宏观经济环境，如股票市场一直低迷不振以外，重要的原因是利率工具本身的缺陷。实践证明，当存在着通货紧缩趋势的时候，利用利率的调整去扩张信用总是难以收到理想的效果。日本的利率多年来调低到接近为零，但是"零利率政策"并未将沉寂多年的日本经济带出低谷，这迫使经济理论不得不对利用利率工具调控经济的时机及有效性进行反思。

最后，从公开市场业务来看，它与存款准备金和再贴现工具相比，有着较多的优势。其一，中央银行通过公开市场业务可以把商业银行的基础货币控制在自己期望的规模内，使它符合货币流通调控目标的要求。其二，公开市场业务是按中央银行的意愿进行的，中央银行具有主动权，可以根据市场情况作出积极而迅速的反映。这一点比再贴现工具优越。其三，公开市场业务操作比较灵活。中央银行可以根据金融市场的变化大量买卖有价证券，也可以在很小的程度上经常、连续买进和卖出，这使中央银行能有弹性地、准确地调整基础货币。在微调情况下，其影响又比较缓和，不会像存款准备金工具那样引发经济运行的剧烈震动。其四，公开市场业务操作的可逆性较强。中央银行出售有价证券经常以证券回购方式进行，这样公开市场业务操作只是在短期内发生影响，通过回购，这种影响很快可以逆转过来。公开市场业务操作的可逆性体现了工具本身所具有的"防御性"功能，中央银行利用公开市场业务进行逆向操作，有利于使商业银行在货币市场因素、季节性和偶然性因素变动而发生准备金的短期波动时，保护商业银行准备金的稳定，进而平衡有价证券行市，保护市场的稳定运行。

除此之外，公开市场业务操作还有弥补再贴现工具不足的功能。当再贴现率过分低于市场利率时，中央银行可以通过卖出有价证券来抑制商业银行超额准备金的过快增长。

由上述比较中可以看出，在市场化货币流通调控工具中，有效性最好的当属公开市场业务。当然，货币当局的宏观调控还可以采取诸如证券投机信用管理、消费者信用管理、不动产信用管理、直接信用管理和道义劝告等选择性手段，但是由于这些手段调控领域或力度的有限性也决定了其效能的有限性。也正是基于对各种工具的利弊权衡，各国在货币流通调控中较多地选择公开市场业务操作，并频繁地利用它实现既定调控目标。

二 金融创新强化了公开市场业务及其效能

20世纪60年代以后，以美国为首的金融创新不断推出，大大改变了金融运行的原有格局。随着改革进程的推进，我国金融领域的创新也不断出现，金融业务的创新、金融工具的创新、结算系统的创新以及金融制度的创新等使我国货币流通领域正在发生前所未有的变化。由金融创新所带来的这些变化同时也使中央银行调控货币流通的工具的功效发生了变化。

首先，金融创新使传统的选择性货币政策工具失效。在计划经济体制下长期使用的而且是比较有效的利率限制法定保证金、信用规模配给等典型的传统货币流通调控工具，在金融机构适应市场经济发展而实行金融创新之后，特别是当规避型的金融创新，如浮动利率债券的出现后，中央银行不得不放弃对它们的使用。

其次，金融创新使存款准备金制度的功能弱化。商业银行通过对创新的金融工具的使用，如回购协议、大额可转让存单等，更充分地利用货币市场，规避存款准备金的限制。同时，由于准备金是按存款的性质进行分类，商业银行可以利用创新的金融工具调整自己的负债结构，减少准备金的交纳。

再次，贴现率的作用也在下降。由于金融创新，导致金融机构融资渠道增多，融资方式更加灵活，相应地对中央银行的依赖程度大大降低，因此，贴现率的作用便受到限制。

最后，金融创新强化了公开市场业务的作用。在金融创新使其他货币流通调控工具的效能弱化的同时，却强化了公开市场业务的效能。因为金融创新导致金融市场呈现资产证券化趋势，使金融市场更加自由化、一体化，为中央银行进行公开市场操作提供了灵活有效的手段和场所以及多样化的买卖工具。金融机构在金融创新过程中，资产构成中有价证券的比重增加，特别是政府债券成为金融机构重要的二级准备，使中央银行通过公开市场操作可以影响金融机构的运作，使其成为最重要的货币流通调控工具。

由于金融创新是一种客观选择，是金融市场效率演变历程中银行体系由本位时期过渡到市场本位时期，再过渡到强市场本位时期这一最高阶段的必然结果，因此，伴随金融创新所出现的公开市场业务被强化也是一种必然结果。面对这种局面，我们所应做出的选择是在调整其他货币流通调控工具的同时，更加充分有效地利用公开市场业务操作工具，以准确地实现货币当局调控货币流通的意图。

三　利用国债市场开展公开市场业务

在金融市场发达的今天，公开市场业务是政府调控货币流通所依赖的重要工具。其实质是货币当局根据当时的经济状况而决定在金融市场上出售或购入政府债券，特别是短期国库券，用以影响基础货币，从而调节信用规模、货币供给量和利率，实现金融的宏观控制。其主要行为就是现货国债的买卖或回购。

公开市场业务的理论基础是由于整个银行体系具有扩张和收缩信贷的能力。中央银行利用在自由成交、自由议价，交易量和价格都公开显示的市场上进行政府债券的买卖，影响基础货币量，并通过货币乘数的作用，使流通中的货币供给量增加或减少。尽管在各种工具比较中我们可以认定公开市场业务优于其他工具，金融创新也强化了公开市场业务的效能。然而，并非可以因此说，只要操作公开市场业务就能收到成效。因为公开市场业务能否有效发挥作用，取决于我们是否具备其发挥效能的条件。条件之一是我们是否有发达的金融市场；金融市场是处于割据状态，还是全国统一的市场；市场中是否有种类齐全的债券，债券的数量是否达到了一定的规模。这是一个十分重要的条件，是保证中央银行能够进入公开市场，并且在一定深度和广度进行调控的前提，也是中央银行的调控效果能够在全国统一的市场上不受阻隔地广泛扩散和传递的保证。没有这样的条件，公开市场业务的操作只能受制于狭小的空间内，并且将由于调控的力度和规模的限制，使其调控的能力和效果很难得到显现，即便是有效果，也只能是产生于局部，而不具有全面性。条件之二是中央银行是否具有强大的、足以干预和控制整个金融市场的金融势力；是否拥有雄厚的资金力量。这一条件中的前者在通货膨胀时期很重要，而后者在通货紧缩时期尤为重要。因为在严重的通货膨胀时期，有时需要十分有力的货币干预和控制手段才能有效地遏制经济过热和物价持续上涨的现象；而在通货紧缩时期如果货币当局没有足够的资金势力，即便公开市场上有足够数量和可以充分选择的各种种类的政府债券，中央银行也只能"望券兴叹"。条件之三是中央银行是否已被赋予独立、弹性操作的权利，是否可以完全独立地作出买卖一定规模、种类的债券的决定。这一条件是公开市场业务操作在不受外界干扰，特别是不受政府不切实际的干预而作出正确判断并正确执行的重要保障。条件之四是是否有发达的信用制度，公众是否有使用票据的习惯；所有银行能否自觉遵守存款准备金率制度，并据此比率调整放款及投资的数量。显然，公众在发达的信用制度下，广泛以票据作为消费、货币存储和结算的工具，则公开市场业务的传导就具备了良好的基础；银行如果不能遵守存款准备金率制度，当中央银行进行公开市场业务操作时就有可能出现：中央银行买入国债券放松通货，但商业银行增加准备金存款而抵消扩张通货的效果；当中央银行卖出国债券收缩通货时，商业银行减少其准备金存款，从而使货币当局调控流通中货币的意图得不到实现。

从各种条件分析中可以看出，公开市场业务操作对国债市场的发展有一定的依赖。国债市场不发展，中央银行在公开市场的操作便会受到限制，其效果也不会理想。国债市场上国债品种、规模的有限发展，也必然大大影响通过公开市场业务操作而进行的货币流通调控的有效性。这两年随着国家实行积极的财政政策，国债和政策性金融债券的发行规模扩大，国债市场化程度提高，使得公开市场业务操作在量和质上都有了新发展。1998 年公开市场业务操作额还只有 1763 亿元，1999 年已增加到 7076 亿元，投放基础货币余额为 2603 亿元。这是自从 1994 年我国货币当局在上海证券交易所建立公开市场业务操作室以来交易规模最大的一年。但尽管发展很快，与客观要求相比仍嫌不足，这主要是国债市场上缺少便于操作的短期品种。短期国库券是西方各国政府向市场筹资的主要手段，通过发售短期国库券获得资金以弥补中央政府暂时的或季节性的资金不足。美国的短期国库券占其全部债务的四分之一，发行量为世界之最。短期国库券变现能力强，有"仅次于现金的凭证"之称，在长、中、短期三类债券中流动性最高，当政府需要对经济实施刺激时，扩大短期国库券的发行，通过公开市场业务，增强扩张信用基础和社会流动性。反之，紧缩经济则减少短期国库券流通。西方国家在周期调节过程中，这一政策被普遍运用。目前，我国储蓄转化为投资受阻，货币政策难以有效运用，可以向银行发行短期国库券，通过公开市场业务操作，中央银行向商业银行购回国库券，便可以放出基础货币，促使储蓄转化为投资，同时调节商业银行和其他金融机构的资产结构及社会资金持有规模，传递放松或收紧银根信息，引导社会投资。所以，合理调整国债品种结构是非常必要的。还要看到，目前我国债券市场分成银行间市场、交易所市场、银行柜台市场三块，这三个市场的市场参与者不同，三个市场上发行的债券无法相互转让，不同市场的交易条件不一致，市场的相对分割造成债券价格（即利率水平）差异甚大。这种状况也有待改进，然后才能充分发挥债券市场的作用。

（《宏观经济研究》2000 年第 4 期）

构建"金融超市"是我国金融业发展的必然选择

目前我国金融业总体上看仍实行分业制经营模式,商业银行、保险、信托、证券等金融企业在人民银行的严格监管下各自从事法定业务范围内的经营,除规定的一定限度的交叉经营外,法律禁止金融企业混业经营。然而金融业的改革和创新正不断地冲击着这种管制,同时也推进着创新和管制步上新的台阶。2000年2月,中国光大集团入主申银万国证券公司,成为拥有银行业、信托业、证券业、保险业的集团公司[1];1999年我国先后成立了信达、东方、长城、华融四家金融资产管理公司,这四家资产管理公司成立后,国家赋予其处理国有商业银行不良资产的重任,并指明,这四家资产管理公司,除股票二级市场外,可以从事几乎所有的金融业务,其中包括银行、信托、证券、保险业务[2];1999年10月26日,中国人民银行宣布,为了有效运营保险基金,提高其资产保值增值能力,允许其进入证券市场,进行

---

[1] 参见 2000 年 3 月 27 日《中国证券报》。

[2] 参见 1999 年 4 月 5 日《中国证券报》。

投资基金类证券的投资业务。1999 年 10 月，中国人民银行发布条例。允许各券商用证券作质押进入银行同业拆借市场融资。这一系列改革举措表明，我国开始了金融创新的新进程。这些改革的结果无疑促进了金融机构业务的拓展和金融业务的融合，使金融业直接或间接地从传统分业管制所确定的业务范围向综合业务领域渗透。这种改革动向给我们在理论上提出了新课题——在我国的金融改革进程中，金融业的业务经营范围的改革应该向什么方向推进？在经济信息化、全球化及加入 WTO 在即的环境下，我国的金融业是继续按传统做法实施严格的分业经营，还是不失时机地进行业务创新，逐步推进混业经营，发展我国的"金融超级市场"，这成为摆在金融深化改革进程中的一个现实问题。

一 构建"金融超市"是国际金融业发展的趋势所在

1929 年世界经济大萧条之前，一些比较发达的西方国家秉承市场经济自由发展的原则，对金融业的业务经营范围基本没有限制，商业银行与投资银行之间的业务互相渗透，银行业、信托业、保险业和证券业是相互融合的。然而 1929 年 10 月 28 日在美国爆发的"黑色星期一"打破了金融业的混业经营格局。当时的美国股市崩溃造成了无数银行倒闭。美国政府将商业银行卷入证券市场归咎为造成这次危机的一个主要原因。为此美国国会在《1933 年银行法》中规定了《格拉斯·斯蒂格尔法》条款，具体规定银行分为投资银行与商业银行。属于投资银行经营的证券投资业务商业银行不能涉足，必须由投资银行或投资公司经营，由证券交易委员会统一管理；商业银行只能在自己的经营领域内开展业务，且必须接受金融管理机构的监督管理。分业制经营模式由此在美国产生和实行，随后获得了英国、日本等国的积极采纳。

　　分业制经营模式的本质特征决定了其存在的历史性。在分业制下，银行等各业在经营中不能从事除本业之外的其他各类业务，经营范围便被限制在狭小的空间内，特别是商业银行在国际、国内日趋激烈的竞争中，其经营传统业务的边际利润越来越低，生存空间也日益狭小，经营规模更难以适应因不断兼并、合并、重组而形成的大规模企业发展的需要。针对美国几十年来一直延续的金融分业制经营模式，特别是在与欧洲混业制经营的金融业的竞争中美国金融业接连受挫的实际，诺贝尔经济学奖获得者默顿米勒教授将金融业分业经营模式称为"美国银行体系的悲哀"。

　　随着金融深化与金融创新的推进、金融业竞争的加剧以及金融业为提高经营效率、增加市场份额而进行的收购兼并和资产重组，金融业的分业经营模式不断地被打破。特别是面对全球金融一体化和以大型化、全能化、电子化、网络化为特点的金融业发展趋势，世界各国近几年都在积极地推进混业经营的发展进程，以期在未来激烈的国际金融竞争中占据一席之地。因此，发展到目前，传统意义上的商业银行在西方发达国家已很难找到。特别是近年来一浪高过一浪的全球银行业的兼并浪潮更是迅速地将商业银行发展成超级航母型的"金融超市"。

　　超大型、混合型金融服务企业的不断出现，对全球金融业的规模格局和竞争格局以及未来金融业的发展产生了重大的影响。从这些金融业的兼并与合并案中我们可以看到，兼并与合并后的银行不仅资产规模巨大，因此很容易形成巨大的规模经济效益，而且其业务经营范围得到了广泛的拓展，从存贷款、资金清算到保险、证券、信托，涵盖全面。毋庸置疑，合并后的金融服务企业资金实力、竞争实力都更加雄厚。

　　这一系列发展演变表明，全球性金融企业发展的模式及特点之一就是由分业经营向相互融合发展。金融业相互融合发展的直接结果是导致混业经营模式的确立，而混业经营模式也获得了来自政府放松金融管制的支持。一个明显的迹象就是，进入20世纪90年代以来，一向坚持分业经营的美国、日本等国家纷纷解除禁令，鼓励其大中金融企业向混业经营方向发展，以适应经济全球化和资产重组的要求。1999年10月22日，美国国会出台了《金融服务现代化法案》，废除了代表分业制的《格拉斯·斯蒂格尔法》，允许银行、保险公司及证券业互相渗透并在彼此的市场上进行竞争。美国参议院银行委员会主席格拉姆说："这项法案的特点是，它能够让每一名美国人都获得一系列的金融服务，而且能够在美国每一个城镇的金融超级市场，提供低廉的'一站式'服务。"可见，金融业由分业经营向混业经营的恢复，得到了政府的支持，它代表和反映了金融业进一步发展的潮流和方向。也正因为如此，英国、日本等国早在20世纪70年代就先后放弃了分业制经营模式。

总之，国际金融业的发展新动向表明，传统的银行产品——存款、贷款和结算的内涵和外延都有了惊人的发展，被称为"金融超市"的全能银行已成为国际金融业发展的一大趋势。

二 构建"金融超市"是推动我国国民
经济持续发展的客观要求

目前阻滞我国国民经济持续发展的因素有多种，但有两个方面是不可忽视的。一方面是重要的微观基础——国有企业的改革与发展受阻，这一阻力在相当程度上来自于其沉重的银行债务负担。追溯其历史原因，我国国有企业初创期启动资金与生产资金绝大部分为财政直接拨款，后国家实施"拨改贷"政策将上述资金转化为银行贷款，使国有企业背上银行贷款和利息债务负担。典型的案例如重庆市的上市公司"渝汰白"，它的主导产品钛白粉销路极好，但由于建设时期的负债巨大，目前每年利息负担就达 8000 多万元，1 年的效益还不够还本付息，沉重的债务负担导致其连年亏损。另外，以往较高的贷款利率水平、企业忽视自身资本积累和计划经济向市场经济转轨带来的巨大外部压力等也是最终导致国有企业沉重的银行债务负担的重要因素。另一方面是经济发展始终受需求不足的困扰，大量社会资金沉淀在个人储蓄中，消费不旺，导致物价持续走低，而储蓄—投资的转化率因银行受现行制度及市场范围的约束很难提高。连续几年的"银行惜贷、企业惜投、居民惜购"严重制约了投资和消费需求的增加，影响了经济发展。为此国家已连续多次下调储蓄存款利率并出台征收利息税政策，但居民储蓄率仍居高不下。我国目前的居民储蓄率高达 15% 左右，远高于第二次世界大战以后美国的 10% 和发展中国家 9%—12% 的平均水平。这种持续的高储蓄推动我国储蓄额在今年年初登上了 6 万亿元的新台阶。如果资金继续大量沉淀，就意味着我国的投资和消费持续低迷，需求更加不足，经济也难以实现稳定增长。要保持我国国民经济的持续稳健发展，解决国有企业沉重的银行债务负担问题及启动投资和消费需求势在必行。

　　积极构建"金融超市"并发挥其功能，在相当程度上有助于这些问题的解决。第一，我国长期实行的金融业分业制经营模式本身存在着经营成本过高、难以形成规模效益等缺陷，而构建"金融超市"并使其高效运作可以有效地克服这一缺陷，使各类金融企业迅速提升自身的规模与综合实力，积极进行金融创新，开拓业务经营领域，加大对国有企业的债权、股权投资力度，使国有企业能够利用资金要素的投入并结合生产结构、技术结构的调整获得进一步发展的动能。第二，"金融超市"的重要职能之一是金融企业主动去充当企业的财务顾问。实行混业经营的金融服务企业通过帮助企业一手进行产品经营，一手进行资本运营，就有利于企业增强其盈利能力和偿债能力，减轻债务负担。第三，混业经营的金融服务企业通过开展投资银行业务，可以帮助企业通过兼并、收购、合并等方式进行资产重组，优化债务与资产结构，使企业步出困境。第四，混业经营的金融服务企业通过在证券二级市场开展企业股票的承销、分销业务，可以增加其盈利能力，这样就利于金融企业以低利率支持一些企业的投资项目，企业一方面可以以低成本获得融资，另一方面又可以带动自有资本投资，增加社会投资需求。第五，传统的分业制经营模式下，在普遍亏损和缺少稳定收益的背景下，金融企业尤其是商业银行很难拿出足够的资金去帮助企业改善其技术装备条件，更无力进行开发性投资。而在"金融超市"经营模式下，银行等金融企业可以凭借其多元化的投资所获的丰厚收益，积极参与企业的技术改造性投资和社会性的风险投资，而这类开发性投资不仅有利于我国高科技产业的发展，而且由于其属股权投资，不但不会增加企业的债务负担，而且有利于减轻企业的负担。第六，"金融超市"经营模式下，金融企业可以通过代客理财、有偿咨询、证券投资等全新业务的开展刺激个人投资热情，使巨额的个人储蓄存款得到有效分流和释放，通过多种融资渠道流入国有企业以补充其生产、发展资金，并通过其发展进而带动整个国民经济的振兴。不仅如此，从宏观经济发展的需要角度看，分业经营有利于控制流通领域资金的活跃程度，从而有利于控制通货膨胀。但从我国经济运行的中短期看，我们面临的是通货紧缩环境，宏观上需要的是适当的资金活跃，以利于激活经济，对此，混业经营模式显然是有其发挥作用的优势的。

三　构建"金融超市"是金融企业追求效益最大化的内在要求

金融企业与一般企业一样，其经营的最终目标就是实现自身经营效益的最大化。而分业制下的我国金融企业，特别是国有商业银行只能在狭小的存贷款领域经营，面对国有企业从事一般性的存、贷款，会计结算等传统业务。由于近几年我国国有企业普遍效益低下，致使商业银行或是放款使不良资产比率持续上升；或是为了安全起见少发放贷款。导致存差太大，业务收入无法抵补业务支出，出现大面积亏损。同时随着我国社会主义市场经济体制的逐步建立，市场环境也由供给"瓶颈"型转向需求约束型，使买方市场的格局基本形成。与经济运行的整体趋势相一致，我国金融业也实现了由卖方市场向买方市场的转变，工、农、中、建四大银行一统天下的局面被打破，多家金融机构竞相争夺市场份额，竞争日趋激烈，其直接后果只能是银行边际利润呈逐渐递减态势。

从目前全球金融业现状分析，"金融超市"经营模式所产生的巨大经济、社会效益性与竞争力是分业制经营模式所难以匹敌的。混业制经营的金融企业不仅可以经营传统的商业银行业务，还可以经营投资银行业务，包括证券承销交易、保险代理等，加之其融资范围从传统的营业资金贷款扩大到私人债券或国际债券的发行，服务对象面向社会所有行业，包括贸易、工业、各种类型的公司、个人和公共部分，因此，广泛的业务经营大大拓展了金融企业的盈利空间。

为追求最大效益，我国一些商业银行已开始积极拓展业务品种，发展中间代理业务，并尝试进入投资银行领域，开展项目融资、顾问咨询、信息服务、证券经纪、投资等服务。在这方面，中国光大银行正在进行有效的尝试。1983 年中国光大集团成立后，明确了其以金融为主业的投资方向。近几年，其发展模式就是以创新型的金融业全能型经营为主线拓展其金融主业发展方向。1991 年，光大集团成立了光大国际信托投资公司，1992 年成立了光大银行，1996 年成立了光大证券，2000 年又入主中国最大券商——申银万国证券公司。光大集团的经营业绩不仅令人瞩目，也从一个侧面证实了金融业混业制经营的优势所在。这种发展模式的尝试可以说是我国金融业由分业经营向混业经营发展的一种探索。但由于我国目前分业制管理的限制，绝大多数金融企业特别是商业银行仍被锁定在投资银行业务之外，而投资银行业务又常常是国外"金融超市"中获利最高的经营项目，因此，从金融企业自身的经营目标来考虑，构建"金融超市"是其进一步发展的内在要求。

四　构建"金融超市"是提高我国金融业综合竞争力的必然选择

从历史的角度考察，金融发展的主线可以概括为：从最初的媒介金融发展到信用金融再到现代的交易金融。目前，国际金融业已发展到了交易金融阶段。其表现是：其一，信用证券化和金融工程化已成为金融发展的主体取向，通过金融工程不断创新金融衍生工具和金融产品已成为国际金融市场长期关注的焦点；其二，金融工程化、交易化发展与全球经济信息化、网络化、资本自由化的潮流相结合，使金融交易空前活跃，以百亿、千亿美元为计的资金交易能在瞬间完成；其三，金融产品交易的日益频繁和衍生金融工具的不断涌现使金融交易已与实物交易走向脱离。

从股票市场来看，所罗门美邦1999年底的报告指出，以1999年12月22日收市时的报价计算，所罗门美邦全球成熟市场指数的成分股总市值已高达30.18万亿美元，较国际货币基金组织公布的全球经济总产值30.1万亿美元还高；从全部金融资产来看，目前全球日平均金融资产交易量是实物资产交易量的50倍，这表明，只有2%的金融交易具有实物经济支撑，98%的金融交易与实物经济脱离。在这样的国际金融环境下，未来的竞争将更多地表现为金融市场的竞争，未来的战争就是金融战争，是"没有硝烟的战争"，多年经济发展成果可能在金融交易战中被短期内重新分配一空，东南亚金融危机已经给我们提供了例证。

目前中国的金融发展仍处在媒介金融向信用金融转化和信用金融的不断成熟时期，而我们面对的环境却是加入WTO在即和全球性金融业重组、改革浪潮风起云涌。一旦国内金融领域放开，国内金融企业将面临异常激烈的国际竞争，并在随时可能爆发的金融交易战中身负重任。根据中美有关加入WTO的协议，外资银行可在中国入世两年后向大陆企业提供人民币业务的服务，五年后向大陆居民提供零售银行业务服务。渣打银行的一份研究报告指出，中国加入世贸组织后，势必开放银行界市场，这将使今后10年外资银行在大陆的贷款额年均增长达40%，至2010年占大陆总贷款的比例将达8%。在这样的环境下，如果我国的金融界依然坐观其变，那么在日后的国际竞争中将很难取胜。

可以断言，外国金融企业带来的竞争将迫使我国金融企业加速自身的改革，通过增强自身的实力去应对竞争。我国金融企业要想在竞争中取胜，必须在四个方面下工夫：一是不断增强资本实力，只有资本实力雄厚才能不被游资冲击，才能够冲击他人获利；二是及时、主动抢占先机，市场的占领总是有先后，后进入者总是要被动接受先入者业已制定的对自己有利的交易规则；三是积蓄大量优秀资源，市场的竞争归根到底是人才的竞争，拥有了大批掌握现代高科技技术和金融工程开发、建设及管理的人才才可能保证银行自身在竞争中保持长久发展，立于不败之地；四是建立良好的经营机制，既能主动参与竞争，又能采取必要的方法规避经营风险。

上述种种要求，都需要我国金融企业通过构建"金融超市"并发挥其职能来得以实现。首先，要实现信用金融的不断完善进而发展交易金融，我国的金融企业只有通过兼并、合并、资产重组等资本运营方式尽快发展为混业制经营的银行才能在资金实力与技术保障方面担负重任；其次，面对可能出现的金融交易战，我国的金融企业只有迅速发展为业务和职能都很全面的银行，才能有效地组织起联合金融防线，进行有效攻防；再次，采取"金融超市"经营模式，金融企业才能根据市场、客户需求的变化和规避风险的要求，不断开拓新的业务领域和业务品种，采取新的交易方式和交易手段，实现资产负债多样化，分散交易风险；最后，只有尽快构建"金融超市"经营模式，金融企业才能够凭借自身雄厚实力抢占先机，拓展全新的金融业务，并在资本市场经营领域吸引和造就一批理论学识水平与业务操控能力兼优的高级管理人才。由此可见，"金融超市"经营模式的构建不仅可以克服分业制经营固有的缺陷，而且随着其功能的发挥，将不断为增强我国金融企业的竞争实力奠定基础条件，为我国金融企业在未来的竞争中取胜提供保障。

总之，"从发展方向看，金融业混业经营、统一监管是趋势"，"金融混业经营是大势所趋"①，我们应该及早认识到这一

---

① 参见 2000 年 4 月 3 日《中国证券报》。

点，并通过金融改革和金融深化过程将我国“金融超市”构建完成，使我国金融企业在经济全球化过程中发挥自己应有的作用，以免在主流趋势冲击中陷入被动。

（《金融研究》2000 年第 8 期）

第三篇

决策、政策与对策
——经济行为的选择

无所不在的选择

当人们揣着些零钱走向菜场的时候，见到水灵灵的油菜、豇豆、青椒、毛豆、茭白、茄子，见到水桶里游着的活鱼，冰柜冻着的大虾，肉案上鲜红的猪肉、牛肉、羊肉……可是只带那么些钱，也只有那么大的胃，这就要在目迷五色中进行选择。不过，这在生活中毕竟是小事，人们并未因为一顿饭选择了茭白、毛豆没有选择油菜而形诸笔墨，讨论什么选择的失误。

比买菜重大一些，或者重大得多的事情，则不然了。升学念什么专业？住宅在何处地段？就业在什么单位？结婚选哪位对象？都影响着今后漫长的人生道路，反复比较，挑三拣四，是合乎情理的。多年前，一位大学毕业的朋友向我唠叨，后悔当年高中毕业时没有去当工人、店员而考上大学，不仅四年没拿工资，大学毕业后的工资也比多四年工龄的工人低。但他并未述说四年大学教育所增进的知识和才能。后来脑体工资倒挂的状况逐渐改变，他可能又庆幸当年不当工人、考上大学了。最近某报刊出一位靓女写的《多么痛的领悟》，讲她在众多的追求者中，选择了贫寒的俊男，放弃了富且贵的丑汉，多年生活煎熬之后，颇有悔意地诉说了对当年选择的反思。由此引起了连篇累牍的讨论，投稿者大都是贫寒而又自命为俊男的，对靓女冷嘲热讽，热闹了好一阵子。但其实，进行比较的是两个互不相涉的标准，因而很容易落人古希腊哲人苏格拉底讲的"不论他要不要，他都会懊悔"。

经济学是把人当作单纯的经济人来探讨的，在进行比较和选择的时候，经济利害是决定取舍的唯一标准，比较利益、机会成本等等学说便成了比较时进行计量的工具。但人同时又是社会人，人的爱恶喜怒、气质、情操、理想、事业，会超越经济人的狭隘视野，然后，才有"生命诚可贵，爱情价更高，若为自由故，两者皆可抛"，才有生活的激情和献身精神；而选择也就成了美人鱼用迷人歌喉从巫婆那里换来的一双脚，每踩一步都如踩刀尖。

人们在生活的道路上面对着无所不在的选择，但也并非是处处都有选择的自由。当职业是由某一级组织分配并且要求像螺丝钉那样拧紧在某一工作岗位时，对职业的选择余地是很有限的；当消费品是定量定额凭证凭票供应时，消费者的选择余地是很有限的。不过，即使选择余地非常有限，人们终究会在有限的自由范围内作出符合自己意愿的选择，不会处处都被他人牵着鼻子走。

中国人历来崇尚勤俭持家的美德。如今面对着住房、医疗、养老、教育、社会保险等一系列改革，而且改革的具体措施办法不明朗，由此使未来的支出增加数额不确定，在是增加消费还是增加储蓄的选择时倾向于捂紧钱袋，这种加大灵活性的预防是合乎情理的。此时此刻，治本之道在于发"安民告示"，使人们能够预计未来支出而对生活作出合理安排。忽视了这一面，单纯从降息或者倡导消费信贷去刺激消费，人们未必会按设计者的思路去进行消费和储蓄的选择。而如果再用利息税之类的办法去逼人选择消费，有可能适得其反，会使人更加感到未来的不确定性，更加压缩现期消费以应付未来的不测风云。

　　毕竟钱是居民自己辛苦挣来的，不像"不当得利者"花着不心疼。在选择时反复比较、再三计算是正常现象，多留后路也是正常现象。这不能怪居民们目光短浅，得过且过，因为生活在不断教育人们如何进行选择，而捂紧钱袋毕竟是留给居民的选择自由。

　　　　　　　　　　　　（原载《杭州日报》2000 年 11 月 9 日）

经济决策的结构要素与运行机理

决策体系的改革所涉及的不仅仅是决策结构的分布和权利的归属，如果仍然只是在集权与分权上绕圈子，对不同层次决策的衔接却未能前进，将难以推动经济决策体系改革实践的深化。因此，需要把对决策研究由表象层次引入深层结构，从运行机理上把握决策体系的成因和决策权归属的现实基础，以基本运行规则明确化为主要线索，建立决策体系的目标模式。这样或许有助于我们深化对决策问题的认识。

可选择的结构要素

构成决策体系的结构要素是多种层次、多种类型，其广泛性和多样性很难用简单的方式加以概括。

如果从模式分析的角度集中剖析上连国家、下连个人的中间环节即企业这个环节，那么对经济决策选择最有意义的是管理者产生机制、短期投入产出规则、长期投入产出规则、收入分配规则，这些决策的运行机理影响着整个决策体系的性质。管理者产生机制，实际上反映了所有者对经营者的约束方式，由此产生的经营者行为在很大程度上制约和决定着企业行为；短期投入产出决策是微观层次决策的主要内容，这种决策的性质，直接体现企业的生存方式，表明企业在整个经济体制中的地位，在某种意义上讲，是决定企业能否具有经济活力的基本因素；长期投入产出决策，直接制约着生产的发展方向和国民经济的发展方向，这种决策的实现方式，代表了整个决策体系的意向；收入分配决策程序表明了动力体系的性质和功能，而且在很大程度上可以成为决策体系的标识指标。

在这里，我们集中对上述四种经济决策在不同模式下的运行机理进行分析，以期从中引出决策体系改革的途径。

一　决策结构要素一：管理者产生机制和考评方法

经济系统中各级管理者特别是企业经理人员如何产生，在很大程度上制约着经济组织的行为方式。在迄今为止的不同决策模式中，企业管理者的产生方式主要有四种，每一种方式都有不同的行为规则、激励结构、运行机理。下面我们依次作出分析。

（一）所有者的自我认定

在传统的独资企业、家庭经济模式中，由所有者自己出任企业管理者（经理）是十分典型的做法。这种产生机制的特点在于，明确的财产关系构成了经济决策权的法律、经济基础，管理人决策行为直接受到资产利益的约束，所有权与经营权集于一身，使决策者行为既有足够的激励，又有有效的约束，从微观角度看其合理化程度较高。但是，这种产生机制所构筑的产权障碍，内在地排斥非所有者对经营决策的参与，不利于引进现代管理人才，因而逐渐为现代企业制度所舍弃。

（二）政府行政任命

这是社会主义传统决策模式的基本实践。在传统体制特别是国有企业，领导人的产生机制十分单一，主要是由作为资产所有者的国家任命，具体说是由代表国家的企业上级主管部门任命。政府对企业领导人产生过程的高度参与带来了两种后果：一方面是各级主管部门从行政隶属关系上对分管企业有很强的认同感，另一方面是企业在利益上对其主管部门有很强烈的归属感和服从心理。所以，这种人事配置方式事实上构成了国家与国有企业父子型经济关系的组织基础。

在传统决策体系下，行政任命规则同样应用于组织系统其他层次的领导人产生机制。所不同的是，由于这些组织层次更加远离生产过程，因而使生产经营效果对这些领导人的直接利益约束弱化。作为一级决策环节，调节其领导人决策行为的更多的是某些人称职动机和升迁动机的行政规范。如果把研究的范围进一步展开就会发现，在从企业起至中央经济管理系统的每一级组织层次上，这种领导人产生机制都不断地带有规律性地再现出来，与此相关的一整套干部考核规则也更多地不是立足于考核其行为在实际经济过程中所产生的效益，而是考核其执行上级决策指令过程中的称职表现。这使我们的管理干部很难成为独立的决策者，日渐成为思想懒惰、进取心不足、创新精神差的指令传声筒，听命于上级决策成为第一信念。这反映在领导人对待其主管单位特别是企业的行为上，往往对来自于上级主管部门的决策指令比对来自于市场的供求信号更为关心，作出的反应也更为敏感、更为强烈。

经济系统内部各级领导人由上级任命的机制所产生的面向上级的行为规范，使行政动机成为传统决策体系的第一推动力，并且在决策上保证了所有权与经营权形式上的高度统一。它所产生的实质性影响在于：在传统决策体系的内部构成中央决策可以直接规范企业行为的主观人事基础，在强化中央政府干预经济过程的能力的同时，使基层环节失掉本层次的活力。所以，更严格地说，在领导人产生机制这个决定组织环节行为约束性质的关键问题上，传统的决策体系是一种发育程度很低的决策体系。

（三）公开招考招标

在传统模式向目标模式转换过程中可以采取公开招考招标的办法选择管理者，以取代政府行政任命的方式。这种产生机制的基本特点是，模拟市场机制，选拔标准中减少主观偏好色彩，通过公开投标竞争，使经营权掌握在最有能力的管理人才手中；通过招考了解自荐者的才能；通过投标竞争产生经济目标，减少其主观武断的成分，使经营者对资产收益的责任固定下来，以减少资产虚置对企业效率的影响。总之，用公开招标取代行政任命，可以弱化企业的行政动机，及由此产生的面向上级的群体行为，改变企业的行政依附地位，加强市场对企业行为的约束，以解决企业行为优化问题。

建立主管部门以招考招标的方式选拔企业领导人的市场机制的关键，是形成企业领导人的正常流动，实现社会机会均等化，使每个人都可以根据自己对市场的预期和对收益的预期，提出可行的投标价格和施政纲领来出任企业的领导人，而上级主管部门也是根据资产收益这个可量化的客观标准来考核其任职能力和称职程度。通过这种平等竞争打破企业领导人流动的行政障碍和对企业财产经营上的制度性垄断，造成可上可下的企业干部制度，同时不拘一格选拔人才，使每一个有真才实学的人都有机会表现自己，从而为形成社会主义企业家创造充分的内外部条件。

不仅如此，用招考招标办法产生管理者，包括一些主管部门的经济管理官员，可以在人事制度上为从旧体制向新体制平稳过渡创造前提，同时形成启动两权分立过程的关节点。

（四）有条件招聘

招标的办法，由于引入了市场竞争机制，有许多好的作用，特别是对不拘一格选拔人才，扩大选择范围等有着其他许多形式不可替代的功能。但是，这种形式本身存在着"交易费用"过大的问题。每一次招标都需有一个相当复杂的程序，投入不少人力物力，因而难以经常化采用。在目标模式中，将广泛采用的是招聘。这种产生机制与招标有许多相似之处，既可以发挥招标的经济功能，又可以减少招标过程中的许多不确定性和不必要的交易费用。但是，这种产生机制需要起码的前提条件，即理清财产关系，明确界定所有者的地位，根本改变传统公有制模式下普遍存在的所有者缺位状况，并且确保所有者在选择经营者并对其行为进行有效监控时有着合理的行为。因此，这种产生机制需要一定的条件，盲目地实行，不仅不能取代行政任命，反而换汤不换药，使旧体制的东西在新体制中继续存在下去。所以，在这里是否具备条件有着十分重要的意义。

（五）选择有效的考核标准

以什么标准来考核企业领导人有着十分重要的意义。中国企业制度面临的一个最大问题，是创立真正有事业心和负责精神的企业家群体，这批人通过经营决策对整个经济的行为优化，推动资源的合理配置和经济机制的正常高效运转，特别是不断地实现经济的创新，有着不可估量的作用。而要形成这样的企业家群体，毫无疑问，继续沿用传统考核办法，以企业完成上级交办任务的表现作为领导人升迁调转的基本根据，显然是不行的。企业资产所有者代表应该把考核资产收益作为基本评价标准，并以此为核心创立新的适应于商品经济规则的干部人事制度。

所以，管理干部的考核标准有着重要的意义。一个有趣的例子是，某些地区的局部试验表明，在企业内部采取民主选择的方式产生管理者，结果存在着许多难以克服的矛盾，其中最主要的矛盾是，获得选择权利的职工，往往不是从资产利益最大化的角度选择管理者，而是从多方面的个人需求的角度，有时甚至夹杂着许多个人恩怨，结果使选择过程变成久议不决的争吵，或者是把管理者变成中庸调和、最少争议的"老好人"。这一切的关键就是没有科学的评价体系。

二　决策结构要素二:短期投入产出机制

（一）计划约束和信号导向

生产要素配置构成的短期投入产生机制，主要涉及的是企业的日常管理权，其中主要包括劳动、资金、物资等生产要素的基本来源和配置方式，以及产出品进入市场的渠道和价格条件。这是经济决策体系的微观基础。

短期投入产出决策在运行机理上有两种类型。一种是计划约束型，在要素市场发育不足的情况下，生产要素的流向、流量、流速，受指令性计划决策控制，直接在政府各级主管部门的干预之下完成要素配置。这是维持过度集权型决策体系的基本条件，同时也使企业这种基层决策主体受到多方面限制，在决策体系中处于无足轻重的地位。另一种是信号导向型，主要是根据政策信号和市场信号作出决策。在这里，市场信号起主导作用。短期投入产出决策基本上是建立在市场供需信号的基础上，同时发展健全的要素市场，使要素配置受决策主体支配，在这种情况下，基层特别是企业的决策权是相当充分的，决策本身就有了现实的意义。前一种类型是传统模式所特有的，后一种类型则可能成为决策体系改革的基本选择。

（二）要素配置决策的机理

如果对两种类型的短期决策作进一步分析，那么不难看出，不同生产要素的配置决策存在着深刻的差别。

首先，从劳动要素看。我国劳动制度迄今为止一直保持着两大基本特征：一是高就业，二是低工资。人口增殖控制的失策使整个经济提供的就业机会始终低于劳动力供给，使劳动过剩成为经济中的常态。刚性就业政策，从制度上否定了为形成资源有效配置所必需的劳动力流动机制，而为发展中国家所具有的二元经济在我国所表现出来的高反差，进一步从结构上抑制了劳动力的产业间转移。这两种因素使劳动力要素供给呈现出流动度极低的状态，它导致劳动力进入企业的渠道，同生产周期变化及其所反映的市场供需情况脱节。这种情况不仅决定在个人决策层次上劳动力独立流动择业的决策权基本丧失，而且也决定企业无力根据自己生产情况把握就业水平和就业结构，没有劳动配置上的自主决策权。从企业内部的亚微观构造和运行机理的角度看，就业机制本身决定了企业自主经营决策权是不完整的，无权解雇工人的企业管理者，是弱软无力的管理者。从另一方面分析，高度集中决策推动的经济运行机制，企业为完成要素配置不合理的高指标，也不愿形成劳动力流动，结果从供给和需求两个方面导致劳动力要素在投入选择上的决策范围十分有限。

其次，从资金要素看。在传统模式下，基本上没有资金市场。企业所需资金在初始阶段是根据上级主管部门对企业生产的基本预期以财政拨款的方式提供的，而在企业投入运转后资金需求的满足则往往取决于讨价还价机制。企业讨价还价的对象，一是主管部门，二是银行机构。对于主管部门来说，资金需求过度和供给不足形成的缺口，使部门摩擦十分剧烈。这种状况使资金分配机制更多地采取把在上一级切块分割获得的资金在子系统内部进一步切块分割，而企业所占份额的大小往往不是根据经济需要而是根据企业争资金的能力，以及该企业在本系统内部的地位甚至上下级的个人关系。在分配方面企业折旧绝大部分上缴，留利也十分有限，从而导致自有资金不能充分满足生产需要，再加上公有制运行方式所产生的软约束，从客观上也促使企业把自己的资金需求无限地指向政府的供给，由此形成的供需缺口往往诱使主管部门采用直接行政干预来抑制企业需求，干预的结果又往往使资金供需矛盾进一步加剧，从而形成需要更强干预的棘轮效应。对于银行来说，由于横向融资渠道的缺乏，企业在不能满足于财政供给的同时又把资金需求转到银行身上。传统的行政管理办法使银行系统本身也存在着市场化不足的特征。在银行资金供给计划性极强，又缺乏严格的还款付息制度的情况下，银行资金变成了一种准财政资金，这不仅弱化了银行本身对经济运行所具有的经济约束，而且增大了企业资金选择上的不确定性。所以说，在资金要素配置方面，行政决策也占据着主导地位。

再次，从物资要素看。大体上说企业对物资支配的经济意义同资金的支配一样，是决定企业行为方式的重要因素。在传统模式下，物资供应采取了与指令性计划配套的计划配给的方式，配给率高达95%以上，某些主要原材料甚至高达100%，这使企业生产经营只能是依靠国营物资部门所提供的一个时有时无的物资供应。物资的短缺比资金的短缺更甚人为地迫使企业在争的基础上不断提高自己的物资储备率，使反映企业资源约束性的科尔内指数一直维持在较高的水平上。正常的流通机制和流通渠道为行政割据所阻隔，导致资源流向并不能反映经济的效率分布，在相当程度上只能反映计划者的主观偏好。由于计划度很高的物资分配，不可能充分满足企业对投入品的总量需求和结构需求，因而使短缺经济中所特有的企业低货币化行为大量滋生，如以货易货的物资串换，计划额度的黑市倒卖，投入品的强制替代，等等。

总之，在传统模式下由于没有要素市场，企业决策事实上面临着透明度极低的环境。横向的市场联系被割断，使企业在实现生产要素的有效配置上很少有表达自己意志的自由，这不可避免地限制了企业的短期投入产出决策，使企业行为被纳入行政渠道，企业管理者时时要把眼睛盯住上级。这在制度上必然导致短期投入产出决策采取听命于行政指令的运行方式。传统决策体系的重要特征是指令性计划控制，中央不仅下达五年计划，而且下达年度计划，不仅下达具有极强约束性的投入指标，而且也下达有极强约束性的产出指标。但总的看来，企业产出过程同投入过程相比计划度有所降低，从而使企业或基层的决策权有所扩大。但这主要不是由于决策体系的性质在达到这一组织层次时有某种程度的改变，而仅仅是由于集中决策体系本身在决策细致化和可行化上就存在着客观上固有的经济界限。然而这种经济界限为企业或基层环节决策选择所提供的空间十分有限，由于整个决策体系所形成的决策环境，特别是由于投入品分配的指令性，使企业产出决策更多的是沿着指令计划规定的方向运行，更何况企业出于自身利益的考虑，主观上也不愿为资源有效配置作出太明显偏离计划的决策选择，以免因违背计划偏好而导致直接量化到个人的分配受到牺牲。

（三）产品的销售和商品化

最后影响短期投入产出决策的制度性因素是产品销售方式。同投入品一样，企业在产出品方面对市场的横向依赖程度也相当低。短缺所形成的过度性需求和强制性替代，使企业不可能面临一个需求弱而选择性强的买方市场，企业生产的产品，由于统购包销制度，无论成本多高，价格多么不合理，只要在计划范围之内就根本不存在销售问题，至少可以通过计划渠道转至商业部门的仓库，形成名义上的而不是经济上的实现，商品经济条件下个别劳动转化为社会劳动的一切经济障碍在这里都不复存在了。企业销售行为的计划度如此之高，使企业根本没有必要关心产品销路，因而企业在产品成本、价格制定、新技术和新产品的开发利用上，不可能承受到足够的市场压力，这种情况决定企业的短期决策最终不可避免地失去其经济上的现实意义。

在要素市场形成以后，短期投入产出决策的运行机理会发生根本性的变化。劳动力流动和择业自由，将会打破传统的刚性就业制度，增加劳动要素市场供需弹性或可调性。资金来源扩大，融资渠道多样化，将会使企业在吸收资金方面拥有更大的自由。而物资配给制改革以后，生产资料无差别地进入市场，受到市场机制的调节。所有这一切，都会在很大程度上改变企业决策方式，相应地在产出方面，随着投入品计划配套程度下降，指令性产出的计划度也就自然会相应下降。这样一来，决策体系的中短期投入产出机制的微观基础发生变化，将会推进微观决策机理的变化过程。

三　决策结构要素三:长期投入产出机制

(一)　远离市场的决策

长期投入产出机制，不仅涉及企业投资决策问题，而且涉及引起宏观结构变动、区域性生产力布局、产业间要素配置和重组等一系列决策问题。同短期投入产出决策一样，长期投入产出决策同样存在着计划约束型和市场导向型的区分。所不同的是，计划约束和市场导向作用的范围不同，而且作用的形式也不同，因而出现了更加复杂的情况。首先是这方面的决策都远离市场。在传统模式中，过度集权的决策体系，使政府对长期投入产出决策保持高度的介入和干预，从而使其表现出明显的市场滞后，决策的基本出发点是政府的政策目标和计划战略，而不是市场的供需状况。而且，由于资产约束软化，使投资决策者缺乏来自投资效果的利益约束和激励，因而使投资决策存在着失误的可能性。

（二）投资决策的制度偏差

投资决策的过度集中，再加上有效约束不足，往往会在制度上产生两种偏差。一种制度偏差是，由于实行指令计划考核制度，强化了企业的纵向依赖，形成资源导向的经济增长格局，整个经济靠投入新的资源维持增长，所以各级管理环节普遍关心的不是现有资源的合理配置和优化利用，而是关心论证提高单位消耗从而增加总量消耗的必要性，力图通过谈判中的讨价还价从国家手中获得更多的资源，从而导致了普遍的争投资倾向。再加上受称职动机驱使乃至某些非经济利益（如主管单位升格，领导人提拔等）同总量增长捆在一起，使自上而下普遍地存在着强烈的投资冲动。另一种偏差是，直接实现投资决策效益的企业因缺乏短期投入产出决策而缺少活力的同时，又因缺乏长期投入产出决策而缺乏自我发展的能力。原则上企业本身没有投资决策，受控于行政系统，无力把握资金的流向，因而也无力把握任何一种供需结构。许多企业甚至于维持简单再生产所需要的起码的财权也不具备。所以，至少从企业自身行为看，短缺并不是诱发企业投资饥渴的直接原因，至少不是最重要的原因。短缺信号在投资选择过程中几乎不起任何作用。然而，上述情况并非表明企业同长期投入产出决策完全无关。在传统模式下决策权的归属由于讨价还价机制的存在，从来也没有绝对的集中还是绝对的分散的性质。企业在投资权纵向控制极差的情况下，以非制度的方式参与投资决策过程，影响投资行为从而达到分享决策的目的。以一个系统内部投资决策为例，当该系统在上一级组织层次决策过程中通过争夺获得一定量投资之后，要在本系统内部决策过程中作再生产结构和组织结构的分配。受称职动机驱使，系统决策者要在不影响本系统总量指标完成的情况下尽可能地扩大新建投资，以提高自己的社会声誉。但具体份额的核定则要取决所属企业争夺的能力。由此看来，传统模式中长期投入产出决策从制度的角度考察，具有过度集中的特征。然而从非制度的角度考察却以扭曲的形式达到了比较均衡的分布。

（三）投资决策的调整

在传统决策体系下，把长期投入决策不分类型地统统纳入集中决策的范围，既缺乏现实的可能性，同时也增加了失误的机会。所以，随着决策体系改革，要根据不同类型的投资确定决策的方式，有些决策如产业结构调整性投资决策应跟市场机制完全剥离，根据统一的国民经济总体规划作出安排；有些决策如产品更新换代所引起的投资决策，要加强同市场的联系，这种联系可能不是消极适应型的，而更多的可能是建立在成长起来的企业家经营素质及对市场的预测与开发能力之上，这要依托于决策体系改革中涌现出来的新的决策主体。

四　决策结构要素四:收入分配机制

（一）两个层次的分配决策

从动力结构考察企业的分配决策，比较有意义的是两个环节，其一是在整个社会收入分配体系中企业的地位及分配的性质，这涉及企业纯收入的分配关系，是构成企业动力结构的物质基础；其二是作为劳动报酬基金的分配形式和特征，这种可直接量化给个人收入分配，构成了劳动者动力结构的物质基础。

企业纯收入分配关系首先涉及的是企业如何取得收入。一般说，在价格合理的情况下，企业只能凭借自身的努力，通过参与社会分工交换关系，取得生产性利润。如果企业进而能够分享和支配自己的收入的话，那么企业会有很强的决策意识和合理的决策行为；进一步说，如果企业在支配自己的收入所得时不仅会受到有效的约束，而且会较充分地表达自己的意志，把企业职工收入同劳动的数量和质量有机地联系起来，把管理者个人收入同企业资产收益有机地联系起来，那么，企业全体成员就会从利益上关心企业的发展，企业就会有较强的利润动机，市场收入原则就会对企业行为包括企业决策行为发生积极的影响。

（二）企业之间再分配的负效果

在传统模式中，正如人们所知道的那样，统收统支制度使分配决策表现出比较单一的结构，企业的纯收入根据国家规定基本上全部上缴，即便作为中层环节的主管部门在这方面的调节力也十分有限，而且企业初始收入的多少，更多地不是取决于其在市场上的成功及由此显示出的自身的决策能力，而是取决于政府目标。出于对企业资产的充分认同而形成的不同企业之间的收益再分配机制，使企业收入与其自身努力脱节，普遍的平调导致企业收入失去经济意义。这种情况使企业行为约束系统全面软化。企业对自己的收入分配使用不能施加实质性的决策影响，收入无论是以利润还是以税的形式上缴，都不能通过某种量化机制构成企业行为的直接动力，所以企业收入的分配事实上仅仅具有象征意义。这种机制不仅导致市场本身对企业行为环境的约束力不强，而且还导致企业下述行为规范化，即凭借国家对企业的认同获得各种形式的亲缘保护，躺在国家身上吃大锅饭。所以，剥夺了企业资产收益支配决策权，是造成企业缺乏内在动力的重要原因。

（三）不流动与收入刚性

个人收入部分的分配同资金分配相比有所不同，在这方面企业或多或少有一定的决策权。但这种决策权仅仅限于总量分割，而不是这部分收入总量的决定，并且分割的标准也是完全统一和固定的。从宏观的角度看，我国长期存在着劳动力供给过度的情况，因而在劳动力总供需结构中几乎没有工资弹性，很难形成合理的劳动力要素市场和适度的流动机制，工资总水平的控制权脱离市场机制而完全掌握在国家手中，这对个人决策产生影响，使劳动者基本上不具备流动择业决策权。从微观的角度看，在刚性就业制度的影响下，企业的选择空间也极为狭小，无力把握就业水平；因而也不可能对工资水平产生实质性影响。特别是由于量化到人的利益往往同工资基金总量捆在一起，结果从主客观两个方面导致超员现象。企业中不仅存在就业的经济转移机制，而且还存在着余量滞留机制，在职失业成为相当普遍的问题。

企业用工制度过于僵化，劳动力流动的自由度极低，从总体上反映了劳动力市场发育不足，这表明与之密切相关的收入分配决策权分布的不合理。收入分配决策的分布从根本上说并不利于资源的优化配置。

五　定价——权利和机理

从理论上说，定价属于短期投入产出决策的范围。但是，定价决策的特殊性质在于，它在很大程度上能成为反映整个经济决策体系性质是属于集权型的还是分权型的、是计划型的还是市场型的指示器，是整个经济决策体系运行机理的标志杆。

（一）两种不同类型的定价机理

定价机制包含两层因素，即定价权的归属和定价机理，是政府定价，还是企业定价；是按计划目标定价，还是按市场供需定价，代表着两种运行机理截然不同的决策体系。如果价格是由国家主管部门根据计划的需要统一规定的，在很大程度上只是分配核算工具而已，并不直接反映市场供需状况的变化，那么，它所对应的决策体系必然是一种过度集权的、行政型的决策体系。如果价格是市场供需均衡的函数，由企业按市场行情自行决策，比较充分地反映出社会生产费用变动和资源稀缺程度，从而发挥出引导社会生产和投资的信号作用，那么它所对应的决策体系必然是一种分权的、经济型的决策体系。在这种决策体系中，企业才能成为现实的决策主体，成为独立的商品生产者，成为各种市场关系的承担者。至于双轨价，则是一种不稳定的价格形态，它所对应的决策体系也是一种不稳定的决策体系。在这种决策体系中，规则的随意性很大。

（二）结构性很差的决策体系

如果以价格为衡量尺度来对传统的决策体系进行考察，那么可以进一步证实，这是一种结构性很差的体系。在这个体系中，除个别小商品外，价格决定权基本上完全由中央政府严密控制着，不仅企业不能自主决策，甚至各主管部门本身也很少有可能直接干预价格的制定。价格由国家有计划地调整，正如人们所知，这样的决策分布不可否认对于保持价格的稳定从而保持市场的稳定起到一定的作用，但同时价格的刚性化也成为形成市场虚拟的重要因素。由于价格不能成为市场供需函数，因而事实上丧失了对生产者的信号意义和调节功能。在这种情况下价格沦为消极的统计核算工具，同时通过扭曲价格所进行的再分配，进一步降低了企业行为货币化的意义，使企业行为约束完全软化。这样一来企业的生存结构发生变化，盈利和亏损不再是企业生死攸关的问题，企业的一切努力及由此产生的经营效益都会因价格政策变化而付之东流，相反，企业的经营失败而带来的损失也可通过价格转嫁到消费者身上或者转嫁到国家身上。结果在企业的行为中产生了两种反经济现象，其一是企业决策不必顾及后果；其二是即便企业长期亏损也不会导致破产倒闭，因此成本并不构成对决策的制约。

从宏观意义上看，价格决策同企业相分离造成整个经济范围内价格弹性极低，从而使供需结构基本上是不可调的，这反映在投资品上则表现为投资饥渴引起基本建设长期处于等米下锅的境遇，反映在生活消费品上则表现为排队成为经济生活中的常客，通过配给实现对需求的抑制。这些情况固然并非是一种因素引起的，但不能不说价格机制及其调节决策的配置不合理，从中起到相当重要的作用。

（三）供需结构对价格机理的影响

定价机制中对供需结构的把握也是很关键的问题，它能反映或决定这类决策效率问题，从而可以表明在这方面的决策行为是否达到优化以及优化的程度。供需结构可以呈现出四种不同的组合，在这些不同组合下，决策权分布效果是不相同的。在供给和需求弹性都很高的情况下，价格形成的市场化过程，毫无疑义对有效地抑制需求从而实现资源的优化配置，有效地刺激供给从而缓解经济中的短缺，都会产生积极的作用。然而，供需弹性的这种最优状况，显然同我们面临的选择空间相去甚远。对于我们来说更具有典型意义的是需求弹性很低的情况。在这种情况下，按市场供需变化形成的定价决策，会带来两种不同的结果。其一是供给弹性很高。在这种情况下，定价的市场化会带来明显的经济效果。如我们放开计划外的煤炭价格后，刺激了煤炭生产特别是小煤窑生产，使全国范围的煤炭供需矛盾有所缓解，部分地区一度出现煤炭市场供大于求，市场价格一度有所下降。其二是供给弹性很低。在这种情况下，定价的市场化在短期内会带来问题。如我们对钢材价格放开后，由于这种产品生产受市场机制牵引短期内迅速增长的可能性不大，因而供需矛盾不仅没有缓解，相反在某种程度上还进一步激化。特别是双轨价差过大，引起新的结构性摩擦，刺激供需双方的投机心理。以上分析说明，在供需结构没有适度弹性的情况下，定价决策的市场化在短期内有可能引发价格总水平的上涨。而这一点是转换模式中需要引起注意的问题。

以上我们对有关企业行为和经济系统运行的基本特征的五种经济决策作了概括性的描述。从这些描述中可以得出这样的结论：这些决策权的归属，作出决策的程序，实现决策目标的方式，事实上决定着决策体系的基本性质。如果这些决策是属于中央一级组织的，作为基层组织的企业完全无力把握，那么整个经济决策体系的性质无疑是高度集中，与此相应，如果这些决策权归企业或其他基层组织，决策体系的性质显然是分散型的；如果这些决策是通过严格的行政组织系统自上而下作出，并运用指令性方法强制实现的，那么整个经济决策体系的性质就是行政型，而如果这些决策是企业或其他基层组织从自身利益出发，根据市场信息和包括国家政策在内的参数信号作出并实现，那么决策体系的性质就属于经济型的。基于这样的基本认识，可以说传统的决策体系是一种过度集中的行政型的决策体系。在这里，我们从决策体系的结构要素运行规则出发，给出了判定决策体系性质的标准，并试图通过考察经济系统内不同组织层次上的决策分布，为探索决策体系改革的目标模式奠定方法论基础。

六 中国式的特殊经济决策机制

（一）经济决策权限界定的非规则化

以上我们讨论了有关决策结构要素运行的一般机理，指出各种无形的支配力量是怎样影响人们决策的。但还必须指出，中国还有着自己的影响经济决策的独特机制。

中国的社会主义不是脱胎于马克思设想的那种典型的资本主义社会，也不是脱胎于苏联东欧那种已经初步工业化了的社会，而是脱胎于半殖民地、半封建的社会，对于经济发展的体制形成来说，还受到了工业程度很低的农业社会的影响，受到商品化、货币化和生产社会化程度很低的半自然经济的影响。因此，传统决策模式在中国形成了变异，在以后的改革中也有着自己的特点，这种变异和特点主要表现为经济决策权限界定的非规则化。

中国实行的是计划经济，然而在传统决策模式条件下，指令性计划并未包揽天下，决策权力并未充分集中，即使在集中决策的计划管理中，也具有"不软不硬、讨价还价"的特点；而进行改革实行市场调节那部分经济活动，又具有市场机制不能有效地发挥作用、市场约束力量不强的特性，使得自调节、自约束的机制和相应的经济决策受到限制。因此，在行政协调的集中决策和市场协调的分散决策之间，权限边界不清。这种决策权限边界不清不仅表现为政府和企业之间所有权和经营权的边界不清，也表现为中央政府和地方政府之间的决策权限边界不清。而决策权限边界之所以不清，从实质上说是利益边界不清。企业作为独立的利益主体是人们都懂得的道理；政府在一般经济理论中是作为利益协调机构来认识的，然而中国对于要素流动如对于居民迁居的限制使得地方政府成为地方社区群体利益的集中代表，使它成为独立的利益主体。经济利益的差别和矛盾，本来要求划清利益边界以利于独立决策实现各自的利益。然而在中国这种利益边界是不清楚的，经济决策权限界定的非规则化，也由此而产生。

"不软不硬、讨价还价"的利益划分和权限划分，往往带有很大的随机性和随意性，使得"随机决策"成为经济决策的通常形态。几千年来中国封建社会皇权的过度发育，使得重人治、轻法制的行为准则和社会规范成为难以摆脱的传统，使得现代经济社会发展所要求明确界定利益和权限的必要准则和应有规范难以形成，即使在某些方面已经形成规则也并不能有效地约束上下左右的行动，所以"随机决策"也被人们所熟视无睹。所谓"跑'部'前进"、所谓"钓鱼"项目、所谓"上有政策下有对策"以及有时高报产量产值有时又低报产量产值的弄虚作假，都无非是在利益边界不清时对付"随机决策"以争得利益的种种表现，并且愈是如此就愈加需要通过"讨价还价"来解决利益矛盾。而作为集中调整利益矛盾的措施，便是放权或者收权，但由于始终没有明确权利的边界，所以在放权让利时就已埋下了收权收利的种子，收权收利又埋下了放权让利的种子。中国在经济决策权力调整中一再出现放——收——放——收的循环，是有着深刻的内在原因的。

（二）个人经济决策的狭隘范围

马克思所设想的未来的社会主义社会，是一个自由人的联合体，是一个个人有充分发展自由的广阔天地；恩格斯在《反杜林论》里曾经具体描绘了未来社会里人们将如何依据自己的爱好选择自己的职业。但那都是讲的未来社会。从中国目前的实际情况来看，个人经济决策的范围是非常狭隘的。

个人自主进行经济决策，最重要的是能够自主选择职业，自主选择居住地点。但是，有着11亿人口而且经济又不发达，把消灭失业作为经济目标是很不容易的，为此不得不在劳动就业上实行了"统包统配的制度"。人人都有工做，所索取的代价，是使个人丧失了自主选择职业的决策权，与此同时也使管理者丧失了自主选择劳动者的决策权。尽管在经济体制改革过程中对人才或劳动力流动已经议论多年，在某些方面也有所松动，然而从总体上来说尚未打开"一经分配便定终身"的僵局。所谓"人才的部门所有制"不仅仅是个人把择业的决策权交给了所工作的单位，而且和住房、福利等生活条件联系了起来，使得个人归属于所工作的单位，个人还是归属型的个人。

个人在选择职业和选择居住地方面不能自主决策，只能听从事实给予的安排，这样在各个人之间就形成了不均等的机会。只有那些具有种种条件的幸运儿才能在这方面获得满足感，多数人则并无比较和选择的余地。而机会的不均等，驱使人们转而要求结果的均等。平均主义的逻辑是既然人们从事什么职业岗位由领导决定，那么领导就得保证不同的职业岗位有大体平均相等的收入；一旦出现破坏平均的收入差距，便要通过攀比使之重归于平均。尽管平均主义和收入攀比受到理论家们的反复指责，然而能深深地印入到经济运行的每一个角落，这决不是因为政府领导人不想去改变它，而是因为缺乏一种机制能够改变和约束对结果均等的要求。大体平均相等的收入，才能使剥夺个人选择职业决策权的做法长期延续下来，这两者是像秤砣和秤杆那样彼此不能分开的。平均主义的报酬和贡献脱节使人们丧失了选择报酬的决策权，却驱使人们转而在出工是不是出力和出多大力等方面进行选择。在这后一方面的比较和选择中，使得伦理道德激励的效率递减，标志劳动者积极性的收入贡献比例曲线正从上升线转向下滑线，而这正是平均主义所必然带来的行为机制。因为当竞争显得多余时，当个人的劳动和个人所获得的经济报酬并无直接联系时，就必然会使得个人对劳动的兴趣和热情减退：为什么我们的服务质量只有在质量周或质量月里才有所好转？为什么责备别人服务态度不好而自己服务态度也同样不好？为什么在工作岗位上扎堆神侃到处可见？对于这些得不到确切解释的疑难问题，看来只有从对个人劳动选择被限制而残存的那块狭隘天地里去求索。

个人经济决策在消费决策方面似乎还有着较大的比较和选择余地，然而这也是相对的。个人消费选择范围的大小和收入分配货币化程度成正比，和实物化程度成反比。我国个人消费决策范围还具有两个特点：一是城乡差别大，农村人挣了钱最主要的消费选择目标是盖房，城里人则因为享受住房分配和其他种种实物分配而使得消费选择范围相对较小。二是身份差别大，一部分人利用公费扩大了自己消费选择的范围，拉美国家的消费早熟病在中国主要表现为公费消费早熟，有些人享受着公费旅游、公费宴请送礼等优惠，而另一部分人却连自费旅游也受到指责。本来在经济理论上认为没有止境的消费需求是经济发展的动力，而在中国却出现了变形，排浪式进退的消费热潮曾经成为宏观经济决策和微观经济决策中捉摸不透的难点，而更深刻的苦恼是今后消费方向如何把握，个人消费选择将向哪里转移？这些疑问看来也需要从个人消费选择范围的调整中去求索。

在经济运行中，各种积极性都是和个人积极性通连着的。促使个人发挥积极性有多种途径，激励机制除了物质激励之外还有着精神的、伦理的激励，但不论强调哪一方面的激励，作为自由人的关键总是在于能够自主地执行经济决策，然后才能自由地支配自身，支配自身的行动。个人经济决策范围大小毕竟会对个性发展以及个人积极性的发挥起到或大或小的影响，从而也必然会对经济运行起到影响。

（本文选自《社会主义条件下的经济决策研究》，

广东高等教育出版社 1991 年版）

经济决策选择目标转换和途径改变

经济目标选择是经济决策的灵魂

经济决策包括经济目标的选择和实现经济目标的途径的选择。目标选择是经济决策的灵魂。目标选择的正确或者失误，往往决定经济工作的成功或者失败，这方面的事例比比皆是。1958年强调建设速度是社会主义革命胜利后的首要问题，提出7年赶上英国、15年赶上美国的经济目标，在全国范围掀起了"大跃进"的热潮。60年代后期对战争的危险估计过于严重，强调"促战备"，大搞"三线"建设，并且要求靠山、分散、隐蔽；还不分各地具体情况提出每个省都要建立完整的工业体系；不考虑我国煤炭资源分布实际状况，硬要扭转北煤南运，在南方大搞煤炭基地建设。这些决策造成了巨大损失，其恶果至今还有影响。总结前一段的经验教训，我国在1979年以后提出改革和开放的经济决策；提出我国经济发展的三步战略即在头10年解决人民的温饱，本世纪末达到小康水平，下世纪再经过50年的建设进入发达国家的行列，则已为实践证明是正确的，这使得后

11 年的成就远大于前 29 年，出现 11＞29 的奇迹。所以选择目标是至关重要的事情，只有选对目标，经济工作才有效果，目标错了则工作越卖力可能出现损失越大的负效果，因而经济决策的第一步就是要选定一个正确的合适的目标。

企业作为微观经济主体，它之能够取得成功往往是在市场决策、产品决策、技术决策、宣传决策等方面作出了合理的选择。一个开拓型的企业家往往能不断地提出新的目标，诸如新资源的开发、新市场的开拓、新产品的试制、新技术的研究等等，从而使本企业不断发展壮大。这就要求企业的管理者有开阔的视野，能够看到本企业的不足和困难，不断提出新的目标。

"任何经济工作都要靠人来做，有了人能把人间奇迹创造出来"这句话，是历史唯物主义的真谛。但并不是任凭什么样的人都能创造出奇迹，而是要不断提高人的素质，努力培养人才。而这就需要使个人把自己的奋斗目标和社会对人才的要求有机地结合起来。仅仅把个人作为消费选择的决策者，仅仅着眼于如何满足个人对住房、彩电、冰箱、录音机等消费品的要求是远远不够的。为此就要求社会对人才的观念有质的飞跃，从小商品生产者轻视人才的习惯势力中解脱出来，从极"左"的人才观中解脱出来，从封建主义残存的任人唯亲的观念中转变过来，建立社会主义的人才观和用人观。

经济目标的多层次性

一个经济主体的经济目标往往不止一个，对于不同的经济目标要区分它的层次。我国要实现工业、农业、科技和国防的现代化，这是我国社会主义经济发展的总目标；分作三步走的规划和在 20 世纪末实现工农业年总产值翻两番、人均 GDP 达到 800 美元则是在上述总目标下的分目标；围绕这个目标的年度计划安排则又是分目标之下的分目标。总目标和分目标属于不同的层次。三步走的规划属于长期目标，与此相比各个五年计划属于短期目标；然而五年计划和年度计划相比，则前者属于长期目标而后者属于短期目标，长期目标和短期目标也属于不同的层次。所谓目标选择是经济决策的灵魂，要求我们特别重视那些属于高层次的总目标、长期目标的选定，以免因战略构思的失损而使整个工作陷于窘境。

作为整个国家的宏观经济目标和地方政府的中观经济目标，也属于不同的层次。而在地区中观经济目标中，也有总目标和分目标、长期目标和短期目标的不同层次的区分。拿产业结构合理化这个经济目标来说，从全国的宏观经济目标来说要求加工工业和基础工业配置合理富有后劲，还要求地区布局合理使资源配置优化；而地方政府如何部署本地区的产业结构又有着自己的总目标和分目标，诸如本地区内某一产业如何发展、本地区的农村产业结构调整方向等便是分目标。

我国的企业具有两重性，它的一只眼睛盯着上级而另一只眼睛盯着市场。因而，逐级下达的指令性计划指标对企业来说是高一层次的经济目标，企业要努力去完成。然而企业还有自己的利益和自己的经济目标，为了实现企业自己的总目标又有着一系列的分目标，诸如产品开发、技术改造、改善管理、人才培训等。企业进行经济决策必须考虑较高层次给它提出的目标，但仅仅这样是消极的被动的决策，企业还得开拓自己的路，这就要不断地创新，提出自己的决策目标。

多种经济目标之间的矛盾

从康托罗维奇对生产中资源配置问题的研究和唐已齐格提出

单纯形法以来，经过几十年的理论探索，现代决策理论已经有了很大发展，已经形成包括单目标决策、多目标决策、对策论、大系统决策、组织决策等多个分支。由于不论是政府、企业还是个人，在进行经济决策时，都不会只有单一的目标。如何把多种目标结合起来，尤其是经济活动组织者如何根据其成员相互冲突的要求和目标，确定组织的目标和进行决策，以及确定组织目标的合成方式和评价组织目标的合理性等，是非常重要的。尤其是政府承担着多方面的任务，要把社会成员的多种要求转化为经济决策，更有着多项目标。在宏观经济管理中被经常讨论到的政府目标，包括经济增长、充分就业、稳定物价、改善国际收支、收入均衡、资源的合理利用和有效配置与安全等内容，有的加进了人口控制、智力投资，技术进步、环境改善、生活质量提高等项，还有的加进了产业部门结构合理化和区域生产力布局合理化等项目标。

在多种经济目标之间，有的彼此相辅相成，有的则彼此相互抵触，或者有时相辅相成而有时又相互抵触。例如经济增长目标和很多决策目标是相辅相成的，较高的经济增长率使经济走向繁荣，就可以增加就业量，有利于吸收城镇待业人员和使农业劳动力向非农产业转移，经济增长既有利于增加政府财政收入，也有利于增加社会主义各阶层的收入，使人民的生活得到改善，经济增长也有利于扩大出口能力，改善国际收支平衡。反过来，充分就业、国际收支状况改善等又有利于经济增长。所以在某些经济目标间存在着相辅相成、相互促进的关系，或说是正相关系。

有的经济目标则是相互抵触的，技术进步和充分就业这两个目标就存在着明显的排斥关系。通过采用新的技术装备以及改善劳动者的技术水平，劳动生产率提高了，经济增长就不一定要增加劳动力甚至可以减少劳动力，因而为了维持一定就业量的目标往往会放弃采用新技术，或者是采用了新技术而把多余的劳动力仍旧留在企业，得不到技术进步所带来的经济效益。不过更常见的是本来相辅相成的经济目标，由于把某种目标的期望值定得过高，以致与其他经济目标间发生了冲突和排斥。

经济增长和稳定物价这两项目标之间本来并不存在矛盾，然而追逐过高的经济增长速度，为此而过多地发行货币造成通货膨胀，却使得经济增长和稳定物价这两项目标之间经常出现矛盾。其实在政府多项目标间的矛盾都是这样引起的，这些年来我国在追逐高经济增长率的过程中，出现了许多始料不及的问题，高投入低产出造成了效益下降，浪费惊人；城市拥挤，交通堵塞；社会分配不公，收入差别悬殊；索贿行贿普遍；生态遭到破坏，环境污染严重；与此同时，教育滞后，文化贬值，道德败坏，人心涣散。所有这些都说明我们为追踪发达国家而把高经济增长率放在首位，为此付出了高昂的代价。从整个社会的广角度来透视，急于求成、不量力而行往往损失很大。

在企业微观经济的多项目标之间，也存在着彼此相辅相成而有时又会彼此矛盾的关系。例如为了追逐产量产值的高增长，采取拼设备、拼消耗，结果是短期内产量产值上去了，却使企业伤了元气、后劲不足；再如当产品畅销时为了获取高额利润，采取放松质量检验快产快销的做法，结果却使商品倒了牌子；至于在设备投资中重视生产工序的投资，忽视劳动保护和防止环境污染的投资，更是常见的事情；企业对职工拼命使用，不重视对他们的培训，更是普遍现象。由于在企业里资金、物资等资源总是有限的，用于不同目标的资源分配之间不会没有矛盾。所以企业里多项目标之间出现矛盾是正常现象，不承认有矛盾倒反而不正常。

经济目标的合理配组

由于经济目标间有的相辅相成，有的相互矛盾，因此在进行经济决策时，有必要把一系列经济目标排一个先后次序，有的作为主要目标优先保证，有的作为次要目标缓一步解决，对于不同经济目标的增长幅度，作出不同的配组，把不同的经济目标协调起来，这是实现各项政策协调配套的前提条件。

从我国经济生活的多年实践看，在宏观经济的多种目标确定上存在着这样一些问题：一是目标过多。人们总是尽可能全面而详细地罗列各种经济目标，追求经济增长、充分就业、商品供应充足、价格稳定、经济效益提高、收入分配合理、国际收支平衡、教育发达、科技进步、保护环境、安全生产、住房条件改善、人民生活质量提高等等大量的目标，形成百废俱举、百业俱兴。当然，我们不主张搞"单打一"的目标，主张要统筹兼顾、综合平衡。但面对存在着矛盾与对立的多种目标，政府能够成功地加以协调的数量是有限的，有一部分势必要交给社会和市场去协调。因而目标数量过多是不利于政府进行决策选择的。二是目标的期望值过高。人们不仅追求为数众多的目标，而且对每一个政策目标都要求最优的期望值，这就使得目标的理想值偏离了它可能实现的实际值，并且使总体目标的理想值远远超过了目标水平的可能性边界，这就人为地制造了紧张。特别是由此将使本来存在着对立与矛盾的可以互相替换的目标之间的矛盾更趋紧张，削弱了经济系统适应变化要求的能力。三是目标优先次序的选择受到政策制定者主观偏好的过分干扰，"长官意志"在目标次序优先滞后的选择中处于举足轻重的地位，从而使得目标次序的选择偏离了它们在系统中本应具有的位置，受偏爱的目标占有特殊地位，由这种特殊偏爱形成的绝对优先往往造成政策目标选择的失当，使得紧张成为经济运行的常态。

正因为这样，在社会主义的宏观经济决策中，提出有限的经济目标是非常重要的。所谓有限的经济目标包括三个内容：一是目标的数量应当是有限的几个；二是目标的期望值不要过高；三是要把目标排出先后次序、合理配组，不要过分偏好某项目标。

有限的目标也意味着只能追求次优的目标。数学上的最优表现为函数极值的一个确定点，而经济系统是若干个函数组成的模型也不能充分反映的有机体，不同的目标的最优点将会分布在不同的位置上，形成一个可以伸缩的范围和区间。进行目标配组的艺术就在于从这可以伸缩的区间内，找出一个彼此间矛盾不大的次优点相配组的系统，如果做到了这一点，从总体目标来说就将是最优组合。

在经济目标的选择配组中，最主要的是经济增长率和通货膨胀率的选择配组，一般说，恰如其分的适度经济增长率有可能和零通货膨胀率相组合，而以后经济增长率的上升会出现相对更高的通货膨胀率，决策者在其中寻找对整个经济最为有利最为合适的配组需要进行几种不同方案的比较，然后才能判别利弊进行抉择。

通货膨胀与经济增长率

在具体进行经济目标的配组时，我们通常采用的是经验法，制定经济政策和经济计划的工作人员通常都是有丰富经验的专家，他们对优先的目标及相配组的目标都有相应的经验估计值，再咨询有理论素养的经济学家，往往能够提出大体符合实际的方案。例如，我国不少实际工作者和经济学家认为把经济增长率指标控制在 8% 左右，便有利于抑制通货膨胀，协调各个政策目标，这并不是凭空猜想出来，而是以经验为依据和有佐证的。

但经验法终究有它的局限性，尤其是当人们的经验不尽相同时，往往不易得到统一的认识，并被认为缺少科学性。因此，建立经济模型来求解各个政策目标合理配组时的数值，便成为提高经济工作科学性的重要内容。但由于宏观经济模型包括的范围极广，往往十分复杂，即使主系统模型和子系统模型的约束和目标函数都是线性的，约束总数也是两者的约束累计，从而使得总体优化求解的计算量十分庞大，使得具体利用经济模型来计算和选择经济政策目标期望值配组的工作难度很大；再由于社会经济运行的变动因素极其复杂，各个模型结构保持线性一致性的状况极其罕见，有时不得不采取非数学的协调方法，这又常常使模型体系方法的有效性受到不同程度的干扰。为此，需要寻找一种简化的目标协调方法。

在概率论中，当不知道某种分布的函数形式时，可以借助数学期望值和方差来近似地加以把握。社会经济系统是复杂的大系统，整体优化求解是非常困难的，但这时也可以模仿概率论的方法，将复杂问题的求解改为对几个关键变量的协调，对目标期望位、优先级、权重等变量通过人机对话方式不断地进行协调和反馈，如设立经济增长率为 10%，求解此时可能出现的通货膨胀率、失业率、财政收入、货币投放等的数值。如果此时会出现过多的货币投放与过高的通货膨胀率，那么就调整设定的经济增长率，或者输入可接受的货币增长率与通货膨胀率，求解与此相对应的经济增长率与失业率。经过这样反复进行协调，就可以提出几个可供选择的方案，比较利弊得失，供决策者进行选择。

寻找简化的目标协调方法，在于使提出的各项政策目标的期望值之间有一个大体的衔接与合理的配组。例如，当我们作出

1989 年的通货膨胀率要明显低于上年的承诺时，可以通过目标协调对 1989 年的经济增长率、投资率、失业率等有一个大体的期望数值；提出 1989 年货币增发不超过 400 亿元和财政赤字不超过 70 亿元的期望值时，对于由此给经济增长和物价上升的影响也得有一个大体的概念；这种经过反复协调的目标配组，虽然不能使各项目标都达到最优，但从其总体来说则可以找到最优的组合。如果不进行目标的协调，各提各的对经济目标期望值的要求，彼此不相衔接，那么即使某项目标期望值兑现了，别的目标却达不到期望值，甚至有可能因为各项目标的期望值之间发生矛盾而都兑现不了。所以，复杂的数学模型难以建立，简化的目标计量协调还是必要的。

上面所说的宏观经济决策中的多项目标配组协调方法，对于地方政府的中观经济决策，对于企业的微观经济决策以及对于个人的经济决策，都是同样适用的。也就是说都可以通过多项目标的协调与配组，使得总体目标相对合理与恰当。在这方面，所谓"帕累托最优状态"是一种过于理想的标准，意大利经济学家帕累托曾经提出，一项决策只有当它使某些人牟利而不使任何人受损时，才能在经济福利观点上认为它确乎是值得采取的决策，但事实上这种最优状态是不可能实现的。不论是企业还是个人，面临的多项目标也常常会出现矛盾并可以相互替代。所以在经济决策中，提出"不要去追求单项目标的最优"，是我们探索决策理论后最深的体会和最真诚的忠告。

变化着的时代突出了决策选择的意义

任何经济决策选择总是以一定的社会经济条件为背景，以一定的权利结构为依托，当社会经济条件发生变化，权利归属的客观基础出现新的因素时，人们的决策行为及产生并制约这种行为的决策体系也会相应地变动和更新。应该看到，我们正处在一个迅速变化着的时代，尽管我国原来的经济落后，但只要正确选择，捕捉机会，就能获得后发性利益，缩短与发达国家的差距，而这就更加突出了决策选择的意义。

近几十年中，在经济规模高度增长的基础上，世界经济发生着三个重大变化。其一是社会经济发展由单纯追求经济规模的扩张转向高层次的结构质量变化。初级产品生产的比重迅速下降，产品的更新换代加快。1971 年美国生产出第一个袖珍计算器，售价 240 美元，到 70 年代末，在发达国家几乎变成每户一个，甚至在发展中国家也进入了家庭主妇的菜篮中和小学生的书包里，现在我国 1 个小型轻便的计算器售价只有 8 元，这在几年前也是难以想象的。其二是知识投入取代劳动和资源投入。知识密集型产品在社会生产中所占比例迅速提高。美国学者丹尼森测算，1929—1957 年美国经济年平均增长率一半以上是知识创造的。目前在半导体芯片的成本中，知识占 70%，劳动力占不到 12%，在药品制造成本中，知识占 50%，而劳动力只占 10%—15%。按照 1985 年国际货币基金组织的一项研究，目前每单位工业生产所需原材料不到 1900 年的五分之二，而且下降速度还在加快。其三是信息在经济上的重要性日益突出，从某种意义上说，信息已经取代土地、劳动、资本，成为现代生产体系中最重要的投入要素，由于它的广泛而大量投入，可以大大节约人类为求生存和发展所需要的其他物质要素，从而相对改善了人类的生存环境。

经济发展中的上述变化的影响在于，经济决策对象和内容日趋复杂，使整个经济运行表现出强烈的可塑性质，从而加强了决策选择的现实意义，加深了经济决策质量对经济效率的影响。在资源有效配置和优化利用的选择空间迅速扩大的条件下，原始的、简陋的决策方法和信息处理技术，陈旧的决策制度和决策组织都与此不相适应。所以，一方面是决策的作用提高，另一方面是通过种种变革以提高决策质量的必要性也大大提高了。

信息是现代经济决策的核心

我们所处的时代，是一个信息爆炸的时代。在亚当·斯密时代，信息还仅仅是反映在刀匠所掌握的机械设计之中，然而在今天信息则是大量体现在指导社会生产的"软件"开发之中，知识生产以每 5 年更新一倍的速度增长，信息工业成为发达国家就业人数增长最快的部门。尽管至今还没有在经济学方面用数字表示出信息与生产率和其他经济因素的相关关系，但是有理由认为，一切人类活动特别是经济活动，都有信息在直接或间接地起作用。所以，信息的经济价值已经得到了普遍的公认以至于产生了专门从事这方面研究的新的经济学领域——信息经济学。

经济决策过程说到底就是一个接受信息、储存信息、处理信息、传递信息的过程。因此，要保证经济决策的质量，首先必须保证信息的质量，这包括三个基本要点，即保证信息的丰富性、可靠性和及时性。

丰富性。以市场需求信息为例，在一国范围内消费需求的产品种类就有几十亿种，即便对一个企业经理来说，要想使自己的产品有利可图，就必须了解市场的价格、产品的成本、消费者的偏好等一系列信息。不掌握大量的信息，就不可能作出正确的决策。然而，单指决策个体而言，丰富的信息来自于自觉的积累过程：其一是总结归纳个人以往的决策情况，广泛征集他人的决策情况，并加以处理和储存，形成固化的信息——经验；其二是不断地从书本上和他人的实践中学习，掌握加工处理信息的新技术和新方法，追加流动的信息——知识。从世界经济的发展规律看，决策的权利日益转移到信息占有者手中，转移到管理权威、技术权威、企业家、科学家手中，已经成为一种大趋势。所以，掌握丰富的信息是拥有决策权力的基础。

可靠性。原始信息的真实性是保证决策不失误的必要条件，然而在整个经济决策转换信息过程中存在大量扭曲信息使其失真的可能性。在接受传递过程中，受当事人价值观念和利益机制影响，会出现夸大信息、制造假信息或对信息作出不正确的筛选，如夸大效率和实绩的统计，掩饰决策中的失误，这样产生的经济信息会干扰决策人的正确思考，贻害于整个经济；在储存过程中信息也会出现过时失效的情况。所以，信息本身不仅有量的问题，也有质的问题。提高信息可靠性的关键在于，对信息过程进行有效的监控，提高信息的处理技术，建立起保证信息质量的利益机制。

及时性。提高或改进信息的处理技术的重要性还在于保证信息的时间价值。在发达国家中管理的各个环节日益普遍地采用电子计算机处理信息，如美国 1967 年大约有 15000 台电子终端机在运转，而到 1980 年则超过 200 多万台。联机检索系统 60 年代还没有，到 1980 年已达 200 万个。现代经济管理组织为了保证及时准确地传递信息，也作了结构调整，形成了扁平的结构，传统结构中大量承担收集、放大、组合、传递信息的非决策层次被精简，从而使传统的组织控制跨度原则（每个管理者只能有效地控制 6—7 个人）失效。这些与信息处理技术的改进和信息系统效率的提高也密切相关。也正是由于这些原因，使信息传递得更及时、更准确。

总之，在现代经济决策中，只有保证掌握最丰富的信息，保证信息的质量，才能产生科学的决策。在这个意义上可以毫不夸张地说，信息特别是高质量的信息是现代经济决策的生命之源，是决策走向现代化、科学化的导航雷达。

相关变数增多和目标选择的困惑

即使我们并不赞同罗马俱乐部关于世界资源状况前景的耸人听闻的悲观估计，但我们也不得不承认，在经济高速发展的今天，相对于人类认识和开发能力而言，世界性的资源短缺不仅存在，而且程度日益加深。1988 年 6 月世界度过了 40 亿人口日；1989 年 4 月中国这个世界第一人口大国度过了 11 亿人口日。全世界都在为人口爆炸所苦恼，人口问题尤其困扰着发展不足的第三世界国家。一方面是资源短缺，另一方面是人口高速增长和资源消耗总量急剧上升，这一深刻矛盾构成了当代经济决策的基本环境。所以，经济决策的基本目标是节约，在产出最大的同时实现投入最小。在资源矛盾日趋尖锐的情况下，经济决策的难度也就自然增大了。

现代社会已经进入消费时代，在经济增长的过程中社会需求结构复杂化，形成了前所未有的多层次，如果说变化是 20 世纪的主题的话，那么最大变化即发生在商品世界中。没有一种需求是稳定的、长久不变的，不规则波动成为现代经济成长的常态，盈亏无定成为现代商品经济的基本特征。苹果计算机公司的创始人库兹奈克和乔布斯可以在五六年中因事业的成功而成为暴发户，又因管理经验不足而很快地衰落；王安公司是一个有几十亿美元年销售额的大企业，却因产品更新过缓而发生财务危机，以至于不得不出售办公大楼偿还债务。所以，现代经济决策是高风险决策，它所包含的风险已是前工业社会小本经营和为简单需要服务的有限技术生产时代所不可比拟的。我国家用电器产销中骤热骤冷的起伏波动，乡镇企业发展中的兴衰存亡，也使决策者感受到了从无风险向有风险转变中的激动与恐惧。

（《社会主义条件下的经济决策研究》，

广东教育出版社 1991 年版）

政策和对策

　　近些年来,在我国的经济工作中流行着"上有政策、下有对策"的说法,这种说法是含有贬义的。它意味着上面定了政策,下面便得雷厉风行,不折不扣地去贯彻执行,不应当从自己的利益出发采取什么对策。这说明了长期生活在命令经济中的理论工作者的想法与看法,说明了人们从各种各样的"凡是"中冲破意识硬壳的艰难。

　　过去只承认整体利益不承认局部利益,"凡是上面定的政策必须执行"还有其理论依据;如今承认了地方、部门、企业、个人都有本身的利益,是独立的利益主体,那么,当上面定了政策之后他们便根据自己的利益判断调整自己的经济行为。他们把搜集到的经济信息集中起来,对未来进行预期,研究各项政策对他们利益的影响,在生产、消费、储蓄、投资等方面采取各种趋利避害的对策,便是他们的本能。

　　所谓"上有政策、下有对策"通常泛指两种不同的对策,一种是合乎政策规定的趋利避害行为,一种是不合乎政策规定的偷逃对抗行为。承认经济主体基于自己的利益采取对策合乎情理,是顺理成章的必然会发生的事情,是指前者而不是指后者。

因为偷税漏税、违法乱纪，在任何时候都有可能出现，在任何时候都属于应该制止的现象。前些时候讨论廉政，有些人把贪污受贿当作是低工资政策所造成的对策，似乎某些政府官员的腐败是理所当然的事情，这不是找腐败的根源而是为腐败作辩解。类似这样的对策，就不能承认是合理的，因为贪污受贿属于违法行为。然而合法的趋利避害则不一样，例如在税收政策中有各种减免优惠规定，人们因政策诱导而把资金投向乡镇企业、社会福利企业、校办工厂等，获得了减免优惠的利益，这是合乎理性的"避税"行为，乡镇企业等由此而有较快发展是正常的；再如在实行通货膨胀政策时，人们产生对通货膨胀的预期，从而提取存款，抢购商品，由此虽然造成市场混乱并加剧通货膨胀，但这是人们保护自己利益免受货币贬值损失的正常措施，是无可非议的；因为社会分配不公使得某些劳动强度大而收入低微的部门后继无人，这是不能责备劳动者挑剔的。再如地方政府当风闻要压缩基建规模时抢进度赶任务，对未开工项目先挖沟打基础站上队再停工；企业预期要调整税利承包基数时压低利润夸大困难，争取在下一轮承包谈判时处于"有利"地位；当实行不定期的调资升级而且间隔期很长时，干部职工会为"赶车"而争吵得非常厉害，因为误了这班"车"不知何年何月方能赶上；而当按年头调资升级时，争吵虽然消失，升级也调动不了积极性，其作用接近于"零"；农民因村政府经常调整承包地块而不愿往土地施有机肥，地越种越瘦。这些事情虽然经常受到指责，但这些行为背后的驱动力量却值得认真研究。

其实，"上有政策、下有对策"又岂止在经济领域，莘莘学子出现或热衷于考托福的"托派"、闲暇时间都用来打麻将的"麻派"、沉迷于迪斯科舞厅的"舞派"；理论界出现思想沉闷和理论疲软；素称勤劳吃苦的中国工人却出现懒惰和怠工……诸如此类行为都有它的政策背景。当然，我们在这里讨论的是经济政策所可能引起的对策，这其中的道理是一样的。政策制定不能够"一厢情愿"，政策执行不能够靠命令和说教。上面硬压，下面便会瞒骗。"大跃进"中压出了"高指标"和"放卫星"，结果是大家都吃足了苦头。所以，决策者在制定政策的时候必须认真研究经济主体对这项政策的反应和可能采取的对策。经济活动是多方面的，宏观经济政策的成功与否不仅决定于政策制定者一方，还在于经济主体面对这项政策可能采取的行动。

　　一般说来，宏观政策的重点是确定政策目标和选择政策规则。变动政策规则是为了使目标变量的特点有所改进。而从经济主体来说，经济活动总是有风险的，他们并不害怕冒风险；经济活动总需要规则，过分严厉的规则固然会束缚经济主体的积极性，只要这是可预期的风险和可以掌握的规则，他们也会按照理性预期使自己的行为与之逐渐适应。因而经济主体最怕的是规则多变，信息不灵，这会使得经济活动的前景极不明朗，经济活动的风险就很大了。不稳定的多变的经济政策，会使得经济主体难以预测未来，难以采取适应性行动，这种不可测知的风险索取的代价最高。人们由此作出种种非理性预期，由此出现种种扭曲的行为，促使经济主体行为短期化。例如农民宁愿花大钱盖房也不愿往土地投资；企业里出现"工资侵蚀利润"的倾向，等等。这说明经济主体为了应付他们难以预期的风险变化，往往在经济活动中采取种种"留一手"的做法，给社会造成损失，降低了社会经济效益。所以，实践证明经济政策的稳定是非常重要的，政策多变是不得人心的。

　　作为稳定的宏观经济政策的合理核心，就是诱导经济主体行为是合理的而不是扭曲的。这要求决策者认真研究目前经济主体的行为及其动因，在制定政策时多多考虑可能引起的对策，提出不同的解决办法并分析其不同的效果，预见到每一项政策措施的利弊与影响，促使经济主体的对策推动经济发展走向良性循环。因为，各个经济主体包括地方政府、企业、消费者都不仅仅是宏观经济政策调节的对象，而且是积极的自身政策的制定者和国家政策的执行者。他们不仅注视着现在而且注视着未来，这种前瞻性预期使他们不仅努力适应现在的政策，而且对未来的政策进行预期并且使自己的行动适应未来的变化。经济主体的这种适应性行动可能使政策走样，使行为变异，在发挥政策积极作用的同时出现某种副作用，使政策达不到原来的要求。但出现这种情况并不是说不需要政策干预，而是说明在制定政策时对于经济主体可能作出的反应要考虑周全些，因为经济主体的各种行为都不是无缘无故地出现的。

西方的理性预期学派在探讨政府干预经济的政策和经济主体行为的关系方面，作出了精辟的理论分析，但他们过分强调了经济主体预期的作用，过分贬低政府干预的效果，则是不可取的。一项经济政策会有对策，会引起经济主体行为的变化，但这并不意味着政府的宏观经济政策不起作用没有意义了。从理论工作者来说，既要重视宏观经济政策的作用，又要从命令主义的这不准那不准便能解决问题的思想方法中跳出来，研究经济主体的行为规则和与此相应的政策规则，促进有规则可循的正常行为的形成。

对待经济生活中层出不穷的"两难"、"悖论"、"怪圈"，通常的解决办法是就事论事，把它当作是两利相权取其大、两害相权取其小的选择问题，"头痛医头、脚痛医脚"。医治后问题似乎解决了，但过不久又出现了新问题，甚至出现了更多的新问题。所以，原来虽然因为体制僵化而存在着种种问题，线条还是比较清楚的。等到旧体制受到猛烈冲击而新体制尚未完善时，由于种种新条件的加入，企图解决某项问题的政策会因为经济主体的行为变异而引起五个新问题，五个问题的解决又引起二十五个新问题，活与乱同时俱来。这表明，改变某项旧政策实行新政策，需要创造实行新政策的时机。例如对扭曲的价格体系进行治理，对某些商品调整提高价格，顾虑的是其他商品也趁机搭车涨价，引起轮番涨价和比价复归，使得物价水平涨了上去而价格体系仍然扭曲。目前市场疲软销售不旺正是推进价格改革的好时机，因为这时候企业的行为是要保住市场销售份额，不会趁机搭车涨价。当然这不等于说不引起新问题了。原材料涨价给加工企业增添了压力，当加工企业无力通过提高效率消化吸收又无法转嫁时，便会引起效益的下降。所以对扭曲价格体系的调整不致引起轮番涨价时，仍然要照顾到企业的承受力。注意到条件的积累与创造，注意到时机的选择，才能减少政策推行中的阻力，因为经济主体的行为反应总是和相应的时机联系着的。

（原载《四川经济报》1993 年 2 月 3 日）

理性预期与政策对策

  随着我国经济体制改革的进展，对宏观经济的管理开始了从直接控制向间接控制的转换，怎样运用宏观调节手段来实现政策预期的目标，已经成为理论探讨的重要内容。尤其因为在我国经济发展和经济改革的过程中，出现了社会总需求超过社会总供给的矛盾，对于它对经济增长和经济稳定的种种影响，人们见仁见智，各有不同认识，使得人们更加重视对宏观经济理论的探索。

  毋庸讳言，由于我国在长时期里对宏观经济理论持排斥与抑制的态度，使得我国的宏观经济学迄今还只是刚坠地的婴儿。欲求其有较快的成长与发展，介绍与借鉴西方宏观经济学已有的成果，是必不可少的。

  第二次世界大战结束后，凯恩斯学派所倡导的扩大需求、刺激经济、实现充分就业曾经成为西方主要资本主义国家经济政策的主流，凯恩斯学派也曾红极一时。但随着西方经济的发展，种种新矛盾出现，尤其是出现了"滞胀"局面，凯恩斯学派却分析不清产生这些现象的原因，作不出明确的理论概括，提不出有效的对策。现实经济生活中的矛盾以及凯恩斯学派的危机，推动人们去作新的探索，推动了宏观经济理论的发展。20 世纪 60 年代以后，新的学派不断出现。

　　理性预期学派就是在许多宏观经济学派之中，引人瞩目的新学派之一。理性预期假说把宏观经济理论引向深入，使经济调节与理性预期紧密地结合起来，使经济干预从被动转向主动，它有利于提高宏观经济政策的科学性、合理性、适用性，并有利于考察经济的未来的发展。

　　在我国的经济工作中，流行着"上有政策、下有对策"的说法。这种说法是含有贬义的，它意味着上面定了政策，下面便得雷厉风行、不折不扣地去贯彻执行，不应当从自己的利益出发采取什么对策。理性预期的思想方法则与此相反，它把"上有政策、下有对策"作为理所当然的事情，指出在制定政策时就应当考虑人们可能采取的对策，从而使政策达到预期的目标。因而，他们把基于理性预期所可能采取的对策作为研究的对象。理性预期学派的基本命题是：消费者和企业使许多信息对其有用。他们不仅是宏观经济政策调节的对象，而且是积极的自身政策的制定者和国家政策的执行者。他们是向前看的，他们对宏观政策的反应决定着政策的效果。经济活动是多方面的，宏观经济政策的成功与否不仅决定于政策制定者一方，还在于作为市场主体的消费者以及企业的行为。消费者和企业的行为是宏观政策制定者必须充分了解并且在制定政策时要加以考虑的。过去的经济理论都假定在稳定的固定的价格体系中进行经济活动，而理性预期学派则认为固定价格在短期内是合理的，在长期是不合理的；认为在通货膨胀环境下，大多数商品的价格在不断提高，探讨了价格体系如何与价格稳步上升的趋势相联系。我以为，理性预期学派的具体理论分析倒在其次，他们这种面对问题的思想方法，也许对中国的理论工作者更具有借鉴意义。

理性预期学派已成为西方宏观经济理论的重要流派，但我国迄今尚没有对理性预期学派著作加以翻译介绍。现在，冯立新、李颖、包晓林、余季安等几位同志翻译了美国斯坦福大学教授、著名经济学家罗伯特·霍尔和约翰·泰勒合著的《宏观经济学》一书，填补了这一空白。此书1986年由美国霍顿出版公司出版。全书共分4篇，17章，约30余万字。第一篇，宏观经济学基础（一至六章）；第二篇，总需求的微观基础（七至十一章）；第三篇，总供给的微观基础和价格调整（十二至十五章）；第四篇，宏观经济政策评价（十六至十七章）。

本书与现已在国内出版的西方宏观经济学相比有以下几个显著特点：

第一，内容新。总括了20多年来西方宏观经济学的新发展、新突破。如前已提及的理性预期理论，价格调整理论以及资本租赁价格理论，宏观政策的时滞，结构性和充分就业财政赤字，工资、价格刚性理论，宏观经济政策目标以及评价，世界经济的宏观政策，利率、汇率理论等等。

第二，体例新。从基本概念入手，逐步引出理论，对凯恩斯等的经济理论的失误一一加以论说，并阐明新的理论。在论述中，理论联系实际，用实际数据进行论述和检验，举例详实。

第三，论述顺序新。从封闭型经济谈起讲到开放经济，从短期经济发展变化讲到长期经济变化，从国内宏观经济政策讲到国际宏观经济政策。

第四，材料新。从本书的材料数据看，运用了近30年的美国和其他几个西方国家的实际经济数据及例证，论证了宏观经济政策的得与失。因而，本书在一定程度上可以称之为一本宏观政策制定者的参考指南。

　　西方宏观经济学不论其剖析的深与浅，理论的真与伪，终究是针对着西方市场经济的理论。而在我国，尽管我们已经认识到我国现在所处的历史阶段还是社会主义的初级阶段，改革开放是我国的基本国策，但是，克服"左"的束缚，发展社会主义商品经济，培育社会主义的市场体系还需要有一个过程；根据所有权与经营权分离的精神进行企业改革，以公有制为主体发展多种所有制形式，也需要有一个过程。在这样一个过程中，社会的分配方式和利益关系不断地进行调整，作为市场主体的消费者和企业的行为方式也在不断改变。正因为这样，我国的经济运行有我国自己的特点，而且还具有正在变动着和正在发展着的特点。我们必须从我国自己的特点出发分析和认识我国自己的宏观经济问题，形成我们自己的宏观经济理论。因此，对西方宏观经济理论既要借鉴参考，又切忌依葫芦画瓢照搬照套。理性预期学派的经济理论，也同样只是一种分析工具。我们要取这种分析工具中有用于我们的部分，联系我国实际加以运用，进行科学的论证，使我们在制定政策时能多多考虑可能引起的对策，提出不同的解决办法并分析其不同的效果，预见到一项政策措施的利弊与影响。这样，就能够有效地发挥经济理论所起的作用。我们知道，经济决策无非是在各种不同的经济利益与弊害的组合中进行选择。明辨各种宏观经济理论及其对策的利弊，针对现实经济问题提出不同的解决办法，供作判断时的参考，让决策者有充分的依据去决定取舍。这才是我们在借鉴西方宏观经济理论时所应持的态度，也是我国从事宏观经济理论研究者的任务。

　　译者要我写几句。我想，关于《宏观经济学》这本书的具体内容，有书在，读者可以自己去阅读和识别。译者多数是年轻的研究、教学工作者，他们敢于啃这样的硬骨头，是很值得鼓励的。译笔流畅，可读性强。这使我在青年学者的努力中，看到了希望。

[本文是为罗伯特·霍尔和约翰·泰勒合著的《宏观经济学——理性预期与价格调整》中译本（中国展望出版社出版）写的前言，正是这篇文章遭到《当代思潮》的批判]

政策对策关系及政策操作应考虑对策

——对《当代思潮》批评的答复

朋友打来电话，说：《当代思潮》1993年第5期发了文章，好像是在批你。找来一看，果不其然。文章署名艾农，文章题目是《"上有政策，下有对策"有科学根据吗？》。

《当代思潮》的这篇文章有一种"大批判"的架势。但遗憾的是被作为批判依据的，则只是《文摘报》的片言只语的摘录。而事实上，笔者对于政策与对策的关系曾多次发表文章作过讨论，批判者何以舍弃这些详细阐述作者观点的论著不加批驳，而从《文摘报》的摘录中找茬儿，实在是不大好理解的。例如，《当代思潮》以所谓"刨祖坟"为名批判笔者从理性预期学派那里找到了"科学根据"，以及文章中对于理性预期学派理论的批判，是颇有些望文生义和似是而非的。这只要找出笔者为美国斯坦福大学教授罗伯特·霍尔和约翰·泰勒合著的《宏观经济学——理性预期与价格调整》一书的中译本（中国展望出版社出版）写的《前言》（《文摘报》的摘录好像来自此《前言》），加以对照，便可以明白地看到其间有些微妙的差异。对于此类问题，笔者为了不愿占用太多的篇幅，在此稍稍加以解释，其目的也仍是希望《当代思潮》能够平等地、平心静气地、实事求是地共同进行理论上的探讨，因为真理愈辩愈明，理论要靠辩论来推进。而棍子式的敲打则与理论发展背道而驰，对于政策和对策关系的探索也是如此。

《当代思潮》文章所宣扬的是有了政策便不容许有对策，从而大肆挞伐笔者提出的在市场经济中有政策必然有对策，政策操作要考虑对策的观点。对于这两种理论观点，多数人可能接触不多，笔者想与其纠缠于文风之类的细枝末节，不如对此实质性问题作点深入的探索，也正好给《当代思潮》再提供一个实实在在的论辩的靶子，希望对手能够以真正的邃知卓识来驳倒笔者。如若真能如此，笔者是甘心为"人梯"的。

《当代思潮》文章所宣扬的观点，笔者在《前言》中曾指出过："在我国的经济工作中，流行着'上有政策、下有对策'的说法，这种说法是含有贬义的，它意味着上面定了政策，下面便得雷厉风行、不折不扣地去贯彻执行，不应当从自己的利益出发采取什么对策。"这是一种描述性的写法，所贬的是"对策"而不是批判者说的贬计划经济，它反映的是在传统计划经济体制中，认为计划就是法律，政府政策应当被不折不扣地执行，而政府政策的对象则被假设为没有自己独立利益也没有对策能力的客体。这种描述并没有好或坏的价值判断。《当代思潮》把这种描述称作："在有些髦得人时的理论家那里，有一个极其简单的逻辑：计划经济是万恶的渊薮，某一事物或观点只要与计划经济沾上边，其荒谬性似乎就不言自明。"文中故意强加给笔者的反对计划经济的罪名是不能成立的，笔者从未认为"计划经济是万恶的渊薮"，至于不承认政策操作中会出现对策，则不仅在"计划就是法律"时是一种体制现象，而且被根植于许多人的思想深处并不时地表现出来。如在《当代思潮》的批判文章中宣称：

"一切正直的共产党人应当振作起来，同'上有政策、下有对策'的错误行为作斗争，以保证党的路线、方针、政策雷厉风行，不折不扣地得到贯彻落实。煞费苦心为上有政策、下有对策寻找'科学根据'的论者可以休矣！"如此气势汹汹地讨伐，不也正反映传统观点影响之深刻？不也正为笔者的描述作例证么？

然而，不论在传统计划经济体制中，还是在市场经济体制中，有政策总是会有对策，政策操作总需要去研究对策。只不过，在"计划就是法律"的传统计划经济体制中，可供选择的范围极窄，因而对于这种研究的必要性不那么强烈；而当指令性计划已经缩小到有限范围时，在宏观政策制定与操作中考虑和研究对策的必要性已经极其强烈地提了出来。因为，宏观经济运行是社会中所有经济主体的行为结果的总和，中央政府只是其中一个最强大的参与者和调节者，但它不可能代替其他经济主体决策。由于地方政府、各个经济部门、不同的企业、个人等在他们之间既有利益一致的一面，也有利益冲突的一面，他们的行为不会完全一致；而且任何经济主体的行为都会对其他经济主体发生影响，或者增加他们的投入成本，或者使他们的经济效益发生增减，因而又必然会引起其他经济主体的反响和采取相应的行动。加以转轨期间经济决策权限界定的非规则化，随机决策和讨价还价增多。从政策和对策的关系来说，便表现为"上有政策，下必有对策"，不管是反对还是承认，其存在则是不容否定的客观事实。

在经济活动中，彼此互为依存的双方既是利益的共同体，又是利益的分享者。从后者说，只要某一经济主体的行为涉及到其他人，彼此间就存在着类似猜枚或下棋的博弈关系，当他下一步棋的时候，还得考虑到自己的对方将下哪一步棋。能够看到棋局的后几步变化，方算得下棋的高手。在一个卖者和买者之间进行讨价还价，一个生产者和其他同行之间的竞争等情况下，高明的经营者不仅考虑其他人策略不变情况下的利益最大化方案，还要将别人可能的反应对自己利益的影响考虑进来。亚都公司、百龙公司之所以能够创造出一个崭新的加湿器市场和矿泉壶市场，就是因为它们充分考虑了消费者的反应而制定了卓有成效的营销策略。北京和天津两地在经济发展中之所以会出现产业结构同构化以及规模不经济等现象，是因为各自在决策中着重考虑自己的利益而为对方着想不多，结果双方力量抵消在资源配置中造成极大浪费。而把两个平等的经济主体间的决策与对策关系扩展到宏观经济管理之中，那么中央政府在制定宏观经济管理的政策以及其操作方案时，便是要考虑被调控对象对于某一特定政策会出现什么样的行为反应，由此会对政策预期目标形成什么样的干扰。政策充分考虑了对策时，政策也就成了对策的再对策。我国在1984 年进行信贷改革时曾制定以当年贷款额度作为基数的政策，各地区的银行为了扩大基数，引起竞相发放贷款送贷上门的适应性对策；而到 1993 年又出现类似情况，由于对实行分税制定了以 1993 年各地的税收收入作为地方收入基数，又出现各地竞相积极组织税收收入甚至浮收、预收的适应性对策。这些对策并不是对策方反对中央政府的政策，而是扩大基数以期在政策操作中获取更多利益的适应性对策。从博弈论的观点看，人们本来是可以从已经发生的博弈中获得信息，积累经验的，"前事不忘后事之师"，讲的也正是这个意思。如果我们能够认真研究一番地方政府的行为机制和适应性对策特征，我们的政策操作完全有可能搞得比过去好些。

政策和对策引起的利益消长，有几种不同状况：或是此消彼长，或是此长彼消，或是彼此的利益都有增长，或是彼此利益都有减少。"华录"是一个彼此利益都有增长的成功范例；京津两地乙烯工程的"一分为二"，则是彼此利益都受损的失败事例。

从经济学的角度讲，每个人都在追求经济利益的最大化，在追求利益最大化时有竞争是必然的，但竞争策略中对他人的损害可能引起别人的反策略，有时会导致两败俱伤的结果。"郑州商战"中没有赢家，便是因为大奖、巨奖使商家都伤了元气。京津乙烯工程从规模经济的角度考虑，以年产45万吨的建设规模最为合理，后来变成各建一座年产14万吨的"小乙烯"，是因为利益分配谈不拢影响了合作。这一类事例可以从微观角度就事论事地进行分析，然而在今天欧洲十多个国家尚且能够打破疆界彼此进行经济合作的时刻，从行政区域束缚和条块分割对于产业资源合理配置的政策与对策关系中寻找深层根源，看来是更有必要的。

现代经济学中探讨政策与对策关系的，并非仅限于理性预期学派，只不过笔者的《前言》是为《宏观经济学——理性预期与价格调整》一书的中译本而写的，当然着重谈了理性预期学派的观点，再经《文摘报》掐头去尾摘下，《当代思潮》又据《文摘报》加以批判，并声称"我们不得不来做一点刨祖坟的工作"，颇令笔者有啼笑皆非的滑稽之感。而且《当代思潮》文章中的批判，又属隔靴搔痒之作。因为理性预期理论所探讨的，是政府长期实行某种宏观经济政策之后，广大公众会形成前瞻性预期与适应性行为，即理性来源于长期经验；对策指的是适应性行动。与《当代思潮》文章中批判的"断章取义、阳奉阴违、顺我者要、逆我者抛"是完全不同的两回事。例如在笔者写《前言》的那本书中，便探讨了在通货膨胀过程中公众对于价格调整的预期；这种预期如何适应于价格和工资体系；探讨了消费的前瞻性理论及其与生命周期和持久性收入的关系；探讨了在实行浮动汇率时所可能出现的浮动汇率变动模型；探讨了税收变化对投资的刺激与限制；等等。该书在探讨中，往往列举几种不同的政策措施所可能引起公众的预期变化与行为变化，例如书中在探讨政府利用税收政策干预投资水平时，指出重税将提高资本租赁价格，会限制投资；税收刺激如采取降低投资税率或者允许加速折旧，会降低资本租赁价格并且刺激投资；公众预期税收增加，会减少投资，或推迟其投资活动直到认为可以获得更多利益的时候。再如书中探讨住宅投资与货币政策的关系时认为，住宅投资与利率高低成反比，在货币紧缩或其他干预使利率提高时，住宅投资会下降，而当利率降低时对住宅的投资会增多，因为美国公众购买住宅主要靠银行的抵押贷款，利息开支在住宅购置成本中占很大比重，而我国则并未以支持消费者购房的信贷作为住房制度改革的手段，"利率高低与住宅投资成反比"这一政策和对策的预期与行为关系在我国并未形成。诸如此类，《当代思潮》文章一概称作反对政府干预，岂不是令人想笑也笑不起来。笔者以为找来读一读、看一看再批，也许能有裨益，连看也不看便横加批判之风则并不可取。

理性预期理论探讨的是公众对于长期趋势的预期与反应，而不是短期的一事一议、讨价还价的政策对策关系。在我国经济生活实践中，此类基于长期实践而形成的适应性对策非常之多。如广大公众预期物价会上涨而去抢购，预期物价会下跌而推迟购买，形成所谓"买涨不买跌"，便是适应性的政策与对策的关系；再如工资收入与闲暇是可以相互替代的，当工资收入中平均主义泛滥时，职工们"出工不出力"之类以获得闲暇替代获得收入，是一种很自然的适应性对策，明乎此，对于国有商业中售货员扎堆聊天神侃之风会理解得深些；当实行统购统销把农产品收购价格压得非常之低时，农民不愿意多投工投料而将产量降到边际成本等于收购价的交点上，这与工业中对那些售价极低的增产越多亏损越大的产品采取限产减亏对策，是同一种适应性对策，由此形成越缺越管、越管越缺的循环，是毫不足怪的；当脏、累、差、重工种的待遇低于宾馆服务员时，出现就业难与招工难并存的"悖论"，也正是工资制度不合理所必然会出现的适应性对策。应该指出，公众预期和适应性对策并不自今日始，"文化大革命"期间要求知识青年到农村去接受贫下中农再教育，一些有路子可走的走后门去参军，便是当时的一种适应性对策；地区间收入差距向沿海倾斜时，出现人才的"孔雀东南飞"的适应性对策，不应当责怪流出者。既然公众预期是在非常广泛的基础上形成，由此认识而采取的适应性行为也非常之普遍，那就更加应当从政府自己的政策中去寻找原因，而不应当去责怪公众。

探讨政策与对策关系，并不意味着探讨者反对政府对宏观经济运行进行调控。笔者历来强调要对宏观经济进行管理与调控，如今因为讲了几句政策与对策的关系，便被《当代思潮》批判说"把在西方资本主义国家尚且行不通的理论当作灵丹妙药照搬过来，企图以此证明搞市场经济可以不需要国家的宏观调控，可以放任自流、自行其是、随心所欲，这难道不是一种时代性、历史性的错误吗？"对此类文字读后只能报以一笑。文章确实写得有气势、有声色，不愧为"当代妙文"。只不过离事实远了些，避免不了"罗织之嫌"。

呜呼！文网昭昭，棍子粗粗，众人避之犹恐不及，而笔者竟敢挺身而上，触《当代思潮》之逆鳞，颇为关心者所不解。但叫阵已到门前，以不睬处置颇有怯阵之感，"箭在弦上，不得不发"。但伏案写了几天，重读全稿又有一种"秀才遇到兵"的预感，对手未必会真的进行理论探讨。但愿预见失灵，对手方能化作秀才，有篇说道理的文章，笔者洗耳拭目以待。

（原载《新视野》杂志 1994 年第 2 期）

呼唤自由人

　　社会主义市场经济改革目标的提出，解放了人们的思想，开启了人们的思路。在劳动人事制度改革方面，联系到当年马克思提出的自由人联合体的设想，则涉及到市场体系中劳动市场的培育，以及人的独立人格的发展问题。

　　马克思所设想的未来的社会主义社会，是一个自由人的联合体，是一个个人有充分发展自由的广阔天地；恩格斯在《反杜林论》里曾经具体描绘了未来社会里人们将如何依据自己的爱好选择自己的职业。马克思恩格斯之所以如此重视个人的主体地位以及独立人格的实现，是因为社会主义革命所谋求的是人的解放，是对于人身依附地位的摆脱。马克思认为人类历史的进步不单单是社会关系的发展，同时也是从事物质生活资料的生产活动的个人的自主活动能力发展的历史，因为"社会关系的含义就是指许多个人的合作"，未来社会实行自由人的联合劳动是历史的必然，生产的社会化决定了人们劳动的联合趋势。马克思还认为只有摆脱了人身依附关系之后，才能实现个人的全面发展，形成全面的自主活动能力、全面的社会交往和多方面的需求，这种独立人格的个体之间结成的社会关系，是向个人自由个性全面发展的未来社会过渡的必经阶段。而要使这种自由个性成为可能，个人自主活动的能力体系就要达到一定的程度。马克思、恩格斯把人的主体地位的确立、人的解放以及个人自由个性的实现，当作人类发展的最高目标和美好境界，就得允许个人的独立发展，个人拥有支配自己行动的权利，这在经济过程中主要表现为个人有权把自己身上蕴藏的生产能力投入自己所选择的部门，这种每个人能自由发展是所有人能自由共同发展的必要条件，未来社会是以每个人的自由而全面的发展为基本原则的。

在现实生活中，劳动者享有的自主权利与马克思设想的自由人之间有着很大差距，个人自主决策的范围非常狭窄，个人的主体地位尚未确立，还是处于朦胧中的自由人或独立人格唤醒中的自由人。由此在理论界产生了劳动力是国家所有制还是个人所有制的争论，在传统的现实生活中，无条件服从组织分配，一切听从组织安排，是劳动者必须遵循的原则，这使得劳动者并不是独立的自由人，这样，劳动力实际上具有了国家所有的性质，国家这个用工主体、分配主体和劳动者处于非对等地位，这正是那时候实行劳动就业统包统配制度的基础。所以，提出劳动力个人所有制是对原来的劳动力国家所有制的重大改革。承认了劳动力个人所有，就不能够再搞统包统配，就得允许个人自由择业；承认了劳动力属于个人所有而生产资料是国有制，结合双方便不是同一所有者，彼此之间自然不能不采取劳动力商品关系。所以，放弃国家对劳动力的所有权（或管辖权），放弃国家作为用工主体和分配主体的特殊身份，是一场很不寻常的改革。

在现实生活中，对统包统配体制的冲破始自 20 世纪 70 年代末期，大量知识青年回城寻找工作，劳动部门深感到包下来既包不了也包不起，于是实行了劳动部门介绍就业、自愿组织起来就业和自谋职业相结合的"三结合"就业方针。这种因为包不了而不包的思路，并没有从根本上触及统包统配体制的弊端，并没有从根本上触及国家作为用工主体和分配主体的弊端；而国家放弃其用工主体和分配主体这一特殊身份，靠的是自我觉醒或自我完善，这是很不容易的艰难转换过程，出现不止一次的反复也是不足为怪的。这表明认识统包统配并不容易。在生活中，统包统配、"人人都有工做"所索取的代价，是使个人丧失了自主选择职业的决策权，与此同时也使管理者丧失了自主选择劳动者的决策权，造成"一经分配便定终身"的僵局。所谓"人才的部门所有制"不仅仅是个人把择业的决策权交给了所工作的单位，而且和住房、福利等生活条件联系了起来，使得个人归属于所工作的单位，个人还是归属型的个人。个人在选择职业和选择居住地方面不能自主决策，只能听从事实给予的安排，这样在各个人之间就形成了不均等的机会。只有那些具有种种条件的幸运儿才能在这方面获得满足感，多数人则并无比较和选择的余地。而机会的不均等，驱使人们转而要求结果的均等。平均主义的逻辑是既然人们从事什么职业岗位由领导决定，那么领导就得保证不同的职业岗位有大体平均的收入；一旦出现破坏平均的收入差距，便要通过攀比使之重归于平均。尽管平均主义和收入攀比受到理论家们的反复指责，然而却深深地印入到经济运行的每一个角落。

世界上许多有识之士都认为对中国不能轻看，中国人具有勤劳吃苦的美德，是很有希望的民族。但是在现实生活中，又感到大陆华人和海外华人不一样，感到不好理解。这是因为，劳动者自主择业是发挥劳动者积极性的必要条件。目前的状况是，当人们失掉选择就业机会的权利之后，又转而驱使人们在出工是不是出力和出多大力等方面进行选择。在这后一方面的选择中，使得伦理道德激励和物质激励都出现了效率递减的趋势，标志劳动者积极性的收入贡献比例曲线开始从上升线转向下滑线，而这种行为机制的出现是带有必然性的。因为当竞争显得多余时。当个人的劳动和个人所获得的经济报酬并无直接联系时，就必然会使得个人对劳动的兴趣和热情减退。为什么我们的服务质量只有在质量周或质量月里才有所好转？为什么在工作岗位上扎堆神聊的状况到处都可以见到？为什么责备别人服务态度不好而自己的服务态度也同样不好？对于这些百思不得其解的疑难，看来都只有从个人自由择业受到限制而残存的那块狭隘天地里去寻找。

从改革的要求看，国家作为用工主体和分配主体以及与之相适应的统包统配制度是非改变不可的，不改变就谈不上发展和培育劳动市场，就谈不上双向选择。但是，由此要解放思想"换脑筋"，要转变政府在劳动人事方面的职能，要削弱劳动和人事部门的权力，这是很不容易的。从目前的状况看，职工个人没有实现择业权，企业没有实现用人自主权，劳动力无法自由流动，其症结都在于没有破劳动力统包统配这个旧体制。由国家招工和给企业分配职工，由国家给各类职工规定工资水平和福利标准，而作为劳动力需求方的企业，作为供给方的劳动者，都处于无权的被动地位，这怎么能把劳动力资源配置好呢？在这种状况下又如何去谈论劳动市场呢？这个旧制度早就该破了，但现在还要向用人单位硬性摊派统包统配人员，包括大专院校毕业生和军队转业人员每年约 200 万人。从人员去向讲，农村和乡镇企业需要人却不属于统配范围而不给人，机关和事业单位、企业单位不需要人却硬往里塞人。这种旧体制的弊端已经属于满目疮痍，它本身也从来不是社会主义制度优越性的体现，改掉这种旧体制所需要的已经不是其他各方面的条件，而是改革的决心和勇气。这正是实践中的障碍，只有克服了这一障碍，才能逐步形成由劳动市场调节劳动力资源配置的机制。

（《新华日报》1993 年 1 月 15 日）

工资侵蚀利润

一　从利益刺激起步的改革次序选择
是 20 年冻结工资的必然结果

不少研究社会主义国家经济体制改革的学者都认为,改革的次序选择应当是:先实现机制转换,在机制转换中实现利益调整,在改革起步时则应当控制宏观分配计划。这是因为传统计划体制虽然能够高度集中资源进行建设,却存在着运行僵化、缺乏活力的弊病,通过改革,利用商品经济和价值规律调动起千千万万普通人的积极性,利用市场机制实现资源配置的优化,便能够在增强活力、提高效益的基础上进行利益关系的调整。如果颠倒次序,把利益刺激放在首位,则虽然增加收入人人欢喜,却可能因缺乏利益约束机制而形成超额分配,导致通货膨胀,阻碍市场发育和机制转换,使经济体制改革陷于"一只眼睛看着市场、一只眼睛看着上级"的双重协调阶段,难以继续推进。

但是,社会主义国家迄今没有按这种理想次序进行经济体制改革的实例,相反,无例外地都把利益刺激放在前头。这是什么缘故呢?各国情况不同,从中国来说,乃是 20 年冻结工资的历史必然。

　　按照马克思的经济理论，社会主义实行按劳分配原则，工资由劳动的质与量决定；按照西方经济学理论，工资由有酬就业的劳动供给与劳动需求的对比关系决定。但中国原来的工资制度与这两种理论都不相干，是一种"干多干少一个样、干好干坏一个样"的平均主义。当然，中国1956年7月的工资改革并不是平均主义的。当时，根据不同产业生产技术的特点，制定了不同的工资标准。工业工人一般实行8级工资制，建筑工人实行7级工资制，纺织运转工人实行岗位工资制，商业部门售货员实行3类5级工资制。熟练劳动和非熟练劳动间的工资差别大体为2—4倍。对于国家机关、事业单位的工作人员以及企业职员，则按照职务高低、责任大小、工作繁简以及技术复杂程度，实行有差别的职务工资制。以北京（第6类物价区）国家机关行政人员的工资为例，1级工资为644元，30级工资为23元，高低相差28倍。1956年的工资改革还强调各个产业部门要从自己的生产实际出发改进奖励和津贴制度，15个工交部门制定和颁发的奖励办法就有104种。这样，中国在1956年改变了过去带有实物供给性质的工资制度，实行了有差别的货币工资制度。按照当时的设想，以后还要通过正常的调资升级和提高工资标准使工资制度更好地体现按劳分配原则。但是，以后20多年的发展，却走上了和按劳分配原则相背离的平均主义道路。

　　由于中国经济发展出现了曲折，也由于中国在那段时间里夸大精神力量，否定了物质利益原则，1956年工资改革时提出的职工升级制度实际上停止了。1957—1976年的20年里，职工的调资升级总共进行了4次，升级面累计只有90%左右，每名职工平均提升不到一级。第一次是1959年产业工人调资升级，工业、建筑、交通运输等部门中30%的工人，农林、水利、商业部门中50%的工人调升一级。第二次是1961年，矿山和林区中30%的工人调升一级。第三次是 1963 年全体职工的 40% 调升一级。第四次是低工资职工调升一级。在长达 20 年的时间里，中国的职工总共仅仅在上述范围内获得过调整工资的机会，有不少职工一次升级也没轮到。所以说"冻结工资 20 年"是毫不虚假的。

由此看来，1956 年以前参加工作并且参加 1956 年工资改革的中国职工彼此间的工资有差别，在此后参加工作的，起初按最低的工资级别领取工资，以后也不过调升一级或二级，彼此之间的工资就没有多大差别了。中国在 1957 年以后增加了不少新职工。全民所有制单位职工，1957 年底为 2103 万人，到 1977 年底增加为 7196 万人；城镇集体所有制单位的职工，1957 年底为 650 万人，到 1977 年底增加为 1916 万人（城镇集体所有制单位职工工资标准比照全民所有制并略低一些）[①]。在工资冻结的 20 年里参加工作的职工（占 1977 年底全部职工的 70%）都挤在最低工资等级线里。许多职工已经成为生产骨干，带了几批徒弟，但干得好的和干得差的、师傅和徒弟工资基本相同。这表明，中国在工资分配中出现的严重平均主义状况，并不是 1956 年工资制度改革的本意，而是 20 年冻结工资的产物。

平均主义的等级工资本来可能通过实行计件工资和奖励制度加以补救，但中国在 1958 年以后计件工资和奖励制度一再遭到冲击，到 1967 年初被明文取消。尽管平均主义已经极其严重，但这时还是不断以批判"资产阶级法权"为名批判按劳分配，使得工资长期冻结所形成的平均主义反而有了理论支持。这种状况当然不完全是否定按劳分配理论的缘故。冻结工资在宏观经济政策方面的原因，是中国在财政经济遇到困难的条件下仍旧要保

---

①　上述数字引自《中国统计年鉴（1987）》，中国统计出版社 1987 年版，第 115 页。

持高积累和高投资。1958 年之后，中国不止一次地追求力所不及的高速度，竭尽全力扩大基本建设规模，尽管经济增长幅度一时拉了上去，但随之便出现财政收支不能平衡和物资严重短缺，经济增长幅度又掉了下来。在经济增长时期，财政要千方百计挤出资金扩大基本建设规模，不愿给职工升级调资；到了经济调整的低谷时期，各项支出都在削减，又没有力量给职工增加工资了。因此，尽管那段时期经济效益不高，但作为工资对立面的利润额还是增长得相当快。全民所有制独立核算工业企业的利润额 1957 年为 78 亿元，到 1977 年增加到 384 亿元，增长了 4 倍。这使得中国在人均国民收入很低的条件下却有了远高于一般发展中国家和中等发达国家的积累率。

邓小平 1987 年 5 月 29 日会见新加坡第一副总理吴作栋时说："从 1957 年至 1978 年，'左'的问题使中国耽误了差不多 20 年。中国在这一时期也有发展，但整个社会处于停滞状态。那段时期，农民年均现金收入 60 元，城市职工月均收入 60 元。在近 20 年的时间里没有变化，按照国际标准，一直处于贫困线以下。"① 这一番话鲜明地描绘了中国在那段时期里所存在的问题，同时也意味着中国经济体制改革从增加职工和农民收入起步的必然性。

二　理论上肯定按劳分配和实践中的矛盾

中国在粉碎"四人帮"之后重新肯定了按劳分配原则。在实践中，体现按劳分配原则是通过调整工资和恢复奖励制度两条途径实现的。

---

① 《人民日报》1987 年 5 月 30 日。

在调整工资方面，1977 年对工作多年、工资偏低的职工给予升级，升级面为固定职工数的 40%；1978 年的升级面为 2%；1979 年又安排 40% 的升级面。1981 年后分部门轮流调资，1981 年得到调资的是中小学教职工、医疗卫生单位护士、体育系统的运动员和教练员，1982 年是国家机关以及尚未调资的事业单位职工；1983 年是企业职工。经过这几次调整，职工工资一般都升了两级，个别的升了三级或者只升一级，职工工资过低的状况有所改善。但由于这一调整是在传统经济体制下进行的，因而只是增加了职工收入，并没有引起机制变革和刺激效率提高；而且这几次调资升级基本是凭资格、按年头，平均主义的弊病远未克服。

由于零打碎敲的工资调整不解决问题，人们寄希望于工资改革。1985 年，中国把国营企业和国家机关、事业单位区分开来，按照不同的原则进行了工资改革。在国家机关和事业单位改行以职务工资为主要内容的结构工资制，把工资分为基础工资、职务工资、工龄津贴、奖励工资。对事业单位的各项专业技术职务比照相应的行政职务规定了相同的工资标准。由此虽然简化了工资标准的类别，却也带来了以官为尊的"官本位"制弊端。同时，由于国家财力有限，为解决不少人工资低于其所担任职务应领取工资的问题，1985 年的工资改革压低了担任高级职务的工资标准，按照基础工资加职务工资计算的最高工资与最低工资之间的差距缩小到 10：1。绝大多数人都挤在其所担任职务的最低工资等级线上，平均主义仍普遍存在。

1985 年的工资改革对国营企业采取了不同于国家机关、事业单位的办法。在传统体制中，国家把各行各业的工资水平和工资标准统统管起来，国营企业和行政机关、事业单位之间没有什么差别。经济体制改革旨在使企业成为相对独立的商品生产者，具有生产经营活动的独立决策权，包括自行决定内部的工资水平、工资标准、职工的劳动报酬等级、税后利润的使用等。但在实际执行中，企业工资仍旧是比照行政和事业单位的结构工资套改的，加之企业内有职务的人不多，套改中一般只提升一个级差。而所谓企业"自费"改革无非是增加的工资在第一年要从留利中支付，第二年才允许进入成本。这样，企业工资不同于行政事业单位的内容主要表现在工资同本企业经济效益挂钩、半挂钩上。一类是"全挂钩"，企业职工工资总额随本企业的经济效益浮动；另一类是"半挂钩"，企业职工工资仍是固定的，而奖金随企业经济效益浮动。实行"全挂钩"的大约占国营企业职工总数的 15%；85% 是"半挂钩"。国家仍旧严格控制企业的工资基金总额，工资改革基本上是按原来的工资标准套改为结构工资并稍有提高，工资本身仍带有平均主义色彩。

在国营企业的分配制度中，奖金正起着越来越大的作用。所谓经济体制改革从利益刺激起步，正是包括实行奖金制度在内的。1978 年中国恢复了奖金制度，对于完成产量、质量、利润等 8 项计划指标的企业，可以提取相当于职工工资总额 5% 的企业基金用于发放奖金。这大约略高于半个月的工资。以后随着企业实行利润留成、利润包干和递增包干，利改税，承包经营责任制，归企业自主支配的企业留利不断增多，对职工发放的奖金也不断增多。奖金逐渐成为调动职工积极性的主要手段和职工收入不断增长的主要渠道。

从理论上说，奖金是对超额劳动的鼓励，按劳分配应该通过工资制度来体现。但由于利益的刚性，工资高的即使贡献少或者无贡献也不能降低，这使得在经济实力有限的条件下对低工资也无法按照劳动的质和量给以提高。几次调整工资和工资改革，除了使有职务的人进入工资等级线之外，对于绝大多数职工来说只是加了些钱而没有实现工资形成机制的变化，何况工资的合理化不可能通过一次调整来完成，需要通过定期升级来实现，而1985年后又趋停顿。于是，工资调动积极性的作用逐渐由奖金来代替了。

三　工资与利润挂钩、半挂钩冲击了国家对工资的宏观控制

通过对中国工资调整和工资改革的考察，我们认为对工资的宏观控制和微观调节在客观上存在着矛盾。从宏观控制来看，传统体制中对工资基金的控制管理办法一直在执行着，即由国家制定工资总额计划，然后逐级核定落实到行政机关、事业单位和企业，由银行给各个单位发个工资基金总额的本本，以后凭本本逐月向银行领取现金发放工资。这种按工资绝对量进行的直接控制对企业来说是卡得太死了，企业无法根据劳动好坏来调整职工工资。因此，改革中提出了企业工资总额同企业经济效益挂钩的间接控制办法，具体有两种类型：一是按照某种实物量的经济效益指标与企业工资总额挂钩，如建筑施工企业实行的按每百元产值核定其中的工资含量进行包干，在煤矿中实行对每吨煤核定其中的工资含量进行包干，在交通企业中实行对每吨公里运输量核定其中的工资含量进行包干；二是把企业工资总额与上缴税利挂钩，即由主管部门按照企业往年上缴税利数额与工资总额核定两个基数和两者比例，当企业超额完成税利上缴任务后，也相应地按核定比例增加工资总额。前一种办法实际上是把过去行之已久的计件工资制改变为按企业实行集体计件工资；后一种办法基本上来自两级按劳分配的理论思路，使工资的多少既与企业经营的好坏相联系，又和职工劳动的好坏相联系。工资不论是作为按劳

分配的实现形式还是作为劳动力再生产的客观要求，它和国家依凭权力课征的税收以及资本利润并无联系。把工资和上交税利挂钩，在工资理论上是说不通的，尤其是在价格没有理顺的情况下，会造成企业间的苦乐不均、相互攀比并导致工资总水平的失控。1985 年 9 月在长江"巴山轮"上举行的"宏观经济管理国际讨论会"上，不少中外知名经济学家都否定这种办法。美国经济学家詹姆斯·托宾（James Tobin）便一再强调工资不能和利润挂钩，指出"对名义工资的控制是宏观经济管理的一个重要条件，中国千万不能放松这方面的控制"；"中国迄今工资是由中央政府决策而不是由市场机制决定，这对于执行有效的收入分配政策是极其有利的条件"[①]。这种重视工资宏观管理的主张是很有见地的。

但是，既然在进行改革，设想传统的工资总额控制不受冲击是不现实的，尽管多数企业的工资仍旧实行绝对量控制，仍旧要凭本本向银行领钱，尽管工资总额与上交税利挂钩只在少数企业中试行，然而，随着对企业实行利润留成进而实行承包经营责任制，归企业支配使用的留利不断增多，企业用留利发放奖金已不是工资总额办法所能控制的了。所以，实行工资与利润全挂钩的企业虽然不多，实行"半挂钩"即奖金与利润挂钩却是普遍的。理论家们认为不可行的事情，在实践中作为企业的对策，为了企业活力并调动职工积极性被普遍采用了。

中国的经济体制改革是从利益刺激起步的，企业改革的过程同时也是财政减税让利的过程。1979 年国营企业留利为 96 亿元，1980—1985 年分别为 140 多亿元、160 多亿元、210 多亿

----

① 见《经济体制改革与宏观经济管理——"宏观经济管理国际讨论会"评述》一文，载《经济研究》1985 年第 12 期。

元、290 多亿元、350 多亿元、462 亿元。企业留利占实现利润的比例在 1979 年为 12.3%，到 1985 年已提高到 39%。[①] 1986 年和 1987 年推行承包经营责任制后，企业留利占实现利润的比例又有提高。减税让利是为了让企业有自己可支配的财力以增强赢利动机，但由于企业内部缺乏把长期利益和短期利益结合起来的机制，企业留利使用还是偏于追求职工近期收入和福利最大化，从而形成了减税让利——企业留利增多——奖金福利增多的过程，对工资的宏观管理经过迂回曲折的过程遭到了冲击。

四 收入攀比和工资对利润的侵蚀

工资和利润本来是作为两个对立的经济范畴存在的。在商品经济条件下，企业内部的工资和利润分别代表着两个不同利益集团的利益，即劳动者利益和所有者利益。尽管劳动者追求工资收入最大化，但所有者也在追求利润最大化，两相冲突的结果是使工资维持在与劳动生产率相适应、满足劳动力再生产要求的水平上。著名的道格拉斯（Paul H. Douglas）生产函数 $P = bL^k C^i$ 正说明了这种工资与利润的对立关系，尽管资本利润可以大于或小于 $1 - k$，但它终究是从 $1 - k$ 转化而来的；尽管利润的增长也会给工资带来某种程度的提高，但那只是再生产连续进行的结果，并不意味着工资与利润的对立关系已经消失。

工资与利润挂钩半挂钩的改革措施在理论上是工资与利润对立关系的模糊化，在实践上则导致工资对利润的侵蚀。改革设计者的原意是把企业里工资与利润的比例关系固定化，哪个企业经营得好，利润增多，便可以按利润增长的比例相应增发工资，并

---

① 项怀诚：《在改革中前进的中国财政》，载《财政研究》1987 年第 2 期。

非要使工资侵蚀利润。问题在于，要使这种设想付诸实现，需要有相应的外部环境与企业内在机制的变化，否则便有可能引起收入攀比，从而使工资与利润的比例关系发生变动。

从外部环境说，改革的一项重要任务是理顺价格等经济参数，为企业的独立经营创造条件。但由于顾虑价格理顺可能带来的风险，扭曲的相对价格始终未能进行决定性的调整，有些商品价格高利润大而另一些商品价格低利润小的状况普遍存在，在这种价格扭曲条件下推出的承包经营责任制，不可能实行规范化的承包比例，只能使各个企业与自己过去的利润状况作纵向比较，逐个企业核定基数和比例，这就避免不了讨价还价的行政协调。再由于价格双轨制的存在以及各个领域价格放开的步骤与程度不同，市场机制作用于各个部门、地区、行业、企业乃至产品的力度也不同，这使承包基数确定以后有些企业很容易就超过承包基数，有些企业却苦于计划控制紧而难以超过，从而导致留利水平不均衡。从 1985 年的情况看，工业人均留利大约为 800 元，而商业为 1000 元，物资和供销企业则达到 2600—2800 元；在工业内部，汽车工业人均留利高达 4571 元，而纺织工业人均留利只有 447 元。[①] 人均留利的悬殊产生了部门、行业、企业间的苦乐不均。实行特殊政策，人均留利高的一些企业，职工奖金可以发到每年 2000 元左右，而某些没有实行特殊政策的企业，劳动者付出同样劳动，奖金却只有前者的几分之一。这种经营机制进一步使得工资攀比有了实现的可能。据了解，这几年企业留利的80% 左右是用于奖金福利的，增加留利就等于增加奖金福利，这证明了企业的经营目标不是追求自身的发展壮大，而是追求职工个人收入的最大化。企业普遍把留利特别是职工收入作为主要目

---

① 项怀诚：《在改革中前进的中国财政》，载《财政研究》1987 年第 2 期。

标，争基数，吵比例，要求国家让步，由此往往形成"国家减税让利——企业留利增多——奖金福利增多"的过程。

　　亏损企业无利润可资侵蚀，攀比的途径是挤占成本。挤占和扩大成本开支以增加职工收入的手法很多。最常见的手法之一是套取加班工资。明明在工作时间可以完成的事情，故意拖到下班后完成；二三个人加班算作二三十人加班；甚至没有加班也虚报加班，引起加班工资的不正常增长。手法之二是"巧用"计件工资。某些企业领导人压低计件定额或高估承包工时，既增加了工资开支又为"提前完成任务"而邀功请赏。手法之三是"巧获"节约奖。节约奖原是鼓励职工节约生产中的物质消耗，促使降低成本，但有些企业高估消耗定额，以便获得节约奖。手法之四是滥发各种津贴。出车有出车津贴，出勤有出勤津贴，名目繁多。手法之五是发放各种实物。如以工作服名义给职工发西装、大衣、夹克衫；以开展群众体育活动名义发高档运动服、运动鞋；以劳保用品名义发毛围巾、皮手套、化妆品等。手法之六是企业之间的互惠交换。在价格双轨制条件下，各个企业都有意识地保留一部分国家计划定价产品，用于彼此间的互惠交换，低价来低价去，绕过了国家税收和财务制度，使企业和职工得到实惠。手法之七是把一部分产品以国家计划牌价卖给附属企业，再由附属企业按市价出售，把由双轨价差带来的利益以入股分红、兼职报酬、发放实物等形式，变为职工收入。类此种种，难以详述。由于国家对企业的预算约束是软的，承包企业成本升高后可以提出各种理由要求调减承包基数，亏损企业成本升高后可以提出各种理由要求增加亏损补贴，有些企业还可以通过提价来补偿成本升高。挤占成本就是挤利润。挤占的成本用于增加职工收入，就形成工资侵蚀利润。对于那些已无利润可侵蚀的企业，成本的升高还吃掉了企业的老本，就从工资侵蚀利润发展为工资侵蚀资本了。

对于非生产营利性的行政事业单位来说，它们并无利润可供侵蚀，但攀比压力却要求增加职工收入，于是出现了"创收"。行政机关是靠权力"创收"，收取登记费、管理费、执照费等是公开的"创收"活动。学校、科研单位、医疗卫生机构则是靠知识和服务"创收"，各种各样的"赞助"，高额的培训收费，劳保医疗收费的猛升，所有这些使得非生产营利性的单位有了预算拨款之外的资金来源，能够给本单位职工增加收入。而"创收"的负担则有相当大的部分落到企业身上，使得企业开支非正常上升，这在实际上也是工资侵蚀利润，不过是通过迂回曲折道路实现的，显得更加隐蔽。

经济体制改革要求改变平均主义的分配格局，拉开个人收入分配差距，使劳动报酬和劳动贡献相对称。这一改变，是符合客观经济规律要求的，按理说不会引起个人可支配收入总量的膨胀。但是，多年来人们习惯于平均主义的分配方式，当有人多得、有人少得时，少得者不是钦佩别人干得好，责备自己干得差，而是埋怨本单位领导、埋怨上级，进而采取按酬付劳的态度，服务质量下降，生产消耗上升，怠工、误工，迫使企业及上级领导不得不给他们增加收入。从宏观的总量的角度来考察，便出现了平均的工资性收入增长幅度超过劳动生产率的增长幅度，个人收入总量增长幅度超过国民收入增长幅度。这种状况可称作"收入分配攀比陷阱"。所谓"攀比病"，也正是指的陷入"收入分配攀比陷阱"后的种种病态运行。实践证明，低效率的充分就业、平均化的工资分配、福利化的隐性收入，这三大机制犹如一个能吸收各种能量的大"黑洞"，把改革所取得的效益都吸收掉也满足不了过高的期望，利益的刚性使得个人收入提高后很难再降下来，从而成为改革过程中出现总需求膨胀的更为深刻的原因与隐忧。

随着收入差距拉开而出现的攀比机制，使个人收入总量膨胀的势头很难遏制。因为胃口已由放开控制后出现的少数人高收入的示范效应所吊起，过分的宣传又把少数人高收入一次又一次地放大，人们对于收入增长的预期被吊得很高，收入虽有增加却并不满足。这又进一步推动了"收入差距拉开——攀比效应——平均主义复归——个人可支配收入总量膨胀"这一运行过程。而平均主义复归和增加收入预期又要求再度拉开收入差距。这是体制转变时期很难遏制的现象。

五　个人可支配收入膨胀和储蓄机制的缓冲

工资侵蚀利润，在实际生活中可以从两个方面证实。一是职工工资总额增长幅度超过了国民收入增长幅度；二是职工平均工资增长幅度超过了劳动生产率提高幅度。

从第一个方面来看，1978 年全社会的工资总额为 568.8 亿元，到 1980 年增长为 772.5 亿元，增长了 36.2%，而同期国民收入只从 3010 亿元增长到 3688 亿元，增长 22.2%，加上这段时间里农民收入增长更快，国民收入增长额远低于农民和职工收入的增长额。为此不得不进行调整，1981、1982、1983 年三年工资总额维持了徐徐上升的势头，但 1984 年之后又出现较大增长。1984 年的工资总额为 1133 亿元，1985 年增加到 1383 亿元，较上年增长 22%，1986 年增加到 1659 亿元，较上年增长 20%；而同期的国民收入增长幅度分别只有 12.7% 和 7.4%。工资总额的增长远快于国民收入的增长。

从第二个方面来看，中国职工每人每年的平均工资，1978年为 614 元，1980 年增长为 762 元，1985 年和 1986 年分别增长到 1148 元、1329 元，1986 年较 1978 年增长 116.4%，较 1980 年增长 74.4%，较 1985 年增长 15.7%；而按不变价格计算的全民所有制独立核算工业企业的全员劳动生产率 1978 年为 11131 元，1980 年为 12081 元，1985 年为 15198 元，1986 年为 15451 元，1986 年较 1978 年增长 38.8%，较 1980 年增长 28.5%，较 1985 年增长 1.66%。尽管 1986 年的零售物价指数比 1978 年上升 35.8%，比 1980 年上升 25.6%，比 1985 年上升 6%，剔除物价因素后的平均工资增长幅度仍超过劳动生产率的提高幅度，加上各种实物分配尚未计算在平均工资之内，实际上超过的程度还要更高一些。

中国的经济体制改革曾设想使投资主体从国家转向企业，国家给企业减税让利的意图之一就是使企业具有自我改造和自我发展的能力，鼓励企业用自己的留利进行投资。但是，工资侵蚀利润却使得企业把留利的绝大部分转化成了工资，企业自我改造和自我发展所需要的资金不得不求助于银行，职工在银行的储蓄存款通过银行贷款又转回到企业。所以，尽管积累率仍旧很高，资金来源却起了变化。可以预言，只要工资和利润关系模糊化和工资侵蚀利润的现象继续存在，企业投资仰求于银行的现象便会越来越甚。

中国近几年储蓄率之高，不论在发展中国家还是发达国家中都是罕见的。城镇储蓄增加远大于职工工资总额增加，边际储蓄倾向接近于 1。这是很特殊的现象，把它完全看作是储币待购讲不通，把它看作是正常现象，按照流行的储蓄理论包括生命周期中收入高的壮年期存款多的理论也解释不清。所以，高储蓄率能不能长期维持下去，需要有什么新的对策与出路，很值得认真研究。

从通常情况看，在收入增长很快时固然会出现消费增长的相对偏慢，但随后消费还是会赶上来。在消费方面起带头作用的集团消费是崇尚俭朴还是追逐奢华，以及消费示范效应扩散的快慢，将会明显地影响到消费增长的速度。人们过去家底薄，攒一些家底作为后备是普遍心理，但在没有财产投资的出路，储蓄主要是后备动机而非遗产动机时，家底攒到一定程度便会减弱储蓄的吸引力。正因为这样，储蓄只能对消费膨胀起缓冲和滞后作用，边际储蓄倾向在达到抛物线顶端以后会渐趋下降。到那时，如果工资侵蚀利润的机制仍旧存在，个人可支配收入膨胀转化为消费膨胀的危险性便会日益增大。所以，尽管目前从投资膨胀到消费膨胀的换位尚未成为现实，但将来却可能成为刺激和导致消费膨胀的主要根源。

六　成本推动型物价上涨方兴未艾

在中国传统体制中，企业生产产品的价格高低、利大利小和企业利益、职工收入毫无关系，企业不存在提高产品售价的利益机制。中国也历来否认关于成本推动型物价上涨的理论。如今情况却不一样了。随着承包经营责任制的推行，企业因涨价增加盈利可以多得留利、多发奖金，这就使企业从不那么关心价格转为关心价格，这种关心显然不是出于薄利多销开展竞争的经营考虑。具体表现为：在实行价格双轨制的企业里，除了正常的通过超产按议价出售多得盈利之外，还存在把计划价调拨供应的产品转为议价出售的情况；由于新产品可以另行定价，企业往往把老产品稍稍改动一下便大幅度提价；对于老产品也纷纷要求准予提价或自行提价。在工资标准由国家统一规定的体制中，或者在工资标准由劳动力供需决定的体制中，价格涨落本来只和企业的利润增减有关而与工资无直接联系，在中国却由于工资与利润关系的模糊化以及工资侵蚀利润，形成了成本推动型的物价上涨机制，当然，这里我们并不是想把中国经济生活中突出存在的物价上涨问题都归结为成本推动型物价上涨。应该说，因货币发行量过多所引起的需求拉动，因农副产品和初级产品价格长期偏低而调整比价，以及在商品经济不发达条件下开放市场所出现的投机倒把、哄抬物价，都是物价上涨的原因。但是，从发展趋势看，对成本推动型物价上涨决不可掉以轻心。成本升高已经是企业中的普遍现象，企业要求调高价格往往以成本升高为理由。尽管有一些确实是因为原材料提价后企业无法消化而要求提高加工品价格，但原材料之所以提价也有着工资份额升高的因素。如果中国的经济体制改革不解决工资和利润的混淆问题，那么物价将会不断地由企业和职工的利益机制推动而上升。在这方面，南斯拉夫所陷入的职工收入和物价轮番上涨的困境，中国应该引以为戒。

物价不断上涨使人民生活的改善受到一定影响，部分城市居民的实际生活水平下降。为了有所弥补，又不得不发放各种津贴和补贴，行政事业单位和企业里发放各种实物也难以制止。奖金、津贴和实物供给在各个单位之间有相当大的差别，引起攀比；在各个单位内部则基本上是平均发放，把它和工资相加，高收入和低收入间的差距在缩小。所以，中国虽然提出了要贯彻按照劳动的质和量的差别拉开工资档次，实际上城市职工的基尼系数是在缩小，而不是在扩大，平均主义并未因工资改革而消失。

有些人可能会埋怨过去选择的失误，认为只要把职工这些年增加的收入都用来搞工资改革，微观的工资关系可能已经理顺，新的机制可能已经形成，工资侵蚀利润的现象也不会发生。而如今则已经形成了工资侵蚀利润的机制，个人可支配收入膨胀正在发展，成本推动型物价上涨方兴未艾，生产成本中工资含量在上升，经济效益难以提高，继续发展下去将影响整个改革的顺利进行。我们不如此埋怨，因为事情的发展是各种因素综合的结果，而经济学家的分析即使不是单线索也很难面面俱到，由此而埋怨过去总难中肯。但是，如果已经看到了航线前面的漩涡和风暴，提出忠告，以避免驶入"百慕大三角"，看来还是必要的。

（《经济研究》1988 年第 5 期）

我国"诸侯经济"的形成及其弊端和根源

　　随着经济体制改革的推进,集权和分权关系的调整,我国的地方政府具有了双重身份。它的第一重身份是国家进行经济管理的一个层次,它要执行中央政府的各项经济决策,维护宏观经济的整体利益;另一重身份表现为地方政府是组织地区经济活动的主体,它有自己的经济利益,并会根据自己的利益作出种种经济决策。整体利益和局部利益的矛盾,往往会反映在地方政府双重身份的自我冲突上,表现为地方政府有时会采取一些前后矛盾的措施,摇摆性大。但总起来看,这些年随着改革向地方分权倾斜,地方政府作为经济主体这一面突出了,地区经济的局部利益不断被强化,以至于地方政府成了实际上的投资主体与带有市场主体的经济利益体,并且形成了"诸侯经济"。

一　从"地方包干"到"诸侯经济"

　　对于这些年改革向地方分权倾斜的结果,经济理论界把它描绘为一种新的经济现象——"诸侯经济"①。也就是说，全国 30 个省、市、区是 30 路大诸侯，300 多个地区、市是 300 多路中诸侯，2000 多个县（市）是 2000 多路小诸侯，各求发展，各据一方，各自为政。与任何譬喻都有其局限性一样，这种描绘也不够确切；但是，不妨借用这个术语，进一步探讨地方分权对当前经济发展和经济改革产生的广泛影响。

"诸侯经济"是怎么形成的？一般认为，它来自以财政"分灶吃饭"为嚆矢的"地方包干"。当时，这项改革突破了统收统支、"吃大锅饭"的传统财政体制，调动了地方增产节约、增收节支的积极性。但是，随即带来一些问题，主要是强化了地方利益和地方观念，从而使地方政府从经济活动的管理者进而成为经济活动和经济利益的主体，使这些地区为了增加财政收入，不惜千方百计地发展地方企业，直到不顾国家规划和区域分工的原则，盲目生产、重复建设，变为一个相对的"独立王国"。再者，一些收入较多、上交比例较大的地区，组织收入的积极性逐步减退，甚至人为地使收入滑坡，为地方和地方企业谋取实惠。另外，随着"包"字进城，在对城市工（商）业企业推行承包责任制的同时，先是少数部门试行"收支包干"、"投资包干"和"调拨物资包干"，后来又推广到对省、市、区和以下各级实行"投资包干"、"信贷包干"、"物资包干"和"外贸包干"等。把这些归纳起来，叫做"地方包干"，成为处理中央集权和地方分权关系的一种新的体制。对"地方包干"，评价不一，争论很多。大致有三种意见：一是完全肯定，认为符合改革的方向；二是完全否定，认为把改革引入了歧路；三是把它当作权宜

---

① "诸侯经济"作为对我国近些年出现的地方政府分割市场的形象描绘，已公开使用，参见《人民日报》1989 年 8 月 6 日的《当代"诸侯经济"忧思录》。

之计或过渡措施，而不是改革的目标模式。

肯定的意见认为：中央集权应当摈弃，权力必须下放地方。怎么下放？包干是好办法。这是因为，我国处于社会主义初级阶段，商品经济不发达，市场体系不完善，不能模仿或搬用现代商品经济的办法；并且，地区发展不平衡，对改革的承受能力不等，实行地方包干正是多层次的区域推进。

当作是过渡措施的意见认为，中央和地方的职、权、利要分开，不分开就难以产生效益；但是分权必须是双向的，在国家对企业没有真正分权以前，对地方实行分权的包干办法也只能是临时性措施。财政包干是一大进步，缺陷是把企业与各级政府之间的关系捆得更紧了，使各级政府热衷于铺摊子、上项目，力求自成体系，并对自己管辖的企业实行保护，加剧了市场分割，不利于资源在全国范围的优化配置。虽然带来短期利益，却不是改革的上策。何况，这种办法并没有使中央和地方的关系稳定下来，而是一个地方一个比例，过几年又来一番讨价还价。

否定的意见认为：地方包干存在一系列的问题，带来不良的后果。这是以包干代替宏观管理，实质上是把中央包死，不是增强而是削弱了中央的调控力量，并且妨碍地区之间的协作和调节。这不利于破除条块分割的壁垒，也不利于推行政企分开的进程。

地方包干是一项既定决策和现行体制，在肯定它的历史作用后，揭示它在实践中暴露出来的问题，当然不是要把改革拉回去，恢复中央的高度集权。分析它的目的，是为了权衡它的利弊，了解它对发展和改革的正反两方面的作用，经过透视，不难发现，当前发展和改革中存在的不少问题，都通到这个地方分权的现行体制的根子上，当然，形成"诸侯经济"，地方包干不是唯一原因；如果那样看，也是不全面、不公平的。

二 "诸侯经济"与"经济增长棘轮效应"

传统经济的弊端，表现为片面追求超高速度，忽视效益提高和结构优化，导致增长过热和需求膨胀，其原因是多方面的，不完全在地方。大家已经看到，这是一种急于求成的思想，形成以高速增长为目标，以尽量积累为手段，以外延的扩大再生产为主要方式的经济发展战略；同时，也来自它的体制病，处于预算软约束下的企业必然会患"投资饥渴症"，扩大自主权后又患"消费饥渴症"，表明这是一种扩张冲动的经济机制。但是，在行政分权后，地方政府的经济目标和经济行为又起了难以遏止的推波助澜作用，甚至成为扩张冲动的枢纽和主体。有关材料反映了这样一个事实：在向企业和地方的双向分权中，虽然与旧体制比，中央直接计划管的工业产品只剩下不到50％，统配物资按品种只有原来的10％左右，商业部的计划商品也只有原来的12％；然而，人、财、物和产、供、销决策权真正落实到企业的不到40％，其余部分都被各级政府及其各主管部门截留了。于是，在国民经济的运行中，地方政府的作用越来越大。当前的增长过热和需求膨胀，很多与"诸侯经济"有关，其轨迹是：

1. 攀比速度。在传统观念中，经济发展的综合标志就是增长速度，特别是工业总产值的增长速度。这本来不算错，只是片面追求速度，把整个发展的价值判断搞乱了。全国的增长速度靠地方来保证，这同样不算错，只是各地相互之间不顾条件地搞攀比，又带来无数负效应。地方搞攀比，一个动机是为地方谋利益，另一个动机是显示政绩。这也不算错，只是如果把后者凌驾于前者之上，往往会不择手段。攀比的内容：一是争座位，就产值规模争金牌、银牌和其他名次；二是比增长率，谁快谁慢。攀比的做法：当国家拟定一年或几年的增长率后，各省，市、区都要拟定高于这个平均增长率的地区指标。后进地区的理由是赶先进地区，应当缩短差距；先进地区的理由是基础好、条件好，应当继续领先。于是，展开一场以工业总产值增长为目标的"速度大战"，成为各地经济工作的大方向，最后却变为推动增长过热的异常动力。

2. 扩大投资。为了实现高速增长，除挖掘潜力外，根本的措施是扩大固定资产投资，速度越快越好，投资越多越好，这在资金供给制的条件下，没有自我约束机制，"投资饥渴症"就成为难以防治的痼疾了。地方政府扩大投资的办法：一是向上要，争项目，多多益善，来者不拒，甚至不免在申请时夸大有利方面，掩遮不利方面；二是自己挤，在地方预算中安排，向银行贷款要项目，往往造成财政赤字和信贷赤字；三是向下压，动员社会集资，布置企业投资，名目繁多的地方摊派中相当部分属于此类。预算外投资倍蓰于预算内，是近年来地方投资的一大特点，这些，本来都不算错，只是一味贪多，超过了国力和地方力量，使投资需求过旺，成为社会总需求膨胀的直接元凶。

3. 扩大消费。扩大消费，本来主要在企业，表现为滥发奖金、补贴和各种实物。但地方政府为了刺激增加生产和改善职工生活，即使不再提倡或鼓励，对此也总是默认或容许的。值得注意的是：在公共消费方面，地方政府的作用不是控制，而是助长，使集团购买力或政府需求不断膨胀。这几年的有关材料表明，全国行政经费的增长率高于财政收支的增长率和工业总产值及国民收入的增长率，地方行政经费的增长率又高于中央。其原因，除了机构日益扩大、人员日益增多外，还是由于奢侈之风愈演愈烈，建造楼堂馆所、购买进口轿车等高档消费品以及吃喝成风。

4. 恶性循环。一面是片面追求高速增长，超过了度，使经济效益不断下降；一面是扩大投资和消费，使财政收支、信贷收支和国民收支都不平衡。流行的说法是：为了增加财政收入，不能不保证较高的增长速度。这在正常情况下本来是对的，而今，由于速度和效益相悖，产值利税率和资金利税率等相续滑坡。以致过去工业总产值每增长一个百分点，财政收入也能大体上增长一个百分点；现在已经变为财政收入增长一个百分点，工业总产值非增长两个或两个以上的百分点不可。于是，靠产值增长来保证收入增长就造成了经济增长棘轮效应，结果是产值愈高，效益愈低；要增加收入，就得再提高速度，成为一个恶性循环。这就导致增长过热，使通货膨胀进一步发展，越陷越深而难以自拔。

5. 反控制。在传统体制下，一切经济决策权在中央，不仅操纵企业并且包揽地方的经济活动。那时，地方政府不是控制主体，而是被控客体和向企业传达控制的中介。现在地方政府既是国民经济宏观总量在地区平衡的被控客体，又是区域范围内独立的中观控制主体。按理地方政府的控制作用应当加强了，但无情的事实却是：地方政府虽有加强控制、稳定经济的良好愿望，而从地方利益出发，总是能上不能下，自觉或不自觉地要求继续保持相当速度，控制与反控制的斗争难分难解。所谓"上有政策，下有对策"，一般即指这种应对的本性。

三　"诸侯经济"与区域割据、结构趋同

"诸侯经济"的形成，除了进一步导致增长过热外，另一后果是带来区域割据和结构趋同，即使在大一统的旧体制下，客观上也存在着局部和整体的矛盾。那时，传统体制即是中央集权，上述矛盾的主要方面一般表现为对地方利益考虑不够，不能充分

调动地方的积极性。经过改革，转向地方分权，矛盾的主要方面也就转而表现为容易强调地方利益，不能更好地服从和服务于整体利益。所谓"诸侯经济"，或被理解为地方主义、分散主义、本位主义，都是这个意思。这也是客观存在，只是在地方包干后，就从可能变为现实了。其轨迹是：

1. "短平快"。地方经济要加速发展，投资搞什么？首先想到的是那些花钱少、周期短、见效快的项目。这也符合一般规律。过去所谓资本主义的工业化道路，先搞轻工业，直至形成对生产资料的巨大需求，才来搞重工业，似乎顺理成章；地方政府的经济目标，优先考虑局部利益和眼前利益，同样有其理由。然而，在价格倒挂、效益倾斜的情况下大量发展加工业并不可能通过市场调节及时推动上游工业的相应发展，而是持续地搞加工业的重复建设，过度竞争。针对这种失衡现象，人们讳于承认是加工业发展过快，有盲目性，却非理性地埋怨或谴责能源、原材料等基础工业发展得太慢，听任缺口越来越大，直至濒于断裂。另外，由于搞"短平快"，还导致企业的规模小型化和技术低级化、经济效益始终不高。地方工业的畸形发展，形成庞大的加工能力和对能源、原材料的庞大需求（这是投资膨胀带来的第二次需求），又不能相应地同步增加有效供给，正是诱发通货膨胀的重要因素。

2. 自成体系。搞"短平快"还不能包括地方经济发展的整个内容，另一倾向是自成体系，从省到市到县，层层追求"大而全"、"小而全"。这不仅来自非社会化观念，并且由于在市场发育不充分的情况下，求人确实不易，不得不搞自给自足。请看各省、市、区的长远规划，除少量有特色外，多数是设想周到、门类齐全、样样都搞。例如资源地区要求就地加工，加工地区努力开发本地资源。从电视机、电风扇、电冰箱到服装、啤酒等，不仅每省都有不止一个厂，甚至一市、一县都有一个厂或更多。这样，大家不能取得规模效益，不少是因陋就简、工艺落后和消耗大、成本高、质量差。其结果，更是地区之间的结构趋同，特色淡化。分析几个中等城市、主要行业无非是机械、电子、纺织、食品、建材之类，各占比重相差不大。长江三角洲的苏州、无锡、常州和杭州、湖州、嘉兴，几乎是两对"三胞胎"，大同小异。结构趋同不符合区域分工的原则，使每个地方都失去比较效益，是整个国民经济结构畸形化的又一突出表现。

3. 相互封锁。对内的开放性与对外的排他性相结合，地方经济成为一个松散的经济单元，依靠行政权力，相互之间既有贸易封锁，又有资源争夺。这种封锁和争夺出于对地方工业的保护，表现为：一方面禁止本地资源的外流；另一方面禁止外地商品的"侵入"。前者，又转化为资源的争夺，激化后成为争夺原材料的"蚕茧大战"、"羊毛大战"、"茶叶大战"等。有的省缺粮食，用大量外汇从国外进口，而有些省则粮食库存积压，无处销售。此外，在资源地区向加工地区切断资源供应的另一极，加工地区也向资源地区切断资金、技术的自然流动。产生这些情况，与其说是由于市场发育不够，毋宁说是由于行政权力对市场的干预和分割。省际如此，市、县之间也是如此，显然，这严重阻碍了市场发育，不利于形成统一市场，也不利于区域市场的规范化。同时，也不利于地方工业的技术进步和管理进步，并以社会资源的浪费和交易成本的增加为代价。在这方面，地方主义实实在在地束缚了生产力的发展。

4. "随机干预"。这是指地方政府在执行区域经济内的宏观调节时，往往表现为不同级政府行为的随意多变和相互之间不协调、缺乏政策的一致性和连续性。这是由于较多地考虑了地方利益和眼前利益，较少地考虑全社会利益和长远利益。例如在当前治理整顿中，紧缩财政支出和通货发行，地方政府每每搞"一刀切"或者背离国家的产业政策，尽量照顾那些近期效益较好的和眼前困难较多的地方企业，充分显示了"慈父般的爱"，而对未来能增加有效供给的产业却缺乏青睐，特别是对银行贷款，地方政府不顾信贷政策而着眼于"救火"，导致信贷膨胀和亏损长存，这更是屡见不鲜。实际上这是"逆调节"，其方式不是制度化和市场化，而是一种主观主义和行政手段，甚至表现为市长的瞬时命令。①

四　从条块关系和行政区、经济区关系等方面着眼的议论

有人认为不能把当前的问题说成是"诸侯经济"，而是条块关系没有理顺，是以行政区代替了经济区。我们认为，这些方面确实存在着问题，但并不是形成现实矛盾的体制根源。

"条块"关系确实是改革中不能忽视的方面。过去，曾有若干反复，总感到摆不平，于是在"条条为主"还是"块块为主"之间打秋千。其实，"条条为主"和"块块为主"都属于行政分权，"条条为主"更是中央集权的具体特征。只是在行政分权的有限空间里，不是东风压倒西风，就是西风压倒东风，不可能找出条块结合的最佳结合点。"诸侯经济"虽然表现为有块无条，但关键在于用行政分权冲淡了机制转换。必须是行政分权和机制转换同步推进，使企业摆脱非条即块的隶属关系，才能解开这个死结。实行地方分权，无疑要削弱条条的垂直管理。但是块块割据破坏了统一市场，不符合商品经济发展的要求。而且商品经济

---

① 参见陈东琪等《地方政府行为及其机制改革》，载《中国工业经济研究》1988 年第 3 期。

运行以横向为主的要求，并不意味着可以取消行业管理，而是把行业管理融化在区域管理之中。可见，理顺条块关系，不能期望通过放权或收权的非市场化办法来解决；而且地方政府产生追逐产值、扩大投资等现象，也不能简单地用"条块"关系作解释。同样，有人主张以产业政策替代区域政策，使条脱离块或者以条代替块，这种设想至多解决了结构失衡却解决不了现实生活中的其他矛盾；而且在我国这样一个大国是行不通的，企图恢复中央高度集权也是体制的倒退。

有人认为，当前的问题是以行政区代替了经济区，这是从市场的角度作出的判断，设想的出路是发挥以城市为中心的经济区的作用。这种思路在前几年盛行一时，并在组织形式上有所探索，有所突破，为改革增添了新项目。实践证明，经济区不能代替行政区，原因在于经济区没有固定的边界，不同产业有不同的辐射半径，不与行政区相结合，就会失去其可操作性。中心城市的经济区规划，规定的边界仍以行政区为影子，或者争取计划单列。最终又变成新的块块，还是形不成统一的市场。即使由此而促进了统一市场的形成。但是经济区追逐产值增长，扩大投资之类的问题并不能由此而得到解决。所以，我们是主张发挥中心城市和经济区功能的，但不认为由此可以解决问题，相反，由于地方经济主体利益的作祟，经济区仍有可能蜕变为行政区。

有人认为，当前的问题是划分中央与地方财权时实行了地方财政包干而没有实行分税制。尽管实行地方财政包干这项措施最初是在中央政府财政困难的情况下作为应急性措施采用的，但体制的变动一旦步入某一方向便具有某种固化特性，特别是当地方政府从扩大财权中尝到甜头之后，介入地方经济发展的冲动就变得强烈起来，使地方政府成为制造经济过热的一个重要因素，成为投资膨胀的主体。因而，地方财政包干确实在形成"诸侯经济"的过程中起了重要作用。但是，以为一旦用分税制来代替地方财政包干便可以消除"诸侯经济"的种种弊端，却是不现实的。目前我国的税制结构是以流转税类作为主体税种，而流转税类是和统一市场相联系从而不宜交给地方作为地方收入来源的，如果没有税制结构的重大变革，实行分税制的结果未必能达到预期的目标。而且从这些年的实践看，在实行地方财政包干以前，就出现地方政府扩大税收优惠减免和放松管理，人为地制造财政收入下降，然后用摊派的办法发展地方基础设施建设，再用集资的办法兴办新的企业，实行地方财政包干之后减轻了这种状况。可见形成"诸侯经济"还有更深层的体制原因。以分税制取代地方财政包干可能会使情况有所变化，但若不解决这个深层的体制原因，"诸侯经济"并不会由此而消失。

五　地方政府双重身份向经济利益主体身份倾斜

社会主义制度中的国家具有政治职能和经济职能两种职能，社会主义制度中的地方政府具有调控主体和经济利益主体双重身份，这种状况是不能改变的；地方政府的双重身份会产生一些矛盾是不可避免的。问题在于，当前的体制是地方政府的双重身份明显地向经济利益主体一头倾斜，因而在运用各种调控手段时，如果触及到作为利益主体的利益，就不免要让步。法官兼被告，裁判不可能公正无私，这是形成"诸侯经济"的深层原因，也是"诸侯经济"的利益刚性和结构刚性所在。

地方政府的双重身份之所以向经济利益主体一头倾斜，是因为行政性分权的改革把企业和地方政府捆到了一起。本来在传统体制下，突出的是整体利益，企业和地方政府都未成为经济利益主体，地方政府虽然具有双重身份，却是以调控为主。这样，地方政府虽然都代表地区的经济利益，但并未强化到形成"诸侯经济"的地步。经济体制改革之后，既向地方放权也向企业放权，然而代表国家行使经济职能的中央政府和各级地方政府的职责没有转换到位，企业也还没有成为自主经营自负盈亏的独立经济实体，从而使地方分权并未摆脱政企不分的旧格局。这就强化了地方政府作为一级利益主体的身份，经济行为不免错序。转换政府的经济职能，要害是实行政企分开，使中央政府和地方政府的职责从对企业的直接控制转换为通过市场的间接控制。这在某种意义上，政府的经济职能是缩小了，由经营型变为调控型，由宏微一体变为宏观调控的主体。但从另一面看，其职能又是加强了，由低层次的管理转向高层次的管理。为了适应这个要求，地方政府的职能转换，应是卸掉一些不该承担的任务，挑上一些应当承担的任务。从中央集中调控到地方分层次的调控，是改革和完善国家经济职能的客观要求。如今的改革没有实现这一要求，反而强化了地方政府利益，便很难避免地方政府截留中央下放的权利，收缴企业已有的权利。由于地方政府的全面介入，使得"诸侯经济"成为双重体制下总量膨胀和结构失衡的焦点。

在社会主义经济体制改革的理论讨论中，人们通常把对企业的软预算约束作为造成经济过热和投资膨胀的根源。但在我国，新企业是由地方政府筹建的，老企业的扩建改造也往往由地方政府批准和发动，所以，表面上企业已成为投资主体，实际上最主要的投资主体是地方政府。控制固定资产投资规模的难度大，难就难在从调控主体说，控制投资规模的任务要由地方政府去执行，然而地方政府又是利益主体，地区投资规模膨胀直接或间接地都和地方政府有着关联，要求地方政府自己对自己开刀是很不容易的。地方政府不同于企业，它作为分层次调控主体能够调动财政、银行、物资、商业、外贸等方面的力量，特别是银行下放给地方管理，使得地方政府在地方财政资金不足时，仍有可能指示地方银行贷款给企业，扩大投资规模，实现地区经济利益，这是造成信贷规模膨胀和信贷资金失控，导致社会总需求膨胀的重要原因。当然，有的时候中央政府严肃地强调控制，乃至以处分和撤职要求地方政府坚决贯彻，地方政府还是会发挥其调控主体的功能，抑制作为经济利益主体的冲动；然而在一般状况下，地方政府的双重身份总是向经济利益主体这一面倾斜。

六 扭曲的市场和扭曲的价格体系促成了市场割据

并不是所有的利益主体的形成都必定会造成市场割据，企业作为利益主体就是要求形成统一市场而不是要求市场割据，企业也没有力量去实现市场割据。但是，地方政府和企业不一样，它可以利用自己作为调控主体的行政权力，设置区域性的市场壁垒，以维护自己作为利益主体的地区经济利益，这就有可能出现市场割据。

在市场流通正常和价格合理的状况下，市场割据也是不必要的。然而，改革后强化了自己的主体利益意识的地方政府和企业，面临着的是扭曲的市场和扭曲的价格体系。加工工业品价格高利润大，使得加工工业发达的地区获得了额外的利益；农产品原料和矿产品原料价格低利润小，使得资源产地遭受损失。这样，就使得地方政府利用行政权力搞市场割据的可能性变成了现实性，并且因两种新情况的出现而加剧了市场割据。一是地区产业结构的调整以市场利润为导向，地方政府投资大量涌入"短、平、快"项目，特别明显表现为资源产地大力发展资源加工工业，以免"肥水落入外地田"。资源产地随着资源加工工业发展，便封关设卡，限制资源外流，造成市场割据并使外地加工工业原料短缺，开工不足。二是对外开放和外贸包干、外汇留成之后，各地区争夺出口资源，开展各种大战。出口条件好和外汇留成率高的沿海地区到资源产地抬价抢购，资源产地的应付办法是动用大量人力，采取各种措施封锁边境，保护地区利益。所以，我国在双重体制下出现的市场割据，同国外常见的贸易保护主义的壁垒政策不一样，贸易保护主义是在企业竞争能力低的条件下抵制域外制成品倾销，保护生产者利益；我国的市场割据却主要是控制本地资源不使外流，但资源生产者并未由此获得利益，而是把资源和资源加工品之间的差额利益留在本地，或者是使资源产地控制出口资源取得外汇。这正表明了扭曲价格是引起市场割据的现实动机。所谓"诸侯经济"，在很大程度上是基于市场割据而作出的形象描绘。

　　社会主义计划经济的优越性，本来在于能从宏观经济的角度，在产业结构、地区布局，规模经济诸方面获得最大的资源配置效益，尽管过去在这方面做得并不尽如人意，计划经济的优越性并未充分发挥，这种可能性是存在的。改革后的双重体制，却使得实现产业结构、地区布局和规模经济的宏观调控手段，因地方政府的梗阻而失灵，如税收杠杆和货币调控手段就不能起到应有的作用。由于实行地方财政包干，对长线产业或产品提高税率不仅不会限制其发展，相反会进一步刺激其发展，因为地方政府可以从中得到更多的收入分成；而实行紧货币的宏观调控政策，在地方政府的中介作用下，受到打击更多的还是由中央控制的短线部门，因为地方政府为了保证自己的收入来源，会让银行对地方工业给予更多的照顾。而各个地方都这样做，便使得加工工业的发展超过了资源供给能力，低水平竞争过度现象日趋严重，使整个经济的规模效益、结构效益和要素组合效益持续下降，有效供给不能随投入的增加而相应增加。与此同时，重复投资和因

"水多加面、面多加水"引起的基础工业对加工工业的追赶，却加剧了投资需求膨胀。所以，"诸侯经济"加剧了总供需失衡，而察其根源，则在于扭曲市场和扭曲价格条件下，为了保护地区利益而运用地方行政权力所造成的市场割据。

在传统体制下，中央政府强有力的宏观调控使"诸侯经济"没有生长的土壤。经济体制改革之后，向地方政府放权削弱了宏观调控，而且由于放权是有差别的放权，对广东、福建所实行的特殊政策；对特区、沿海开放城市、沿海开放地区、内地所实行的不同的开放政策；对计划单列城市和一般城市所实行的不同的管理政策，使得不同地区之间形成了不平等的竞争，在不同地区之间形成了不同的发展速度。沿海地区和内地的经济差距不是在缩小，而是在扩大。

但这时，地方政府已经成为经济利益主体，于是，经济发展慢的地区为了避免"马太效应"的扩大，经济发展快的地区为了巩固自己的领先地位和优势，都利用起了自己作为调控主体这另一重身份所具有的行政权力，实行有利于自己发展的经济政策。所谓"灵活变通中央政策"，敢于"打擦边球"，就是提倡违反规则，逆中央的宏观调控而行。所谓"见了红灯绕道走，见了黄灯赶快走，见了绿灯挤着走"的"三灯"方针，意味着不管中央政府的宏观调控要求的是走还是停，地方政府总是千方百计要走。因而所谓"灵活变通"，就是以地方的调控取代中央的调控，以地方的政策取代中央的政策。这样，整体利益让位于局部利益，由此而形成"诸侯经济"。并且因为哪个地方经济发展快对哪个地方最有利，尽管由此会造成宏观失控使经济发展出现波动，但都心存侥幸，以为受损失的不一定是自己。这样，"诸侯经济"的本位利益又助长了社会博弈心理，宁愿加温使全国经济受损，不愿降温使本地区经济发展落后。这使得"诸侯经济"有着比过去强的示范拉力和比过去强的吸纳机制；"诸侯经济"的出现使中央政府要求平稳发展的计划指令和调控措施不能有效贯彻。于是短缺程度不是比过去缩小而是进一步扩大了。

（《经济研究》1990 年第 3 期）

股市泡沫生成机理以及由大辩论引发的深层思考

——兼论股市运行扭曲与庄股情结

　　蛇年春节以来，中国股市奏起了古筝楚汉相争的乐章，铁马金戈之声，不绝于耳。一方面是管理层整肃股市，强化监管，动了真格；另一方面经济学界开展了股市是是非非的大辩论，针尖对着麦芒，见仁见智，抒发了对股市和今后发展路向的不同见解。有几家媒体曾经找到笔者，要求谈谈。但我想辩论涉及到股市中许多根本性问题，与其匆匆忙忙发表随想式的评论，不如下工夫对争论焦点做点扎实研究，为此，婉谢采访，闭门二月，成此芜稿，就正方家。

　　股市中股票价格波动从来都是由市场中供求力量对比变化引起的，经济学界关于股市泡沫的理论争论，之所以会受到股市人士异乎寻常的关注，正是因为人们觉得理论争论会影响政策，从而会影响股市供求和股价波动。然而从理论研究来说，不能因为社会关注而停留在一些形象比喻的争论上，还有必要离开辩论会对股价发生何种影响的功利思考，从深层挖掘股市泡沫是怎样产生的？它的生成和运行有着什么样的机制和特点？中国股市不同于常规股市的运行扭曲又怎样影响股价并产生泡沫？只有对这些带有根本性问题有所认识和理解，方能把由大辩论引发的理论探索推上一个新的台阶。

一　关于股市"泡沫"的议论

中国股市兴起10年，其间股票价格的飙升，曾经使一些人一夜暴富；而股票价格的暴跌，又使得一些人折戟沉沙，由腰缠万贯变成一贫如洗。面对股市的风风雨雨，升降起伏，经济理论界议论纷纷，把股价飙升看成股市中的不正常现象，对股市"泡沫"提出警告，希望股票价格向它的内在价值回归，此种声音10年来不绝于耳。而且，这种议论不仅见之于中国，在国际经济理论界也时有所闻。他们认为商品价格以它内在价值为基础，理性行为主体的活动不会引致"泡沫"，这本来是自李嘉图以来古典和新古典经济学的主要命题（也是马克思主义经济学的命题）。在分析股票价格时，则要注意到股票证券买卖和商品买卖有所不同，普通的商品都是劳动的结果，它的价值来自于生产该商品所投入的劳动，包括物化劳动的转移和活劳动的固化。因此，其价值的大小取决于"生产该商品所花费的社会必要劳动时间"。证券是根据法律规定发行的代表对财产所有权的收益权的一种法律凭证，有价证券本身并没有价值，不是真正的资本，而是虚拟资本。投资者用货币购买证券，货币的使用权就转为（证券的）发售者所掌握，投资者持有证券只是证明有一定金额的资产或资本价值为他所有，此券可以定期（或不定期）取得一定收入，并且可以通过出卖证券把证券还原为一定数额的货币。虽然证券属于虚拟资本，本身并没有价值，但它代表了对一定数量的现实资本占有权,可以用来买卖,因而具有交换价值。而且,由于它还代表了对所占有的该部分现实资本收益的所有权,所以其交换价值不仅取决于它所代表的这部分现实资本的大小,还与这部分现实资本的收益能力有关,是现实资本和收益能力两者的综合结果。

还需要指出的是,股票买卖这种虚拟资本及其获利能力的买卖,不只是买现在,更重要的是买对于未来的预期。投资价值的大小,取决于它给投资者所带来预期收益的高低,证券给投资者带来的预期收益越高,其投资价值也就越大,反之则价值越小。根据收入资本化定价法的基本原理,任何资产的"真实的"或者"内在的"价值是该资产的所有者或投资者持有该资产期间所能收的现金流量。由于现金流量属于投资者对该资产在未来持有期内表现的一种预期值,它们必须经过贴现还原为现值,以反映货币的时间价值。根据这一原理,证券的投资基本上是受两个方面因素的影响:一是贴现率的高低;二是投资该证券的预期回报。

经济学家认为股票是有其内在价值的,股票价值由以下三因素构成:持有股票获得的回报(股利);在期限终了时股票的终值;用于把未来回报转换为现值的贴现率。正是在这种"收益资本化"的理念指导下,得出了许多经典的股票估价模型。而由此使一些经济学家认为,买卖股票和买卖商品一样,在理性预期条件下不会发生"泡沫"。其分析的论据是:(1)从投资者逐利行为来考察。股票将按持有者所获得的回报来定价,假设经济中最终的交易时期为 T,那么在 T-1 期经济主体不会以高于在 T 期股票收益贴现值的价格来购买股票,因为如果他这样做就会遭受损失。因此在 T-1 期泡沫不可能存在,类似地,通过后向递推(backward induction)会得出泡沫不可能在整个时期的任何一个时点存在。(2)一时期的股票价格上升可能会使投资者心动，可是考虑到经济社会中，财富是有限的，从而总有一个时点，在那时为了支持泡沫所必需的股票实际价格将会超过经济的总财富，无疑在哪个时刻，泡沫必将破灭，从而在那个时点以前的时点，没有一个交易者愿意去购买股票，再次通过后向递推判定泡沫不可能出现。（3）参与股票买卖的交易者的数量终究是有限的，尽管会有高风险可以由高回报来补偿的诱惑，可是只要其中有着"风险厌恶型"的参与者，那就会产生连锁影响。使得这种"游戏"进行不下去，从而有限交易数量条件下作后向递推分析也得出"泡沫"不会产生的判断。显然，这些分析的前提条件是股市投资者由理性投资主体所组成，当股票市场上的投资主体中有一部分乃至大部分是非理性的时候，出现股价泡沫就又当别论了。

二　股市中信息不充分不对称，使非理性主体大量产生

把股市的投资者都当作是理性投资主体，是与有效资本市场的理论假设相联系的。将有效资本市场假设理论应用于股票市场，可以得到这样一个结论：在一个有效的股票市场上，股票价格曲线上的任一点的价格均最真实、最准确地反映了该股票发行人在该时点的全部信息。由此可以推断，如果股票市场是有效的，那么，任何一个在该市场上交易的股票的实际发行价格，都应当全面反映该股票的价值，而该价值是所有投资者通过对该股票发行者的所有信息的判断而取得的。所谓"有效"是指价格对信息的反映具有很高的效率，这一高效率不仅仅是指价格对信息反映的速度，即及时性，而且还包括价格对信息反映的充分性和准确性。

要使这个有效的市场在现实中得以建立，还需要有四个条

件。第一是信息公开的有效性。即有关每一支股票的全部信息都能够充分、真实、及时地在市场上得到公开。第二是信息从公开到接收的有效性。即上述被公开的信息能够充分、准确、及时地被关注该股票的投资者所获得。第三是信息接收者对所获得信息作出一致的、合理的、及时的价值判断。第四是信息的接收者依据其判断实施投资的有效性，即每一个关注该股票的投资者能够根据其判断，作出准确、及时的行动。如果股票发行市场具备了这四个条件，那么，无论是发行者还是投资者，对所发行股票的价值的认识都是一致的，结果，市场形成的是买卖双方都认可的价格。一旦股票市场具备了这四个条件，那么任何人都不可能从股票差价上获得收益，只能从企业盈利上获得收益。而且，不论投资者投资何种股票，投资的回报率都将是一样的。

　　然而，以上四个条件执行时却有着种种约束难以兑现，表现为：第一个条件：信息公开的有效性。这是一个以发行者为主的主观条件。一是作为股票发行者，不会这么做，因为他的目的是希望投资者购买他发行的股票，因此，就会本能地向投资者宣传甚至夸大企业及其股票的优点，而对其存在的问题则避而不谈甚至有意歪曲掩饰；二是有关企业的某些信息可能对其竞争对手有利，不能公开或不能完全公开；三是信息披露会产生一定的成本，尽可能降低信息披露成本的心理使得企业不愿意完全、及时地公开信息。由于这三个方面的原因，使得信息公开的有效性受到一定程度的限制。第二个条件：信息从公开到接收的有效性。这个条件受各种客观因素的影响，由于信息披露的程序、信息传播的方式、技术手段等一系列客观条件的限制，会使已经公开的信息不能完全、及时地被投资者所接收，信息传播和接收的有效性受到一定程度的限制。第三个条件：投资者对信息作出判断的有效性。由于投资者的生活环境、社会背景各不相同，会形成不同的价值标准。同时，由于投资者所接受的教育程度不同，对股票投资专业知识的掌握不同，从而使得投资者具有的信息判断能力也就不同。由于这两方面的原因，不同的投资者对相同的信息会作出不同的判断，从而使信息判断的有效性受到一定程度的限制。第四个条件：投资者实施投资决策的有效性。这个条件主要受投资者在实施投资决策过程中各种客观因素的影响。由于投资者进行交易的地点、实施交易的操作方法和操作条件、完成交易的技术手段的不同，投资者实施和完成投资决策的难度各不相同，从而会影响到投资决策实施的有效性。

以上所说的股票市场信息的约束条件，仅仅是指上市公司的信息。而在现实生活中，影响股票价格的因素非常多，股市中存在的不确定性也非常多，既有上市公司业绩好坏和股市买者卖者力量对比的内在不确定性，还有着宏观经济走势和宏观政策动向的外在不确定性，有着监管部门对新股上市规模和进度安排以及历史遗留问题处理的随机调节的不确定性。正因为不确定性非常多，股市操作者便需要获得各种各样会引起股价波动的信息，从而对股市价格走势和股价变化作出自己的预测，并据此进行操作。

信息对于股市参与者之所以重要，在于信息是有时效性的。先期获得利好信息者，可以抢先在低价时调集资金买进股票，获得信息滞后的便只能在股价已经启动之后再跟风追涨，信息获得的早迟使两者在获利多寡上相差悬殊；而能够先期获得利空消息，及早抛售可以避免损失，至于信息获得滞后者则只能割肉平仓或者被牢牢套住。股市参与者掌握了信息，才能心明眼亮，游刃有余。

一条消息引起股市价格大幅度波动在世界各国都存在，信息掌握的地位差别，机构大户利用自己所处地位炒消息，在中国表现得相当突出，散户、中户、大户、机构主力在信息掌握的地位上差别相当大，他们之间在信息源的广度、深度上有天壤之别，在获得信息的时间序列上有早迟之分。信息获取上的巨大差异，使得散户有如"盲人骑瞎马"，只能跟"风"，股价的上拉下压主要取决于机构主力的操作。但机构主力并不可能任意拉抬或者打压股价，而是利用自己在掌握信息上的优势地位，把信息作为炒作题材，强化同频振荡力度。这样，信息掌握上的不均等地位，信息披露的不充分，信息渠道的不畅通，给机构大户创造了充分的炒作空间。所谓炒朦胧题材，就是炒的信息未公开时的由朦胧形成的不确定性。其中有的是先期获得信息以之获利，有的则是制造虚假信息以之牟利。正因为这样，有效资本市场的理论假设，在实际生活中是不存在的，它往往表现为半强式有效市场、弱式有效市场乃至无效市场。由于信息的不对称性，缺乏信息的投资者不可能根据信息进行股票买卖的理性决策，从而使非理性投资群体成了股市活动的主体。

三　股市非理性与股价的常态泡沫及非常态泡沫

股票市场和商品市场有相同的一面，价格的变动都以它的内在价值为基础，但它们之间又有不同的一面，商品市场中买主购买商品是为了消费，不存在逐利动机。股票市场买主购买股票是为了获利。获利可以是从股票的分红派息、送股赠股等形式中取得的投资收益，也可以是从股票价格上涨的差价中取得投机收益。如果股票市场的参与者都是前一种人而无后一种人，股票价格确实可以向它的内在价值回归而不会产生"泡沫"。然而在现实生活中，后一种人的比重相当大，追逐股票买入和卖出的差价，成为股市"游戏"的重要内容，然而股市的追逐差价利益的参与者是信息不充分，行为非理性的，于是，股票价格"泡沫"便很自然地产生了。①

"泡沫"（bubble）这个词在经济学中使用，是描述这样一种经济现象，即在一个连续过程中，一种或一组资产价格的急剧上升，其中初始的价格上升使人产生价格将进一步上升的预期，从而吸引新的买主（投资者），他们交易此资产的目的是通过交易来获利，而不是想使用它。② 所以，按照经济学的定义，"泡沫"并不是在投资中产生，而是在追逐价差利益的投机活动中产生，而由于资本市场中股票、债券、期货、外汇等的价格变动频繁，时不时会出现价格变动，形成买入价和卖出价的差异，因此投机"泡沫"主要发生在资本市场。至于商品市场也曾经于20世纪80年代中叶出现过长春、沈阳等地炒卖君子兰的狂热，还有炒电话卡、炒文物古玩、炒紫砂茶具等等，这时候出现非理性经济主体是因为买卖商品不是为了使用消费，而是为了在再出售时获得价格变动中的差价利益。当年在恶性通货膨胀时人们熟知的囤积居奇者的作为，也同样不是为了满足消费而是为了获取差价利益。这时候买卖虽然发生在商品市场，但起作用的并不是商品市场的功能。因此，在讨论"泡沫"的时候，把发生在商品市场的"君子兰泡沫"等当作例外，专门关注资本市场中特

---

① 非理性投机的基本心态是以资金投入后必然会获得高回报而不承认、不相信会有高风险。在中国股票市场发展初期某些股票出现异常的"天价"，市盈率高达百倍以上，这固然有股市规模过小、供给远低于需求等原因，但传播媒介的夸大宣传，使得"致富无门"的芸芸众生以为有了一条致富的捷径，使得股市中充斥着大量的非理性投机者，从而推动了股价疯狂上涨。1992年百万股民涌向深圳酿成风波，1996年流传在股民中的"不怕套、套不怕、怕不套"的豪言，都反映了在信息不足条件下的无知与狂热。后来股价真的暴跌，纷纷被套，便叫苦连天了。

② 参见《新帕尔格雷夫经济学大词典》中译本第一卷，经济科学出版社1992年版，第306页。

别是股票市场中经济主体的行为特征，应该是允许的。

古典和新古典经济学认为"泡沫"不正常，是把市场活动中的经济主体都是理性主体作为假设的前提条件。然而在实际生活中，股票市场中的参与者并不单纯是求取股息红利等投资利益的投资者，他们中的大多数热衷于博取股票价格上升所得到的差价利益，这种经济主体行为的投机性，再加上他们的活动在具有非理性性质的弱式有效市场乃至无效市场之中，非理性行为主体占绝大比重，投资者的心理（也就是股市里通常讲的人气）对于股票市场的价格变动起着相当大的影响。

那么，投资者的心理又是如何活动的呢？投资者买进或者卖出股票，是基于对未来的股票价格变动的预期。本来，未来的股票价格变动的内在基础是未来的股份公司的赢利及基于此而给付的股息红利，可是未来如何发展的不确定性非常之大，这种不确定性包括宏观经济方面的财政预算、贸易状态、汇率变化、物价水平，还包括微观方面的企业收益状况、新项目启动、分配方案等，还有特殊的不确定性如企业的并购重组，等等。可是投资者能够获得有关这些不确定性方面的变动信息是非常有限的，并且在投资者之间很不对称，这时候，缺乏信息来源的投资者主要是通过观察别人的行为来取得信息，认为别人买进某种股票可能是他有利好信息，于是也跟着买进，别人卖出某种股票可能是他得到了股价会下跌的信息，于是也跟着卖出。这种"从众行为"产生了跟着别的羊走的"羊群效应"。正如凯恩斯所说的："循此成规所得市价，只是一群无知无识群众心理之产物，自会因群意之聚变而剧烈波动。"[凯恩斯（1936）] 在这时候，股票市场上的股价是市场参与者的心理相互作用的结果，它并不依据股票的内在价值。至于市场参与者如何相互影响，凯恩斯（1936）的"选美博弈"对此作过描述，他说："报纸上发表一百张照片，要参赛者选出其中最美的六个，谁的选择结果与全体参加竞赛者的平均偏好相似，谁就可能获奖，在这种情形下，每一个参加竞赛者都不选他自己认为最美的六个，而选别人认为最美的六个。每个参加者都从同一观点出发，于是都不选他自己认为最美者，也不选一般人认为最美者，而是运用智力，推测一般人认为最美者。"把这一规则运用到股票市场，便表现为在市场参与者不存在"合谋"的情况上，市场的参与者为了推测股票的需求是否很大，首先必须推测其他参与者的判断，但其他参与者的判断则又取决于他们对其他参与者推测的判断。这样，任何市场参与者的判断所导致的行为，都会成为由市场其他参与者推测所形成的链条的一环，从而市场中一个微小的事件所致的心理冲击，放大为市场中所有人的影响因素。这样就会形成同频振荡，使共振成为股价波动的重要源泉。股市中的非理性，正是由这种"羊群效应"引起的、以"选美博弈"为特征的"股价噪音"表现出来的。

人们通常认为，股票市场中的非理性行为是因为股市中的散户太多，他们缺乏自己的判断力，只能够跟风操作，成为羊群中的一只只羊。但是后来的研究却使人们认识到与追求自身利益最大化的理性（个体理性还是集体理性）有关。最典型的是基金管理者容易出现的羊群行为。艾伦和戈登（Allen & Corton，1993）在信息不对称条件下分析了基金管理者个体理性的策略行为会导致泡沫。管理者自己没有财富投入，经营的是公众基金，如果基金收益为正，则管理者的收益安排类似一买入期权，而且被证明是一个最优的委托—代理合约。但这一合约在信息非对称条件下却极易引发管理者的风险喜好，追逐投机利润，引发投机泡沫。他们便有羊群行为倾向。当股价呈现上扬势头时，他们喜欢跟风或者造风，也许明明知道市场中存在泡沫，也知道泡沫会破灭，但不清楚自己是否泡沫破灭前的最后接受者，往往认定还有后继者，他们仍然会进行冒险。在我国，证券监管部门允许证券投资基金管理人提取较高的业绩报酬，只要基金分红率高于同期银行利率的20%，基金管理人就可按高出的百分点、依基金净资产的5%提取业绩报酬。根据计算，这样给付的业绩报酬极高，由此给股市带来的后果，不言自明。管理人行为特征与外国经济学家所描述的基金管理者的行为极其相像，赚了钱可以分享提成，赔了钱由基金持有者承担。这往往使得有些管理人的行为极富冒险性，此时非理性的行为反而是合乎理性的，而非理性行为并不局限于散户，它还包括了被宣传为股市稳定力量的基金，这就使得股市中的非理性参与者的分量加重，股市"泡沫"出现的频率加大。

泡沫有常态泡沫和非常态泡沫的区分，我曾用没有泡沫的啤酒喝起来没有味道来比喻常态泡沫是活跃股市所必需的。至于非常态泡沫，是指系统的金融风险以及推波助澜的市场狂热。此泡沫不同于彼泡沫。对两种泡沫不能笼统地一概加以否定，而是要尽量防止热了再热以致常态泡沫演变成非常态泡沫。我国的股市是以散户为主体的股市，散户的特点是股市处于低点时不敢买进，等到股市热了起来才由乐观情绪支配而追涨买入，以为股价还能不断攀升上去。常态泡沫正是在这种情绪下向非常态泡沫转化的，乐极生悲，泡沫越大越容易破灭，当泡沫破灭股价暴跌时，往往会出现大量的套牢者。

四　用市盈率测度股价泡沫

股票市场并不是完美无瑕的有效市场，股市参与者的非理性是不可避免的，股价"泡沫"是经常发生的。但并不是凡属"泡沫"均不可取。股市要在价格的起伏波动中，使参与者获得差价利益，此时有点常态"泡沫"用不着大惊小怪。但股市中还有着非常态"泡沫"，"泡沫"因市场狂热而吹得非常之大，随时会破灭并会引发系统性金融风险。对于两种泡沫要作区分，要尽量防止热了再热，以致常态"泡沫"演变成非常态"泡沫"。

然而，"泡沫"又如何测定，如何界定它是处于常态阶段还是非常态阶段呢？通常采用的是股票价格与每股盈利相对比的市盈率测定法，把国外的股票市场市盈率作为参照系。在1993年以前，美国纽约交易所的平均市盈率是16倍，纳斯达克是18倍。现在美国股市到了一个新的阶段，需要用新的理论来加以解释。但除了网络股、高科技股、计算机股在40—50倍左右，生物科技股在22倍左右，传统产业股没有超过16倍的。香港股市市盈率通常在20倍以下，亚洲金融风暴以后，一度在10倍以下。在香港上市的国企H股目前一般在10倍以下，然而我国深沪股市在2000年12月时市场价格的市盈率一般是60多倍，有的达到100倍乃至上千倍。显然，采用参照系比较的测定方法，我国的股票价格是高了，常态泡沫已在向非常态泡沫转化。但是，持相反意见的经济学家不认同市盈率比较法，认为中国股票市盈率有自己的国情特点，仍旧各说各的，难以取得共识。

有人说，股市中上市公司盈利是一年度年报的数字，然后以本年度每月每日交易的股票价格与之计算市盈率，而股市中炒作的是对于未来的预期。这种由过去、现在、未来三种力量构成的市盈率具有动态性质。如果上市公司年报出来的盈利较上年翻了一番，原来60倍的市盈率会变为30倍，如果未来会更好，原来60倍的市盈率会变为15倍。从而，以投资价值考察企业的成长性会容忍有着泡沫的偏高的市盈率，因为成长能增加利润使泡沫得到充填夯实。然而从我国股市的实际状况来看，上市公司普遍存在着只重融资不重视融资后的资金运用，在上市时获得一笔可观的创业利润，而上市后则未能用其融得的资金增加新的利润成长点，存在着利润递减的趋向。因此，过去、现在、未来的动态变化和对未来的预期只能说明市盈率是一个动态的概念，对我国60倍市盈率是高还是不高的争论，仍旧会陷于公说公有理，婆说婆有理的混战格局。

计算市盈率是世界各国通行的做法，但否定市盈率作为评价标准的国内外都大有人在。在只会烧钱不会赚钱的网络股火暴时，对于过高的市盈率，被用注意力经济眼球经济的理论来给予宽容，似乎由此可以改变企业必须赚钱的准则，便是和批吴派异曲同工的理论。近些年来，西方经济学界利用数学方法和经济学理念的结合，设计多种模型，进行股票价格变动中存在的泡沫和泡沫度的实证检验。却仍有人认为股票价格是非常容易波动的，是不能够简单地用股票上市公司的盈利状况和股息分配的变动来解释的（参阅 West，1988），于是，模型设计也就成了多余的事情。

五　股市投资价值评估与吃"唐僧肉"导致股市运行扭曲

对市盈率标准不能获得普遍认同，并不意味着不需要进行比较和界定。股票投资毕竟只是多种金融工具中的一种工具，而金融工具的投资价值可以用投资收益来进行比较，拿股票来说可以进行股价市盈率与储蓄存款、国债、企业债券等的收益率的比较，当投资股票的收益率高于储蓄收益率时，股市才有投资吸引力。我国目前一年期的储蓄存款利息率为 2.25‰，相当于 44 倍的市盈率。股市的收益率应该高于储蓄收益率，因此股价应当低于 44 倍市盈率才有吸引力。再进一步说，股价市盈率反映的是企业的盈利状况，而真正能与储蓄存款利息相比较的是股份公司的分红派息。目前多数公司不分配，少数公司即使分配也远低于其盈利额，因而按投资回报计算的实际市盈率已经不是60倍而是100倍或者200倍，也就是从投资价值来看投资股票得到的分红派息远低于储蓄存款，大体只有一年期储蓄存款利息的五分之一。

中国股市之所以投资价值低下，一个重要原因是把股市当成了"唐僧肉"，人人皆欲分而食之。股市的发展过程交织着多方面的利益争夺与协调让步，从而使得股市中存在着很多不规范的地方。

中国的股票市场是在理论准备和法制准备都不足的状况下诞生的，当时还有不少人把它当作社会主义的异物，因而早期的股市是作为地方市场进行试验，由中国人民银行上海市分行和深圳分行先后批准成立证券交易所。但一经运行，很快便被各方面发现了它的筹资功能，各地政府纷纷要求安排公司上市。1992年中国证监会成立后，为了缓解上市公司的供求压力，特别是各地对公司上市的强烈要求，采取了所谓的分指标、有计划上市的切块办法，将年度上市的总指标切块分给各省市（部门），由他们去选择合适的上市公司。但是，指标究竟以什么为标准，是以上市公司家数还是股票流通量？各地区拿到这一指标后便开始采取相应的对策，当采用流通量控制时，他们所选择的上市公司先将股份进行压缩，将企业的净资产大幅度提高，以减少每个上市公司的流通股本。如一家有1亿元净资产的企业在评估后折为5元一股，将股本压至2000万元，然后申请上市，这样一来，各地申报的上市公司全是小盘股而且流通部分占总股本很小的部分，这就增加了各地区申报上市公司的数量（目前市场上交易的在1995—1996年度上市的大部分公司均属此列）。面对着这一压力，只好改变指标分配办法，以控制上市公司家数为主，这样一来，各地上市的公司流通数量越来越大，往往一家公司就融资数十亿元，而事实上该企业并没有那么多净资产。这样，在争夺上市指标力争多扩容、多筹资的过程中，很自然地产生了种种不规范。

各级政府在上市指标使用和上市公司的选择上，不是为一般企业的发展提供一个合理的资金渠道，而是有目的地寻求国企解困。据有关方面估计，到1996年底，深沪上市公司中由政府和国有企业绝对控股的公司占70%，这些企业通过发行新股和配股所募集的资金达1120亿元。1997、1998、1999三个年度发行的股票数快速增加，而且刻意增加了大型国有企业的数量，再加上原上市公司的配股资金，保守估计，国有企业从这一市场拿走了近5000亿元资金。把濒临破产的国有企业诸如红光实业、大庆联谊等包装上市，欺骗了投资者。而因为上市是稀缺资源，公司上市之后即使经营不善，亏损累累，仍旧可以通过卖壳和买壳起死回生。"壳"之所以值钱，是因为买"壳"之后可以通过配股向市场圈钱。将欲取之，必先予之，仍旧是为了吃股市"唐僧肉"。

上市公司是股票市场的基石，上市公司的利润多寡是判断股市投资价值的主要指标。按理说，上市公司是为股市作奉献，属于被"吃"的对象。但在实际生活中，上市公司不是被吃的"唐僧"，而是吃"唐僧肉"的主力。它们先是高溢价发行，获取大量创业利润列入资本公积金，接着又以资本公积金进行大比例送股或转赠股份，扩大受发行规模限制的股本盘子，以后又以此扩大盘子为基础进行大比例配股，再一次向市场"圈钱"。而且胃口越来越大，溢价发行越溢越高。一级市场发行市盈率的高限曾经是6倍、8倍，后来改为18倍，再后来索性不加限制，新股发行市盈率一浪高过一浪，如铜峰电子发行市盈率34.6倍，神州股份37.7倍，安徽科研40.632倍，安泰科技59.92倍，通海高科61.83倍；而闽东电力，更是将发行市盈率猛然提升到88.69倍，比当时二级市场的平均市盈率还要高。以市盈率作为检测标准，这类股票在发行募股时就是高溢价，它进入二级市场时便已经没有投资价值，全靠哄抬做市把价格往上推，市盈率超过百倍也正由此而来。

上市公司中经营不善走下坡的居多，经营盈利上升的较少。原来设想通过股份制改革实现机制转换，实践中多数是把上市圈钱作为唯一目标，机制转换并未兑现，国有控股上市公司的经营机制经营状况与一般的国有企业差距不大，一般的国有企业的毛病在上市公司里都有。这样，随着上市时取得的创业利润的逐渐销蚀，形成了时常流传的"第一年香飘万里，第二年米西米西，第三年变成垃圾"。这种现象从近几年深沪两市上市公司每股收益变动轨迹（见表1），可以得到证明。

表1 　　1994—1998年深沪两市上市公司每股收益变动轨迹 单位：元

年份 上市公司	1994	1995	1996	1997	1998
沪　市	0.27	0.24	0.22	0.24	0.23
深　市	0.41	0.26	0.25	0.25	0.19
两市合计	0.34	0.25	0.23	0.24	0.21

资料来源：《中国证券报》1999年8月14日第8版。

上市公司给股市贡献少，向股市索要多，而且某些上市公司还存在着向股市的额外索取。上市作为稀缺资源，争夺异常剧烈。上市公司答谢为获得稀缺资源出过力、说过话的人士，常常给有关人士或其亲友配售内部职工股，使得本来作为强化企业凝聚力，给职工戴上"金手铐"的内部职工股改变了性质，成为上市公司的公关工具。然而公关的钱实际上并未由上市公司承担，而是从股市溢价中取得，这样，上市公司慷股市之慨，把股市作为交纳寻租金的来源了。再一种额外索取是自己坐庄或者配合庄家，制造虚假利润。琼民源制造巨额虚假利润，使原本属于垃圾股价猛烈拉升成为深市涨幅最大的领头羊，是人所共知的。某些上市公司配合庄家炒作，发布虚假信息，随后又加否认，甚至否认后又肯定，人为制造信息误导，把水搅浑，此类事例不是一起二起。而这样做的目的无非是在一级市场之外还要再到二级市场啃一口"唐僧肉"。

从股票市场的本性来说，投资回报多寡是衡量股票价格高低的基准，国际上经济学家分析股市都着眼于股市的投资价值。而我国却如前面所分析的，因为争吃"唐僧肉"而伤害了股市的投资价值。2000 年股市印花税和券商佣金为 900 多亿元，而 2000 年公布的上市公司上年盈利只有 800 多亿元，其中真正给投资者分红派息只不过 150 多亿元。因此，投资者很少关注投资回报，是股市运行扭曲之后的自然现象。

六　追逐价差成了投资股市的主要动力

前面分析了中国股市投资价值相当之低，这就提出了一个新的问题，股市投资价值不如储蓄，为什么能够吸引大量存款流向股市呢？其奥秘在于储蓄存款和债券等金融工具都以利息收益作为投资回报，而股票则还有着股票价格变动从价差获得收益的渠道。这也就是，股市兼具投资和投机的两重性。当然，论证中国股市投资价值有多大、投机因素有多重，是一个涉及到许多方面有待深入探讨的课题，在此只举一组简单的数字：在 2000 年初沪深股市流通市值不足 8000 亿元，到年底流通市值超过 15500 亿元，其中有发行新股 154 支及配股 164 支，筹集资金 1499 亿元，余下的 5000 多亿元是股价上扬做大的蛋糕。印花税和券商佣金 900 多亿元从这里分割后，股市中机构和个人投资者的获益大约有 4000 多亿元。远远大于上市公司给投资者的大约 150 多亿元的回报。这几个简单的数字大体反映了 2000 年中国股市投资价值与投机收益的比较。

　　中国股市的投资价值相当低下，可是，仍旧有大量的中小投资者涌入股市，登记股民达到 5800 万人。因为中小投资者除了向银行存钱和买国债之外，其他金融工具很少，致富门路很少，而股市火暴做大的蛋糕，对他们有吸引力。对于这种现象与其作出不正常或者很正常的价值判断，不如探索其中蕴含的不得已而为之的无奈。

　　股市运行的一个基本特点，是通过持续的无特定对象的买卖活动，从中博取股票价格变动的利益。风险和利益并存、股价的起伏波动、获利和被套的现象时时刻刻都在发生，这使得股市成为充满机会的动态过程，使股市有吸引力。当炒得火暴之后，不切实际的高盈利预期和普遍的投机狂热，会出现价格超常规上涨为基本特征的虚假繁荣。通过货币表现股票交易的收益会繁衍成为不可数的无限膨胀的"泡沫"，但只要货币持有者相信在这些交易中隐含着他们所预期的收益，无论这种预期多么充满幻想，他们都会纷至沓来地入市交易去吹胀泡沫。假如把股市泡沫从形成到破灭的过程当作击鼓传花，那么，只要鼓声不停，就会有人传花和接花，就会有风险爱好者来争抢最后的获利机会，并且拒绝出于好心的"泡沫"理论，拒绝股价泡沫已经很大的忠告。这是投机市场的本性，理论分析在于把握此一本性，不需要道德指责或维护辩解。

在关于股市的大辩论中，一方认为由股价上扬做大的蛋糕有着相当大的泡沫，由机构和个人投资者获得的4000多亿元的利差并不正常；而另一方则认为股价上升的过程正是股市财富效应增多的过程，是合理和正常的。虽然从股票市场价值运动的全过程来看，"财富效应"理论和"泡沫"理论其实是连通的，是观察同一事物的两种不同角度。"财富效应"理论描述的是在股价持续上扬阶段所起到的鼓励投资，活跃人气、活跃经济的积极作用。在击鼓传花过程中，只要鼓声不停，笑声和欢乐声便会时时泛起，引诱股市参与者进去博取那"财富效应"。"泡沫"理论描述的则是股价不断上扬会越来越脱离上市公司经营业绩的实际，泡沫越来越大越稀薄，一遇风吹草动股价狂跌，便会因泡沫破灭引发危机。但是在泡沫破灭之前，财富效应论者不承认那是泡沫。不过，一个投机市场要靠不断吹大泡沫来维持，2001年如果股指不继续上扬而仅仅持平，便会出现900∶150的尴尬，如若股指下落泡沫缩小，更不堪设想。要求长期呈现为财富效应，其实是很难的。

股市兼具投资和投机的双重功能，但两种功能并不是同方向的。1999年初上海B股指数只有21点，市盈率只有5倍，具有很高的投资价值，但追逐价差利益的股市参与者很少问津，长期交投冷淡，被认为B股不具有投机价值。到2001年2月19日允许国内投资者进入B股市场，B股连续几个无量涨停，市盈率升到近30倍，市场反而活跃；2000年A股市场极其活跃，上证指数从1300多点上升到2100多点，被追逐投机利益者认为是中国股市的黄金岁月，但股价越高，股票的投资价值越低。从投资或者投机的不同角度，会对股市作出截然不同的价值判断。也正因为这样，对于股市的理论分析很有必要同时从两个角度进行描述和分析，方能使辩论双方的认识逐渐接近。

七　股价波动与庄家炒作

中国股市的不规范和股市"泡沫"的泛起，在很大程度上是由所谓"庄家"的机构主力哄抬拉起的。股市中的主力机构，尽占资金、人力、信息、工具、舆论的优势，它能够主动地、积极地认识市场和进行操作，可以做一次庄，把自己控制的某种股票价格拉起来，使这种股票价格远远高于它的合理价位，人为地制造"泡沫"；然后利用机会出货，庄家的货派发完了，股价没有人去维持，便没有不跌的道理，又形成股价"泡沫"自然破灭的过程。主力的坐庄过程大体上可以分为吸筹、洗盘、拉抬、整理、拔高、出货几个阶段，是一个相当长的过程。之所以需要相当长的过程，是因为股市中，股票价格的起伏波动，通常是使一部分人获利另一部分人亏损，庄家赚钱正是和散户进行博弈得来的。庄家的特点是主动利用"选美博弈"原理，诱使散户循着"羊群效应"轨迹行动。庄家择一股票，在低价位时吸进所需要量的筹码，然后再有计划地将题材传布给公众，当少数圈内人获知这些题材时，价格还在不断上升，得到信息并且买了股票的人都赚到了钱，于是形成挣钱示范效应，消息越传越广，跟风的人越来越多，主力庄家得到了出货机会，便完成了从吹大"泡沫"到把"泡沫"和希望留给散户，把财富留给自己的全过程。在主力坐庄的过程中，利用题材制造概念，正是按"选美博弈"规则编织美女幻影，诱发"羊群"对幻影产生丰富想象群起追逐，这时候概念不论是网络概念、基因概念、高科技概念还是并购概念，都不过是庄家炒作的题材，并且运用题材使之成了套牢羊群的陷阱。

坐庄操纵股价、操纵市场，在任何一个国家的股票市场都会出现，都有不同程度的存在。然而现代规范的资本证券市场中有着众多的参与者和充分信息、近乎无成本的交易，使参与者不可能成为价格操纵者而只是价格的接受者，证券价格只由市场的供求力量来决定。世界各国形成和制定的各种交易制度的宗旨，无一例外地都在于维护市场的充分竞争性和灵活的流通性。至于庄家的活动余地则很小，并且有着各种规章来界定坐庄的违法性。关于股市中股票价格"泡沫"形成的理论，外国经济学家建立了种种模型，诸如希勒的 Fads 模型，萨莫斯的 Noise trading 模型，艾伦和戈登的 Churning bubbles 模型。这些模型都把股票价格"泡沫"作为一种市场自发力量形成的过程。

在我国则不然，坐庄并不被认为违法，反而被认为是活跃股市所必需的力量，庄家被称作"股市潜力发现者"、"股价变化义务分析师"，鼓吹投资股市要追庄、跟庄。这种对庄家的吹捧，使得庄家的种种违法行为被认为是股市操作中的正常现象，对庄家姑息纵容。其实，庄家坐庄的种种恶劣手法，违规动作，在股市传得很广，这样，我国的股价波动并不是市场力量自发形成的过程，在很大程度上是庄家人为操纵炒作的结果，关于泡沫形成理论中的种种模型虽然也被庄家雇佣分析师用来分析，却不是用来证明泡沫而是用作坐庄策划的参考。十多年来股市中多次大起大落，留下了庄家造市砸市的痕迹。

八　规范整肃与庄股情结

中国股市以追逐价差利益为主要动力源，它的运作不可避免地会产生泡沫。至于泡沫是常态泡沫还是非常态泡沫，怎样界定检测，本来是经济学界多年来有着争论的课题。此番引起轩然大波，成为多方面关注的热点，其实是出于对决策层整肃股市政策的不同理解和反映，是特殊条件和特殊环境使它热起来的，有人认为有点孙子兵法中"声东击西"、"指桑骂槐"、"围魏救赵"的味道。

规范股市已经提了多年，也做了不少工作。其中，在中国股市"唐僧肉"中分得最大份额的是庄家，股市不规范的主要表现是庄家操纵股市。对庄家强化监管整肃是使中国股市健康发展的必要措施。但要动真格，却又有不少难处。庄家和散户本来在利益上是对立的，然而在股市活动的实践中散户却努力寻找庄家，发现庄家，观察庄家，以便从跟庄中分一杯羹，从而流传着"股不在好，有庄则灵"的说法。这样，"赌场论"本来是批评庄家的，所谓看别人牌的赌徒指的是庄家。由此却触动了庄股情结，中小投资者也并不体谅，纷纷起来辩解。其实，庄家坐庄就是要赚散户的钱，啃股市这块"唐僧肉"。散户和庄家实际上并不是利益共同体。

监管整肃会损害某些方面的利益，触动某些痛处，遭到庄股情结的抵制并不奇怪。春节后传闻股市因恐惧整肃而"撤庄"，股指下落，使各方利益代表人着急非凡。但也要看到，股市做大蛋糕的4000多亿元的财富效应，在某种程度上带有纸上富贵的性质。"撤庄"的难度相当之大。当它不要求变现，留在股市，卖盘小于买盘，它确实是财富效应。一旦都要求抛售变现，卖盘大于买盘，便会出现股市流通总市值的缩水。1993年上证指数冲到1500多点的高位之后，盘旋下跌，到1994年6月只有300多点，蛋糕变小，流通总市值缩水80%，股市投资者全都亏折赔钱，对此大家记忆犹新。近些年强化监管整肃出现虎头蛇尾，陷入乱了管、管了死、死了放、放了乱的怪圈，便是因为监管和发展难以两全，投鼠忌器，下不了狠心。庄股情结的种种议论成了舆论压力，姑息纵容和出现反复，有着它深刻的内在原因，也有着说不清道不明的万般无奈。

当然，监管整肃是使中国股市走向健康发展所必需的，但依本文分析得出的观点，则还需要改变把股市当"唐僧肉"都来吃一口的不正之风，使股市具有投资价值。如果股市仍旧是圈钱、筹资的"唐僧肉"，而上市公司并没有投资价值，仍旧是依赖股价波动把攫取价差作为股市运作的动力源，那么，庄股情结仍将会是股市心态中的主流。整肃股市需要正本清源，寻找运行扭曲的症结所在。

参考文献

1. 亚历山大、夏普：《证券投资原理》（中译本），西南财经大学出版社 1992 年版。

2. J. W. 凯恩斯：《就业、利息和货币通论》（中译本），商务印书馆 1997 年版。

3. 李剑阁：《站在市场化改革前沿》，上海远东出版社 2001 年版。

4. 赵少平：《中国股票市场统计分析》，中国财经出版社 1998 年版。

5. 《中国经济时报》、《经济参考报》、《中国证券报》有关各期。

6. Allen F. & Gorton G., 1993, "Churning Bubbles", *Review of Economic Studies*, Vol. 60 (4).

7. West. K. D., 1998, "Bubbles, Fads, and Stock Price Volatillity Test: A Partial Evaluation", *Journal of Finance*. Vol. 43.

迂回曲折的民营经济发展之路

——"红帽子"企业

一 所有制歧视迫使企业不得不戴上"红帽子"

"红帽子"企业是中国民营经济发展过程中的一种特殊现象，是其他国家所没有，而在中国却一度曾大量存在，探究其原因，是在所有制歧视下被迫采取的对策。

在中国改革开放的初期，虽然已经从消灭私人经济的政策转变为容许其存在和发展的政策，但当时只容许个体经营，对雇工超过 7 人的大户便不给进行工商登记。1988 年后方取消这方面的限制。

由于历史的、意识形态的或其他原因，私营经济在政策环境上与其他经济成分不能相比。它比不上外资企业，外资企业有种种优惠，私营企业多半没有；鼓励外资企业出口，而私营企业出口要经过外贸部门。私营经济的政策环境也比不上公有制企业，例如私营企业要从银行贷款就十分困难，而不得不搞所谓的"体外循环"。私营经济在解决场地、能源方面，有些地方就困难重重。至于个体经济、私营企业在"登记条件"方面的限制，有些地方的土政策就更多了。在税费负担方面，私营企业的所得税、调节税比乡镇企业高。有些地方的私营企业和个体户除按规定向工商行政管理机关缴管理费之外，还要向乡镇企业管理机构缴费，而乡镇企业只缴一头费。中国社会科学院民营经济研究中心曾和零点市场调查与分析公司连续三年进行过三次私人经济的问卷调查，调查中反映了私人经济外部经营条件上存在的突出问题。在1992的调查中，私营企业反映其排在前七位的问题是：贷款难、舆论偏见、企业发展基础条件解决不易、税负过重、乱摊派负担重、国际化经营条件差、产品销售渠道人为阻隔；在1993年的调查中，居于前七位的问题是：贷款难、税前列支项目不合理、乱摊派严重、舆论偏见、吸引人才难、企业发展基础条件解决不易、职称评定等问题难以解决；在1994年的调查中，居于前七位的问题是：贷款难（22.31%）、吸引人才难（9.72%）、各种摊派繁多（9.63%）、解决经营场地等基础经营条件难（8.98%）、社会舆论偏见（7.31%）、税前列支项目不合理且税负重（6.67%）、缺乏有效的信息渠道（5.70%）。

私营经济方面的不平等待遇，有的并不是来自上面，而是来自地方上的土政策，来自多少年来形成的对私营经济的歧视。中央有的文件曾提出过要"平等竞争"，说明上面的思想是明确的，不能搞歧视。但是由于"左"的东西根深蒂固，上面说了的下面可能不办，当然，说比不说要好，但是要真正创立一个平等竞争的环境，实践上不对私营经济有任何的歧视，不进行几次彻底的清理，不认真地抓一抓，是不会有什么效果的。

正由于中国私人经济发展所存在的特殊环境以及发展中面对的种种困难，因此，有相当多的私人企业以"红帽子"企业的形式出现，这是中国经济发展中的特有现象，特殊产物。

明明是生产资料属于私人（一个人或几个人），却偏偏愿意上缴一定的管理费用，找个公有经济单位来当"婆婆"。这是因为对私人经济曾经有过理论偏见，政策歧视，不论在企业登记领照、经营场地、申请贷款、产品销售渠道、吸引人才以及应付各种摊派方面，都存在着问题与困难。找个"婆婆"，以"国有"或者"集体"的名义戴上顶"红帽子"，在政治上有了保护伞，办起事来比较容易，可以享受到某种优惠。故而在中国经济发展中存在着大量的"红帽子"企业，其实际数量虽然并无统计，但在20世纪90年代的估测一般要高于已登记的私人经济，有的地方甚至高出几倍。

"红帽子"企业有以下几种类型：

（1）挂靠型。个体私营企业为了找个"婆婆"当依靠，挂靠在某个单位或者企业名下，领取集体营业执照，但挂靠单位对资金和生产经营一概不管，实质上仍是个体私人经营。有的行业明文规定不许个体私营企业经营，但通过挂靠，实际上也开了口子。

（2）出租、转让营业执照型。有的主管部门办好集体营业执照。然后将企业或者营业执照发包或者出租给个人经营，主管单位除收取承包费或租金之外，其他一概不管。

（3）"假合作"型。由个人集资兴办的合伙企业，在政府或其他部门的推动下，以"合作制"等名义按集体企业登记领取营业执照，但并未按集体所有制企业的制度进行管理，也未提取公共积累，实际上仍是私营企业。

改革开放以来，我国东部、中部、西部经济发展很不平衡，拉大了地区之间的经济差距，其原因很复杂。观念转变的早和迟，政策放宽的先和后，也是重要原因。不过，东部地区虽然得风气之先，私人经济发展仍有着客观上的障碍和主观上的顾虑，仍纷纷以"红帽子"企业形式出现。深圳市数以千计的国有企业和大量的内联企业，国家并没有给多少投资，很多企业是凭挂靠单位的一封证明和任命，由企业创办人去筹借资金、寻找场地、选择经营品种、开拓销售渠道，经历了艰辛的创业过程。故而，在和深圳的企业家接触中，很多企业家认为深圳的公有企业有着不同于内地企业的特殊性，其中有相当一部分可以归入"红帽子"企业的类型。至于浙江温州，一度曾经放手发展私人经济，但后来地方党政领导遭到各方面的指责，于是又改制为乡镇企业或者股份合作制企业，使工商登记中的私企比重大幅度减少，这是又一种"红帽子"类型。

"红帽子"企业是在对私人企业实行政策歧视条件下的畸形现象，其存在的普遍性是很值得关注的。早在1989年时，中国社会科学院经济研究所承担世界银行委托的中国乡镇工业课题时，曾对江苏、浙江、广东等乡镇企业发展快的省市进行访问调查，即发现调查户中三分之一以上的企业是挂乡镇企业牌子的私人企业。中国社会科学院民营经济研究中心和零点市场调查与分析公司及全国工商联信息中心联合进行问卷调查，1993年时被调查的私营企业主认为"红帽子"企业占集体企业的比例为50%—80%，1994年对360户私人企业调查时有50%的私营企业主认为，上述比例大致在30%—50%之间；1994年国家工商局抽样调查，我国乡镇企业中有83%实际上是私营企业；同年浙江省东阳市有关部门统计，属于假集体的私营企业占集体企业的比例在70%以上。

二　"红帽子"起到的作用

任何现象的产生都有其内在的原因，有相应的利益驱动。

"红帽子"现象是由给"帽"和戴"帽"者的利益结合而组成的,双方都能从其中得到实惠。它的作用是:

1. 政治上的"安全帽"。的确,私营企业戴"红帽子"的问题,有其深刻的历史原因和复杂的政治因素。中国一直是个君权大于私权的国家,从"层层投靠"的官商胡雪岩到19世纪50年代"隐姓埋名"的民族工商业者,无论其兴衰、其荣辱、其沉浮,概莫能外。

新中国成立后,私营经济在我国相当长的一段时间内没有取得合法地位,即使在党的"十三大"肯定了它存在的合法性后,直至今天仍处于不同程度的受歧视状态。尤其是20世纪50年代初对工商业实行社会主义改造,连个体小业主都戴上了资本家的帽子,此后历次运动中都受到了不同程度的冲击,连子女都受影响。

"一朝被蛇咬,十年怕井绳。"昨日的伤疤依然刻骨铭心,私营企业主还能不为这个"怕"字转而寻求保护从而戴上"红帽子"吗?可见,促使红帽子假集体形成的思想基础,在于长期姓"社"姓"资"的争论,使得人们对私营经济心存疑虑或有偏见。在这样的心态和思想驱使下,社会习惯势力不愿看到个体私营经济过快过大地发展,而个体、私营经济在社会偏见和自身认识偏差左右下,也不愿大摇大摆地发展,只得躲躲闪闪换一种"活法",在夹缝中自导自演自己"小本交易"的角色,于是,私营企业与集体给帽者之间便有了"共同语言"。

2. 经济上的"优惠卡"。个体、私营只要套上假集体的红帽子,有面子、有牌子、有路子(集体铺就的经营路子),不仅可以利用集体的名义优先获得生产要素上的好处,享受到集体企业贷款、征地、用电、用水等方面的优惠待遇,而且还能利用集体的"围墙",为"合理避税"、"巧妙躲费"等找到保护伞和通行证，从而在市场竞争中取得额外利润。因此，"哥俩"好得难舍难分了。

3. 额外负担的"避风港"。长期以来，由于思想认识的局限，个体、私营经济在享受各项政策上与国有、集体经济处在不同层面上，如果套上一个"集体"牌子，各项优惠政策（包括减免税等）便能堂而皇之地享受。另外，由于乱集资、乱罚款、乱收费等不良现象的蔓延，也使个体、私营企业急欲寻找集体的避风港，使税费矛盾得以转嫁或逃避。对于集体单位也有政策用足用活的问题，不仅可以利用到国家给予的新办企业的优惠政策，不用白不用，而且还能因为新增加了投入（实际是个体、私营投入）、增加了产值、增加了少量职工福利，能为集体和干部政绩增光添彩。

4. 地方政府回避搞"资本主义"的"大帽子"。由于受长期极"左"影响，政府部门不能不受到一定程度的冲击，抓起个体、私营企业来总不如抓国有经济、抓城镇集体经济劲那么足，或多或少有怕担风险的想法。从地方政府方面看"假国营"、"假集体"作为公有制经济的重要部分，发展越快，效益越好，政绩就越突出。相反，私营发展了，人们就越担心是不是搞资本主义，害怕犯错误挨整。在北方的一些县、市存在这种思想较严重，就连发展较快的沿海地区、南方也时时有这种想法。南方的温州，地方政府领导总是担心自己地方的非公有制成分占比例大了，会不会影响社会主义方面？会不会影响上级对自己的看法？当年他们支持民营经济发展是担惊受怕，心态并不平稳。同时，国有经济、集体经济给出一顶"红帽子"并不需要自己支付"制帽成本"，而个体私营企业上交的"管理费"则成了纯而又纯的"小金库"，加上若再能解决几名职工就业分流和工资分流，给帽者更是求之不得。

三　成功和失败的对照

对于"红帽子"企业的发展和成功的缘由，存在着种种争议。有人认为这全在于"红帽子"所获得的优惠。对于此种论述可以提供反证的，是这些年来官办编外企业的失败。

早在80年代初为解决城镇待业青年就业问题时，广开就业渠道的措施中重要一条，就是鼓励机关、事业单位、厂矿企业等公有单位兴办劳动服务公司，街道、居委会办工厂、大学、中学、小学办校办企业。究竟办了多少劳动服务公司之类的企业，没有统计数字可供查询，但当时几乎所有单位都办，而当时青年人的就业选择，多数认为到劳动服务公司工作比当个体户光彩，所以也曾经火了一阵子。但是，这类企业的机制不同于戴"红帽子"的私人企业，市场意识弱，经营管理中官气重，服务质量差，做得好取得成功的像"娃哈哈"那样的校办工厂是极少数。高校办的高科技企业有相当出色的，但最初办的劳动服务公司、校办工厂等多数因亏损以及就业压力的减弱而停办。

不过，官办企业的现象并未消失。从1984年起，刮起了一股大办公司风潮。从中央到地方，从工厂到学校，公司热席卷了几乎每一个角落。一时间，办公司成了改革开放的同义语。党政部门办公司，工厂办公司，机关办公司，学校办公司，群众团体办公司，就像从地下冒出来一样，成千上万的公司出现在中国大地上。仅从1984年到1985年一年里，全国经正式注册的各种公司就达30多万家，北京市在不到一年内发展6740家。这些公司多集中在商品流通领域，经营业务为利用双重价格差额做转手贸易，经营实则是倒买倒卖。随着公司的兴起，形成了一个中国特有的新的社会身份群体："官倒"。"官倒"的出现成为中国走向市场经济过程中的一大赘瘤。他们将政治权力、行政权力以及物质控制权力同金钱畸形地结合在一起，开始在商品还颇为短缺的中国市场上兴风作浪。他们的经营范围无所不包，从消费物资到生产资料，从出口批文到高级轿车，从国内贸易到国际贸易。他们只需拿着名片，提着公文包，守着电话机，凭着一张执照、一个账号，在一次倒卖中便能获取骇人听闻的财富。倒卖活动使物价飞涨，市场失控，引起了社会的强烈不满。"官倒"的出现对刚开始形成而且还很脆弱的市场造成了严重的冲击。"官倒"现象成为全社会最为关注的热点。

为了遏制这股风潮，1985 年，党中央和国务院发布了一系列文件，严禁党政机关和党政干部及其子女、配偶经商和办企业。同时，在全国开始大张旗鼓地开展清理公司运动。经过一年的努力，全国公司由 30 多万家压缩到 18 万家。北京市的公司减至 3586 家。但是，这一成果刚刚公布，从 1986 年底到 1987 年，全国公司总数又直线上升到 36 万家，到 1988 年底则突破 40 万家。而北京市的公司数回升到 5977 家，1988 年仅头五个月，全市就新增公司 700 多家，其中，中央和国家机关开办的全国性大公司达 100 多家。

"公司爆炸"在全国"煽"起了一场全社会的经商热。"十亿人民九亿倒，还有一亿在寻找"，是这种局面夸张而形象的写照。

公司热的形成有着复杂的社会原因和经济原因。当时，市场运行正在形成，传统的计划管理审批经济还在多个方面多处领域起着作用，于是从党政部门到企业、社会团体的所有社会组织逐步开始在体制之外利用自己的条件搞"创收"，包括离休干部也行动起来，利用在职时的关系资源去扶植企业，以发挥"老干部余热"。政府部门能带来的实质性帮助有二：一是行政上的方便；二是各种物资的调动。而这时，政策已允许部分生产资料作为商品进入市场。这样，计划外的物资流通渠道形成。

推动公司热的是当时在价格改革阻力重重的时候，走了一条价格双轨制的迂回推进之路。1984年国务院《关于进一步扩大国营企业自主权的暂行规定》，企业所生产和所需的物资都分为计划内和计划外两部分，以利于企业有更多的生产和经营自主权。双轨制的确立，是为了给企业以掌握自己所生产的物资的特权，以保证企业的基本运行，同时利用自产物资价格上的优势帮助企业提高经营活力。但是，由于双轨制使计划外物资在价格上形成与计划内物资的巨大落差，使得倒卖物资变成有大利可图的买卖，卖批文、卖进口指标、卖土地许可证等等，也都是依凭特权的倒卖。政策上的放宽使倒卖合法化，这样，双轨制价格差中包含的巨大利润便为公司热的产生提供了重要条件。

由物资紧缺所造成的流通领域"商品大串换"。所谓"商品大串换"，是由双轨制所带来的一种"以物易物"的公平交换。当时，任何企业所获得的国家计划物资都远远不能满足自身的需要。改革后的发展需求使原来短缺的物资变得更为"走俏"。实行双轨制后，企业便有可能通过计划外渠道获得所需物资的补充。此外，正是体制外的企业，如乡镇企业、私人企业，都需要在市场议价物资中购买发展所需物资。因此，计划外物资的身价扶摇直上。拥有物资的单位为保护自身利益，便用自己掌握的物资"对等"地换取自己所需物资，由此形成了十分奇特的紧缺物资串换链：煤炭换猪肉，钢材换汽车，木材换彩电……商品大串换的形成，为公司提供了大量的"经营业务"。由于物资串换中同样包含了大量利润，也便成为刺激公司大量出现的重要因素。

"公司热"败坏了社会风气，沦丧了道德，也使得那些拥有各种关系的人士赚到了不少不义之财。但是，它并没有使公司获得健康发展的基础。由官方办的公司经营管理非常之差，当价格双轨制随着改革的推进而消失，随着各种特殊条件的消失，公司日渐萧条，或是因整顿而被取缔，或自动消失，有的还欠下一大笔债务。这样，官办公司的失败与私办"红帽子"企业的成功便成了可资借鉴的对照。

四 摘除"红帽子"名实得相符

"红帽子"对于民营企业是利弊兼存的双刃剑，由此虽然可以减轻所有制歧视的压力，获得和国营、集体企业同样的待遇，使企业既具有公有企业的外部条件，又具有私人企业的内部机制，能够凭自己的竞争力和对市场的适应力，闯荡出一番局面。可是，"红帽子"却又模糊了企业的产权，当企业发展到一定规模之后，企业创办人心里很不踏实。因此，自从1988年允许私人企业进行工商登记以后，特别是1992年邓小平同志南方谈话以后，便陆续出现"红帽子"企业要求变更登记，摘除"红帽子"。其中，有的挂靠单位比较开明，或者取得一定数额的补偿，或者以股份制形式界定双方所占比例，顺利摘帽，有的则经历了艰辛的谈判过程，遭遇到挂靠单位的行政干预，有的甚至经历诉讼，出现的不同状况大体可以分为以下两种类型。

企业摘掉"红帽子"，还自己以民营企业的真实面目，有的是比较顺利的。浙江万向集团的鲁冠球、横店集团的徐文荣、方太集团的茅理翔，他们的企业原来都以乡镇企业的名义进行生产经营活动。后来允许私人企业登记和发展了，他们经过与乡镇政府洽商，给乡镇政府交一笔钱，摘去了"红帽子"。据中共浙江省委党校课题组在2001年调研了浙江省私营企业1999年末的有关经济技术数据，有51%的私营企业是从国有企业、城镇集体企业、农村集体企业、股份制企业、股份合作制企业和联营企业等公有性质的企业演化而来。① 至于在工商注册时就已登记清楚为私营企业的则占32.1%。两者比重的差异，说明了当时办私人企业的艰难，后者创办时间较晚，才免去了戴帽摘帽的周折。

不过，摘掉"红帽子"也并非都是顺利便当的，据我们在90年代调查，有的就经过一番艰苦的过程。

案例之一：红帽子企业要求正名为私人企业被收回执照停业，但后来因拥有新技术又被请回开业。

哈尔滨市的昌宁给水设备厂的经历颇具有戏剧性。该厂所生产的全自动气压给水设备是一项新技术，它开创了我国高层楼房供水不用水塔和水箱的新里程，大幅度降低了建筑造价和供水成本，该厂由发明人石山麟于1985年9月个人投资33万元，但由哈尔滨市道里区新星村出面办理营业执照，使私营企业挂上了集体牌子。1988年7月国务院颁布实施私营企业条例后，石山麟感到要给昌宁厂正名，于1989年6月向哈尔滨市道里区工商局提交变更登记的申请。岂知申请提交后，哈尔滨市政府责成道里区政府对昌宁厂加强管理，坚决制止集体财产以个人名义外流，年末检查中哈尔滨市工商局收回昌宁厂的营业执照，强迫停业，企业资产5000万元被冻结。但由于昌宁厂拥有全自动气压给水技术，秦皇岛市得知该厂营业执照被收后，邀请石山麟前去作为私人企业登记开业；随后在海口、大连、北京等地也办了工厂。1994年8月新任黑龙江省委书记岳岐峰得知昌宁厂石山麟出走的前因后果，给哈尔滨市有关部门作出批示，昌宁厂落实性质脱

---

① 载于上海《社会科学报》2001年1月3日。上项调查共发放问卷15000份，回收11892份，其中有效问卷7956份。

去集体经济"红帽子"一事终于解决，给其办了私人企业营业执照请回哈尔滨市，原来被冻结的几千万元固定资产历经数年获得解冻而重新发挥作用。①

案例之二：通过股份制改造解决了"红帽子"企业的"脱帽"难题。

1988年时，浙江省杭州市的王纲军、蔡祖平两人想利用自己的通信技术专长，创办民办科技型企业。在当时大气候下，创办私营企业谈何容易。王、蔡二人只得借用集体所有制的"红帽子"，并以此进行企业工商登记。但挂靠部门的态度很明确，新建立的杭州意达通信技术公司必须由王纲军、蔡祖平二人自筹资金、自主经营、自负盈亏。虽登记为集体所有制，但仍视为民办私营企业。

1990年，杭州高新技术产业开发区建立，意达公司作为首批高新技术企业被认定、吸纳入区。经过几年艰苦创业，到1992年意达公司技贸总收入达到1400万元。此时挂靠部门虽未红眼，但企业的创办者也即实际产权人不能直接支配资产，无法取得法律的正常保护，新创造的财富和积累也无法确认，性质难定。企业负责人既无上级任命，又无董事会委派，主要领导只好"自封"。人事安排、解聘人员等，既靠不上集体企业办法，也不能全按私营企业行事，觉得不好办。

1993年该公司获得"挂靠单位"杭州市高新技术开发区管委会的支持，进行股份制改造，委托浙江国有资产评估中心对老意达的资产进行了评估，结果资产净值为276万元，也就是该公司的原始资本已增值216万元。怎么界定这部分资产的权属，曾经成为各个方面的一个共同难题。经过反复讨论研究，又查阅了大

---

① 据《中国青年报》1994年10月14日报道整理。

量文件资料，最终形成共识，这就是：以事实为依据，以法律为准绳；谁投资，谁受益，谁所有。经过认真严肃而有序的工作，最后确定，意达公司虽以集体企业名义注册登记，但实际由王纲军、蔡祖平二人筹款创办，自担风险，因此界定意达公司276万元总资产中，除享受国家优惠政策减免税的33.6万元以外，均属王纲军、蔡祖平二人所有。关于国家减免税部分的资金，参照省、市有关部门关于股份制企业试点的有关文件精神，决定暂属公司，由公司工会作为意达的持股者之一，新意达公司除王、蔡二人外，工会和杭州新技术产业开发总公司也都有资金投入，实现了私有、集体和国有三种经济成分的有机组合。新意达公司注册资本为376万元，其中王纲军、蔡祖平二人各出资121.2万元，合计占64.5%；公司工会33.6万元，占8.9%；杭州高新技术产业开发总公司以国有资产100万元投入，占26.6%。意达公司通过股份制改造，解决了"红帽子"企业的难题。①

我国民营企业利用"红帽子"获得了发展，而在政策允许私人经济之后，相当多的一部分"红帽子"企业陆续改制，恢复其原本属于私人企业的面目。但是，也有一部分"红帽子"企业并没有那么幸运，它们被挂靠单位以调动工作或其他名义赶出自己辛辛苦苦创办起来的企业，本想利用帽子而结果反受"红帽子"之害。

在这方面争议最大、最受瞩目的应属于上告到北京高级人民法院后来又告到美国法院，诉讼标的达到数十亿元，涉及中国内地、香港、美国等6家上市公司及200多家企业，其整体规模达到200多亿元人民币之巨的华晨事件的案件。这便是由仰融担任董事长的香港华博财务有限公司起诉中国金融教育发展基金会一

---

① 据浙江省体改委及《改革时报》提供的资料，并于1996年经过访问整理。

案，原告华博财务有限公司于1991年2月在香港注册为私人有限公司，注册资本为1000万元港币。原告于1991年7月与沈阳金杯汽车制造有限公司和海南华银信托有限公司在沈阳设立中外合资企业——沈阳金杯客车制造有限公司。为谋求在美国上市，原告于1992年初在百慕大设立一个项目公司——华晨中国汽车控股有限公司（简称CBA），原告100%控股，并将原告在中国沈阳金客的股权资产注入CBA公司。后来为了适应纽约规范上市的要求又把所持CBA股权调整为基金会持股，于是，1992年5月，原告和海南华银、中国人民银行教育司、中国金融学院4家共同发起成立中国金融教育发展基金会。除央行教育司出资10万元人民币外，其余资金都由原告投入。经过调整后，CBA的控股股东在名义上置于被告中国金融教育发展基金会的名下，而事实上，该基金会没有向CBA投入一元钱，原告也没有与被告签订任何股权转让的法律文件。CBA公司于1992年10月在美国纽约成功上市，融资8000万美元，这是中国内地第一家在美国上市的公司。而后，原告先后设立了上海华晨实业公司、香港华晨汽车控股有限公司、珠海华晨控股有限责任公司。上述公司的股权也置于被告中国金融教育发展基金会的名下，但该基金会实际亦未出资。2002年3月，辽宁省政府根据内部关于基金会的政策性文件即成立基金会后运作的基金均属于基金会，从而把华晨认定为国有资产，实施接管，另行指派管理人员。原告认为这是对私有财产的侵犯。由于上述诉讼案件，尚在进行之中，法律程序尚未结束，虽然为社会各方所关注，是是非非一时尚难评述论定，只能另外举出一些案例。

案例之一：以人事调动为名，剥夺企业主的财产权益。

深圳市美芝工业公司是该公司董事长曹继光于1983年在承包一家家用电器厂之后利用承包所得注册成立的，而曹继光承包的这家家电厂，又是曹继光退职后借了 2.5 万元人民币挂靠一个集体建立的。曹继光认为，没有很多婆婆束缚手脚的私营企业才能和国外的企业竞争，决定一开始就办一家私营性质的企业。曹继光向当时的深圳市长梁湘递交了要求申办私人企业的报告。可是办牌照时，市工商局不答应，一定要有主管单位和挂靠单位才能发牌。在这种情况下，找了集体性质的家用工业公司。家用电器厂挂靠在家用工业公司下面，因家用工业公司是集体性质，所以家用电器厂也算集体性质，曹继光在很短时间里就把借来的 2.5 万元人民币还掉。这一点，已经家用工业公司当时的总经理梁元济加以证实，深圳市审计局的 1993 年审计报告亦对这一点加以确认。

一间铁皮房，一张桌子，三个人，曹继光就这样开始了他的创业生涯。由于戴了一顶"红帽子"，曹继光觉得不踏实，他又采取承包形式，将自己创办的厂子再承包下来。承包合同内容主要是由曹继光个人承包家用电器厂及相关的发展企业，承包时间两年，每年核算一次，即每年向家用工业公司交 18 万元，其余的则作为家电厂的固定投资及曹继光个人所得。但是，美芝电器公司仍然是家用工业公司的下属企业，登记时的性质仍然是集体所有制。1993 年审计报告时指出：个人虽然要求将承包所得转作投资，但未获批准。美芝电器公司注册资金仅为 49 万元，而这期间，曹继光的承包所得超过 100 万元。但曹继光没有把任何承包所得装进自己的腰包。他又在美芝电器公司基础上组建了"美芝工业公司"，这个公司直属美芝电器公司。与此同时，"美芝电器"也与家用工业公司脱离行政隶属关系，给了家用工业公司三个厂，并且签了会议纪要，了决了一切债权债务，成为一个独立的企业。此时的"美芝"，已经发展到将近 20 个下属合资企业。自此以后，几乎所有与外商签订合同的企业法人，都是美芝电器公司，也就是说，实际运作中的企业不是"美芝工业公司"。美芝属下几十个企业，都是由"美芝电器"出面与外商洽谈，成立合资企业后，由曹继光选聘一位中方厂长去配合外商完成相应工作。

1993年4月间，当时深圳市人事局副局长和任免处处长，来到美芝代表市政府宣布，承认美芝工业公司是集体性质企业，口头上表扬了美芝白手起家的创业历程，但是，"这样的企业，市人事局要管起来，不承认公司董事会，也不承认公司九年（指1993年以前）来历史形成的领导班子"。在那个宣布新领导班子的大会上，市人事局副局长讲话："市政府之所以作出这样的决定，指导思想是为了充实和加强美芝公司的领导班子，同时也理顺政府和美芝的人事管理关系，这样为美芝下一步的发展、下一步的企业开拓和企业的管理上一个新台阶，从干部、组织上提供条件，提供保障……过去政府和人事部门对美芝公司在引进人才、选调干部等方面是给予了多方面支持的，但是，对企业的经营班子组织，人事部门基本上没管，应该说是关心过问不够……"由市企业工委派出临时党委，由临时党委接管美芝的人事、财务和经营大权，由工作组宣布停止董事会一切活动。在关于美芝的争议中，深圳市有关部门认为美芝是市属集体所有制企业，要由行政官员来决定企业的人事任免权、财政权与经营权，而包括创办人曹继光在内的美芝员工则认为：集体所有的"美芝"，是"美芝"所有创业者共同拥有的，这不同于传统的集体所有制，是经济开放新出现的一种新的现象。当然这种体制尚需股份化改造加以完善，但尽管如此，它也要坚持按集体所有制企业条例规定办理。当然争议归争议，企业创办人曹继光在这场纠纷中是弱者，他终于因为挂靠了一个集体单位，而被市有关部门以调动工作名义，在创业10年之后被迫离开企业，同时也失去了对企业的财产权益。①

案例之二：企业创办人要求改换挂靠单位，被原挂靠单位免职离去。

深圳市宝安区商业贸易中心是在 1989 年 9 月由陈锦和创办，当时为了工商登记方便而向宝安县商业总公司挂靠并借款 1000 元作为开办费，开始了创业过程。开业 3 个月即将借来的 1000 元钱还了总公司。1991 年 8 月，商贸中心在新安镇中心投资建设面积为 23000 多平方米的宝安商业城，同时，还在新安镇黄田村投资开发占地 20000 平方米的工业区，在公明镇设立了一个近百亩的农产品出口基地。1992 年 3 月又与商业总公司签订承包协议，投资 130 万元将总公司闲置的 400 多平方米的办公用房改造为卡拉OK 歌舞厅，每月利润达 8 万多元。到 1993 年商贸中心的资产总值达到 2000 多万元。该中心经理还多次在报刊上发表文章，就如何发展宝安的商业提出了不少好的建议。1993 年宝安县建制撤销改设宝安区后，原商业系统的九家公司与商业总公司脱钩分家，商贸中心也要求与"商总"脱钩，改为区的挂靠单位，区贸发局拟同意，但"商总"却要维持过去的行政隶属关系。在归属问题存在歧见时，商总连发 7 个通知，免去商贸中心经理陈锦和的职务。尽管深圳市委研究室、深圳市体改委等单位都有调查报告，同情该中心创办人陈锦和的遭遇，认为宝安区商业总公司"摘桃"的做法有欠"公允"并且向市府作了报告，但这些单位不是主管单位，终于因该中心挂靠在宝安区商业总公司，行政权力在商总，此事纠缠两年多后，以陈绵和被迫离职结束。②

---

① 据深圳市美芝工业公司原董事长曹继光反映给《中华工商时报》的资料整理。
② 据深圳市宝安区商业贸易中心中心总经理陈锦和向《中国企业报》等单位反映，笔者于 1995 年曾去该公司作过调查，当时正是双方争执不下，企业经营陷于停顿，企业亦由盈利转为亏损。

案例之三：私人企业被"收编"挂靠集体企业后遭"贪污罪"判刑。

重庆市铜梁县安居乡双龙丝绵厂，是村民刘中潞卖掉三头肥猪后办起来的私人企业。1986年被"收编"（强行挂靠）集体企业，1989年夏，刘中潞的两个儿子去浙江卖生丝，多卖了8万元未入账，后来县检察院接到举报，向法院提出公诉，判处二人有期徒刑各两年。①

案例之四：企业和挂靠单位发生矛盾被强行封门倒闭。

洛阳市工贸实业总公司总经理许振璐创办经济实体7个，后来将其中的酸奶厂和树脂厂挂靠到西工区工交局，议定工交局除每年征收管理费用外，对企业的生产经营和资金等一概不管不问。后来企业和挂靠单位产生一些矛盾，挂靠单位派工作组进驻酸奶厂，撤换酸奶厂厂长，把生产车间、库房、保管室、化验室封门加锁，赶走所有员工，并雇人把守工厂大门；继之又于1992年9月在树脂厂门前挖大沟，用废玻璃丝将厂门堵得水泄不通；随之又强行拆走厂里的变压器，拆除仓库、车间、伙房及门卫室，使工厂的化工原料遭受风吹雨淋。酸奶厂和树脂厂被强行封门倒闭，使作为实际投资者的许振璐损失惨重。②

五　利用"红帽子"反受其害的症结——投资主体对自己的产权存在意识模糊

关于企业财产权益界定的通常规则是"谁投资，谁拥有产

---

① 据《中国青年报》2月10日报道整理。

② 据洛阳工贸总公司散发的申诉资料整理。该资料曾有记者前去调查，证明确有其事，并在笔者当年研究"红帽子"问题时向笔者提供。

权"。从企业资产的原始来源入手，界定产权，似乎是顺理成章的很简单的事情。凡是国家作为投资主体建成的企业，在国家没有将资产所有权让渡之前，自然是国家享有产权；凡是集体单位投资建成的企业，在集体单位没有将财产所有权让渡之前，自然是由集体单位享有产权。

但是"红帽子"企业产权界定之所以难，就在于投资主体不明确或者说投资主体有的冒名顶替。其中，有的是最初实际由个人出资但以挂靠单位名义注册并经营的企业；有的是最初并无原始投资者而是创办者通过关系借来资金而以挂靠单位兴办企业名义注册经营的企业；有的是企业创办人投入较多资金并且吸收职工集资、借款及挂靠单位提供场地及闲置设备兴办的以集体性质注册经营的企业。这时就会因为投资主体的产权不清而不便于按照"谁投资，谁拥有产权"的原则来进行界定。

当然，在我国由于种种原因，产权不明晰的状况相当普遍。城镇老集体企业在当初办生产合作社时本来是由劳动者自带生产资料折价入股的，但后来几次经过集体所有制的升级，机构归并，人员变动，新入厂入社的职工也不交股金，由此改组成的"大集体"企业的产权就不好界定了。农村供销合作社的状况与此相似，经过多次以行政方式进行的上收下放和并了分、分了并，每次变动都未顾及产权，如今界定产权也非常困难。但这些企业不属于"红帽子"企业，不属本文讨论范围。在此提到只是说明讨论中国的产权问题要考虑到中国的特殊状况，即过去产权意识模糊，认识到产权明晰的提法是到 90 年代才出现的，"谁投资，谁拥有产权"的原则在当时被创业者所忽视，过去办企业并不注意谁是投资主体也不注意企业产权的归属，这就很自然地会产生产权界定的困难。

按照"谁投资，谁拥有产权"的原则，全民单位或集体单位以货币、实物和所有权属于国家的土地使用权、知识产权等独资创办的企业，其资产所有权界定为国有资产，这本是没有争议的事情。至于全民或集体单位并未出资，从而出现一些产权界定不易处理的难点，有人认为产权界定的原则是：（1）新建企业其开办资金由全民单位以银行贷款及借款形式筹措，生产经营以集体性质注册的，其资产界定为国有资产。（2）全民单位用国有资产在企业中的投资及按照投资份额应取得资产收益，界定为国有资产。（3）全民单位以资助、扶持等多种形式向企业投入资金或设备，凡投入时没有约定是投资或债权关系的，一般应视同投资性质。（4）集体企业在发展过程中，使用银行贷款、国家借款等借贷资金形成的资产，全民单位只提供担保的，不界定为国有资产；但履行了连带责任的，全民单位应予追索清偿；集体企业确实无力按期偿还的，经双方协商可转为投资；转为投资的部分界定为国有资产。（5）集体企业在开办初期或发展过程中，享受国家特殊减免税优惠政策，凡在执行政策时与国家约定期减免税部分为国家扶持基金并实行专项管理的，界定为扶持性国有资产，单独列账反映。（6）集体企业享受国家税前还贷和以税还贷等特殊优惠政策而形成的资产，其中国家应收未收部分，界定为扶持性国有资产，单独列账反映。（7）集体企业无偿占用城镇土地的，其土地所有权属于国有，企业可以有偿使用，经界定后单列入账。（8）凡界定为国有资产的，均按其占企业总资产的份额，滚动计算。

上述处理规定所着眼解决的是作为受挂靠的国有企业以及机关、事业单位与挂靠在其名下的集体企业之间的财产权益界定，从规定条文看并无片言只语涉及到"红帽子"企业问题，但所谓"红帽子"便是企业戴上集体性质和名义开办的"帽子"，这样上述意见在实际上是涉及到了"红帽子"企业财产权益的界定，而且是不利于挂靠者权益的界定。

所谓"红帽子"企业，其特点在于挂靠单位并未提供原始投资。如若有投资，便不是"帽子"而有实实在在的公有内容，按照"谁投资，谁拥有产权"来界定也无困难了。之所以出现困难在于企业即使是由个人或几个人合伙创办，并提供营运资金，但当时人们不敢或不愿承担投资者的名义，多数以借入资金作为原始投资；而且往往是由挂靠单位开介绍信到银行，给集体单位开户贷款的。按照上述规定便是以开介绍信的挂靠单位作为原始投资者。企业戴"红帽子"后获得了税收优惠减免以及土地使用等"便宜"，按照上述规定属于扶持性国有资产。这样，产权界定的结果也就不言而喻了。

然而也有不少专家学者认为"红帽子"企业是特殊历史条件下的产物，应当历史地看待和处理。即使是私人独资或合资以集体名义开办的企业，由于企业在生产经营中获得了许多对待集体企业的优惠，也不能够简单地按照谁是原始投资者的原则把企业产权全部界定为私人企业。这也就是说不能够简单地把"红帽子"企业等同于私人企业，而应当具体分析集体企业产生和发展过程，界定企业中有关各方的财产权益关系。企业创办人即使在企业发展过程中作出了自己的贡献，并不能够把企业发展成果完全归于创业者个人。企业以集体性质名义开办、运营和执行国家有关集体经济的法律政策，职工也按集体制身份工作和得到待遇，因此，即使是"假集体"企业所形成的资产，比较合理的界定办法是划分为三份，即企业集体共有、创业者个人所有、集体职工个人所有，具体比例视历史情况和彼此间的现实利益关系合理确定。

有不少企业在开办时还有挂靠单位，从而需要界定集体企业和挂靠单位之间的财产权益关系，如果挂靠单位确实有投资行为，产权界定是容易处理的。如果挂靠单位当初并非出于投资目的，而是在特定社会政治经济历史条件下出于扶持的需要，帮助企业办理开办手续以及帮助办理投资及经营的有关手续，那就属于扶持行为而非投资行为；有的挂靠单位还提供了部分厂房、场地、旧设备、工具等，凡当时或以后明确为无偿划拨、馈赠和借用、租赁关系者，也不属投资行为。只有当时和以后明确为投资关系者，才是投资行为。这样做，才能把以挂靠形式体现的扶持行为和投资兴办企业行为区分开来，避免追溯既往、否定历史，以至于将当初非投资性的扶持行为当作投资行为。

在集体企业的财产权益界定中，还需要区分国家政策行为与国家投资行为。国家政策行为是国家作为社会管理者而施行的行为，它不同于国家作为国有资本所有者而施行的行为。国家对企业的减免税优惠和税前还贷优惠，是国家政策行为，其目的是为了鼓励某类行为、某类企业自身发展，国家并不想从税收优惠中获取国家资本收益。同样的国家政策行为，有关管理部门并未向三资企业和乡镇企业追索由税收优惠形成的财产的国家所有权，对集体企业自然也应当按照同样的原则处理。

总之，对于那些投资主体清晰、投资目的明确、投资手续齐备的单位，按照"谁投资，谁拥有产权"的原则是很容易把财产权益界定清楚的。但"红帽子"企业的投资主体名实不符，它是挂靠在公有单位最初实际由个人筹资创办并以公有名义注册，其产权界定便需要考虑历史条件和具体情况进行切合实际的分析，适当照顾各方面的利益，以有利于合理界定。

六 对"红帽子"现象的理论反思——制度变迁的路径依赖

中国民营经济的发展，体现了中国从单一的公有制经济向多种经济并存的经济制度变迁。

现代经济学关于制度变迁理论的研究进展，集中反映在以诺斯为代表的新制度经济学的制度变迁理论中。"制度是一系列被制定出来的规则、守法程序和行为的道德伦理规范，它旨在约束追求主体福利或效用最大化利益的个人行为。"制度提供了人类相互影响的框架，建立了构成一个社会经济秩序的合作与竞争关系，经济增长的关键在于制度因素，"有效率的经济组织是经济增长的关键"。在制度因素中，财产关系的作用最突出。没有制度的保障，以及提供对个人努力的激励，就不会有近代工业的大发展。"有效率的组织需要在制度上作出安排和确立所有权以便造成一种刺激，将个人的经济努力变成私人收益率接近社会收益率的活动。"制度变迁是指"制度创立、变更及随时间变化而被打破的方式"。而制度环境"是一系列用来建立生产、交换与分配基础的基本的政治、社会和法律基础规则。支配选举、产权和合约权利的规则就是构成经济环境的基本规则类型的例子"。①

制度变迁过程中存在着"路径依赖"现象，即制度变迁过程与技术变迁过程一样存在着报酬递增和自我强化机制。这种机制使制度变迁一旦走上了某一路径，它的既定方向会在以后的发展中得到自我强化。路径依赖对变革起着制约作用。人们过去作出的选择决定了他们现在可能的选择。一个社会的文化传统，是信仰体系变革的根本性的制约因素。制度变迁的方式可能区分为诱致性制度变迁及强制性制度变迁。前者是指"……一群（个）人在响应获利机会时自发的倡导、组织和实行"；后者则相反，"由政府命令和法律引入和实行"。当然在自发的制度安排，特

---

① 诺斯："制度变迁的理论：概念与原因"，科斯、阿尔钦、诺斯等著《财产权利与制度变迁》（中文版），上海三联书店、上海人民出版社1994年版，第270页。

别是正式的制度变迁中，往往也需要政府行动来加以促进。制度变迁一般要采取集体行动，而且它一旦出现便会成为公共物品，因此制度变迁面临着"搭便车"及外部性问题。

按照多数经济学家研究得出的观点，中国的经济改革推动了经济增长，然而这种推动力不是来自制度内的改革，即不是来自行政强制性变迁而是来自制度外的改革即自发性变迁。

前苏联及东欧国家依照 Sachs（1989）等人所设计的"大爆炸"（big bang）模式进行改革，经济持续衰退，而"摸着石头过河"的中国经济却保持了持续强劲增长的势头。尤其令经济学家感兴趣的是，推动这种增长的竟是有悖于主流经济学（企业）定义的乡镇企业。根据 Nanghton（1994）的研究，1985 年私营企业在中国工业产业中只占 2%，而到 1993 年也只占 7%。1985 年，乡镇企业占非国有工业产业的 50%，1993 年占到 60%。Che‐Qian（1998）认为，1993 年在全国工业产出份额中私营企业占 15%，乡镇企业占 27%。而乡镇企业历来是被作为公有经济看待的，因此，有的人运用兰格（Lange）的市场社会主义理论即从市场定价机制进行解释，而斯蒂格利茨（Stiglixz，1994）则从乡镇企业的激励机制进行解释。威茨曼‐胡（Weitzman‐Hu，1994）则认为乡镇企业的出色表现挑战了标准产权理论，它们表现出了与私营企业相近的绩效。他们的这种分析并无谬误，但却缺少对中国乡镇企业的实际属性即其中有不少属于戴"红帽子"而实为私人企业的了解。

中国在 20 世纪 80 年代初放宽了对私人经济的限制，允许农民从事副业、服务业、运输业，出现了大量游离于农业生产之外的专业户，允许城市待业青年自谋出路。但所允许的都是指作为自食其力劳动者的个体经营，至于雇工超过 7 人的"雇工大户"，那是被视作资本主义经济而严加限制的。这样，从诱致性因素考察，个体户有着做大的机会时，逐利性动机会诱导他们把雇工人数扩充到 7 人以上。然而政策的限制却使他们无法实现扩充，无法实现制度变迁。从而，迫使他们不得不找顶"红帽子"，通过迂回曲折的途径实现由个体户向私人企业的制度变迁。其中，挂靠到乡镇政府或者村政府是最方便的，乡里乡亲好说话，至于在城市那就是通过各种关系找到一个行政事业单位或者国企进行挂靠，实现自己的发展，走这种不得已的迂回曲折的路子，为此不得不付出相应的制度变迁成本，诸如挂靠上缴费用和其他各种名目的费用。这种制度变迁成本并非诱导性因素。因而，"红帽子"现象是在诱导性变迁受到限制的状况下，利用非常途径实现了制度变迁。在 1988 年，允许私人企业进行工商登记以前发展起来的私人企业，基本上都是"红帽子"企业，正反映了中国早期民营经济发展的一个特殊过程，以及在此过程中的制度变迁路径依赖。

但 1988 年允许私人企业进行工商登记不等于"红帽子"路径的结束，直到 2004 年，在中国市场经济已经迈出相当大的步伐的时候，还有一些领域尚未对民间资本开放，或者只是有条件有限度地开放，这不仅表现在基础设施领域，而且表现在新闻传媒、教育、医疗、卫生等领域，这样，民间投资者要进入这些领域，仍旧不得不采取挂靠某一单位的形式，戴上"红帽子"；或者是国有单位以不支付经费，自筹资金自负盈亏的形式在内部生长出一群戴有"红帽子"的具有民营性质的单位。这样，"红帽子"现象直到 2004 年仍未完全消失，制度变迁的路径依赖仍未结束。而在这过程中，设租与寻租，欢乐与痛苦，暴富与暴贫的戏剧，也仍在继续上演。

（《南方经济》2005 年第 7 期）

于无声处闻惊雷

——读《顾准文集》有感

顾准离开我们已经20年了。20年里我们所生活的世界发生了许许多多变化，《顾准文集》也终于在1994年由贵州人民出版社出版。我得到这本书是在出版的两个月之后，因为忙，又搁了些时才展卷阅读。可是读开之后，却放不下书本，平静不了心怀，似乎有许多话想说。

顾准是位经济学家，收在《文集》中的经济学著作《试论社会主义制度下的商品生产和价值规律》一文，曾是顾准走厄运的一条罪状，伴随他度过半生的坎坷。在已经肯定社会主义市场经济的今天，青年人在读这篇文章中所探讨的一些问题时，也许会感到商品经济和价值规律等等，都是市场经济中顺理成章的应有之义，却很难想象当时进行先驱性探索需要有卓识而发表独立见解需要有勇气。

当时，政治经济学的文章，多数是解释阐发斯大林在《苏联社会主义经济问题》一书中论述的观点。他虽然肯定了社会主义仍然存在商品生产和商品交换，但却把这种"经济关系与联系"局限在"两种所有制之间"，他认为全民所有制内部不存在商品交换，"已经超出价值规律的作用范围之外"。顾准的探索则是从经济核算的必要性与经济核算的方法，从利用货币作为分配工具，论证了即使在单一的全民所有制中也同样需要利用商品、价值、货币等经济范畴。显然，这是对斯大林的"凡是"的触犯，而当时还是把斯大林"神化"的时代。张劲夫在评论这"一件重要的史实"时说："这在50年代能提出这样重要的看法是很难得的。"① 当然，顾准的难能可贵并不限于这一篇文章。解放初期在税收工作中通行的做法是"民主评议"，即由税收机关提出税收任务，然后组织评议每个纳税户负担，负担轻重有很大的随意性，时任上海税务局长的顾准却主张依照税法所规定的税率依法查账征收，并下大力气建立了划区分片的税务专管员组织。这种"不依法"还是"依法"的争论，当时以顾准去职告终；而今负担的随意性仍是经济工作的陋习。可惜《文集》中未收入有关文献，未能反映这另一次重要的"难得"。

顾准的探索在价值规律及市场经济作用范围等方面的贡献，已经获得社会的重新评价与肯定。② 但他关于全民所有制内部也应当适用商品货币关系的论述，实际上又是对于国有企业改革具有先驱性的探索。应该指出，社会主义国家里的国有企业的传统体制，大体都是列宁说的"国家辛迪加"的模式。③ 因而，当国外观察者考察社会主义国家的国有企业后得出：这些企业实际上不是企业而只是生产车间，并且认为在国有企业产权关系模糊，

---

① 张劲夫：《关于顾准的一件重要史实》，《顾准文集》，第62页。

② 中国社会科学院经济研究所决定长期悬挂顾准画像，这件事本身就肯定了顾准的价值规律研究对中国经济学发展的贡献。

③ 列宁：《国家与革命》，人民出版社1964年版，第90页。列宁后来强调经济核算和商业原则时，实际上已经放弃了"国家辛迪加"的设想，但列宁以后的经济实践却长期走不出"国家辛迪加"画下的圈圈。

而国人却因为这些都是"国家辛迪加"的题中应有之义而漠然置之，直到近年方才把产权界定提上议事日程。与之相比，顾准在20世纪50年代便具有此种认识实在是难能可贵。他从社会主义再生产的持续进行需要核算，需要利用货币作为分配工具和核算工具，推导出国有企业不能不成为独立的经济核算单位，并且设想了自主程度不等的企业经营形式，并提出从全社会核算转向"以每个企业为单位进行核算"。这里的所谓核算实际上指企业的自主经营，指国有企业改革。这和我们另一些同志那时候从国有企业之间的关系要"亲兄弟明算账"界定彼此间的权益，都同样触及到国有企业改革的根本所在，时至今日仍闪烁其思想光芒。

收录在《文集》中的其他一些文章，都是未曾发表过的。它们写作于"万马齐喑"的十年动乱时期，当时的军宣队要求作为牛鬼蛇神的顾准好好读马列著作，改造思想，顾准的做法见诸《文集》，《资本的原始积累和资本主义发展》、《帝国主义和资本主义》是两篇读书笔记，这并不是复诵式地读而是用思想用心灵在读，读书而到这种"化人"的程度，实在是当时的读六本书活动的组织者所料想不到的，也确实读活了。"资本主义靠原始积累起家……这是普遍规律。"（第327页）迄今在政治经济学的讲授中，流行的做法仍是缕述资本原始积累的残酷，可是顾准在这血腥的普遍规律中还看到了它的另一面，"这种普遍规律还成为后进国家得以发展资本主义的动力之一"。后进国家的低工资水平使它们的物价便宜，竞争能力强，积累率高，从而可以有较高的经济增长率。这是后进国家工业化的重要条件，也是中国近几年经济发展从东部递推至中部和西部的动因。而原始积累推动的资本主义的发展又会提高工资水平，"这是事实，是否认不了的"。正因为虽然原始积累残酷，但工人的收入和生活还是比原先要好，这不仅在过去，而且在今天也仍然是"三资"企业吸引大量打工仔和打工妹前来的原因。在70年代传播媒介还在反复宣传贫困化理论时，顾准指出："马克思本人，如果认为工人生活水平会从资本主义发展之初的一般平民生活水平逐步下降到'收租院'的水平，他还能是马克思吗?"（第329页）顾准所看到的由于经济发展差异而形成的工资水平差异正为我们国家作为后发利益所利用。与此同时，他还看到了世界经济格局，已不同于列宁写作《帝国主义论》时所描述的近代经济帝国主义将步当年罗马帝国的覆辙成为"垂死的资本主义"，他指出："近代经济帝国主义走了一条不同于罗马帝国的道路"，他们的科学技术并未衰落，"早在50年代，美国西欧都在用尽办法奖励应用新技术，加速折旧可以免税就是一种奖励办法"。而在殖民地独立运动高涨时，镇压费用超过了非经济剥削，使老牌帝国主义放弃殖民地，卸下财政包袱，却从经济贸易中获得了更高的利益。至于资本积累与无产阶级更加贫困化的趋向，则也转向给职工以更多的福利而缓和了矛盾，消费不足的销售困难虽然并未绝迹，而1929年式的危机却未曾重演。（第334、335页）顾准在叙述现代资本主义克服窒息自己的种种困扰之后，得到的结论是："我认为资本主义还有生命力的原因，在于他们不限制，相反还在发展批判。""假如，1929年恐慌时期，那些坚持前凯恩斯主义的经济学说的政党，下令禁止一切异端的思想，资本主义早就完蛋了。资本主义不这样做，那里有各式各样的批判……这样，就呈现出一种奇观，资本主义是一大堆罪恶的根源，可是这一大堆罪恶不断地被揭发，不断受到注意，老是在作一些大大小小的改良，于是，它虽然'气息奄奄'了，却老是混下去，有些时候还显得颇为活跃。"（第341页）顾准认为，"资本主义不会通过暴力革命灭亡掉，这是因为它在批判—改良，但是它会在批判—改良中灭亡掉"（第342页）。"1970年的资本主义，已经大大不同于1920年的资本主义了。"（第341页）顾准的这些对于现代资本主义已经不再走罗马帝国老路的叙述，在20世纪90年代还是经济学领域里属于"超前"的见解，并且他得到的体会并不限于资本主义，任何社会失掉批判的武器便会停滞和倒退，但是在70年代还在"批林批孔"时写下这些篇章，不仅需要有思考和见解，也更需要有超凡脱俗的勇气。

当然，这篇读书笔记中更引发人们万端思绪的，则是围绕着一个探讨了几十年的命题所展开的议论："为什么在中国封建社会里发展不起资本主义？"顾准在反复阅读之后说："我们有些侈谈什么中国也可以从内部自然生长出资本主义来的人们，忘掉资本主义并不纯粹是一种经济现象，它也是一种法权体系。法权体系是上层建筑"，"上层建筑也能使什么样的经济结构生长出来或生长不出来。资本主义是希腊罗马文明产生出来，印度、中国、波斯、阿拉伯、东正教文明都没有产生出来资本主义，这并不是偶然的"（第318页）。"应该承认，马克思生长于希腊罗马文明中，他所认真考察过的，也只有这个文明。"这是因为，中国过去不曾有过市民阶级，也从不缺少商业，却由于"是在皇朝控制之下"，"中国从来没有产生过商业本位的政治实体"（第315页）。欧洲的城市自治和市民阶级的兴起，是因为额外的开支需要额外的款项，这些款项的筹摊的方式有向城市出卖特许状，于是摆脱私人关系和私人股份制度的自治市"地方自治体"兴起了，结果形成了准备加入政界的新阶级。然而"在中国，朝廷兴军筹饷之事很多，但是决不会有出卖特许状，由此建立一个个'独立王国'式的城市自治体的可能。考究其原因，中国历史上的法，是明君治天下的武器，法首先是和刑，而不是和权联在一起的。可是，取法希腊精神的罗马法，以及继承罗马法传统的欧洲法律，法首先和权联在一起"（第316页）。"罗马法权传统，国家是建立在公民权利基础之上的。个人权利，在理论上是受到法律保障的，国家不得随便加以侵犯。""可惜，在中国，在皇帝面前，宰相也可以廷杖，等而下之，什么'权利'也谈不上，所以，马克思讥讽中国是普遍奴隶制。"（第317、318页）"市民阶级是欧洲文明独特的产物。"（第311页）

资本主义生产方式是从工场手工业发展过来的，而工场手工业在中国古已有之，资本主义生产方式的"发源地的秘密"是失去耕地的自由劳动者的存在，中国历史上从不缺少这样的流离失所的无地农民，然而，中国并没有发展起资本主义。顾准从上层建筑对经济基础的作用认为，中国文明不同于希腊罗马文明，并指出仅仅有民主制的希腊罗马文明和自治权的市民阶级，并不必然产生出资本主义。顾准探讨了产业革命何以发源于英国，指出英国承受了古代及通过文艺复兴所积累起来的全部科学技术、合理经营知识，承受了16世纪航海、商业、殖民的全部有利后果；英国组成一个统一的王国，有力量保护它的商业利益和殖民扩张。更值得注意的特点是英国和它的对手都经历过战争等事件，别的国家的搜刮战费无例外地抑制了发展，而英国则放纵资本家剥削而政府则用公债来搜集剥削得来的剩余价值，这样做有利于资本积累，"每一次战争都是财神的胜利"，这样，产业革命发端于英国，资本主义产生于英国，"是多种因素共同作用的结果"。"它注定要发生在一国内，然后传布于世界。"欧洲得地利之便。美国曾为英国的殖民地，较早得到传布。中国和日本同时取法泰西推进产业革命，中日两国却因取法不同而出现不同的结果，"认为任何国家都必然会产生出资本主义是荒唐的"。"如果政治权力和军事力量只以城市为取得征服扩张的财源之所，而不保护它成长的话，那也是长不出资本主义来的，后面这一点，中国人应该是懂得最多的。"（第320页）应该指出，顾准在这里所考察的不仅是资本主义制度，而且是产业革命和生产力发展。顾准的这一番考察不仅使我们深刻了解过去，而且对于现在许许多多发展中国家里出现的大大小小问题以及不同的发展速度，也获得了如何去理解的线索。

　　在顾准的研究中，对于希腊罗马文明有着并非一般的评价和浓厚的兴趣，他在社会上正不断"批林批孔"时却潜心研究，写下《希腊城邦制度——读希腊史笔记》，对古代希腊和古代中国进行比较研究，正在于从经济到政治作更深层次的探索。希腊城邦所实行的直接民主制度，历来被认为是现代民主制度的母体与圭臬，然而中国人对它知道得很少。顾准爬梳史料，理出制度演变的脉络。"我国古代的小国林立，和希腊城邦究竟还有某些相同之点，可是，希腊城邦制度的另一个特点，亦即使得这些蕞尔小邦顽强坚持其独立的主权在民与直接民主制度，则是我国古代从来不知道的东西了。""希腊城邦政制，不许有单个政府首脑统一领导下的无所不能的行政权力"，"全部行政官员并不组成为某个行政首脑统一领导之下的'政府'。各种行政官员任期不一，全部由全民大会或其他相应机构直接选出，各自独立对公民大会或其相应机构直接负责"。"城邦公民集团'轮番为治'的原则，也使得它必须发展出一套国家法和私法来"，城邦既然是自给和闭关的，它也必须有各种法律来保障这种自给的和闭关的生活。这就是，城邦要有关于公民资格、公民的权利和义务的法律，要有行政机构、议事机构和法庭的选任、组织、权限、责任的法律，这些是国家法，即宪法；"还要有关于财产、继承、契约等等的私法，以及把血族复仇的古代惯例，转化为国家负责惩处犯罪行为的刑法"（第72—80页）。希腊文明和继承的罗马文明所强调的法，是自治体得以维持和运作的规则，它不同于中国历史上由君王颁布的律，律是可以由王权任意更改的，中国自唐代以后律条和案例日益繁多，但中国始终没有成为一个法治国家，这正是中国文明和希腊文明的差异所在。

那么，在希腊城邦发展历史中，有没有过专权的统治者呢？有过。这便是顾准考察的"僭主"。希腊文的 Tyrannos，转为拉丁字的"Tyrant"，曾有人用"中文译为'暴君'"，也有人译为"僭主"。顾准将两种译法加以比较，说道："僭主是事实上的王，然而王权起源于宗教色彩浓厚的古代，王权周围围绕有神佑的光轮。僭主崛起于希腊的'人文主义时代'，他在希腊那些蕞尔小邦的城市居民，特别是其中的贵族和知识分子眼中，是和自己一样的凡夫俗子，所以他的周围怎样也蒙不上一层神秘的天命。所以，虽然王和僭主事实上同样是最高政权的篡夺者，王被视为合法的首领，僭主则被视为不法的，或非宪政的政权僭窃者。'僭主'着重译出了 Tyrant 一词中政权篡夺者的意思，使用这个译语，显然比使用'暴君'一词要妥善一些。"（第 184 页）"罗马的凯撒，死后被祀为神，这是共和罗马转为帝国罗马必不可少的宗教上和思想上的准备。然而城邦希腊的专制君主却被称为僭主，永不能获得'神授王权'的尊荣，这是城邦特殊条件下所产生的结果。"（第 185 页）僭主没有神圣的光环，永远转化不成"奉天承运"的"王"。在希腊之所以鄙视僭主，是因为"主权在民"与"轮番为治"是希腊城邦制度的特色。

在盛行雅典民主的希腊城邦中，民选的执政者要成为僭主需要有些技术，顾准摘录了亚里士多德在《政治学》中很有意思的一番话，现在再转录于此："僭主的习惯就是永不录用具有自尊心和独立自由意志的人们。在他看来，这些品质专属于主上，如果他人也自持其尊严而独立行事，这就触犯了他的尊严和自由；因此僭主都厌恶这些妨碍他的权威的人们。僭主还有宁愿以外邦人为伴侣而不愿交结本国公民的习性。……他们感到外邦人对他们毫无敌意，而公民都抱有对抗的情绪。"（第 187 页）亚里士多德生活在两千多年前的希腊城邦中，而他对于僭主权术的捉摸却在 20 世纪 70 年代被读史者郑重地记录下来，而当我们再重读这些篇章时也感受到了古今的沟通。顾准在读希腊史时翻译了格罗脱写的《希腊的僭主政治》（Grote：History of Greece）作为附录，又把托马斯的《政治学》语录作为附录，这些附录都表明在希腊文明中即使出现过专制的君主，那是和希腊文明相抵触的、不被颂扬的，这和中国很不一样，中国"君权神授"的传统使得对子民的宽松是一种恩赐的给予。"翻开范文澜的《中国通史简编》序言，他倒是持这种观点的，虽未明说，正是这种观点，出现了让步政策论。"（第 261 页）所以，在希腊城邦中民主政治是常态而专权属于僭窃的权利，而在中国历史中则专制是常态而宽松属于让步政策。

当然，顾准之所以考察希腊城邦，效法司马迁作《史记》那样"法天人之际，察古今之变"，并非无缘无故。"我写《希腊城邦制度》，本来是有感于在希腊那种小邦林立，相互竞争中，个人创造性发挥到顶点，创造出灿烂的希腊文明。其中关于哲学、科学、文学的，至今我们还在深受其惠。所以要写，是想歌颂它。"（第 287 页）但顾准深入考察希腊城邦制度后，发现小邦间的竞争与互相残杀，又怀疑该不该歌颂了。可他毕竟从中发现了科学精神，在《科学与民主》一文说道："民主的解释可以是多种多样的。"唯有立足于科学精神之上的民主才是一种牢靠的民主（第 343 页）。"顾准所说的科学精神并非指哪一门具体的科学上的成就，而是指有助于进步的民主才是科学的民主。民主不过是方法，根本的前提是进步。唯有看到权威主义会扼杀进步，权威主义是和科学精神水火不相容的，民主才是必须采用的方法。"（第345页）"唯有科学精神才足以保证人类的进步，也唯科学精神才是以打破权威主义和权威主义下面的恩赐的民主。"（第345页）

可以这样说，顾准由经济学的探索转入到他所醉心的希腊城邦，而由希腊城邦的"民主"、"民治"又转到科学和进步。这便是顾准由农村劳动回到城市书斋后的探索成果。当时，顾准的处境远逊于当年的司马迁，而他的穷经探秘则和司马迁颇为相似，"所以隐忍苟活，击粪土之中而不辞者，恨私心有所不尽，鄙后世而文采不表于后也"。他的努力，终于留下闪烁着思想光芒的著作，当然，这些篇章属于尚未完稿的"阶段性成果"，但终究这些都是用全身心在思考的。

顾准之所以历经坎坷和后来被称颂尊重，是因为他在20世纪50年代以及以后提出了那时所不能提出不能讨论的许多问题，他是先驱者。但如果仅仅限于某某问题最早由顾准提出，我以为不足以概括顾准。顾准所留给我们的最大遗产，是他的探求真理追逐进步的精神，也就是批判的精神。从经济学家来说，那就是经济原理和经济政策都是可以讨论的，那里不存在"禁区"，也不必惧怕棍子。否则，就不会有添加，不会有改善，不会有进步。《顾准文集》中有这样一段话："哲学上的多元主义，就是否认绝对真理的存在，否认有什么事物的第一原因和宇宙、人类的什么终极目的。世界就是这个世界，这个世界的主人是人类。不设想人类作为主人，这个世界就无须认识。人类认识世界，就是为了改进人类的处境。人类从什么状况进到现在这样的境界，正在由多门科学加以研究，这也是人类在不断扩大认识的领域之一。但是，说人类是万物之灵，说人类是由上帝创造出来的，说人类的终极目的是建立一个地上的天国等等，那都是早期人类的认识，已经由现在更进步的认识所代替了。"（第345页）

进步意味着"人通过世世代代的努力，一点一滴的积累，他的处境改善了，还要改善下去，改善的程度，是没有止境的"。"要改善，就要有批评。所以，它也是多元主义的。""哲学上的多元主义，要贯彻到一切科学研究的价值判断中去。"（第346页）我想以此来结束这篇评介文章，也许未能概括《顾准文集》的全部内容，在当时的思想统制政策下，顾准所能做的对策，所能舒展的见解未必能展示他的全部。但读《文集》的最深感受是在这里，顾准晚年妻死子散，形单影只，清灯一盏而孜孜不倦的精髓在这里，历尽劫挫而终不悔的"察天人之际"的思考探索也在这里，我若是读后有些体会，又怎能隐忍而不言。——当然，如果领会不符合于启示者的原意，那只能责怪我的愚陋了。

（《经济研究》1995 年第 1 期）

校 读 后 记

作为一名经济理论工作者，在经济理论战线上耕耘战斗，已经有好几十年了。经过朋友劝说和出版社的承诺给我出本《选集》。我从事写作的年代，先是没有电脑，后来有了并且渐渐普及，但是我学了几次，没有学会。要出本《选集》，需要搜集多年来写作的文稿，爬梳整理，筛选成集，再送出去扫描，一校再校，很费了一番工夫才有了选集的雏形，再过些时候，可以送交出版社审核定稿了。

在校读过程中，重读旧作，不禁回想起当年蜗居陋室、挑灯夜读、反复思考、伏案命笔、孜孜不倦地钻研一个又一个新问题的痴迷情景。

校读旧作，感触颇多。"文章千古事，得失寸心知。"不由得想说几句，以表寸心。

我原来是在实践部门从事具体经济问题的应对处理，写了一些经济理论文章，基本上属于业余爱好。1980年通过考试进入中国社会科学院后，才成了专业的经济理论工作者，并且和当时的经济理论工作者一起，为拨乱反正，冲破多年来形成的一个又一个"理论禁区"，为推动改革开放，促进从计划经济向市场经济转型，作出了我力所能及的努力。不过，我对经济学的理解，一直认为要能够解决实际问题，使百姓得益、社会得益，而不是发一些理想化的高论。比如我对经济体制改革模式的选择，一直主张板块论，认为板块论具有可操作性，也便于作小配套渐进式地推进以市场为取向的改革；不赞成那些持论甚高而难以操作的改革模式。再如我致力于以市场为取向的改革，但是对于那种认为市场能够解决经济活动一切矛盾和一切问题的市场万能论，又持反对意见，因为市场调节有它的边界，有市场解决不了的领域。更何况我国从计划经济向市场经济转轨时，有关市场秩序、市场监管方面的规则都没有建立，这不像发达国家那样，对于市场运行的管理已经积累了丰富的经验和周密的规则。因此，在我们国家强调市场万能论，这个就不只限于市场边界的问题。过去出现诸如羊毛大战、蚕茧大战等都证明了用市场万能论指导改革，反对政府进行必要的干预，会出现无序的无政府状态的市场经济。这种指导思想的失误，在外贸出口领域表现最为明显：无序竞争造成竞相压价，外贸出口的利润越来越低。外国的经营商和消费者得了便宜，反过来还要指责中国倾销，全世界的反倾销案中国占了第一位。我曾经写过好几篇文章提出以市场为取向的改革要求市场与计划相结合，这才适合中国国情。我的这种研究倾向，有关心我的同志曾经给我以忠告，说经济所里对我的评价是太"实"，与经济所倡导重"虚"的理论倾向不协调。但我认为我所探讨的问题不论是经济运行和经济发展状况的探讨，还是经济体制的改革和完善，都是属于政治经济学范围的基本理论问题，在探讨这些问题时注意结合我国国情实际，注意对策建议的可操作性，这并不是重了"实"丢了"虚"。经济学是经世济国之学，探讨和解决实际经济问题又有什么不好。本着这一想法，经济论著的特色就是多"实"重"实"。这样做是"得"还是

"失"，只能由我的同行和读者来评定了。

我的经济论著既然着重研究实际经济中的可操作性，是写给实际经济工作部门的同志看的，因此，行文力求深入浅出。虽然做不到像白居易写诗，妇女小儿都上口能诵，但绝不故作深奥，欺世盗名。曾经有一位经济学界的同行说：现在写经济学论文的诀窍是要把很容易明白的道理用一大堆模型和公式堆砌起来，把三句话可以讲清的道理用几十句让人读不明白的绕口令绕起来，这才叫有水平。他说他原来不明白这个诀窍，如今明白了，也要这么做。我不知道他说的是反话还是真想这么做。对我来说是不会学这种诀窍的。我多年写作所努力的是力求把深奥的道理用浅显的文字表达出来，这本《选集》的又一特色是"浅"。至于"浅"是否有损学术水平，那同样得由我的同行和读者来评定。

经济学作为经世济国之学，本来应该重视的是它对实际经济工作的贡献。可是在经济学界则存在一种不成文的惯例，评价一个人的贡献着重他发表的论著提供了多少知识增量。可是我的论著重在研究实际经济问题如何解决，向来不表白自己提供了多少知识增量。不过，我曾经请人写过一条幅："一犬吠形，百犬吠声；众士之诺诺，不如一士之谔谔。"悬诸壁端，以作警示或者说是对自己治学的要求。至于是否做到或者做到了多少，同样要由我的同行和读者来评定。

校读后记写到这里，本来可以结束。但觉得还要提一下的是，在校读《选集》的过程中，我的妻子乔素贞女士因患肝癌，不幸撒手西去。回想起她和我曾经携手共同度过一段坎坷的岁月，相濡以沫，虽艰苦而无怨无悔。回想起当年她陪伴我下放农村修理地球时，每逢雨后一起去树林草坡捡拾蘑菇改善生活，打树枝以作燃料的情景，不由得想起"野蔬充膳甘长藿，落叶添薪仰古槐"的诗句。再回想当我挑灯夜读或写作时，她伴坐在旁，或编织毛衣，或端茶送水，默默陪伴我走过了一段漫长的人生道路，不由得要在《校读后记》中写上几句，以寄托我的哀思和悼念。

《选集》出版之时，正值我进入八十高龄，以此作为前一段人生历程和笔墨生涯的记录，是打上一个逗号而非一个句号。我虽已老迈，并不老朽，仍将鼓其余勇，发挥余热。胸中有大海，眼底无障碍，漫道夕阳无限好，重在余晖照人间，只要一息尚存，决不虚度年华。

戴园晨
丙戌年春正
写于北京拾弥斋

作者主要论著目录

《过渡时期的国家税收》，上海人民出版社，1954年。

《社会主义宏观经济学》，中国财政经济出版社，1986年。

《中国价格问题探索》，上海人民出版社，1986年。

《中国经济体制改革的模式研究》，与刘国光等合著，中国社会科学出版社，1988年。

《不宽松的现实与宽松的实现——双重体制下的宏观经济管理》，与刘国光等合著，上海人民出版社，1991年。

《经济决策研究》，广东高等教育出版社，1991年。

《并非自由的选择——改革时期的通货膨胀及其对策》，中国社会科学出版社，1992年。

《中国经济新论》，中国社会科学出版社，1990年。

《中国劳动力市场培育与工资改革》，中国劳动出版社，1994年。

《价格工资螺旋的生成和演衍》，中国劳动出版社，1995年。

《劳动过剩经济中的就业和收入》，远东出版社，1996年。

《新经济时代人力资本开发与管理战略》，中国劳动社会保障出版社，2001年。

《社会主义市场经济——宏观经济运行与调控》，中国财政经济出版社，1994年。

《从封闭型经济到开放型经济》，鹭江出版社，1991年。

《资本不足经济中的资本市场

运作》，中国经济出版社，1999年。

《跨世纪的改革——三个到位、五项改革》，经济科学出版社，1999年。

《热眼观看经济大世界》，中国轻工业出版社，2001年。

《经济发展中的资本市场深化》，经济科学出版社，2002年。

《积极财政政策与宏观经济调控》，人民出版社，2003年。

《中国经济的奇迹——民营经济的崛起》，人民出版社，2005年。

以上均为专著，至于论文则从未辍笔，时有发表，恕不一一列举。

作 者 年 表

戴园晨（1926—　　）原籍浙江省吴兴县后林乡（今湖州市戴山乡）

1926 年

7 月 12 日生于浙江省海宁县袁花镇。父亲戴菊农，电报局职员，与乡人陈维敏（沙可夫）组织晦明社，创导普罗文学，著有《苕萝集》等文艺著作；母亲汤秀文，小学教员。

1932 年

父亲去世。依靠当小学教员的母亲的微薄收入，相依为命，艰苦度日。

1937 年

从海宁袁花小学毕业，考入浙江省立杭州初级中学的公费生。入校后两个月，日军攻占杭州。学校西迁浙江丽水，与其它内迁学校合并改组为浙江省立临时联立中学。自此开始了长达八年无家庭接济的流亡学生生涯。

1941 年

读高中一年级时，因对训育主任迫害钦本立（中共在联高的地下党组织负责人）、查良镛的事件不满，在墙报上议论此事，遭到训育主任掌击体罚，引起老师们的同情及对训育主任的处理表示不满。学期结束时，训育主任给的操行评分为中，不够公费待遇条件，被迫离校。

8 月，离开高中，考取浙江省邮政管理局任邮务使。

1942 年

5 月，与几位联高同学一起报

考贵阳陆军军医学校，被录取。6
月，从邮局辞职由浙江步行去贵
州。走到福建，路费已不够去黔。
7月，遇到内迁至福建三元的江苏
省立江苏学院招生，以同等学力报
考被录取入政治系，享受公费待
遇。

1946 年

抗日战争胜利，江苏学院从福
建三元迁至江苏徐州。7月，在徐
州毕业。

大学毕业后，到国民政府考试
院任科员。得向院中饱学之士，请
教学问，获益甚多。

1947 年

参加高等文官考试财政税务人
员特种考试及格。9月，离开考试
院，到财政部上海货物税局任查验
员。

开始写作财政经济方面的文
章，抨击当时物价飞涨，民不聊生
的弊端。

1949 年

5月，上海解放，参加了革命
队伍。

12月，调华东财政部税务管理
局办公室任科员。

1953 年

10月，为宣传党中央提出的过

渡时期总路线，由组织安排写作
《过渡时期的国家税收》。

1954 年

7月，《过渡时期的国家税收》
一书由上海人民出版社出版。

10月，大行政区撤销，奉调中
央财政部。

1955 年

在财政部税务总局办公室研究
组（后改为研究室）任职。当时苏
联专家提出将工商税收制度改革为
苏联式周转税的建议，因而研究室
的工作重点就是研讨改革的可行性
及具体制度的设计，为此写作了一
批有关探讨税制改革的文章。

1956 年

在毛泽东主席的关怀和指示
下，财政部成立财政科学研究所。
税务总局研究室并入财科所。但作
者因税制改革要起草大量文件尚未
结束，仍留税务总局协助工作。

参加在陈云同志指示下组织的
有关工业和商业关系以及企业改
革、价格改革的调查，开始感到苏
联式经济体制存在弊病，对中国经
济体制改革的初步认识，始于此
时。

1957 年

在《经济研究》1957 年第 1

期发表《论社会主义制度下生产资料的价值和价值规律的作用问题》一文，对苏联版政治经济学教科书不承认生产资料是商品的观点提出不同见解。开始了"企业相对独立论"的探索。

1958 年

大跃进开始，有关苏联周转税式税制改革的设想被否定，从税务总局回到财科所任研究人员（未评职称）。但具体工作仍旧是起草文件、调查报告、写作领导发言稿等。

1966 年

"文化大革命"开始。

1969 年

财政部在湖北沙洋成立五七干校，全家下放干校从事农业劳动。

1972 年

财政部和中国人民银行在河北固安成立财政银行五七干校，从沙洋回固安继续从事农业劳动。

1975 年

9 月，从五七干校调回财政部农业财务司，主管水利资金的计划分配和使用监督，水利企事业管理状况的调查研究。

在管理水利资金的过程中，重视调查研究。曾写出揭露河北省滥用打井经费，导致地下水位大幅度下降的报告。调查宁夏固原与甘肃定西地区支农资金使用情况，写出《不再帮倒忙，今后有希望》的调查报告，曾引起党中央领导同志的重视。

1980 年

7 月，中国社会科学院招考研究人员，报名应考，被录取为副研究员。

12 月，财政部同意去中国社会科学院报到。

1981 年

在中国社会科学院经济研究所政治经济学研究室从事宏观经济研究。

1983 年

2 月，成立国务院物价小组，以研究和推动当时经济体制改革中占重要地位的价格改革。经组织指派，借调到物价小组办公室负责日常工作。在此期间，撰写了一系列讨论价格改革的文章。在中国社会科学院研究生院讲授社会主义宏观经济学。

1984 年

5 月，借调结束，返回经济研究所，任研究员、博士生导师、政治经济学研究室主任。

被南开大学、武汉大学、山东大学聘为兼职教授，讲授社会主义宏观经济学。

访问日本。

1985 年

2 月，经支部讨论和党委审批，成为中国共产党党员。参加革命工作后多年的心愿终于得到实现。

7 月，参加在长江巴山轮上举行的"中国宏观经济国际研讨会"，对中国经济改革和发展有了更进一步的认识。

1986 年

5—10 月，参加由宋平、马洪主持的国务院振兴上海工作组，调查研究探讨上海由工业基地向国际经贸城市转型的目标选择、转型过程、政策支持、限制条件等有关问题。

1987 年

2—10 月，参加党中央组织的文件起草小组。

11 月，访问加拿大、美国。

1988 年

发表《工资侵蚀利润》一文，指出发达国家中出现的工资、物价轮番推动上升的成本推动型物价上涨，在我国正以对工人的激励机制形式更强烈地表现出来，并会导致价格改革的变型。

1991 年

由中国社会科学院经济研究所调任宏观经济研究室主任。参加由刘国光主持的深圳发展战略研究课题组，提出深圳应继续发挥"四个窗口"作用，率先试行社会主义市场经济的改革。

访问苏联。

被全国工商联聘请为高级顾问。

1992 年

组建中国社会科学院民营经济调查与评价中心（后改名为民营经济研究中心），任理事长兼主任。赴海南及温州调查民营经济发展中的有关问题。

应日本熊本学园大学邀请赴日讲学。

1993 年

3 月，被选为第八届全国政协委员，并担任全国政协台港澳侨委员会委员。

7 月，赴台湾访问，除参加研讨会外，还会晤了中央研究院顾问周天健及蒋纬国将军。

1994 年

被深圳宝安集团、康佳集团、三九集团聘请为经济顾问。应邀对企业进行调查研究并提出咨询意见。

1997 年

被天津财经大学聘请为客座教授，博士生导师。

1999 年

5 月，办理退休手续。自 1949 年 5 月参加革命工作计算正满 50 周年。

承担院重大课题《积极财政政策与宏观经济调控》，继续发挥余热。

2003 年

《积极财政政策与宏观经济调控》课题结项，并由人民出版社出版。

2005 年

承担院交办课题《民营经济发展研究》，完成专著《中国经济的奇迹——民营经济的崛起》并由人民出版社出版。

2006 年

5 月，到浙江杭州调查民营企业发展状况和存在问题。应湖州市德清县委邀请给当地党政干部讲授经济学课程。

8 月，被中国社会科学院推选为荣誉学部委员。